**SPACE TO GROW**
# 인피니트 마켓

**Space to Grow: Unlocking the Final Economic Frontier**
by MATTHEW WEINZIERL, BRENDAN ROSSEAU

Original work Copyright © 2025 Matthew Weinzierl and Brendan Rosseau
All rights reserved
Printed in the United States of America

This Korean edition was published by Page2books in 2025
by arrangement with Harvard Business Review Press through
KCC(Korea Copyright Center Inc.), Seoul.
Unauthorized duplication or distribution of this work constitutes copyright infringement.

이 책은 (주)한국저작권센터(KCC)를 통한 저작권자와의 독점계약으로
(주)페이지2북스에서 출간되었습니다.
저작권법에 의해 한국 내에서 보호를 받는 저작물이므로 무단전재와 복제를 금합니다.

# SPACE TO GROW
# 인피니트 마켓

하버드가 분석한
1조 달러
우주 시장의 비밀

매슈 와인지얼, 브렌던 로스 지음 | 고영훈 옮김

page2

## 추천사

『인피니트 마켓』은 '다가오는 우주 황금시대'에 대한 근거 있는 낙관론을 훌륭하게 제시한다. 그 시대에는 공공과 민간의 협력, 탈중앙화된 기업들의 도전, 발사 비용의 하락 등이 결합해 거대하고 새로운 가능성이 열릴 것이다.

―《월스트리트 저널》

상업 우주 혁명은 인공지능 발전과 맞물려 향후 10년간 전 세계 산업을 재편할 것이다. 『인피니트 마켓』은 이 변혁을 이끄는 역사, 주요 기업, 경제적 동인을 포괄적으로 분석한다. 새로운 기술과 그로 인해 창출되는 기회를 이해하고자 하는 모든 이에게 필독서이며, 특히 우주 산업이 자신의 산업에 미치는 영향을 고려해 본 적 없는 기업가라면 반드시 읽어야 할 책이다.

―케빈 와일, 오픈AI 최고제품책임자(CPO),
前 플래닛 사장, 前 인스타그램 및 X 제품 총괄

인간의 상상력, 혁신 그리고 미지의 세계를 탐험하고자 하는 본능을 다룬 멋진 책이다. 단숨에 읽어 내려갔다. 저자들은 기존 질서에 도전하며 우주 운송과 탐사, 우주 경제 구축을 위해 열정을 바친 사람들의 이야기를 생생하게 전한다. 방대한 연구와 깊이 있는 분석이 돋보인다. 이 책은 우주 프로그램의 시작부터 미래 비전까지 내부를 들여다보고 싶은 모든 이에게 필독서가 될 것이다.

―찰스 볼든 주니어,
前 NASA 국장, 前 우주 비행사, 미 해병대 소장(예비역)

『인피니트 마켓』은 미래의 상업 우주 산업과 우주 시장의 형성을 돕거나 저해할 수 있는 환경을 심도 있게 분석한다. 또한 중요한 경고 메시지를 담고 있다. 혁신을 촉진하는 요소를 제대로 이해하지 못하면 성장이 가로막힐 수 있다는 것이다.

―캐서린 루더스, 스페이스X 스타베이스 총괄,
前 NASA 유인 탐사·운영 미션 국장

저자들은 미국 창업 역사상 가장 흥미롭고 예측 불가능한 성공 사례 중 하나인 상업 우주 산업을 탁월하게 분석했다. 『인피니트 마켓』은 흡입력 있는 스토리텔링과 날카로운 통찰을 통해 경제의 새로운 프런티어를 탐구하는 필수적인 책이다.

―크리스천 대번포트,
워싱턴포스트 기자, 『스페이스 바론』 저자

『인피니트 마켓』은 우주 산업을 뒤흔드는 경제 혁명을 예리하고 흥미롭게 조명한다. 시장 원리가 우주를 차세대 경제 프런티어로 변화시키는 과정을 가장 정밀하고 깊이 있게 분석한 책이다.

-애슐리 반스, 『레인보우 맨션』 저자,
블룸버그 〈Hello World〉 진행자, 《블룸버그 비즈니스위크》 기자

이 책은 우주 산업의 변화 과정을 심층 분석하고 이를 실제 사례를 통해 보여 준다. 스페이스X, 블루 오리진 등 주요 기업들이 어떻게 우주를 일상 속 필수 요소로 만들어 가는지를 흥미롭게 풀어냈다. 경제 원리에 기반한 통찰력 있는 분석 덕분에 우주 산업의 혁신을 활용하고자 하는 독자들에게 큰 도움이 될 것이다.

-딜런 테일러,
보이저 스페이스 회장 겸 CEO, 우주 산업 투자자

상업 우주 시대를 둘러싼 논의는 때로 과장과 과대광고로 가득 차 있다. 하지만 이 책은 경제적 기초 위에서 신중하고 균형 잡힌 시각으로 기회와 도전에 대해 분석한다.

-제프 파우스트, 《SpaceNews》 수석 기자,
《Space Review》 편집자 및 발행인

우주 탐사는 오랫동안 정부 주도로 이루어졌지만 이제 상업 우주 시대가 빠르게 열리고 있다. 『인피니트 마켓』은 기업과 시장이 주도하는 '제2의 우주 시대'를 심도 있게 다룬다. 신중한 투자가 미래를 위해 얼마나 중요한지를 역설하는 책이다.

-에릭 버거, 《Ars Technica》 수석 우주 담당 기자,
『리프트오프』 및 『리엔트리』 저자

하버드 비즈니스 스쿨의 연구를 바탕으로 저자들은 우주 경제에서 기업들이 직면하는 경쟁, 정책, 경제적 선택을 날카롭게 분석한다. 혁신적인 기업들이 어떻게 시장을 개척하는지 알고 싶다면 꼭 읽어야 할 책이다.

-스콧 페이스,
조지워싱턴대학교 엘리엇 국제문제대학 우주정책연구소 소장,
前 미국 국가우주위원회 사무총장

새로운 우주 시대가 열렸다. 이 책은 경제 원리와 역사적 사례 그리고 업계 주요 인물들의 인터뷰를 바탕으로 상업 우주 시장의 발전을 흥미롭게 풀어낸다. 무엇보다 복잡한 과학을 몰라도 쉽게 이해할 수 있다는 것이 큰 장점이다.

-댄 헤이스팅스, MIT 항공우주학과장
& 데이바 뉴먼, MIT 항공우주학 교수, 前 NASA 부국장

목차

추천사 • 4
서문 변화의 시작: 우주 경제 혁명 • 10

## PART 1 시장 구축하기

1장 | 전환점: 위기를 기회로 • 29
2장 | 블루 오리진: 한 걸음씩 앞으로 • 65
3장 | 스페이스X: 우주 시장의 문을 열다 • 91
4장 | Planet: 수요와 공급 • 137
5장 | 우주 정거장: 우주의 허브를 향해 • 169
6장 | 자본: 호황과 불황, 사슴과 토끼 • 203
7장 | 아르테미스: 새로운 모델, 달로 향하다 • 231

# PART 2 시장 정교화하기

8장 | 애스트로스케일: 궤도 공유지의 비극을 막아라 · 255
9장 | 시장 지배력: 경쟁과 혁신을 지키는 힘 · 283
10장 | 메이드 인 스페이스: 나사가 키운 '메이드 인 스페이스' · 303

# PART 3 시장 조율하기

11장 | 플래너터리 리소스: 우주에서의 소유권을 둘러싼 논쟁 · 325
12장 | 국가 안보: 우주와 군사 산업의 결합 · 351

결론  우주 경제의 다음 장을 열다 · 380
      우주 리더들의 메시지 · 388

더 읽어 볼 책들 · 395
미주 · 397
감사의 말 · 434

서문
# 변화의 시작: 우주 경제 혁명

인류에게 우주는 비할 데 없는 가능성을 품은 공간이다. 그리고 지금, 우주에서는 혁명이 일어나고 있다. 과거에는 주로 정부가 주도하는 방식이나 중앙집권적 방식으로 우주 활동이 이루어졌는데, 이제는 정부뿐 아니라 민간 기업들의 손에 의해 그리고 공공의 목표뿐 아니라 시장의 힘에 의해 우주 활동이 추진되고 있다. 지난 수십 년간 불붙기 시작한 이 혁명은 단순히 우주를 민영화하려는 것이 아니다. 공공 부문의 중요한 역할을 없애려는 것도 아니다. 오히려 공공과 민간이 각자의 강점을 살려 상호 보완하는 방식으로 함께하는 새로운 접근 방식을 구축하려는 것이다. 무엇보다 이 혁명은 우주를 특별한 영역이 아니라 인류가 기회를 찾아 개척해 온 다른 영역들과 다름없는 곳으로 바라보는 새로운 관점에서 시작된다.

이 혁명의 선두에 선 우주 기업들은 혁신적인 기술과 접근법을 통해 우주 산업의 미래뿐만 아니라 지구상의 삶까지 변화시키고 있다. 스페이스X SpaceX와 같은 초기 선도 기업들은 지구 궤도 진입과 그 너머로 가는 비용을 획기적으로 낮추었고, 수백 개의 신생 기업들이 우주의 고유한 특성을 활용한 신기술을 개발하며 그 뒤를 따랐다. 그 결과 우주는 더 이상 단순히 지정학적 경쟁, 과학 연구, 탐사의 무대에 머물지 않는다. 이제는 다양한 산업과 사회 전체를 위한 새로운 가치 창출의 무대가 되고 있다.

이 변화를 보여 주는 구체적인 수치도 있다. 지난 20년 동안 궤도까지 화물을 운반하는 비용은 무게 1킬로그램당 수십 분의 1 수준으로 떨어졌고 차세대 로켓들은 이를 다시 한번 혁신할 태세다. 궤도 발사 횟수는 지난 10년 사이 두 배 이상 늘어났으며 현재는 민간 발사체가 전 세계 발사 시장의 주를 이룬다. 활동 중인 인공위성 수도 2010년대 초반 약 1천 기에서 2024년 초에는 9천 기 이상으로 급증했으며 매년 수천 기씩 추가되고 있다.[1]

위성 부문은 다른 분야보다 수십 년 앞서 시장의 힘이 확장되는 흐름의 수혜를 입었지만 이번 혁명은 위성 산업에도 큰 변화를 가져왔다. 오늘날의 위성들은 더욱 스마트하고 강력하며 비용 효율성도 크게 향상되었다. 많은 위성이 네트워크형 대규모 군집으로 운영되면서 수백만 명의 개인, 기업, 정부에 독보적인 정보와 확장된 연결성을 제공한다. 벤처캐피털이 우주 스타트업에 투자하는 규모도 불과 10여 년 전까지만 해도 미미했으나 이제는 해마다 70억 달러를 넘어선다.

그러나 이 혁명의 깊이는 단순한 수치만으로 설명할 수 없다. 오늘날 우주는 우리의 일상과 긴밀히 연결되어 있다. 내비게이션과 기상 데이터, 금융 시장을 지탱하는 정보 흐름, 자연재해와 지정학적 갈등의 감시까지. 우주는 이미 우리의 삶 곳곳에 스며들어 있다. 그리고 이제는 산업계, 정부, 비영리 단체, 개인에 이르기까지 점점 더 많은 이가 자신의 활동과 우주를 연결 짓고 있다. 누구나 직접적으로든 비유적으로든 자신의 시간과 재능을 우주에 적용하는 상상을 하게 될 것이다. 당신이 이 책을 펼쳐 든 것도 그런 변화의 일환이다.

이 책은 단순히 우주 비즈니스와 경제가 어떻게 변하고 있는지를 설명하는 데 그치지 않는다. 왜 그런 변화가 일어나고 있으며, 왜 그 변화가 중요한지를 함께 다룬다. 책의 많은 내용은 하버드 비즈니스 스쿨의 학생들을 위해 그리고 그들과 함께 처음 다듬어 나갔던 것이지만, 우리는 이 책이 당신에게도 우주를 바라보는 깊이 있는 관점을 키우는 데 도움이 되기를 바란다. 책의 내용을 바탕으로 당신의 커리어와 조직 그리고 우리 모두의 미래를 어떻게 변화시킬 수 있을지 생각해 보기를 기대한다.

나아가 이 책은 행동을 촉구하는 호소이기도 하다. 지금의 변화는 저절로 이루어진 것이 아니다. 위험을 감수하고 기존의 사고방식을 넘어 대다수에게 불가능해 보였던 미래를 상상한 사람들이 있다. 이제 그들이 만들어 낸 기회를 이어받을지는 각자의 선택에 달려 있다. 시장과 경제가 요구하는 건전한 규율을 무시하거나 공상과학소설에 빠지라는 말이 아니다. 우주를 우리의 일과 삶 속에 통합하는 사고를 시작하자는 것이다. 오직 우주에서만 얻을 수 있는 데이터, 우주에서의 연결성과 통신, 무중력 등 우주 고유의 자원 그리고 우주를 통해서만 만들어 낼 수 있는 새로운 시장을 어떻게 활용할 수 있을지를 고민해야 한다.

만약 규모가 어느 정도 있는 모든 기업이 고객의 니즈를 이해하고 기존 제약을 극복할 방법을 고민하는 '우주 전략' 담당 리더를 한 명씩 둔다면 우리는 각 산업과 현장의 전문성을 바탕으로 경제 전반에 우주의 가치를 퍼뜨릴 수 있다. 그리고 그 리더가 바로 당신이 될 수 있다. 이 책이 그 여정을 시작할 수 있도록 도울 것이다.

## 이 책이 안내할 여정

이 책은 미 항공우주국 나사NASA, 스페이스X, 블루 오리진Blue Origin, 플래닛Planet, 애스트로스케일Astroscale, 미 우주군US Space Force 등 다양한 조직과 기업들의 실제 의사결정 과정을 살펴본다. 그리고 이를 통해 우주 산업의 복잡성과 불확실성, 그 안에 담긴 생동감과 열기를 생생히 전달한다. 동시에 기존 지구 경제를 이해하는 데 쓰였던 경제학적 분석 도구들을 소개하고 이를 통해 우주 산업의 현재와 미래를 더 명확히 바라볼 수 있도록 돕는다.

하지만 이 책은 단순한 사례 분석과 이론 소개를 모아 놓은 책이 아니다. 변화하는 우주 산업을 하나의 통합된 그림으로 이해하고, 각각의 움직임을 어떻게 해석하고 연결할지를 스스로 생각할 수 있도록 이끌어 줄 것이다.

이를 위해 우리는 책을 세 단계 프레임워크로 구성했다. 이는 정부와 시장의 관계를 분석하는 데 있어 가장 중요한 경제학적 아이디어들을 기반으로 한다. 우리는 상업 우주 혁명이란 결국 정부와 시장의 관계가 어떻게 변화하는지를 보여 주는 이야기라고 믿는다. 이 관계를 이해하고 그것이 앞으로 어떻게 진화할지를 읽어 내는 것은, 우주 산업의 수많은 변화를 이해하고 미래의 기회를 포착하는 데 있어 필수적이다.

## 우주를 읽는 새로운 언어, 경제학

정부와 시장 간의 이상적인 관계를 어떻게 설정해야 하는지는 경제학자들이 오랫동안 씨름해 온 문제다. 그 고민 끝에 탄생한 것이 바로 이름만 들어도 위압감을 주는 '후생경제학 제1정리(First Fundamental Theorem of Welfare Economics, 줄여서 1FTWE)'이다. 많은 경제학자들이 이 정리를 경제학 분야에서 가장 중요한 이론이라고 평가하며, 실제로 그 영향력도 엄청나다.

후생경제학 제1정리는 이렇게 말한다. 특정 조건이 충족된다면 분권화된 시장 시스템을 통해 경제 활동을 조직하는 것이 우리가 가진 자원을 가장 효율적으로 활용하는 방법이라는 것이다. 요약하면 "특정 조건하에서는 시장이 가장 효율적으로 작동한다."라는 주장이다.

### 후생경제학 제1정리

특정 조건이 충족될 경우 경쟁 시장의 균형은 효율적이다. 여기서 특정 조건이란 외부효과 externalities(경제 주체의 행위가 제삼자에게 의도치 않은 영향을 미치는 현상-옮긴이)가 없고, 모든 재화와 서비스의 거래가 가능하며, 모든 경제 주체가 합리적이고 충분한 정보를 가진 가격 수용자 price-taker인 상황을 뜻한다. 효율성 efficiency이란, 어떤 시장 참가자의 후생을 더 좋게 만들기 위해서는 다른 참가자의 후생을 반드시 희생해야만 하는 상태를 의미한다.

후생경제학 제1정리의 핵심 아이디어는 비록 이렇게 딱딱하게 표현되어 있지만 그 본질은 그렇게 낯선 것이 아니다. 전 세계 대부분의 경제 활동이 시장을 통해 이루어지는 이유는 인간이 지금까지 발견한 자원 배분 방식 중 시장이 가장 효과적이기 때문이다. 시장 시스템이 완벽하다고 말할 수는 없지만 이를 대체하려 했던 실험들, 예를 들면 소련이 20세기 동안 시도했던 중앙집권적 계획경제는 오히려 후생경제학 제1정리의 메시지가 옳다는 강력한 증거를 남겼다.

### 시장이 만능은 아니다

후생경제학 제1정리는 결코 시장을 무조건 찬양하는 이론이 아니다. 이 정리는 시장이 잘 작동할 때와 그렇지 않을 때를 구분하는 데 도움을 준다. 첫 번째 핵심은 '특정 조건하에서'라는 단서에 있다. 이 조건이 충족될 때 시장은 마법처럼 가격을 이용해 어마어마한 규모의 정보를 집약하고 처리하며, 개인과 기업이 희소 자원 scarce resource을 가장 효율적으로 활용하도록 유도한다.[2] 그러나 이 조건이 충족되지 않을 경우, 예를 들어 경쟁이 제한되거나 외부효과(시장 가격에 반영되지 않는 부정적 영향)가 존재하는 경우에는 정부가 개입함으로써 사회 전체의 결과를 개선할 수 있는 여지가 생긴다.

두 번째로 주목해야 할 점은 후생경제학 제1정리가 오직 '효율성'만을 기준으로 삼는다는 것이다. 효율성은 물론 경제에 있어 중요한 가치지만 그것만이 전부는 아니다. 때때로 우리는 시장이 자연스럽게 해결하지 못하는 다른 사회적 목표들을 위해 정부의 개입을 필요로 한다. 물론 현실에서는 정부 역시 불완전하기 때문에 정책 개입이 항상 최선이라는 보장은 없다. 하지만 시장과 정부 중 어느 쪽을 활용해야 할지 구분하는 기준을 제시한다는 점에서 후생경제학 제1정리는 정책 설계의 출발점이 된다.

**경제학적 시각으로 본 우주의 미래**

후생경제학 제1정리는 우리의 논의를 위한 유용한 도구다. 책 전반에서 정부와 시장이 우주 시장에서 어떤 관계를 맺는지 생각할 때 그 사고를 구조화하는 데 핵심적인 지적 토대를 제공하기 때문이다.

이 책은 이 정리에 기반해 세 단계로 구성된 프레임워크를 제시한다. 그리고 각각의 단계는 책의 각 파트로 이어진다.

- 첫 번째, 시장을 분권화decentralization하여 구축하기.
- 두 번째, 시장 실패market failure를 해결하며 시장 정교화refine하기.
- 세 번째, 사회적 목표에 부합하도록 시장 조율temper하기.

우리는 이후 이 프레임워크를 참고하며 구체적인 사례들을 통해 이를 살아 있는 이야기로 풀어낼 것이다. 여기에서는 그 흐름을 간단히 소개하고자 한다.

### 시장을 여는 첫걸음

프레임워크 첫 번째 단계는 '시장 구축'이다. 이는 정부가 우주 활동의 주체와 내용, 시기와 장소, 목적과 방법까지 모두 결정하는 체제에서 벗어나 민간의 참여를 확대하고 시장 기반을 마련하려고 한 노력을 뜻한다. 1950년대부터 2000년대까지 약 반세기 동안 현대 우주 시대는 정부가 주도했다. 정부가 전략을 세우고 예산을 배분했으며 국가 안보와 국위 선양, 기초 과학 연구와 탐사를 목표로 기술 개발을 이끌었다. 이 과정에서 일부 상업적 활용이 파생되었고 몇몇 대기업은 정부 계약 업체로 성장했지만 전반적으로 우주 활동을 시장이 이끌지는 않았다.

'우주 경제'라는 개념은 존재했지만 사실상 매우 제한적이거나 아예 없었다고 봐야 한다. 만약 이런 중앙집권적 접근이 계속 이어졌다면 아마 이 책은 존재하지 않았을 것이다. 우주 분야는 극히 일부 위성 사업자와 정부 계약 업체를 제외하면 민간 기업들이 투자하거나 주목할 이유가 없는 영역으로 남았을 것이기 때문이다. 그리고 책의 저자들 역시 시장을 기반으로 한 지구 경제에 대한 지식을 우주에 적용할 필요조차 느끼지 못했을 것이다.

그러나 변화를 일으킨 결정적인 순간이 찾아왔다. 오랜 기간 지속된 중앙집권적 통제를 넘어 정책 결정자들은 분권화와 시장 원칙의 중요성을 깨닫게 되었다. 그 결과 다양한 민간 주체가 우주 경제의 발전에 참여하게 되었고 아직 초기 단계임에도 불구하고 그 영향은 극적으로 커졌다. 후생경제학 제1정리가 말해 주듯 시장은 효율성과 혁신을 촉진하는 힘을 지니고 있다. 지난 20여 년간 우리는 우주에서도 시장의 약속이 실제로 실현되는 모습을 목격해 왔다.

상업 혁명이 시작된 뒤 앞으로 더 큰 변화에 대한 기대가 커지고 있다. 혁명 초기에는 블루 오리진과 같은 기업들이 나사 및 다른 상업적 플레이어들과 어떤 관계를 맺어야 할지 고민했다. 우리는 블루 오리진이 어떤 선택을 했는지 그 내면을 들여다볼 것이다.

또한 스페이스X는 누구보다도 자신들의 역할을 정확히 파악했다. 우리는 스페이스X가 어떻게 모두의 예상을 뒤엎었는지 설명할 것이다. 뿐만 아니라 왜 스페이스X의 성과와 야망이 이토록 중요한지를 경제학에서 가장 친숙한 개념인 '수요와 공급'을 통해 풀어낼 것이다. 우리는 '수요와 공급'이라는 경제학 도구를 활용해 우주 기업과 기관이 매일같이 마주하는 중요한 질문들을 깊이 있게 조명할 것이다.

- 과연 우주 제품과 서비스에 대한 수요는 어디에서 생겨날까?
- 위성 이미징imaging 기업 플래닛처럼 어떻게 하면 그 수요를 앞당길 수 있을까?
- 발사 서비스 시장에서 일어난 상업 혁명이 우주 정거장 시장에서도 재현될 것인가?
- 그렇다면 그것이 어떤 새로운 가능성을 열어 줄까?
- 벤처캐피털과 민간 투자자들은 오늘날의 우주 활동에서 비전을 현실로 옮기는 데 필요한 대규모 도약을 지원할 수 있을까?
- 나사의 아르테미스Artemis 프로그램(미국의 달 복귀 프로그램-옮긴이)은 현재 진행 중인 상업적 우주 혁명과 어떻게 맞물리는가?

### 우주 시장을 정교하게 다듬는 법

하지만 단순히 시장을 구축하는 것만으로는 충분하지 않다. 후생경제학 제1정리가 '특정 조건하에서'라는 단서를 붙였듯, 현실에서는 시장이 이론만큼 완벽하게 작동하지 않는 경우가 많기 때문이다.

따라서 이제 프레임워크 두 번째 단계, 즉 '시장 정교화'로 넘어간다. 우주 경제 역시 지구상의 경제처럼 다양한 문제를 안고 있다. 우주 쓰레기space debris와 같은 환경 문제, 시장 지배력 문제 등이다. 이런 문제들은 때로 정부의 개입을 필요로 한다. 정부는 적어도 이론상으로는 이런 문제들을 해결하고 시장 혼자서는 제공하기 어려운 가치 있는 활동들을 지원하는 역할을 할 수 있다.

사실 지금도 정부는 여러 우주 시장 부문에서 필수적이고 중요한 고객이자 촉진자다. 우리는 정부가 어떻게 우주 시장을 잘 작동되게 하는지 살펴볼 것이다. 국제 협력, 규제, 민간 플레이어들 간의 조정 등을 통해 어떻게 시장을 뒷받침하는지도 구체적으로 분석할 것이다. 그리고 이 책에서 만날 몇몇 기업가의 사례를 참고하여 독자들이 정부의 역할을 제대로 이해하고 이를 기반으로 우주 분야에서 자신의 길을 개척할 수 있도록 돕고자 한다.

### 우주 시장과 사회적 가치를 조율하는 법

마지막으로 우리는 시장을 넘어 사회 전체를 바라봐야 한다. 사회는 시장 그 이상이며 정부 또한 단순히 시장의 조정자 역할만 하는 것은 아니다. 후생경제학 제1정리가 강조하는 효율성은 중요하지만 그것만이 우리의 목표는 아니다. 우리가 우주에서 열어 가는 새로운 시대가 모두에게 혜택을 가져오길 바란다면 시장 원칙이 우리의 사회적 목표를 뒷받침하도록 이끌어야 한다.

따라서 프레임워크의 세 번째 단계는 '시장 조율'이다. 우주라는 새로운 경제 프런티어를 개발하면서 우리는 근본적인 거버넌스 문제에 직면하게 된다.

- 누가 어떤 권리를 가질 것인가?
- 누가 규칙을 만들고, 누가 이를 집행할 것인가?
- 규제는 어떻게 투자자들에게 불확실성을 줄이고 동시에 역동성을 해치지 않으면서 사회 전체의 이익을 보호할 수 있을까?
- 우리는 궤도와 그 너머에서 지구상의 경쟁과 분열을 되풀이하게 될까?
- 국가 안보 우선순위는 우주 경제 발전을 지원할까, 방해할까?

이 질문들에 대한 답은 결코 간단하지 않다. 하지만 언젠가는 반드시 답해야 하며 그 결과는 우리 모두에게 깊은 영향을 미칠 것이다. 이 책이 더 나은 답을 찾는 여정에 함께할 수 있기를 바란다.

## 지금, 우주 경제의 기회를 잡아라

우리는 읽기 쉽고 흥미로운 책을 만들기 위해 노력했지만 무엇보다도 유익하고 실질적인 책을 만들기 위해 힘썼다. 우주에서 일어나고 있는 변화를 체계적으로 안내하는 것이 목표였기에 체계적인 사고, 경제학적 분석 그리고 구체적인 사례에 특히 집중했다.

물론 우리 역시 독자 여러분과 함께 배움의 여정을 걷고 있다. 우리는 수년간 우주를 연구해 왔고 이 책에서 만나게 될 여러 선구자와 함께하며 많은 것을 배울 수 있었다. 하지만 우주는 워낙 역동적이고 다면적인 세계이기에 우리는 여전히 매일 새로운 것을 배우고 있다. 책에서는 우리가 가장 깊이 이해하고 있다고 믿는 부분에 집중하려 했으며, 주된 논지와 직접 연결되지 않는 우주의 다른 측면들은 상대적으로 비중을 줄였다.

특히 우리는 미국 내 공공 및 민간 주체들의 활동을 중심으로 다루었고 다른 나라들의 프로그램과 기업들은 이들과의 관계 속에서 조명했다. 또한 최근 수십 년 동안의 우주 활동에 초점을 맞추되, 그 이전의 역사는 필요한 맥락 제공에 그쳤다.[3]

아울러 우리는 우주 경제를 이해하는 데 필요한 넓은 경제학적 원리와 사고의 틀을 제시하는 데 집중했다. 구체적인 산업이나 비즈니스 모델의 적용은 그 분야를 가장 잘 아는 사람들, 즉 이 책을 읽는 독자의 몫이다. 우리의 연구가 다양한 분야의 학문, 경험의 전문성을 바탕으로 아이디어와 연구의 활발한 교류에 기여하기를 바란다. 오늘날의 우주 혁명을 온전히 실현하기 위해서는 훨씬 다양한 목소리와 전문성이 반드시 필요하기 때문이다.

무엇보다 우리는 독자가 이 책을 통해 영감을 얻고 변화를 이끌어가는 주체가 되기를 바란다. 창업가든 리더든 정책 결정자든 지지자든 혹은 비판적 관찰자든 관련 기술의 얼리어답터든 상관없다. 깊이 있는 이해가 그 첫걸음이다.

우주는 누구에게나 다양한 방식으로 다가온다. 어쩌면 여러분도 이 책에서 만나게 될 여러 리더처럼 인류가 달에 첫발을 내디딘 순간에 감명을 받았을지 모른다. 혹은 다가오는 상업 우주 혁명을 예견하고 그 일부가 되고 싶다는 열망을 품었을 수도 있다. 책의 저자들처럼 어린 시절 〈스타 트렉: 더 넥스트 제너레이션〉 같은 TV 시리즈를 보며 미래를 꿈꾸었거나, 망원경을 들고 밤하늘을 바라보다 우주의 신비와 과학에 매료되었을 수도 있다. 이처럼 각자의 길은 다르지만 비전과 현실이 어우러진 영감의 순간들은 여전히 수많은 이를 우주로 이끈다.

그런데 이 책을 펼친 많은 이는 또 다른 이유를 가지고 있을 것이다. 우주를 바라보며 이곳 지구에까지 영향을 미치고 있는 기술 혁신 속에서 새로운 기회를 본 것이다. 물론 진보는 저절로 보장되지 않는다. 우주 혁명은 아직 초기 단계에 있으며 이 경제의 성장은 이제 막 걸음마를 뗐다. 만약 지금의 발전을 현명하게 관리하지 못한다면 현재의 활력이 꺾이고 기대했던 혜택들도 잃어버릴 수 있다.

그러나 오늘날 펼쳐지는 우주 비전이 일부라도 실현된다면 그 영향력은 비즈니스, 기술, 과학, 탐사, 사회 전반에 걸쳐 역사에 길이 남을 것이다. 우주를 통해 가치를 창출하고 인류 모두를 위한 번영을 이끌며 세상의 가장 시급한 문제를 해결하는 데 기여할 수 있다면 누가 이 위대한 여정에 함께하고 싶지 않겠는가?

만약 여러분이 우주 산업 외부에서 활동하고 있다면 이 책은 다가오는 변화를 사업과 조직의 기회로 전환하는 데 필요한 통찰을 제공할 것이다. 우주 산업 안에 있는 리더라면 이 책을 통해 보다 체계적이고 경제학적인 시각으로 전체 판도를 읽어 낼 수 있을 것이다. 교육자라면 이 책이 다음 세대의 리더를 키우는 데 필요한 기반을 마련해 줄 것이다. 그리고 단순히 우주를 사랑하는 이라면 이 책을 통해 자신만의 방식으로 이 위대한 모험에 기여할 방법을 찾게 될 것이다.

2010년대, 우리 두 저자는 재사용 로켓이 착륙하는 모습을 보며 새로운 시대가 열렸음을 직감했다. 우리는 이 흐름의 일부가 되고 싶었고, 새로운 우주 경제가 모두를 위해 책임감 있고 성숙하게 성장해 나가기를 바랐다. 이 책은 그런 바람의 결실이다. 우리가 마지막 경제 프런티어final economic frontier에서 내디딘 초기 발걸음을 함께했던 사람들, 기업들, 무엇보다도 그 과정을 이끈 아이디어들을 담아낸 기록이다.

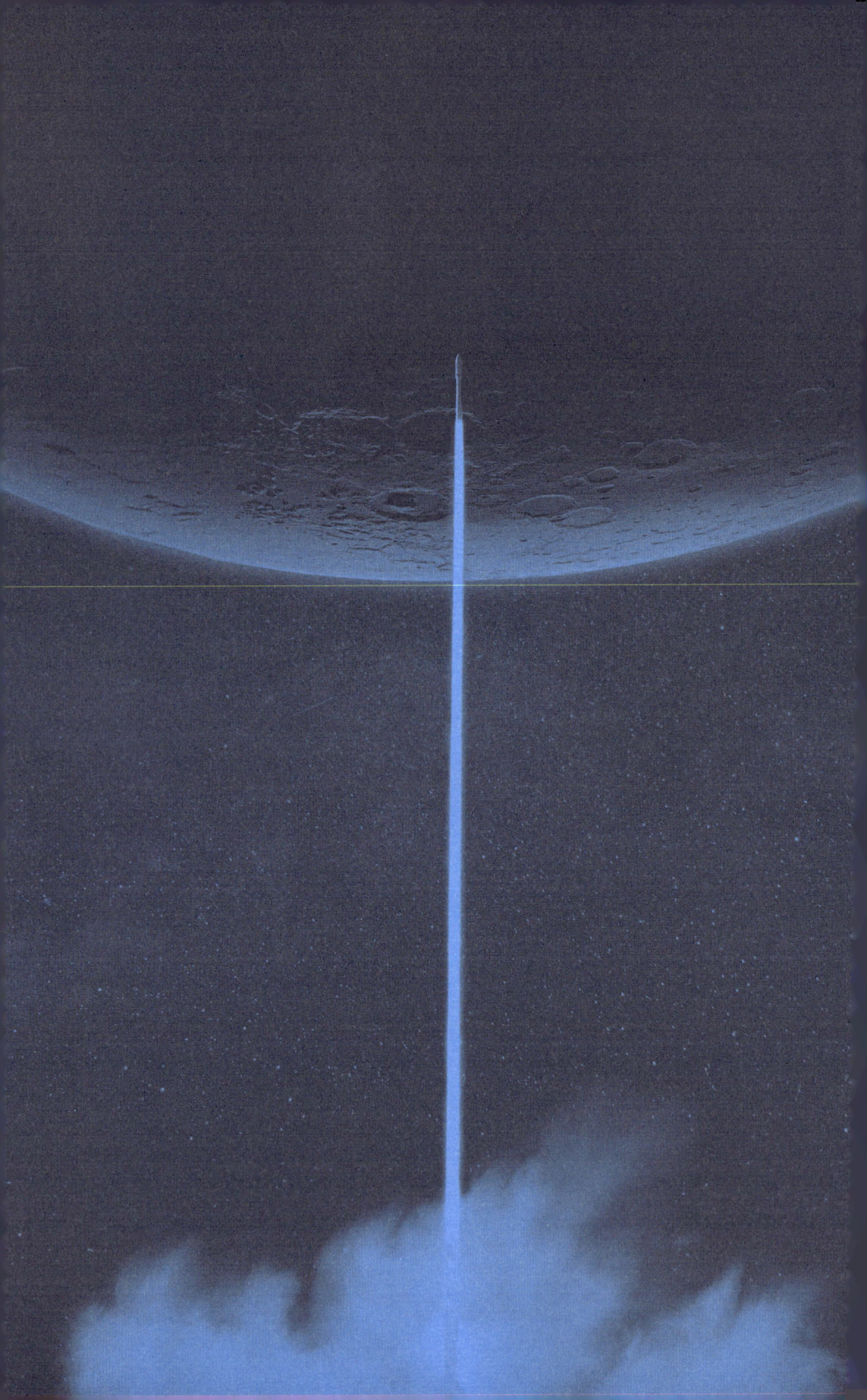

PART 1

# 시장 구축하기

# intro

우주 경제를 키우고 이를 통해 기업과 사회 모두가 얻을 수 있는 잠재적 혜택을 실현하기 위한 첫걸음은 시장을 구축하는 것이다.

시장은 효율성과 혁신을 이끌어 내는 데 있어 타의 추종을 불허하는 도구이다. 시장에서는 뛰어난 아이디어가 자연스럽게 등장하고 자리 잡으며, 새로운 방식과 더 나은 운영법이 보상받고, 막대한 양의 정보가 가격이라는 형태로 집약되고 확산된다. 시장이 잘 작동할 때 그리고 정부의 필수 역할과 상호 보완적일 때, 시장은 우리가 가진 한정된 자원으로부터 사회적 가치를 극대화하는 가장 뛰어난 메커니즘이 된다.

오늘날 전 세계 경제 활동의 대다수는 이러한 시장 체계를 기반으로 이루어지고 있으며 중앙집권적 통제는 설 자리를 잃었다. 이제 발사체, 인공위성, 우주 정거장 그리고 그로부터 파생된 각종 제품과 서비스에 이르기까지, 다양한 우주 활동을 중심으로 새로운 시장이 빠르게 성장하고 있다. 그 결과 우주 분야에 다시금 희망과 기회의 물결이 일고 있다. 1부에서는 그 시장을 이끌고 만들어 가는 기업과 조직, 그들이 내린 중요한 결정 그리고 이들이 함께 열어 가는 새로운 시대를 살펴볼 것이다.

1장

# 전환점:
# 위기를 기회로

Space to Grow

## 우주왕복선의 마지막 날들

2011년 7월 19일, 미국 우주왕복선 '아틀란티스Atlantis'호가 국제 우주 정거장(ISS)에서 마지막으로 분리되어 지구로 귀환하는 여정을 시작했다. 이틀 뒤 아틀란티스는 플로리다 케네디 우주센터의 활주로에 천천히 착륙했다. 새벽어둠이 채 걷히지 않은 시각이었다. 이곳은 미국의 우주 탐사 역사에서 상징적인 장소였다. 존 글렌John Glenn이 지구 궤도를 돈 최초의 미국인이 되었던 곳, 닐 암스트롱Neil Armstrong이 '인류를 위한 거대한 도약'을 내디뎠던 곳 그리고 허블 우주망원경이 우주의 비밀을 밝히기 위해 날아오른 곳이 바로 이곳이었다. 그러나 2011년 7월, 아틀란티스의 귀환은 새로운 시작이 아닌 한 시대의 끝을 의미했다. 왕복선이 활주로에 멈춰 서자 유압 장치의 소음이 점차 잦아들었다. "한 세대의 상상력을 자극했던 우주왕복선이 이제 마지막 임무를 마치고 역사 속으로 사라집니다." 방송 해설자의 목소리는 차분했다.

30년 동안 미국 우주 프로그램의 상징이었던 우주왕복선 사업은 그렇게 막을 내렸다. 1960년대 기적처럼 달성했던 아폴로Apollo 달 착륙 프로젝트는 막대한 비용을 초래했으며, 그 이후 출범한 우주왕복선 프로그램은 보다 효율적이고 경제적인 우주 탐사를 목표로 했다. 아틀란티스를 비롯해 챌린저Challenger, 컬럼비아Columbia, 디스커버리Discovery, 엔데버Endeavor 등 다섯 대의 왕복선으로 이루어진 이 사업은 우주를 더욱 쉬이 접근할 수 있는 영역으로 만들겠다는 야심 찬 비전을 품고 있었다. 그러나 이 프로그램은 그 기대를 온전히 충족시키지 못했고 1986년 챌린저호가 발사 직후 폭발하면서 큰 비극을 맞았다. 승무원 7명 전원이 사망한 사고였다. 2003년에는 또 한 번의 참사가 발생했다. 컬럼비아호가 대기권 재진입 중 공중분해 되면서 다시 7명의 목숨을 앗아간 것이다. 결국 정책 결정자들은 왕복선 프로그램을 2010년 말에 종료하기로 결정했다.

**중앙집권 시스템의 성과와 한계**

두 차례의 비극과 프로그램의 폐지는 미국의 우주 사업을 깊은 위기로 몰아넣었다. 우주왕복선은 미국이 유인 우주 비행을 수행할 수 있는 유일한 수단이었기 때문에 운영이 중단되면서 미국은 자체적으로 승무원과 화물을 국제 우주 정거장으로 보내는 능력을 상실했다.[1] 유일한 대안은 러시아에 수천만 달러를 지불하고 소유즈 로켓 좌석을 구매하는 것뿐이었다. 1969년 소련을 제치고 달에 최초로 착륙하며 세계 최강의 우주 강국으로 군림했던 미국에 이는 굴욕적이고 받아들이기 어려운 현실이었다.

이처럼 초라하게 마무리된 우주왕복선 시대는 아폴로 시대에 시작된 미국의 우주 개척 꿈이 사라졌음을 상징하는 듯했다. 미국의, 더 나아가 인류의 우주 탐사 황금기는 이제 과거 유산으로 남는 듯 보였다.

누구의 잘못이었을까? 나사를 비판하는 목소리도 있었다. 대규모 프로그램을 예산과 일정에 맞춰 운영하지 못한 책임을 묻는 이들은 나사가 우주 개발이라는 본연의 목적보다는 특정 지역의 일자리 창출에 집착하는 비효율적인 관료 조직으로 전락했다고 비판했다. 우주 허브를 지역구로 둔 이기적인 의원들을 위한 '일자리 프로그램'이라는 것이었다. 반면 나사의 예산을 쥐고 있던 의회와 방향성을 결정하던 백악관에 책임을 돌리는 시각도 있었다. 우주 탐사라는 거대한 사업이 정권 교체와 정치적 이해관계에 휘둘리는 구조에서 성공하기란 애초에 불가능하다는 것이다. 아폴로 시대 이후 미국인들이 더 이상 우주에 관심을 두지 않는다고 한탄하는 이들도 있었다.

하지만 문제의 본질은 특정 개인이나 집단의 실수로 돌릴 수 있는 것이 아니었다.

미국의 우주 활동은 1950년대 후반에 시작된 이후로 오랜 시간 동안 정부가 주도하는 중앙집권적 방식으로 운영되어 왔다. 정치인, 나사 지도부, 과학자, 군 관계자들이 목표를 설정하고 예산을 배정하며, 일정과 우주선의 사양까지 결정했다. 민간 부문에 있는 계약 업체들은 이들의 계획을 실행하는 역할을 맡았다. 이러한 체제는 당시에 당연한 일이었다. 초기 우주 프로그램의 핵심 목표였던 국가 위상 강화, 국가 안보, 과학 연구, 우주 탐사는 모두 정부가 주도하기에 적합한 분야였기 때문이다. 경제학자들은 이를 '공공재price goods'라 부른다.[2]

이러한 중앙집권적 구조 아래에서 미국의 우주 사업은 놀라운 성과를 거두었다. 인간을 달에 보냈고 화성에 탐사 로봇을 착륙시켰으며 지구 궤도에 우주 연구소를 세웠다. 또한 우주에서 얻은 과학적 성과는 지구와 우주의 비밀을 하나둘 밝혀냈다. 우리가 일상에서 누리는 실질적 혜택도 커졌다. 인공위성 덕분에 전 세계가 서로 소통할 수 있게 되었고 내비게이션과 기상 관측, 기후 변화 모니터링, 국방까지 다양한 분야에서 혁신이 이루어졌다. 이러한 우주 기반 기술은 21세기 삶의 보이지 않는 필수 인프라로 자리 잡았다.

그러나 중앙집권적 방식에는 근본적인 한계도 존재했다. 자유 시장에서 경쟁이 촉진하는 효율성과 혁신의 동력이 정부 주도 체제에서는 약해진다. 시간이 흐를수록 가격 신호price signals(시장에서 수요와 공급을 반영하는 가격 변동-옮긴이)가 왜곡되면서 자원 배분의 최적 방식을 찾는 일이 어려워진다. 설령 중앙에서 계획을 세우는 사람이 진심으로 공익을 추구하더라도 말이다. 더구나 몇몇 공직자에게 권한이 집중되면 전체 사회보다 특정 집단의 이익을 우선시하는 압력이 커지기 마련이다.

결국 이런 구조적 문제는 시간이 지날수록 미국의 우주 프로그램을 약화시켰다. 아이러니하게도 이는 우주 경쟁에서 미국의 최대 라이벌이었던 소련 경제를 무너뜨린 것과 같은 원인이었다. 1950~1960년대 소련 경제는 산업 개발이라는 단기 목표를 향해 돌진하며 강력한 모습을 보였다. 하지만 중앙집권적 모델은 시간이 흐를수록 불확실한 경제 환경에 적응하는 데 실패했다.

미국의 우주 사업도 비슷한 길을 걸었다. 1960년대 아폴로 계획the Apollo program은 '인류를 달에 보내는 것'이라는 명확하고 구체적인 목표가 있었기에 중앙집권적 구조가 효과를 발휘했다. 그러나 그 이후의 우주 프로그램은 조직 구조의 변화 없이 계속 운영되었고, 시장의 자율성과는 동떨어진 체제의 약점이 점차 드러났다. 이에 대해 스페이스X의 초기 멤버였던 우주 산업 전문가 짐 캔트렐Jim Cantrell은 말했다. "달에 사람을 보냈으며 자본주의를 지키기 위해 소련과의 경쟁에서 승리한 바로 그 항공우주 산업이, 역설적이게도 지금까지 소련식 경제 모델로 운영되고 있어요."[3]

그러나 위기 속에서도 변화의 기회는 있었다. 우주왕복선의 퇴역은 오래된 중앙집권적 모델에서 벗어나 새로운 방향을 모색할 수 있는 전환점이 될 수 있었다. 미국의 우주 프로그램이 오랜 시간 고착화된 체제를 유지해 왔던 만큼, 이제는 균형 잡힌 새로운 길을 찾을 때가 된 것이다.

미국 우주 프로그램이 어떻게 위기를 직면하고 극복했는지에 대한 이야기는 단순한 과거의 역사가 아니다. 오늘날의 우주 산업을 이해하고 미래를 예측하려면 먼저 과거의 구조와 변화 과정을 깊이 들여다봐야 한다.

## 나사의 제1막: 거대한 약속과 그 끝

미국의 우주 프로그램은 1915년까지 거슬러 올라가지만 본격적으로 세계의 주목을 받은 것은 냉전 시대였다.[4] 1957년 10월 4일 소련은 세계 최초의 인공위성 스푸트니크 1호를 쏘아 올렸고, 불과 4년도 채 지나지 않아 유리 가가린Yuri Gagarin이 인류 최초의 우주인이 되었다. 우주 시대는 그렇게 시작되었고 미국은 이 새로운 무대에서 뒤처진 듯 보였다. 이 경쟁은 단순한 자존심 싸움이 아니었다. 기밀 해제된 미국 국가 안보회의 문건은 미국 정부가 애초부터 우주를 국가 안보의 핵심 영역으로 간주했음을 보여 준다.

1959년 국립항공우주위원회National Aeronautics and Space Council가 발표한 정책 문건은 이렇게 명시했다. "우주는 새로운 중대한 도전이다. 이미 과학, 민간, 군사, 정치 측면에서 국가 안보에 중요한 의미를 지니고 있음이 분명하다. 특히 우주 활동이 국가 위신에 미치는 심리적 영향은 매우 광범위하다."[5]

문건은 소련이 우주 활동에서 거둔 일련의 "최초" 성과들이 "소련의 위신을 실질적이고 지속적으로 끌어올렸다."라고 밝히며, 이는 소련 체제의 "전반적인 우월성"에 대한 주장들을 강화하는 데 일조했다고 서술했다.[6] 유리 가가린이 우주 비행을 마친 직후, 소련 지도자 니키타 흐루쇼프Nikita Khrushchev는 그에게 전화로 이렇게 말했다. "자본주의 국가들더러 우리를 따라잡아 보라고 하게. 우주 개척의 길은 이미 우리 것이니까."[7]

이에 대한 대응으로 미국 의회는 민간 주도의 우주 활동을 이끌기 위해 새로운 기관인 미국 항공우주국 나사를 설립했다. 그리고 1961년, 존 F. 케네디John F. Kennedy 대통령은 의회 연설에서 이렇게 선언했다. "지금 전 세계 곳곳에서 벌어지는 자유와 독재의 싸움에서 이기려면 이제 이 나라가 우주 개발에서 확고한 선도적 위치를 차지해야 할 때입니다."[8]

케네디는 인류를 10년 안에 달에 보내겠다는 비전을 제시했고 의회는 이를 실현하기 위해 수십억 달러에 달하는 예산을 승인했다. 이른바 '문샷moonshot'이라 불린 아폴로 계획은 인류 역사상 가장 거대한 평화적 공학 프로젝트로 자리매김했다. 그리고 1969년 7월 20일, 아폴로 11호의 닐 암스트롱과 버즈 올드린Buzz Aldrin이 달에 인류 최초의 첫발을 내디뎠다.

아폴로의 놀라운 성공은 새로운 시대를 여는 듯했다. 역사가 아서 슐레진저 주니어Arthur Schlesinger Jr는 이렇게 적었다. "20세기는 다른 모든 것이 잊히더라도 인간이 처음으로 지구라는 굴레를 벗어나 우주를 탐험하기 시작한 세기로 기억될 것이다."[9] 10년 전만 해도 나사 내부에서도 달 착륙이 가능할지 의심하던 이들이 있었지만 결국 미국은 불가능을 가능으로 바꿨다.

노벨상 수상자인 생물학자 센트죄르지 얼베르트Szent-Györgyi Albert는 "아폴로 계획은 '불가능'이라는 단어를 과학사전에서 지워야 한다고 말해 줍니다. 이는 인간 정신을 고양하는 가장 위대한 업적입니다."라고 말했다.[10] 물리학자 아서 칸트로위츠Arthur Kantrowitz 역시 "인류가 우주에서 미래를 열어 갈 수 있다는 믿음을 되살리는 데 아폴로 프로그램은 결정적인 역할을 했다."라고 평가했다.[11]

당시 사람들은 물었다. "우리가 이룬 것만큼 앞으로 또 어떤 경이로운 일들이 가능할까?" 아폴로 11호 착륙 몇 달 전 리처드 닉슨Richard Nixon 대통령은 스페이스 태스크 그룹Space Task Group을 조직해 나사의 향후 계획을 마련하도록 지시했다. 이들은 거대한 비전을 내놓았다. 지구 궤도를 도는 우주 정거장, 달 궤도 정거장, 달 표면 기지 그리고 유인 화성 탐사. 이 모든 것은 재사용 가능한 우주왕복선을 통해 가능해질 것이라는 구상이었다.[12]

그 외에도 정기적인 우주 비행, 달 호텔, 수천 명 혹은 수백만 명을 수용할 수 있는 거대한 우주 콜로니 설계 등 대담한 아이디어들이 쏟아졌다. 경제, 사회, 심지어 정신적 영역까지 우주가 새로운 가능성으로 가득 찬 무대가 될 것이라는 희망이 넘쳤다.

하지만 단 하나 치명적인 걸림돌이 있었다. 바로 '돈'이었다. 아폴로 프로그램은 국가적 우선 과제였기에 엄청난 예산을 끌어모을 수 있었다. 나사는 1966년에만 60억 달러를 받았으며 이는 당시 연방 예산의 4.4%에 해당하는 자금이었다. 이를 오늘날 기준으로 환산하면 약 2,680억 달러에 달하며 이는 현재 나사 예산의 10배 수준이다.

그러나 아폴로 임무가 완수되기도 전에 나사의 예산은 급격히 삭감되기 시작했다. 1974년에는 연방 예산의 1.2%, 약 33억 달러로 줄어들었다. 이는 단순한 예산 조정이 아니었다. 국민의 생각이 바뀌었기 때문이다. 더 크고 대담한 프로그램으로 아폴로의 성공을 이어가는 것이 가치가 없다는 여론이었다. 1967년에는 미국인의 54%가 "우주 프로그램은 예산 대비 가치가 없다."라고 답했다.[13]

더욱 놀라운 것은 달 착륙(당시 많은 사람과 오늘날의 많은 우주 지도자에게 영감을 준) 1년 후인 1970년, 뜨거운 감동이 채 식기도 전에 응답자의 56%가 "달 착륙이 가치 있는 투자였다고 생각하지 않는다."라고 답했다는 사실이다. 물론 81%는 "TV 생중계로 본 우주 비행은 그 무엇과도 비교할 수 없는 경험이었다."[14]라고 했지만, 비용 문제는 여전히 부정적 평가로 이어졌다. 소련의 우주 위협이 약화되면서 우주에 대한 미국인의 열정도 식었다.[15] 아폴로 우주인 버즈 올드린은 이렇게 회고했다. "아폴로 달 착륙 이후 미국은 우주에 대한 사랑을 잃어버렸습니다."

결국 나사의 예산은 꾸준히 감소해(도표 1-1) 지난 10여 년간 연방 예산의 0.5% 수준에 머무르고 있다. 돈이 없으면 달 착륙 같은 야심 찬 프로젝트도 불가능하다. 나사의 첫 번째 막은 '막대한 예산과 치열한 경쟁'이라는 특수한 조건이 빚어낸 결과였다. 그러나 현실은 더 이상 그런 조건을 허락하지 않았다. 결국 아폴로 임무는 '새로운 시대의 서막'이라기보다 '우주 황금기의 정점'으로 기억되게 되었다.

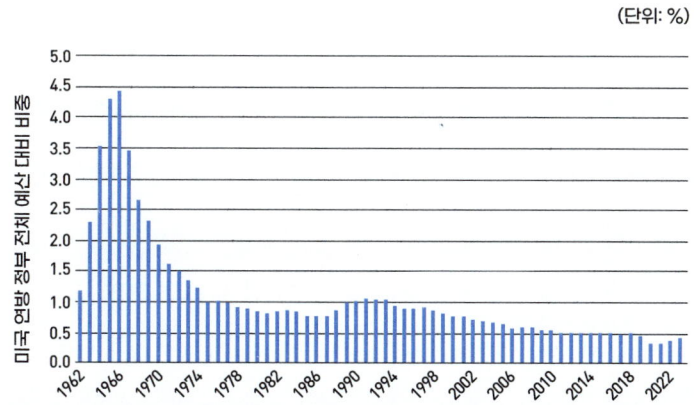

도표 1-1   나사 예산의 미국 연방 정부 전체 예산 대비 비중

## 나사의 제2막: 재사용을 향한 실험

아폴로 이후 막대한 예산을 계속 유지하기란 불가능했다. 하지만 유인 우주 비행을 완전히 포기할 수도 없었다. 결국 미국 정책 입안자들은 현실적인 타협안을 선택했다. 목표는 더 이상 '달 착륙'이 아니었다. 대신 훨씬 저렴하고 일상적인 우주 접근성을 확보하라는 과제가 나사

에게 주어졌다. 나사는 두 가지 전략적 자산 확보에 나섰다. 하나는 우주왕복선, 다른 하나는 지구 궤도 우주 정거장이었다. 당초 나사는 이 두 가지를 동시에 추진하길 바랐지만 제한된 자원 탓에 우선순위는 우주왕복선으로 정해졌다.

이쯤에서 잠시 멈춰 '나사의 제1막'(아폴로 계획)과 '제2막'(우주왕복선과 국제 우주 정거장)의 목표 사이에 존재하는 근본적인 차이를 짚고 넘어갈 필요가 있다. 국익을 위해 겉보기에는 불가능해 보이는 기술적 도전을 국가 전체가 힘을 모아 해내는 것, 이것이 바로 '제1막'의 핵심이었다. 이는 정부가 가장 잘할 수 있는 역할이기도 하다. 최근의 사례로는 코로나19 팬데믹 당시 미국 정부가 '오퍼레이션 워프 스피드'를 통해 백신을 신속하게 공급하고자 했던 노력이 있다(이 이름은 〈스타 트렉〉의 '광속 이동'에서 따왔다). 당시 화이자의 CEO는 이 프로젝트를 "또 하나의 문샷"이라고 표현했다.[16]

이에 비해 '제2막'은 완전히 다른 역량을 요구했다. 지속적인 개선, 혁신, 효율성 확보, 비용 절감을 꾸준히 추구하는 일이었기 때문이다. 이는 일반적으로 대형 정부 프로그램과는 거리가 있는 특성이다. 이러한 차이(그 이면에 있는 근본적인 경제학을 포함해서)에 대해선 뒤에서 더 자세히 다룰 테니 지금은 다시 우주왕복선 이야기로 돌아가자.

### 재사용을 꿈꾼 우주왕복선

우주왕복선(정식 명칭은 '우주 수송 시스템')은 단순한 로켓이 아니었다. 한 번만 사용하고 버리는 기존 로켓과 달리 대기권을 벗어나 궤도에 도달한 뒤 다시 지구로 돌아와 활주로에 착륙하는 재사용 가능한 '우주 비행기'였다. 기술적으로는 기념비적인 설계였다. 우주왕복선 전문가인 존 M. 록스돈John M. Logsdon은 이를 "인류가 만든 가장 복잡한 기계"라고 표현했다.[17]

우주왕복선에는 위성을 수리할 수 있는 화물칸, 우주 유영을 위한 에어록, 로봇팔 등이 탑재되었다. 나사에서 부국장을, 스페이스X에서 부사장을 역임하며 우주 개발을 이끈 윌리엄 게르스텐메이어William Gerstenmaier는 이렇게 말했다. "우주왕복선은 단순한 발사체가 아니었어요. 재사용 시대를 연 선구자였죠."[18]

재사용 가능성은 우주왕복선이 지닌 가장 핵심적인 매력이었다. 아폴로 계획의 새턴 V를 포함해 이전까지의 발사체는 모두 단 한 번만 사용할 수 있는 일회용이었다. 로켓을 만들고 한 번 쏘아 올리면 그걸로 끝이었다. 로켓 기술은 원래도 극도로 어렵다. 그런데 우주로 날려 보낸 로켓을 지구로 안전하게 회수해 그걸 또다시 사용하는 시스템을 만든다는 건 훨씬 더 복잡한 도전이었다. 재사용 가능한 발사체를 만드는 일은 그 누구도 해 본 적 없는 기술적 난제였다. 기술적 장벽이 높고 그만큼 막대한 비용이 들기 때문이다.

하지만 만약 하나의 발사체를 여러 번 사용할 수 있다면 초기 제작비가 다소 비싸더라도 결국 발사당 평균 비용은 크게 낮아질 수 있다. 그렇기에 나사의 발상은 단순히 우주로 가는 일을 가능하게 만드는 걸 넘어서서 항공 교통처럼 일상적으로 운영할 수 있는 체계를 구축하겠다는 야심이었다. 만약 지구 궤도로 올라가는 비용을 혁신적으로 줄일 수 있다면 우주에서 할 수 있는 일의 범위와 규모 자체가 달라지고 지구상의 우리에게 돌아오는 혜택 또한 근본적으로 확장될 것이었다. 실제로 닉슨 대통령은 1972년 이 계획을 승인하면서 말했다. "우주왕복선은 우주 비행을 일상화하고 천문학적 비용을 혁명적인 수준으로 끌어내릴 것입니다."[19]

정부 주도로 추진된 우주왕복선 프로그램은 이미 몇몇 기업이 활동 중이던 발사체 산업에 진입하며 그 자리를 대체하기 시작했다. 1970년대, 기업들은 나사와 국방부의 계약 아래 상업용 및 안보용 위성을 발사하기 위해 일회용 발사체를 제작해 왔다. 하지만 당시 국가 안보 관련 기관들은 모든 국방 탑재물의 발사를 왕복선이 맡게 된다는 지침을 받았다. 왕복선 발사 횟수를 최대한 늘려야만 고정 비용을 분산시켜 경제성을 확보할 수 있었기 때문이다. 존 록스돈의 표현처럼 이는 "아폴로 시대의 나사와 협력 업체 일자리를 지키고자 하는 정치적 바람"도 크게 작용한 결정이었다.[20] 결국 왕복선 프로그램은 시작도 하기 전에 사실상 독점적 지위를 얻었고, 1970년대 후반에는 미국의 민간 발사체가 단계적으로 퇴출되었다.

첫 번째 왕복선 컬럼비아는 1981년 4월 12일, 유리 가가린이 우주로 비상한 지 정확히 20년이 되는 날에 처음 비행에 나섰다. 왕복선 제작 기간 동안 미국 우주 비행사는 6년간 우주로 나가지 못했는데 컬럼비아가 그 공백을 끝냈다.

이후 30년 동안 컬럼비아와 형제 왕복선들은 다양한 업적을 남겼다. 국제 우주 정거장 건설이라는 주요 목표를 지원했고 국가 안보용과 과학 연구용 위성을 다수 배치했으며, 특히 허블 우주망원경의 왜곡된 초기 영상을 보정하기 위해 우주 비행사를 실어 나르기도 했다. 또 전투기 조종사가 아닌 일반 민간인 우주 비행사의 시대를 여는 계기도 마련했다. 이들은 국내외에 미국의 기술력과 국가적 위상을 드러내는 상징이 되었다.

이렇듯 인상적인 성과에도 불구하고 왕복선은 완벽과는 거리가 있었다. 록스돈은 "왕복선은 처음의 기대와 달리 결국 여러 위험을 안은 실험 단계의 비행체였으며 안전 운용을 위해 극도의 주의와 높은 비용이 요구되었다."라고 평가했다.[21]

빠르고 저렴한 재사용 비행이라는 비전은 오래가지 못했다. 매년 60회 비행을 목표로 했지만 실제로는 연간 10회도 넘기지 못했고, 30년간 평균 발사 횟수는 5회 미만에 그쳤다.[22] 개발 비용은 계획대로였지만 운영비는 예상을 훨씬 초과했다. 당시 우주 정책 전문가이자 국가우주위원회the National Space Council의 전 사무총장인 스콧 페이스Scott Pace는 "운영비가 계획보다 거의 두 자릿수 배 가까이 높았다."라고 평가했다.[23] 2008년 기준으로 발사 한 번에 약 15억 달러가 들었고 이는 화물 1킬로그램당 6만 달러(현재 가치로 9만 달러)에 달했다.[24]

결국 1981년부터 2011년까지 30년 동안 지속된 우주왕복선 프로그램의 총비용은 2천억 달러(2011년 달러 기준, 현재 기준으로는 2천9백억 달러)를 넘었고, 이는 같은 기간 나사 전체 예산의 3분의 1 수준이었다. 1998년부터 2011년까지 진행된 국제 우주 정거장 건설에도 핵심 역할을 한 셔틀이기에 대체 수단을 찾는 건 사실상 불가능했다. 심지어 우주에 대한 일상적인 접근이 필요하다는 이유로 셔틀 프로그램의 선정과 설계에 큰 영향을 미쳤던 국방부마저도 시간이 흐르면서 셔틀에 대한 기대를 접기 시작했다.[25] 록스돈은 냉정하게 평가했다. "셔틀이 그 돈의 가치를 했는지 의문입니다."[26]

국제 우주 정거장은 나사의 또 다른 대표적 유인 우주 프로그램으로 셔틀과 마찬가지로 많은 비판에 직면했다. 국제 우주 정거장은 분명 시각적으로도 장엄한 구조물이다. 축구장 크기의 거대한 정거장은 90분마다 지구를 한 바퀴 돌며, 세계 각국의 우주인들이 그곳에 탑승해 첨단 실험을 수행하고 있다. 또한 이는 미국과 러시아 등 주요 국가들이 협력해 인류 공동의 과학적 발전을 도모하는 외교적 성과이기도 하다. 지구에서도 맨눈으로 볼 수 있는 이 거대한 구조물은 갈등이 잦은 지구와는 달리 우주가 인류 협력의 공간이 될 수 있음을 상징한다.

하지만 국제 우주 정거장 역시 셔틀과 마찬가지로 막대한 예산이 투입되었다. 건설에 약 1천억 달러, 연간 유지비만 40억 달러가 들었다. 일부 평론가는 "과학적 성과가 투입된 예산에 비해 충분하지 않다."라고 지적했다.[27] 제한된 예산 속에서 셔틀과 국제 우주 정거장에 과도하게 집중된 재원은 나사의 다른 프로젝트를 갉아먹는 결과를 낳았다.

1980년대 초, 우주왕복선의 한계가 점점 분명해지자 정부는 우주 비행의 새로운 해법을 모색했다. 로널드 레이건Ronald Reagan 대통령은 발사 사업에서 민간 기업이 더 큰 역할을 맡도록 방향을 전환했다. 이를 위해 정부는 상업용 로켓 개발을 장려하고 민간 기업들이 정부 위성을 궤도에 올릴 수 있도록 입찰 경로를 열었다. 1989년 맥도널 더글러스McDonnell Douglas(현재는 보잉Boeing의 일부)는 델타Delta I 로켓을 통해 미국 최초의 민간 상업 발사체를 허가받았다. 이후 세 곳의 민간 로켓이 뒤를 이었다. 정부의 독점에서 벗어나자 민간 부문도 충분히 실력을 보여 줄 수 있음을 입증했다.

하지만 이런 민간 중심의 발사체 개발을 촉진하려는 초기 시도에도 불구하고 여전히 우주왕복선의 존재감은 막강했다. 미 공군에서 25년간 발사체 업무를 담당했던 웨인 엘레이저Wayne Eleazer는 이렇게 회고했다. "물론 누구든 왕복선과 경쟁할 발사체를 개발하지 못할 이유는 없었어요. 단 하나의 장벽만 있었죠. 막대한 예산을 지원받는 정부 주도의 경쟁자가 정부 발사 임무를 100% 독점하고 있었던 겁니다."[28]

정부가 혁신과 효율성을 도모하려는 시도는 역설적으로 자기 손으로 운영하던 시스템의 무게에 눌려 좌초되고 있었다. 이런 상황에 좌절한 몇몇 사람은 체제 전환을 촉구하기 시작했다. 그중 하나가 피트 워든Pete Worden이었다. 그는 1992년 국방부의 전략방위구상(일명 '스타 워즈Star Wars') 소속으로 근무하던 불같은 성격의 전직 공군 대령이었다. 피트 워든은 "스스로 핥는 아이스크림콘Self-Licking Ice Cream Cones"이라는 도발적인 제목의 연설에서 미국의 우주 프로그램이 지속 불가능하다고 강도 높게 비판했다('스스로 핥는 아이스크림콘'이란 실질적 목적을 잃은 채 그 존재만 유지하기 위해 계속 돌아가는 비효율적 시스템을 풍자하는 미국식 은어다-옮긴이).

나사는 사실상 의회에서도 가장 이권에 민감한 세력의 입김을 받는 기관입니다. 당연히 이들의 프로그램은 특정 지역구 일자리를 창출하고 유지하도록 설계되어 있습니다. 우주왕복선-우주 정거장 프로그램은 그 대표적인 사례입니다. 나사 예산의 거의 3분의 2가 이 '스스로 핥는' 프로그램에 묶여 있어요. 왕복선은 발사 한 번에 10억 달러나 드는 말도 안 되는 수단이고 우주 정거장 디자인도 유치하기 짝이 없죠. 그런데도 정거장은 오직 왕복선으로만 건설 가능하도록 설계되어 있고 왕복선 또한 정거장 건설만 가능하게 만들어졌습니다.

게다가 왕복선이 정거장을 지원하려면 새로운 고체 로켓 추진 모터가 필요한데 공교롭게도 그건 연방 하원 세출위원회 위원장의 지역구에서 생산하게 되어 있어요. 일자리 수만 개가 이런 프로그램들에 달려 있고 나사 예산 대부분도 이쪽에 집중돼 있어요. 결국 이 무한 루프에서 빠져나올 돈은 없고 오히려 절대 빠져나오지 말라는 정치적 압력이 작용하죠. 나사 예산이 140억 달러에 이르렀던 당시 새로운 저비용 발사체 시스템 개발에 1억 7천5백만 달러조차 배정하지 못한 걸 보면 알 수 있죠. 결국 세

출위원회는 새로운 발사 시스템을 개발하기 위한 프로그램들의 예산을 사실상 0으로 만들어 버렸어요.²⁹

워든은 이렇게 마무리했다. "우리는 내부 질서를 바로잡아야 합니다. 핵심은 나사의 운영 방식을 근본적으로 바꾸는 것입니다."

워든의 이례적으로 솔직한 발언은 논란을 낳았지만 그가 유일한 비판자는 아니었다. 우주 산업의 중앙집중적 운영 방식을 바꾸기 위한 움직임도 조용히 시작되고 있었다. 1998년 제정된 「상업 우주법 Commercial Space Act」은 "연방 정부가 미국 상업 업체들로부터 우주 수송 서비스를 구매해야 하며", "이 서비스는 상업적 상품으로 간주된다."라고 명시했다.³⁰

그 직후 나사의 내부 전략기획팀은 다음과 같은 권고안을 내놓았다.³¹ "민영화와 상업화를 통해 미국 시민들이 우주 환경에 접근할 수 있도록 길을 열어야 한다." 이에 따라 2000년대 초 나사는 민간 우주 기업들과 손잡고 상업용 발사체를 통해 국제 우주 정거장에 화물을 보급할 가능성을 실험하는 소규모 프로그램을 시작했다.

하지만 그럼에도 여전히 주력은 왕복선이었다. 미국 우주 비행의 상징이자 자부심이었던 셔틀은 막대한 운영 예산을 필요로 했고 그 예산은 미래의 대체 프로그램을 위한 자금을 남기지 않았다.

그러다 2003년에 컬럼비아 참사가 발생했다. 한순간에 모든 상황이 뒤집혔다. 그렇다고 왕복선을 곧바로 퇴역시킬 수는 없었다. 아직 완공되지 않은 국제 우주 정거장을 마무리하는 데 필수였기 때문이다. 그러나 공식적으로 왕복선은 "국제 우주 정거장의 건설이 완료되는 즉시" 퇴역시키기로 결정되었다.[32]

## 혁명의 씨앗: 민간 중심 우주로의 전환

미국 지도자들은 왕복선이 남긴 공백을 계기로 우주 프로그램의 새로운 목표를 설정할 수밖에 없었다. 하지만 더욱 중요한 것은 이 공백이 우주 프로그램의 실행 방식 자체를 다시 설계할 수 있는 여지를 열었다는 점이었다. 우주 기업 임원 브레튼 알렉산더Bretton Alexander는 이 혁명적 전환의 시기를 이렇게 회고했다. "나사는 30년 동안 왕복선을 대체하지 못했습니다. 그 실패는 '나사가 우주 개발을 항상 주도한다'라는 믿음을 완전히 무너뜨린 계기였어요. 왕복선이 퇴역하면서 나사는 비로소 민간 부문을 돌아볼 수 있는 여지를 갖게 되었죠."

2004년 초, 조지 W. 부시George W. Bush 대통령은 '우주 탐사 비전Vision for Space Exploration'이라는 새로운 계획을 발표했다. 2010년대에 달로 탐사선을 보내고 그 이후에는 유인 임무를 추진해 화성 탐사의 기반을 닦겠다는 계획이었다. 행정부는 나사가 30년 동안 지구 궤도에만 집중했던 상황에서 이제 다시 심우주로 돌아가 아폴로 시대의 개척 정신을 되살릴 때라고 판단했다.

그리고 그 목표를 실현하려면 단순한 비전 이상의 구조적 변화가 필요하다는 점도 분명히 인식하고 있었다. 아폴로 시대 이후 드러난 문제점들은 단지 나사라는 기관 자체의 문제가 아니라, 나사가 핵심 주체였던 우주 개발 체제 전반의 한계를 보여 주는 것이기도 했다. 과도한 비용, 일정 지연, 불명확한 목표, 관료주의적 경직성, 이 모두가 우주 탐사라는 위대한 이상에 브레이크를 걸고 있었던 것이다.

1977년 나사에 입사했던 윌리엄 게르스텐메이어는 당시를 이렇게 회상했다. "그때의 나사는 진정한 탐사 기관이었어요. 개별 엔지니어에게 책임이 있었고 저는 신입 엔지니어임에도 풍동 실험에 필요한 장비를 직접 설계하고 제작해 설치까지 할 수 있었죠. 별다른 감독 없이요."[33] 하지만 수십 년이 흐르는 동안 나사는 그의 표현을 빌리면 "관료적이고 위험 회피적인 조직"이 되어 버렸다.[34]

조지 W. 부시 대통령은 나사의 혁신 방안을 마련하기 위해 '올드리지 위원회Aldrige Commission'를 구성했다. 위원회의 보고서는 냉혹했다. "민간 부문과의 관계, 조직 구조, 경영 문화, 운영 방식, 이 모든 것이 아폴로 시대의 유산으로부터 물려받은 것이며 지금은 근본적인 전환이 필요합니다." 보고서는 나사가 비효율적이라며 더 민첩하고 유연한 조직으로 탈바꿈해야 한다고 강조했다.

위원회는 나사의 열 개 센터 중 일부를 폐쇄하는 것까지 검토했으나 최종적으로는 그 사안을 포함하지 않기로 결정했다. 당시 위원장이자 공군 장관 출신인 에드워드 올드리지Edward Aldridge는 말했다. "오랫동안 검토했습니다. 그 내용을 포함했다면 보고서는 공개되자마자 거센 반발로 즉시 무산됐을 거예요."[35]

그러나 보고서에는 한 가지 중요한 권고안이 담겼다. 나사가 민간 부문에 훨씬 더 큰 역할을 부여해야 한다는 것이었다. 정부가 모든 것을 소유하고 운영하는 대신, 민간 기업으로부터 서비스를 구매하고 기업 간의 경쟁을 유도해야 한다는 방향이었다. 특히 강조된 원칙은 이렇다. "정부만이 수행할 수 있음이 명백히 입증된 활동에만 정부가 나서야 한다."[36]

이 같은 '비즈니스 우선' 접근법은 2004년 「상업 우주 발사 개정법 Commercial Space Launch Amendments Act」을 통해 법제화되었다. 법에는 다음과 같은 내용이 명시되었다. "상업적 응용 가능성이 있는 활동을 정부가 직접 수행해서는 안 되며, 미국 민간 우주 산업의 성장을 저해해서도 안 된다. 단, 국가 안보 목적일 경우는 예외다. 정부는 자국의 필요에 맞는 우주 수송 역량을 확보하기 위해 민간 부문을 설계와 개발에 적극 참여시켜야 한다."[37]

수많은 위원회 보고서가 나사를 '개혁하겠다'라고 약속했지만 실제로 지속적인 효과를 낸 경우는 드물었다. 오랫동안 우주 전문 기자로 활동한 제프 파우스트 Jeff Foust는 이렇게 썼다. "나사를 '고친다'라는 보고서로 책장 한 칸을 가득 채울 수 있을 겁니다. 하지만 대부분의 보고서는 나사에 별다른 영향을 주지 못했어요."[38] 올드리지 위원회의 보고서도 같은 운명을 맞게 될까?

### 아폴로의 영광을 복제할 것인가, 새로운 길을 개척할 것인가

이후 몇 년간 눈앞에 닥친 우주 수송 공백을 메우기 위한 완전히 다른 두 가지 전략이 모습을 드러냈다. 하나는 1960년대의 성공 모델을 재현하려는 접근, 즉 아폴로 시대처럼 정부 주도로 야심 찬 목표를 추진하는 방식이었다. 다른 하나는 올드리지 보고서의 권고에 따라 우주 사업을 민간에 개방하는 새로운 모델을 구축하려는 접근이었다.

주요 계획은 '콘스텔레이션Constellation'이라는 이름으로 추진되었다. 이는 아폴로 시대의 로켓을 닮은 대형 우주 발사체를 이용해 심우주 탐사를 진행하고, 달 착륙선과 국제 우주 정거장으로 사람과 화물을 실어 나를 발사체를 아우르는 야심 차고도 막대한 비용이 드는 새로운 프로그램이었다. 이 모든 장비는 정부가 직접 소유하고 운영할 예정이었다. 당시 나사 국장이던 마이클 그리핀Michael Griffin은 이렇게 말했다. "그건 그냥 아폴로 로켓을 덩치만 키워 놓은 겁니다."[39]

이와 동시에 훨씬 소규모의 상업 프로그램도 가동되었다. 국제 우주 정거장에 물자를 보급하는 임무에 집중된 이 계획은 2005년 시작된 상업 궤도 수송 서비스Commercial Orbital Transportation Services, COTS였다. 나사는 민간 파트너십을 지원하기 위해 5억 달러의 예산을 요청했다. 목표는 단순했다. "국제 우주 정거장 물류 수송을 민간이 맡을 수 있도록 하고, 동시에 새로운 우주 시장을 개척할 역량과 서비스를 민간이 스스로 구축하도록 유도하는 것"이었다.[40]

기업들은 우주 정거장에 화물을 운반할 수 있는 우주선을 설계했고 그 성과에 따라 실제 운송 계약으로 이어질 가능성도 있었다. 그리핀은 자신의 비전을 이렇게 설명했다. "처음에는 성공한 민간 개발자에게 정부 시장을 개방하고 약간의 시드 머니를 제공하는 게 좋다고 생각했습니다. 이렇게 적은 예산으로도 시장을 훼손하지 않고 공공의 목적을 이룰 수 있습니다."[41]

## 혁신의 물꼬를 트다

### 민간과 손잡은 나사의 새로운 실험

COTS 실험에는 나사가 민간 부문과 협력하는 방식을 바꾸는 내용이 포함되어 있었다. 나사는 역사적으로 대부분 장비를 민간 업체에 맡겨 제조하고 유지 및 보수해 왔으며, 이때 연방조달규정(FAR)이라는 엄격한 규칙을 적용했다.

우주 전문가 엘리가 사데Eligar Sadeh는 "FAR 체계에서는 정부가 민간 업체에 기술 개발 비용을 전액 보전해 주고 여기에 별도로 이윤을 얹어 지급합니다. 우주 프로그램과 프로젝트의 약 90%가 이 모델을 통해 외주 계약됩니다."라고 설명했다.[42]

FAR 계약 체계는 본래 그런 구조로 설계된 것이었다. 위험성이 큰 우주 프로젝트의 특성상 민간 기업을 보호하기 위해 고안된 제도였다. 보잉, 록히드 마틴Lockheed Martin, 노스롭 그루먼Northrop Grumman 같은 대형 항공우주 기업들은 이 체계를 통해 수십 년간 나사와 협력해 왔다. 정책의 불확실성에 더해 우주선과 로켓 생산을 위한 최첨단 기술 개발에 막대한 초기 투자와 리스크가 따랐기 때문이다. 정부가 비용을 보장해 주고 일정 이윤을 약속함으로써 민간 기업이 프로젝트에 참여할 수 있도록 유인한 것이다. FAR은 또한 복잡한 감독 규정을 통해 부정행위를 방지하려 했다.

하지만 FAR 방식은 비판을 받았다. 특히 소규모 신생 기업은 관리 부담이 컸다. 나사가 설계, 개발, 제조, 시험 사양까지 모두 통제했고 민간 기업들은 방대한 행정 요구사항과 엄격한 감독을 감당해야 했다. 이런 관리 비용은 행정 인프라가 부족한 신생 업체에게 치명적이었다. 더구나 FAR 계약은 기업이 비용을 절감하거나 효율을 올리도록 하는 동기가 약했다. 이윤이 보장되어 있었기 때문이다.

또 FAR 체계에서는 개발된 기술과 지적재산권의 소유권도 정부에 귀속되었다. 비판론자들은 FAR이 결국 비대하고 비효율적인 '우주 산업 복합체'를 낳았다고 지적했다. 정치 논리에 따라 운영되는 이른바 '일자리 프로그램'에 불과하다는 것이다.

이런 문제의식을 바탕으로 COTS에서는 새로운 계약 방식을 도입했다. 나사는 1958년 설립법에 부여된 권한을 활용해 FAR 대신 훨씬 덜 부담스러운 '우주법 협정Space Act Agreements'을 체결했다. COTS는 나사가 민간 업체들과 협력하는 세 가지 방식을 혁신적으로 바꿨다.

첫째, COTS 계약은 기존의 비용 보전형cost-plus 모델 대신 고정가

fixed-price 모델을 적용했다. 나사가 국제 우주 정거장으로 화물을 수송하는 서비스를 정해진 가격에 요청하면 그 비용 내에서 민간 업체가 서비스를 제공하는 방식이다. 비용을 아끼면 이익이 늘어나기에 민간 기업들은 스스로 효율성을 높일 유인책을 갖게 된다. 이는 상업 시장에서는 당연한 방식이지만 우주 산업에서는 거의 처음 시도된 일이었다.

둘째, 나사는 기존처럼 '감독oversight'이 아니라 '통찰insight'을 제공하는 데 집중하기로 했다. 비용 보전형 계약에서는 기업이 비용을 부풀릴 유인이 있으므로 철저한 감독이 필요하지만 고정가 계약에서는 과도한 감독이 오히려 민간의 자율성과 혁신을 저해할 수 있다. 나사는 자사의 과학자와 엔지니어들이 경험과 지식을 나누되, 민간 기업들이 자율적으로 운영할 수 있도록 지원하는 쪽으로 방향을 틀었다.

셋째, 나사는 자신이 '수많은 고객 중 하나'가 되길 원했다. 즉 민간 기업들이 개발한 기술과 지적재산권을 그들이 보유하도록 허용했다. 이는 나사가 상업 중심 접근법을 진지하게 받아들이겠다는 신호였다.

윌리엄 게르스텐메이어는 "의회를 설득하는 데 큰 어려움이 있었어요."라고 말했다. 하지만 2005년 나사는 COTS 프로그램을 위해 요청한 5억 달러의 예산을 승인받았다.

### 느린 출발, 엇갈린 운명

반면 콘스텔레이션 프로그램은 시작부터 삐걱거렸다. 배정된 예산은 COTS의 수십 배에 달했지만 아폴로 계획의 절반에도 미치지 못했다. 달성해야 할 목표는 훨씬 더 방대했다. 몇 년이 지나기도 전에 콘스텔레이션은 일정 지연에 시달렸고 예산은 삭감됐으며 개발 비용은 예상보다 수십억 달러나 초과하기 시작했다. 거대한 신형 로켓 제작은 시작도 하기 전이었다.

그 사이 COTS는 초기에 성과를 거두었으며 민간 중심으로 전환하면서 나타나는 불안정성도 잘 극복해 냈다. 2006년, 첫 번째 고정가 계약이 두 신생 기업에 돌아갔다. 로켓플레인 키슬러Rocketplane Kistler와 스페이스X였다.[43] 스페이스X는 당시 자금을 빠르게 소진하며 로켓 시험 발사에 잇따라 실패하고 있었다. 이때 나사의 지원은 결정적이었다. 스페이스X는 약 4억 달러를 지원받았는데, 이는 전체 개발비의 절반 정도에 해당했다.

나머지는 창업자이자 CEO인 일론 머스크Elon Musk가 투자한 1억 달러를 포함해 민간에서 약 4억 5천만 달러를 조달했다. 나사의 지원 덕분에 스페이스X는 계약상의 모든 마일스톤(성과 달성 시점)을 충실히 달성하고, 이후 사업을 확장해 나사와 지속적인 협력 관계를 이어갈 수 있었다.

반면 키슬러는 외부 자본 조달에 실패해 개발 일정을 지키지 못했다. 결국 나사는 키슬러와의 계약을 해지했다. 이로써 나사가 '진정한 고객'으로서의 새로운 역할을 받아들이고 있다는 사실이 명확해졌다.[44] 키슬러의 계약은 오비털 사이언스Orbital Sciences Corporation(현재는 노스롭 그루먼에 합병됨)가 이어받았다.

## 불확실성 속의 선택

2009년, 버락 오바마Barack Obama가 대통령에 취임했을 때 미국은 대공황 이후 최악의 경기 침체를 겪고 있었다. 콘스텔레이션 프로그램은 심각한 위기에 빠져 있었다. 예산은 계속 줄었고 개발은 지연되고 비용은 폭등했다. 오바마 대통령이 지명한 나사 부국장 로리 가버Lori Garver는 콘스텔레이션 연장을 강력히 반대하며 상업 부문 확대를 지지했다. 가버는 자신의 회고록 『중력을 넘어서』에서 대선 후보 시절 오바마와 나사의 미래에 대해 논의했던 일을 회상했다.

> 나는 나사가 민간 부문과 경쟁하며 같은 일을 반복하기보다는 프로그램 중 규칙적이고 통상적인 부분을 민간 기업에 맡기며 세금으로 더욱 중요한 연구에 집중하는 방향이 옳다고 제안했다. 나사는 본래 공공을 위한 '항공과 우주' 활용을 목적으로 설립된 기관이었다. 하지만 정작 기후 변화 등 현재 인류가 직면한 문제를 다루는 프로그램은 전체 예산의 10%에도 미치지 못하고 있었다. 기업들이 새로운 시장을 열 수 있도록 지원하면 우주 연구 비용을 낮출 수 있을 뿐 아니라, 경제와 국가 안보에도 광범위한 이익을 가져올 것이라 설명했다.[45]

물론 모든 이가 이에 동의한 것은 아니었다. 특히 의회와 나사 내부에서도 반대가 거셌다. 민간 기업에 국제 우주 정거장 물자 수송을 맡기는 것은 너무 낙관적이며, 언젠가 승무원까지 맡기게 되는 것은 무책임하다는 주장이었다. 수십 년간 나사가 직접 로켓을 제작하고 발사했지만 여전히 값싸고 안전하며 신뢰할 수 있는 우주 접근법은 찾지 못했다. 그런데 과연 민간 기업이 이 어려운 과업을 해낼 수 있을까? 이는 단순히 인류 우주 비행의 미래만이 아니라 나사와 협력사들의 수만 개 일자리까지 걸려 있는 문제였다. 콘스텔레이션 프로그램의 취소는 우주 산업 전체에 타격을 주고 지구 궤도를 넘어 인류를 이끄는 나사의 오랜 꿈을 좌초시킬 수 있는 사안이었다.

콘스텔레이션 프로그램을 둘러싼 논쟁은 치열했다. 가버는 이 프로그램에 반대한 이유로 "우주 프로그램을 죽이려 한다."라는 비난을 받았고 동료들로부터 심한 언어폭력을 당했으며 심지어 살해 협박까지 받았다.[46]

결국 콘스텔레이션은 공식적으로 취소되었다. 다만 의회는 프로그램의 주요 요소에 대한 예산은 유지하도록 했다. 2010년 케네디 우주센터 연설에서 오바마 대통령은 정부의 새로운 방향을 이렇게 선언했다. "우주 수송 수단 자체를 구매하는 대신 수송 서비스만 구매함으로써 우리는 안전 기준을 철저히 지키는 동시에 스타트업부터 기존 대기업까지 모든 기업이 승무원과 물자를 대기권 밖으로 실어 나를 수 있는 수단을 설계하고 제작하고 발사하기 위해 경쟁하게 할 것입니다."[47]

주사위는 던져졌다. 미국은 이제 민간 부문에 화물, 나아가 언젠가는 승무원 수송까지 맡기기로 베팅한 것이었다.

## 성공으로 이어진 COTS 실험

누구도 예상하지 못한 속도로 이 베팅은 결실을 맺기 시작했다. 상업 궤도 수송 서비스는 잇따라 성공을 거두었다. 2010년, 스페이스X는 중형급 발사체 팰컨 9을 성공적으로 발사했다. 화물은 물론 승무원도 국제 우주 정거장으로 수송할 수 있을 만큼 강력한 로켓이었다. 6개월 뒤 스페이스X는 드래곤Dragon이라는 화물 캡슐의 시험 비행에도 성공했다. 그리고 2012년, 드래곤 캡슐이 국제 우주 정거장과 도킹하며 COTS 계약을 완수했다. 이듬해에는 오비털이 제작한 안타레스Antares 로켓이 시그너스Cygnus 화물선을 국제 우주 정거장으로 보내는 데 성공했다.

7년에 걸친 COTS 프로그램은 기대보다 시간이 더 걸렸지만 성공은 의심할 여지가 없었다. 8억 5천만 달러, 즉 셔틀 발사 비용의 절반에 불과한 투자로 나사는 두 개의 새로운 궤도 로켓과 화물 우주선을 확보할 수 있었다. 이에 만족한 나사는 국제 우주 정거장에 정기적으로 화물을 공급하기 위해 한층 더 큰 후속 프로그램인 '상업용 재보급 서비스Commercial Resupply Services, CRS'를 마련했다.

스페이스X는 12회 재보급 임무에 대해 16억 달러를, 오비탈은 8회 임무에 대해 19억 달러를 수주했다. 나사는 여러 기업을 확보한 덕분에 실패하는 것에 대비할 수 있었지만 결과적으로 두 회사 모두 기대 이상으로 우수한 성과를 냈다. 나사 자체 분석에 따르면 이들은 나사

가 직접 운영했을 때보다 훨씬 적은 비용으로 화물을 수송했다.[48]

COTS의 성공은 단지 여기서 끝나지 않았다. 이 프로그램을 통해 민간 유인 우주 비행을 추진하는 '상업 유인 프로그램'의 기반도 마련되었다. 이는 다음 장에서 다루게 될 것이다.

**상업 우주 혁명: 예상을 뛰어넘다**

COTS는 또 다른 중요한 성과도 거두었다. 스페이스X가 나사의 지원을 받아 개발한 로켓으로 '상업용' 위성 발사를 시작한 것이다. 2013년 《SpaceNews》 사설은 이렇게 평가했다. "우주 정거장을 넘어 상업 미션으로 COTS의 혜택을 확장함으로써 이 프로그램은 미국 민간 우주 정책 역사상 여지없는 성공 사례로 자리매김했습니다."[49] 나사는 드디어 '여러 고객 중 하나'로 자리 잡을 수 있었고 이 흐름은 향후 10년간 민간 우주 산업을 근본적으로 바꿔 놓았다.

사실 이 책의 남은 부분은 거의 COTS, CRS, 상업 유인 프로그램이 촉발한 변화의 파장을 추적해 가는 이야기라 해도 과언이 아닐 것이다. 하지만 이 이야기를 마무리하기 전에 나사의 새로운 접근 방식이 불러낸 시장의 힘이 불과 10년 전만 해도 상상할 수 없던 민간 부문의 성과들을 어떻게 꾸준히 만들어 냈는지 살펴볼 가치가 있다.

2015년 '재사용성'이라는 오랜 꿈이 마침내 현실이 되었다. 11월 23일, 블루 오리진은 뉴 셰퍼드New Shepard 서브 오비탈(준궤도) 로켓을 발사해 우주의 경계인 카르만 라인(고도 100킬로미터)을 돌파한 뒤 지구로 돌아와 착륙에 성공했다. 이후 같은 부스터로 다섯 번 더 재비행을 성공시키며 세계 최초의 상업용 우주 관광 로켓이 되었다. 상업 유인 수송 프로그램 초기에 지원을 받았던 블루 오리진은 다음 장에서 다루게 될 주인공이다.

그리고 불과 한 달도 채 지나지 않아 스페이스X가 또 하나의 이정표를 세웠다. 2015년 12월 21일 밤 8시 29분, 어둠에 싸인 케네디 우주센터에서 눈부신 섬광과 함께 아홉 개 엔진이 일제히 폭발음을 냈다. 스페이스X의 팰컨 9 로켓이 발사대를 박차고 솟구쳤다. 이제는 익숙해진 장면이었다. 이어서 1단 로켓이 분리되었고 상단부는 통신 위성 여러 기를 싣고 궤도를 향해 날아올랐다. 1단 로켓은 대서양으로 떨어지지 않고 스스로 방향을 틀어 엔진을 재점화했다. 그리고 귀환을 시작했다.

캘리포니아 호손에 있는 관제센터에 모인 스페이스X 직원 수천 명이 화면을 응시했다. 착륙 지점이 화면에 들어오자 환호성이 터져 나왔다. 로켓은 지구를 향해 돌진했고 엔진이 재점화되면서 주변을 환한 빛으로 물들이고 하강 속도를 줄였다. 곧 착륙 다리가 펼쳐졌고 로켓은 플로리다 해안에 부드럽게 착지했다. "팰컨이 착륙했습니다!" 생중계 사회자의 외침과 환호가 다시 터져 나왔다. 궤도 발사체를 부분 재사용하는 데 성공한 것이다.

스페이스X는 궤도 발사체의 부분 재사용에 성공했다. 과거 우주왕복선 프로그램을 제외하면 누구도 해내지 못한 위업이었다.[50] 그리고 스페이스X는 이 성공을 반복해 나갔다.

스페이스X는 단순히 로켓을 우주 경계선까지 올렸다가 착륙시키는 데 그치지 않았다. 지구 궤도에 화물을 올린 뒤 그 고강도 임무를 수행하고 귀환한 로켓을 다시 재발사 하는 데 성공했다. 이는 기술적 난이도와 상업적 파급력 모두에서 단순 귀환보다 훨씬 더 높은 수준의 혁신으로 평가된다.

2017년에는 처음으로 이미 발사에 사용했던 로켓을 재활용해 재발사 하는 데에도 성공했다. 스페이스X는 나사의 지원을 바탕으로 자체적인 '우주 기술의 경이'를 창출했다. 비용은 발사 한 번당 6천2백만 달러로, 1킬로그램당 약 2천8백 달러에 불과했다. 이는 셔틀의 5%도 채 안 되는 비용이었다(물론 이는 우연이 아니었다. 셔틀은 훨씬 더 다양한 기능을 탑재한 설계를 바탕으로 만들어졌기 때문이다). 앞으로 자세히 설명하겠지만 이 혁신적 비용 절감은 미국 우주 산업에 엄청난 변화를 가져왔다.

발사 비용이 내려가고 발사 기회가 늘어나면서 수많은 새로운 위성 기업이 등장했다. 각자 고유한 아이디어와 기술을 바탕으로 새로운 도전을 이어 갔다. 또 다른 발사체 기업들도 출현해 스페이스X에 도전장을 내밀었고 벤처캐피털 자금도 사상 최대 규모로 몰려들었다. 진정한 우주 혁명이 촉발된 것이다.

2020년, 이 혁신의 흐름은 또 다른 전환점을 맞이했다. 스페이스X가 두 명의 나사 우주인을 태우고 국제 우주 정거장으로 발사하는 데 성공한 것이다. 상업 유인 프로그램의 자금 지원을 받아 스페이스X는 회의론을 무너뜨렸고 셔틀 퇴역 이후 생긴 미국의 유인 우주 비행 공백을 실질적으로 해소하는 데 성공했다. 민간 주도의 상업 모델은 이제 기본 규칙이 되었다. 나사 고위 관계자 캐서린 루더스Kathryn Lueders는 이렇게 회상했다. "국제 우주 정거장 보급을 민간에 맡긴 건 정말 절박한 승부수였어요."[51]

스콧 페이스가 말했듯 미국 우주 산업은 전례 없는 위기와 정책적 혼란을 겪었지만 결국 위기를 기회로 바꾸는 데 성공했다. 나사와 민간 파트너들은 기회를 움켜쥐었고 마침내 민간 우주 시대가 열렸다.

## 이론과 실천을 잇다

이 장의 마지막에서는 지금까지 살펴본 이야기를 서문에서 소개했던 주요 개념들과 연결 지어 정리하려 한다. 특히 '후생경제학 제1정리'가 지닌 통찰력을 어떻게 실제 역사 속에서 확인할 수 있는지를 살펴본다. 우주 개발의 역사는 이 정리를 이해하는 데 있어 이상적인 사례를 제공한다.

아폴로 시대의 중앙 통제 모델에서 상업적 감각을 갖춘 상업 궤도 수송 서비스와 이후 상업 화물, 상업 유인 수송 모델로 이어진 진화는 자연스럽고 필연적으로 느껴진다. 그러나 정말 그랬을까? 인류 역사상 가장 위대한 기술적 성과를 일군 방식이 불과 40여 년 만에 '유일한 방법'은커녕 '가장 유망한 방법도 아니다'라는 평가를 받게 된 이유는 무엇일까?

직관적으로는 이해할 수 있다. 우리는 일상생활이나 조직 활동을 통해 아래로부터의 창의성과 경쟁이 얼마나 큰 가치를 창출하는지 체감하고 있기 때문이다. 그러나 때로는 강력한 중앙집권적 리더십이 필요할 때도 있다. 1960년대 미국 우주 프로그램이 그러했다. 모두를 이끌 하나의 목표가 필요했던 것이다.

실제로 나사가 설립될 당시에는 중앙집권적 모델을 택할 만한 강력한 경제학적 논거가 존재했다. 국가 안보, 국가적 자부심, 기초 과학 연구처럼 시장 스스로는 제대로 공급할 수 없는 '공공재' 영역에서는 후생경제학 제1정리의 '특정 조건'들이 충족되지 않는다. 외부효과를 배제할 수 없고 모든 상품과 서비스가 자유롭게 거래될 수 없는 영역에서는 시장 실패가 발생한다. 그러므로 중앙에서 직접 추진하는 '명령과 통제' 방식이 자연스럽게 채택되었다. 이러한 체제 아래 미국은 세계 최강의 우주 강국으로 올라섰고 나사는 기술 혁신의 최전선에 자리 잡았다.

하지만 시간이 흐르면서 중앙집중적 운영 방식의 취약성이 점점 드러나기 시작했다. 가격이라는 신호가 제대로 작동하지 않으면서 실제 비용과 편익에 대한 정보가 왜곡되었고 자원 배분을 효율적으로 이끌 수 있는 유인 체계도 제대로 작동하지 않았다. 특히 '대리인 문제 principal-agent problem'처럼 책임자와 실행자 간의 이해관계가 어긋나는 경우 유인이 더욱 비효율적으로 흐르기 쉬웠다. 경쟁의 약화로 혁신 속도마저 둔화하면서 공공재를 추구하는 것조차 점점 더 큰 비용과 비효율을 초래하게 되었다.

게다가 시간이 지나면서 우주에 대한 인간의 야망은 공공재를 넘어서기 시작했다. 시장이 훨씬 더 효율적으로 기능할 수 있는 분야가 늘어난 것이다. 이에 따라 민간 부문이 더 큰 역할을 맡아야 한다는 요구가 커졌고, 특히 우주왕복선 퇴역이라는 전환점을 맞이하여 발사 시장의 탈중앙화가 본격적으로 추진되었다.

신중하게 설계된 상업 궤도 수송 서비스와 그 뒤를 이은 프로그램들은 민간 경쟁을 도입했다. 고정가 계약을 통해 가격 신호를 부활시키고 책임 있는 위험 감수를 유도하며 혁신적이고 효율적인 기업들이 보상을 얻을 수 있게 했다. 동시에 나사는 정부 주도로만 가능한 영역, 즉 탐사, 국가적 위신, 국제 협력, 기초 과학 연구에 집중할 수 있게 되었다. 결국 나사의 새로운 전략은 후생경제학 제1정리의 힘을 실질적으로 증명해 보인 셈이다.

2장

# 블루 오리진:
# 한 걸음씩 앞으로

Space to Grow

 

2000년대 나사가 상업 발사를 장려한 일은 우주 산업 판을 흔드는 데 꼭 필요한 전환점이었다. 하지만 그걸로는 부족했다. 새로운 플레이어들이 무대에 오를 문은 열렸지만 결국 그들 스스로가 직접 문을 열고 한 발 내디뎌야 했다.

다행히도 이미 기회를 잡을 준비가 된 기업들이 있었다. 수십 년 동안 우주 산업은 록히드 마틴, 노스롭 그루먼, 보잉 같은 소수의 대기업이 장악하고 있었다. 이들은 대부분 정부 계약에 의존하며 성장해 왔는데, 비평가들은 이들이 낡고 비효율적이며 위험을 감수하려 하지 않는다고 주장했다. 이런 상황에서 업계를 혁신하고 발사 비용을 낮추겠다는 비전을 가진 신생 우주 기업들이 속속 등장했다. 하지만 이들 중 대부분은 결국 실패로 끝났다.

그러던 중 우주왕복선의 은퇴 시기가 다가오고 나사가 상업 발사를 적극적으로 지원하자 신생 우주 기업들에 전례 없는 기회가 열렸다. 이들은 단순히 정부 계약을 따내려는 데 그치지 않았다. 민간 자본과 시장 수요를 발판 삼아 더 크고 야심 찬 우주 활동의 미래를 꿈꾸었다.

물론 이들 중 일부는 실패했지만 몇몇 기업은 결국 상업 우주 혁명의 선두 주자로 자리 잡았다. 이 기업들은 하나같이 기존 시장 질서를 뒤흔들고 시장과 정부의 관계를 새로 쓰는 변화의 물결을 만들어 갔다. 그리고 지금도 우주를 비즈니스의 무대로 바꾸기 위해 앞장서고 있다.

그중에서도 블루 오리진만큼 상업 우주 시대의 시작과 그 교훈을 잘 보여 주는 사례는 없다. 블루 오리진은 독특한 비즈니스 모델을 통해 여타 기업들과는 전혀 다른 선택지를 만들어 냈다. 극단적인 상황에서야 비로소 경제의 본질은 또렷이 드러난다. 블루 오리진의 이야기가 바로 그런 사례다. 그들이 내린 선택과 그 선택이 가져온 결과는 우주 산업의 판도가 재편되던 이 중요한 시기를 이해하는 데 매우 중요한 힌트를 준다.

## Gradatim Ferociter

블루 오리진의 이야기는 1969년 7월 20일 저녁, 역사의 한 장면을 바라보던 다섯 살 소년에게서 시작된다. 제프 베이조스Jeff Bezos는 45년 뒤 아마존Amazon을 창업해 거대한 부와 명성을 쌓은 후에 이렇게 회상했다. "우리가 열정을 선택하는 게 아니다. 열정이 우리를 선택한다. 내 경우 우주는 다섯 살 때부터 사랑해 온 존재다. 닐 암스트롱이 달 표면에 첫발을 내딛는 장면을 보고 그 순간이 평생 잊히지 않을 만큼 강렬히 각인됐다."[1]

베이조스는 인류를 우주로 보내고 우주 공간을 활용하여 인류에게 이익을 주는 기술을 개발하겠다는 꿈을 품었다. 고등학교 졸업 연설에서는 "인류의 미래를 위해 우주 식민지를 건설하자."라는 포부를 밝히기도 했다.[2] 그는 프린스턴대학교에서 우주 업계 전설로 불리는 물리학자 제러드 오닐Gerard O'Neill의 강의를 들은 적 있다. 오닐은 미래 우주 식민지(흔히 '오닐 실린더'라 불린다)를 과학적으로 설계한 선구자였다.[3]

수십 년이 지나 수십억 달러가 투입된 끝에 마침내 베이조스에게 기회가 찾아왔다. 1994년 아마존을 창립한 지 6년 뒤인 2000년, 당시만 해도 아마존이 지금 같은 거대한 기업이 되기 전에 그는 조용히 또 다른 회사를 세웠다. 블루 오리진, 줄여서 블루라고 불리는 회사였다. 베이조스는 블루 오리진을 수천, 수백만 명이 우주에서 살고 일하는 시대의 문을 여는 변혁의 주역으로 구상했다. 그는 말했다. "태양계는 수십억도 아닌, 1조 명의 인류까지 거뜬히 품을 수 있다. 만약 1조 명이 산다면 1천 명의 아인슈타인과 1천 명의 모차르트가 태어날 것이다."[4]

우주는 무한한 자원과 에너지를 약속했고 그 안에는 인류의 무한한

PART 1 시장 구축하기

잠재력이 깃들어 있었다. 하지만 그는 우주 진출을 단순한 가능성이 아닌 사회적 필연으로 보았다. 브래드 스톤Brad Stone은 『아마존 언바운드』에서 "베이조스는 현재 인구 증가와 에너지 소비 속도로 볼 때 몇 세대 안에 인류가 자원을 배급할 수밖에 없는 사회로 들어서 정체 상태에 빠질 것이라 예측했다."라고 썼다.[5]

베이조스는 블루 오리진 창립 당시 이미 억만장자였고 이후 세계 최고 부자 반열에 올랐다. 덕분에 블루는 마치 소규모 나사처럼, 그러나 보다 기민하게 움직일 수 있었다. 의회에 보고할 필요도, 예산 주기를 따를 필요도, 정치적 눈치를 볼 필요도 없었다. 꾸준한 자금줄을 바탕으로 비전 실현을 향해 기술을 하나씩 현실로 만들어 갈 수 있었다.

블루 오리진의 문장에는 라틴어 모토 "Gradatim Ferociter(점진적으로, 그러나 거침없이)"와 거북이 문양이 새겨져 있다. 토끼와 거북이 우화에서 따온 것이다. 베이조스는 신입 직원 환영회에서 말했다. "토끼가 아니라 거북이가 돼라. 지출은 지속 가능한 수준으로 유지하라.[6] … 꾸준히 한 걸음씩 올라가라."[7] 블루는 신중하고 단호하게 한 걸음 한 걸음 착실히 내딛겠다는 다짐으로 움직였다.

2003년, 베이조스는 롭 마이어슨Rob Meyerson을 영입했다. 그는 우주 기술에 매혹된 베테랑 항공우주 경영자로 블루 오리진을 이끌 리더였다. "저는 나사와 키슬러 에어로스페이스에서 15년간 일했기에 순수 민간 우주 비행, 개인이 자금을 대는 회사라는 발상에 끌렸습니다." 마이어슨은 우리와의 인터뷰에서 말했다. "제프 베이조스는 우주 비행

비용을 낮춰 더 많은 사람이 우주로 갈 수 있게 하겠다는 큰 목표를 세웠고 저는 그 목표를 실현하는 과정에 기여할 기회를 얻게 됐습니다."[8]

그때까지 블루는 소규모 싱크 탱크로, 기존 항공우주 기업들이 일축할 법한 파격적이고 저렴한 발사 아이디어를 탐구해 왔다. 예컨대 레이저 빔 추진, 공중 발사 플랫폼, 심지어 회전력을 활용해 위성을 튕겨내는 장치 같은 아이디어도 있었다. 초창기 직원 중에는 『스노 크래시』로 유명한 사이버펑크 SF 소설가 닐 스티븐슨Neal Stephenson도 있었다. "블루는 제프 베이조스가 20~30년 후 결실을 맺을 수 있는 혁신 개념과 기술에 투자할 길을 모색하는 공간이었습니다. 우리는 가야 할 길이 아주 멀었고, 다행히 인내심 있는 오너가 있었죠."라고 마이어슨은 회상했다.

2004년 제프 베이조스는 또 다른 우주광으로부터 이메일을 받았다. 바로 몇 해 앞서 스페이스X를 설립한 일론 머스크였다.[9] 두 창업자의 종착지는 달랐다. 베이조스는 우주 식민지를 떠다니는 거주지에 초점을 맞춘 반면 머스크는 화성에 공동체를 세우려 했다. 얼마 지나지 않아 이들은 경쟁자로 인식되기 시작했지만 당시만 해도 두 사람은 공통의 현실적 과제에 직면해 있었다. 가장 시급한 과제는 저비용이면서도 재사용 가능하고 신뢰성 있는 로켓을 만드는 일이었다.

마이어슨은 블루 오리진을 자유롭게 상상하던 싱크 탱크에서 실제 로켓을 하나씩 만들어 가는 엔지니어링 회사로 탈바꿈시키기 위해 노력했다. 그 첫걸음은 앨런 셰퍼드Alan Shepard의 이름을 딴 '뉴 셰퍼드New

Shepard'였다. 앨런 셰퍼드는 우주로 간 최초의 미국인이었다. 이 로켓은 대기권을 벗어나 지구 궤도에 오를 만큼 강력하진 않았지만 유료 고객을 대기권 위로 태우고 올라가는 데에는 충분했다. 무엇보다 재사용이 가능했고 더 큰 궤도 진입용 로켓을 만들기 위해 반드시 필요한 핵심 기술들, 즉 액체 연료 로켓 엔진, 승객용 가압 캡슐, 유도 시스템, 안전 시스템 등을 실제로 시험하고 검증하는 무대가 되었다.

베이조스, 마이어슨 그리고 블루 오리진 팀은 '뉴 셰퍼드' 프로젝트를 조용히 추진했다. 언론은 종종 블루 오리진을 "비밀스러운 회사"로 묘사했다. 시애틀 근교의 평범한 창고 시설과 베이조스가 가족 목장 겸 발사 기지로 매입한 텍사스 서부의 광활한 땅에서 개발이 이뤄졌다.[10] 팀 규모는 작았다. 이는 대형 항공우주 기업을 상징하게 된 복잡한 행정 시스템과 간접비를 피하기 위한 선택이었다. 베이조스는 팀이 작을수록 더 민첩하게 움직일 수 있다고 믿었다. "그는 제약이 오히려 혁신을 낳는다고 믿었습니다. 우주선을 개발하되, 소프트웨어 프로젝트처럼 빠른 주기로 진행하길 원했지요." 브래드 스톤은 전했다.[11]

사장으로 취임한 직후 마이어슨은 회사의 예산과 인력을 단계적으로 확장해 나갈 수 있는 수년 치 계획을 수립했다. 하지만 베이조스는 매해 고정된 인원만 채용하고 일정한 자금만 집행하도록 결정했다. "팀의 인원과 연간 지출 모두에 명확한 제약이 있었다는 점은 매우 이례적입니다. 그런 방식으로 운영되는 회사를 저는 본 적이 없습니다." 마이어슨은 회상했다.

## 그림자에서 벗어나며

오랜 시간 비공개로 작업을 이어 온 블루 오리진은 2000년대 후반 나사의 상업 승무원 프로그램Commercial Crew Program에 참여하면서 처음으로 세간의 주목을 받기 시작했다. 앞 장에서 살펴본 것처럼 나사의 혁신적인 상업 화물 프로그램인 COTS와 CRS는 순조롭게 진행 중이었고, 나사 관계자들은 이를 발판 삼아 더 나아가기를 원했다.

당시 블루 오리진의 임원이었던 브레튼 알렉산더는 이렇게 말했다. "COTS는 좋은 출발이었지만 진짜 패러다임 전환은 유인 비행입니다. 나사는 더 이상 우주선을 직접 만들고 소유하고 운영하지 않았습니다. 대신 좌석을 구매하려 했어요. 그건 판을 뒤흔드는 결정이었죠." 이미 뉴 셰퍼드를 통해 유인 우주 비행을 추진하고 있었던 블루 오리진은 상업 승무원 프로그램 덕분에 나사와 긴밀히 협력하며 서로에게 도움이 되는 방향으로 나아갈 수 있었다.

나사는 2009년 여름 말, 상업 승무원 프로그램의 첫 번째 단계를 시작하며 기업들과 협력해 "안전하고 신뢰할 수 있으며 비용 효율적인 유인 수송 능력"을 개발하고 시연하는 계획을 추진했다.[12] 이 프로그램은 당시 2백억 달러 규모였던 나사 예산의 0.25%에 해당하는 5천만 달러를 5개 기업에 배정하는 비교적 소규모의 시도였다. 블루 오리진은 복합 소재 가압 캡슐과 긴급 탈출 시스템을 개발하는 데 370만 달러를 지원받았다.[13]

1년 뒤 나사는 더 규모가 큰 다음 단계를 시작했다. 총 2억 7천만 달러의 자금이 지원 대상으로 선정된 4개 기업에 배정되었으며 이 중 블루 오리진은 2천2백만 달러를 받았다.[14] 당시 선정 책임자였던 필립 맥앨리스터Philip McAlister는 블루의 신중한 접근 방식을 높이 평가하며 말했다. "준궤도 시연을 먼저 하고 그 후 궤도 시연으로 나아가는 '달리기 전에 걷기부터 하라' 전략은 현실적이고 달성 가능한 방향이었습니다." 그리고 블루 오리진의 제안서는 다른 기업들과 달리 시장이 현재 얼마나 초기 단계에 있으며 단기간 수익을 창출하는 일이 얼마나 어려울지를 명확히 인식하고 있는 듯했다. 블루는 단기 성과보다는 장기적인 비전을 갖고 있었다.

나사는 2012년 상업 승무원 프로그램을 더욱 강화했다. 공식 예산은 아니었지만 민간 기업이 나사의 노하우를 활용할 수 있도록 무상 협력 계약을 맺었다. 블루는 이 협약으로 나사의 전문 인력, 자원, 연구 시설, 기술 평가 전문가 등 실질적인 지원을 받을 수 있었다. 반대로 나사 역시 블루의 기술 개발 과정을 배우며 상호 이익을 얻었다. 블루의 사업 개발팀에서 일하던 에리카 와그너Erika Wagner는 말했다. "이건 양방향 관계로 여겨졌어요. 소통을 이어가고 블루와 나사 사이의 문화적 다리를 놓는 데 큰 도움이 됐죠."

나사는 블루의 진척 상황에 긍정적인 평가를 내렸다. 상업 승무원 프로그램이 다음 단계로 진입할 준비가 되었다고 판단한 것이다. 같은 해 나사는 '상업 승무원 통합 역량 프로그램Commercial Crew Integrated

Capability, CCiCap'이라는 이름으로 무려 10억 달러가 투입된 대형 프로그램을 시작했다. 참여 기업에게는 우주선, 발사체, 발사 서비스, 지상 및 임무 운영, 귀환까지 아우르는 '완전한 종단 간 설계end-to-end design(특정 시스템을 처음부터 끝까지 포괄적으로 설계해 개별 요소가 아닌 전체 흐름과 연계까지 고려하는 접근을 말하며 기술·경영 전반에서 사용한다-옮긴이)'를 제안해 달라고 요청했다. 목표 시점은 4년 뒤인 2016년이었다. 단순한 기술 개발이나 하위 부품 제작에 국한된 과제가 아니었다. 국제 우주 정거장에 우주 비행사를 안전하게 태워 나르고 다시 지구로 귀환시키는 데 필요한 모든 것을 개발하라는 것이었다.

CCiCap은 나사와 민간 기업 모두에게 훨씬 큰 이해관계를 지닌 프로그램이었고 동시에 새로운 도전이기도 했다. 그만큼 풀어야 할 의문도 많았다. 이전처럼 민간 파트너에게 충분한 자율성을 보장할 수 있을까? 이런 대규모 프로그램이 의회의 예산 감시 대상이 되면 과연 기업들이 계속 참여할 의지를 지닐까? 특히 지역구 기업의 계약 축소를 우려하는 의원들이 반발할 경우는? 민간 파트너 간 경쟁을 지속하기에 충분한 예산이 확보될 수 있을까?

무엇보다도 CCiCap이 결국 시간과 돈만 낭비하는 프로그램이 될 거란 우려도 있었다. 인류의 생명이 걸린 우주 비행, 그중에서도 유인 비행은 어떤 우주 개발 분야보다 까다롭고 민감한 영역이었다. 사실상 유인 우주선을 독자 개발한 국가는 미국, 러시아, 중국 단 세 곳뿐이었다. 회의론자들은 상업 발사가 지나친 기대에 기초해 있다는 점을 지적했다. 그들은 이렇게 경고했다. "이 신생 우주 기업들이 내세우는 화려한 청사진은 수십 년간 인류를 우주로 보내기 위해 노력해 온 기존 기업들이 직면했던 현실의 벽 앞에서 결국 무너질 것이다."

## 입찰할 것인가, 말 것인가?

블루 오리진 내부에서도 CCiCap에 참여하는 것에 대한 우려가 있었다. "쉽지 않은 결정이었죠." 마이어슨은 우리에게 말했다.

CCiCap은 이전에 비해 훨씬 큰 투자와 위험 부담이 따르는 프로그램이었다. 여기에 입찰한다는 건 애초 블루가 구상했던 일정을 급격히 앞당겨야 한다는 뜻이었다. 또한 이 규모의 프로젝트를 진행하려면 당장 더 큰 규모의 팀이 필요했다. 마이어슨은 입찰에 필요한 신규 인력을 고용하면 회사의 전체 규모가 두 배 이상으로 늘어날 것이라고 언급했다.[15]

이처럼 갑작스러운 확장은 회사 고유의 문화를 희석하고 신중히 세운 성장 전략을 한순간에 흔들 수도 있었다. 뿐만 아니라 이렇게 대규모 프로젝트에 참여할 경우 더 많은 외부 감시와 통제를 받게 될 것이었다. 마이어슨은 "나사와 협력할 때 가장 큰 어려움은 요구사항입니다."라고 말했다. 블루의 미래를 나사와 밀접하게 연결하면 회사의 자율성이 제한되고 개발 속도도 느려질 우려가 있었다. 알렉산더는 말했다. "혁신을 위해서는 어느 정도의 위험을 감수해야 합니다. 우리는 그걸 감당할 수 있지만 나사는 그럴 수 없죠."

CCiCap의 규모는 정치적, 재정적 압력이라는 위험 요소도 내포하고 있었다. 블루의 이전 협력 프로그램들은 나사 예산의 극히 일부였지만 CCiCap은 주요 신형 우주선 개발 프로그램과 맞먹을 정도로 거대했다. 만약 정부가 중간에 자금 지원을 삭감한다면 블루의 운영은 큰 타격을 받을 수 있었다.

항공우주 분야 투자 전문가인 호이트 데이비드슨Hoyt Davidson은 이렇게 말했다. "정부가 중간에 우선순위를 바꾸는 바람에 손해를 본 기업들이 너무 많았습니다."[16] 따라서 더 안전한 선택은 베이조스의 장기적 비전에 충실히 따르면서 그의 개인적 재력에 의지하는 것이었다. 베이조스 본인도 이 점을 강조했다. "인내심을 가지고 계속 반복해 나갈 각오가 있다는 건 엄청난 강점입니다. 나사조차 때로는 그런 점을 유지하기 힘들어요. 정부 지원 프로그램은 중간에 자주 중단되거나 바뀔 수밖에 없으니까요."[17]

블루의 재정적 독립성은 다른 우주 스타트업, 특히 스페이스X와 확연히 구별되는 지점이었다. 브래드 스톤은 이렇게 말했다. "많은 면에서 당시의 스페이스X는 블루 오리진의 정반대였죠. 머스크 본인의 초기 투자와 다양한 벤처 자본을 통해 자금을 마련한 스페이스X는 처음부터 기존의 항공우주 대기업과 경쟁하며 정부 계약을 따내는 방식을 통해 수익 창출을 필사적으로 추구했습니다. 반면 베이조스는 그보다 장기적인 관점으로 접근했어요. 그는 블루를 직접 지원하고 뉴 셰퍼드 프로젝트에서 개발한 기술들을 차후에 궤도 이상의 더 야심 찬 임무로 확장하려 했죠."[18]

블루의 리더들은 필요하면 나사로부터 독립해 자사의 계획을 끝까지 밀고 나갈 수 있다는 점을 핵심 강점으로 보았다. 회사의 자금 구조 덕분에 나사처럼 차기 대통령 선거 이전에 프로젝트를 서둘러 완료해야 하는 정치적 압박을 받을 일도 없었고 벤처 투자를 받은 다른 스타트업처럼 준비가 덜 된 상태의 프로젝트를 서둘러 공개할 필요도 전혀 없었다.

블루 오리진 팀은 그저 베이조스와 그의 막대한 자금이 뒤를 든든히 받쳐 주고 있다는 사실을 믿고 계획을 충실히 따르기만 하면 됐다. 블루의 사업 개발 및 전략 고위 책임자인 아리안 코넬Ariane Cornell은 말했다. "우리에게 정말 행운이죠. 제프처럼 우주 산업에 장기적으로 투자할 수 있는 사람이 존재하는 시대에 일하고 있으니까요."[19]

하지만 다른 한편으로는 상업 승무원 프로그램을 통해 블루가 얻은 혜택들을 고려할 때 CCiCap은 매우 자연스러운 단계처럼 보였다. 앞선 나사와의 협력 덕분에 뉴 셰퍼드의 주 엔진 개발 기간이 1년 이상 단축되었다.[20]

블루는 심지어 2012년 말 텍사스 서부에서 뉴 셰퍼드의 시험 발사까지 성공적으로 마쳤다. 당시 베이조스는 "우리가 준궤도 승무원 캡슐을 처음으로 시험한 것은 안전하고 경제적인 우주여행을 위한 큰 진

전입니다."라고 말하며 "나사의 도움이 없었으면 불가능했을 겁니다."라고 덧붙였다.[21]

어쩌면 블루가 이제 더 큰 도전과 보상이 걸린 CCiCap에 뛰어들 적기가 된 것이었는지도 모른다. 또한 블루가 제안을 하지 않는다면 상업 우주 산업의 리더로 인정받기 어려울 수도 있었다. 블루 역시 CCiCap에 선정된 기업이 미래의 일감을 따내는 데 더 유리할 것이고, 특히 국제 우주 정거장에 승무원을 수송하는 수익성 높은 계약을 확보할 가능성이 크다는 점을 잘 알고 있었다.

이러한 계약은 막대한 자금 유입과 명성 그리고 운영 경험까지 가져다줄 수 있었으며, 블루조차 쉽게 따라 하기 어려운 조건이었다. "향후에도 나사가 유인 우주 비행에 집중한다면 우리가 빠지는 건 경쟁사에 대한 유리한 지원을 하는 것이나 마찬가지였어요." 알렉산더는 이렇게 말했다.

입찰을 고려한 데는 감성적인 이유도 있었다. 블루는 나사를 사랑하며 성장한 과학자, 엔지니어, 비즈니스 인재들로 이루어진 회사였다. 베이조스는 말했다.

> 나사는 국가의 보물이에요. 누군가 나사에 불만이 있다는 건 완전히 말도 안 되는 일이죠. 제가 우주에 관심을 갖게 된 유일한 이유는 다섯 살 때 나사 덕분에 영감을 받았기 때문입니다. 다섯 살짜리에게 영감을 줄 수 있는 정부 기관이 몇이나 있을까

> 요? 나사가 하는 일은 기술적으로 매우 까다롭고 본질적으로도 위험하지만 여전히 뛰어난 성과를 내고 있어요. 오늘날 이 작은 우주 기업들이 뭔가를 시도해 볼 수 있는 유일한 이유는 나사의 업적과 창의성 위에 설 수 있기 때문입니다.[22]

이 결정의 이면에는 답이 명확하지 않은 질문들이 있었다. 블루가 주도적인 역할을 맡은 상업 우주 혁명이 향후 어디로 향하게 될지에 대한 문제였다. 나사는 민간 우주 산업의 점화를 이끌고 있었고, 낙관론자들은 머지않아 민간 부문이 우주 산업의 지형을 재편할 것이라고 기대했다.

우주 기업들의 역량이 커지면 고객으로서 그리고 제도적 존재로서의 나사의 중요성은 줄어들게 될까? 혹은 민간 기업들이 내세운 거대한 비전이 단지 순진한 낙관론에 불과했던 것으로 밝혀질까? 한동안은 나사 외에는 우주 서비스를 통해 상당한 수익을 얻기 어려울 수도 있었다. 블루는 처음부터 장기적인 비전을 갖고 수백만 명이 우주에서 살고 일할 수 있는 미래를 향해 한 걸음씩 나아가는 전략을 고수해 왔다. 하지만 그 미래에 닿기까지는 오랜 시간이 걸릴 수도 있었다.

결국 블루가 CCiCap에 참여할지를 결정하는 데 있어 핵심 질문은 다음과 같았다.

블루는 과연 나사와 독립적으로, 단독으로 나아가는 미래를 그릴 수 있을까?

## 결정의 대가

**나사 없는 길을 걷다**

블루는 CCiCap에 제안서를 제출하지 않기로 최종 결정했다.

"CCiCap에 입찰하지 않기로 한 결정은 블루 오리진 역사상 중대한 전환점이었어요." 마이어슨은 말했다. 자연스레 따라오는 질문은 이것이었다. 블루는 과연 옳은 길을 선택한 걸까?

"그 결정은 오직 우선순위의 문제였어요." 마이어슨은 회상했다. 나사와의 협업을 더 깊게 가져갈 경우 시간과 자원, 인력 면에서 감당해야 할 비용이 너무 막대했다. 결국 블루는 준궤도 우주선인 뉴 셰퍼드에 집중하면서 더 큰 궤도급 발사체 뉴 글렌New Glenn 개발에 본격 착수했다. "한 걸음씩Step by step."이라는 말은 블루의 철학이었고 나사 없이도 다음 걸음을 내딛겠다는 다짐이기도 했다.

그 뒤 몇 년간 블루는 인력을 꾸준히 늘리며 로켓 엔진과 발사체 개발에 박차를 가했다. 2014년에는 주요 발사체 회사인 유나이티드 론치 얼라이언스United Launch Alliance, ULA와 계약을 맺고 차세대 대형 발사체 벌컨 센타우르Vulcan Centaur에 탑재할 신규 엔진 BE-4의 제작에 나섰다. 앞서 소개했듯 2015년에는 뉴 셰퍼드의 첫 발사 및 수직 착륙에 성공하며 성과를 자축했다.

베이조스는 그 순간을 SNS에 이렇게 표현했다. "재사용 로켓이라니, 이런 희귀한 괴물이 또 있을까?The rarest of beasts—a used rocket(여기서

'beast'는 단순히 동물이 아니라 항공우주 분야 속어로 '강력하고 복잡한 성능의 기계나 장치'를 뜻하는 표현이다. 로켓처럼 고성능 비행체를 강조할 때 흔히 사용된다-옮긴이)."

한편 나사는 CCiCap의 다른 참가 기업들과 계약을 맺었다. 2012년 보잉과 4억 6천만 달러, 시에라 네바다 코퍼레이션Sierra Nevada Corporation(현 시에라 스페이스)과 2억 1천5백만 달러, 스페이스X와 4억 4천만 달러 규모의 계약을 체결했다.[23] 이후 스페이스X와 보잉은 다음 단계로 진출해 각각 50억 달러와 약 45억 달러 규모의 계약을 따냈고, 이를 통해 나사 우주 비행사를 국제 우주 정거장에 실어 나르게 되었다.[24]

특히 스페이스X는 궤도 발사체를 성공적으로 발사하고 착륙시키면서 블루를 앞서는 듯한 기세를 보였다. 양사의 경쟁이 늘 우호적인 것만은 아니었다. 2015년 뉴 셰퍼드의 착륙 성공 직후 머스크는 자신들의 준궤도 시험 로켓 사진을 올렸다. 그것은 블루보다 3년 먼저 발사와 착륙을 성공시킨 것이었으며 이에 일론은 이렇게 덧붙였다. "그렇게 '희귀한' 건 아니네요."

소송도 오갔다. 스페이스X는 온라인 팬층의 지지를 등에 업고 뉴 글렌 개발이 지연되는 블루를 조롱했고, 그 사이 스페이스X의 팰컨 9은 발사 속도를 점점 높여 갔다. 언론은 숨 가쁘게 '억만장자들의 우주 경쟁'이라는 서사를 확대 생산하며 새로운 이야기들을 끊임없이 전했다.

스페이스X의 부상은 (다음 장에서 자세히 다루겠지만) 많은 이에게 블루의 CCiCap 불참이 대가를 치르는 명백한 실책처럼 비쳤다. 결국 나사의 화물·승무원 수송 계약을 등에 업은 스페이스X는 민간 발사 시장에서 넘기 힘든 격차를 만들어 냈다. 재사용 가능한 팰컨 9 로켓은 미국 내 발사 산업을 흔들고 곧 지배하기에 이르렀다.

2020년 스페이스X는 두 명의 나사 우주 비행사를 우주 정거장으로 보내며 미국 본토에서 미국인이 직접 우주로 향한 첫 비행을 10년 만에 재개했다. 이 책이 집필되던 당시 스페이스X는 연간 100회 이상의 팰컨 9 발사를 진행 중이었고 게임 체인저가 될 차세대 초대형 로켓 '스타십Starship'의 실현도 눈앞으로 다가와 있었다.

"2015년 뉴 셰퍼드가 처음 착륙했을 때만 해도 경쟁 구도가 형성되는 듯했어요." 『리프트오프』의 저자이자 유명 우주 전문 기자인 에릭 버거Eric Berger는 말했다. "하지만 그 뒤로는 완전한 일방통행이었죠."[25]

베이조스 본인조차 CCiCap 불참 결정을 재고한 것으로 보인다. 특히 그 프로그램과 후속 사업으로 스페이스X가 따낸 정부 계약 규모가 80억 달러에 달한다는 사실을 접한 뒤에는 더욱 그랬다. "우리가 왜 그 입찰을 하지 않았던 거죠?" 그는 물었다.[26]

마이어슨은 단기적으로 두 회사를 비교하는 것은 적절하지 않다고 주장했다. "사람들은 블루 오리진과 스페이스X를 자주 비교하지만 두 회사는 구성도, 운영도 완전히 달라요." 가장 눈에 띄는 차이는 규모였다. "블루가 250번째 직원을 채용한 2013년 스페이스X는 이미 직원 수가 2,750명이었고 무인 우주선을 우주 정거장에 보내고 있었어요."[27] 2010년대 중반까지도 블루는 수백 명의 팀원이 비전을 중심으로 모여 한 걸음씩 신중하게 나아가는 작은 조직의 분위기를 간직하고 있었다.

이와 같은 기업 문화의 차이는 뚜렷하게 드러났다. 스페이스X에서는 머스크가 수천 명의 직원을 몰아붙이며 '광적인 긴박감' 속에 속도전을 펼쳤고 그 과정에서 수많은 폭발도 감수했다.

### 거북이의 전환

블루의 정신이 '그라다팀 페로시터Gradatim Ferociter(점진적으로, 그러나 거침없이)'였다면 스페이스X는 '페로시터(거침없이)'였다.

블루의 지지자들은 이런 시각에 발맞춰 토끼와 거북이 우화 속 거북이를 다시 언급했다. 베이조스가 직원들에게 상징으로 삼으라고 독려했던 바로 그 거북이다. 거북이는 언제나 경주 초반엔 뒤처져 있기 마련이다. "블루는 수백만 명이 우주에서 살고 일하게 될 미래를 염두에 두고 세워진 회사입니다." 마이어슨은 말했다. "이 비전의 결과가 나타나기까지는 앞으로도 많은 시간이 필요할 거예요. 우리는 인내심을 유지해야 합니다."

하지만 아무도 부정할 수 없는 진실은 눈앞에서 토끼가 격차를 벌리고 있음에도 묵묵히 거북이로 남아 있기는 참 어렵다는 것이다. 게다가 거북이는 이 이야기의 결말을 모른 채 경주를 계속하고 있다.

CCiCap 결정 이후 블루는 몇 차례 방향 전환을 시도했다. 2018년에는 마이어슨이 대표직에서 물러나며 그 자리를 밥 스미스Bob Smith가 이어받았다. 그는 조직문화를 보다 전통적인 항공우주 하청 업체 스타일로 바꾸었고, 공공 부문 고객을 위한 로켓 사업을 강화하는 데 초점을 맞췄다. 그 결과 2018년 약 1천5백 명이던 직원 수는 5년 만에 1만 명을 넘겼다.

곧이어 블루는 발사체부터 우주선, 기술 개발 전반에 이르기까지 다양한 분야의 나사 계약에 입찰을 시작했다. 2021년에는 아르테미스 계획(7장에서 다룰 예정)의 일환으로 유인 달 착륙 시스템 개발 제안을 제출했으나 스페이스X에 패했고, 이후 제기한 항의 절차에서도 승리하지 못했다. 그러나 2023년 아르테미스 후속 미션을 위한 우주 비행사 수송 계약을 수주하며 34억 달러 규모의 계약을 체결했다. 이 임무에는 자사의 궤도 로켓 뉴 글렌이 투입될 예정으로, 2025년 1월 16일에 첫 발사를 성공적으로 마쳤다.

이와 동시에 블루는 더 많은 이를 우주로 나아가게 하겠다는 비전도 포기하지 않았다. 블루는 뉴 셰퍼드 개발을 느리지만 꾸준히 이어 왔고, 2021년에는 준궤도 상업 비행에 성공하며 민간 우주 비행사를 실어 날랐다. 이 좌석은 경매로 판매되었고 덕분에 실제 수요에 대한 귀중한 데이터를 수집할 수 있었다.

2025년 4월 14일 기준으로 블루 오리진은 뉴 셰퍼드 프로그램을 통해 총 11회의 유인 비행을 수행했다. 이 과정에서 58명의 민간 우주인을 우주로 보내며 현재까지 가장 많은 민간 우주인을 우주에 보낸 기업으로 기록되고 있다.

또한 블루는 상업용 우주 정거장 개발에도 힘을 쏟고 있으며, '오비털 리프Orbital Reef' 프로젝트를 통해 제러드 오닐이 상상했던 회전형 우주 식민지의 첫걸음을 내디뎠다(이 내용은 5장에서 다룬다). 블루는 아르테미스 프로젝트와 오비탈 리프를 포함한 활동들이 자사의 장기적 비전, 즉 우주 기반 경제를 실현하려는 목표와 맞닿아 있다고 강조한다.[28]

하지만 이런 변화에도 불구하고 블루의 더딘 개발 속도에 대한 불만은 여전했다. 뉴 글렌의 개발은 예상보다 수년 지연됐고 ULA에 납품할 BE-4 엔진 역시 수년간 지연되다 2022년에 들어서야 겨우 인도되었다.[29]

《워싱턴포스트》의 2021년 보도에 따르면 블루는 "CEO 밥 스미스의 리더십 스타일에 대한 직원들의 불만, 혁신을 방해하는 관료주의 그리고 중요한 시기에 회사를 외면한 베이조스의 무관심"이라는 삼중고에 시달리고 있었다.[30] 브래드 스톤은 『아마존 언바운드』에서 블루를 "베이조스가 창립 시 심어 놓은 구조적 결함으로 인해 고통받는 회사"라고 표현했다. "베이조스가 그동안 만들어 낸 거의 모든 것에서 성공을 거둔 것을 감안하면 더욱 아이러니한 대목"이었다.[31]

2023년, 베이조스는 스미스를 해임하고 아마존에서 오랫동안 함께 일한 데이브 림프Dave Limp를 신임 CEO로 임명했다. 같은 해 인터뷰에서 베이조스는 "블루는 훨씬 더 빠르게 움직여야 합니다."라며 지금은 자신이 회사를 직접 챙기고 있다고 밝혔다. "저는 블루에 꼭 필요해서 돌아온 겁니다. 더 많은 에너지와 긴박감을 불어넣고 싶었어요. 우리는 훨씬 빠르게 움직여야 합니다. 그리고 그렇게 할 겁니다."[32]

그렇다면 블루의 미래를 낙관해야 할까, 비관해야 할까?

"그 중간 어딘가일 겁니다." 에릭 버거는 말했다. "블루는 전 세계 모든 자원을 가진 회사이지만, 지금까지의 속도와 성과를 보면 과연 경쟁력을 갖출 수 있을지 의문이 남죠."

## 블루 오리진의 이야기에서 배우는 경제학적 교훈

우리는 지금까지 살펴본 경제학 도구들을 바탕으로 블루 오리진의 여정을 다시 바라봄으로써 새롭게 부상하는 우주 경제와 그 속에서 각 플레이어가 어떤 방식으로 성공하거나 실패할 수 있는지를 더 깊이 이해할 수 있다.

먼저 경쟁의 본질적인 중요성이 다시금 부각된다. 이는 이상적 시장에서 효율이 실현되기 위한 핵심 조건 중 하나이며, 우리가 앞서 '후생경제학 제1정리' 논의에서 강조했던 점이기도 하다. 블루가 CCiCap 참여를 포기하고 외부 수요보다는 베이조스의 지원에 의존하기로 한 결정은 상업 우주 혁신의 핵심인 '시장 경쟁의 압력'을 스스로 회피한 셈이라는 날카로운 비판을 불러왔다. 일각에서는 블루가 우주 스타트업보다는 비영리 자선 재단처럼 행동했다고 지적한다.

물론 자선 단체 역시 놀라운 성과를 낼 수 있다. 그러나 그들은 수익과 손실이 아닌 '비전'과 '헌신'에 의해 움직이며, 경쟁의 압력도 고객이 아닌 후원자를 통해 간접적으로만 작용한다. 블루는 심지어 그나마도 하나의 후원자(베이조스)에게만 의존했기 때문에 일반적인 시장 경쟁에서 얻는 긴장감과 강제력조차 결여되어 있었다.

결과적으로 우주처럼 고도의 자본과 전략적 결단이 요구되는 분야에서 성공하기 위해 필요한 강도 높은 집중력과 자원 배분 결정을 경쟁의 자극 없이 지속한다는 것은 매우 어려운 일이다. 그런 의미에서 블루가 지난 20년 동안 인간의 우주 활동 개방을 목표로 삼고도 비교적 더디게 움직인 것은 어쩌면 자연스러운 일이다. 블루의 행보가 신흥 우주 경제에 주는 교훈은 분명하다. 경쟁을 유지하는 것이 핵심이다.

두 번째로, 정부와 시장은 모두 새로운 우주 경제의 성공에 필수적이라는 점을 다시금 확인할 수 있다. 서문에서도 언급했듯 2000년대 나사가 시도한 변화는 민영화가 아니라 '분산화'였다. 이는 정부의 역할을 없애는 것이 아니라 시장의 힘을 추가하는 방식이었다. 앞으로도 정부는 우주 경제의 최전선을 넓혀 가는 민간 기업들을 '조율하고 보조하고 조언하는' 역할을 계속해서 수행하게 될 것이다. 더 구체적으로 말하면 나사의 전문성, 오랜 경험, 안정적인 수요는 여전히 미국 내 우주 기업들에게 필수적인 기반이다.

블루 역시 초기에는 나사와의 협업을 통해 이러한 공생 관계의 이점을 체감했지만 CCiCap에서 빠져나와 독자적인 길을 택하면서 이와 같은 지원을 포기했고 방향을 잃을 위험까지 감수하게 되었다. 결국 우화 속 거북이가 마지막에 승리할 수 있었던 건 정해진 도로 위를 벗어나지 않았기 때문이었다.

## 우주는 넓다

이 장의 끝에서 우리가 전하고 싶은 경고는 이것이다. 블루 오리진과 스페이스X를 단순히 '경쟁 중'이라고만 보는 시각은 훨씬 더 중요한 사실을 놓칠 수 있다는 점이다.

우주 경제(그중에서 발사 산업만 보더라도)는 승자독식의 시장이 아니다. 초기 선도 기업들의 노력은 경쟁이라기보다 상호 보완적인 것으로 보는 편이 더 타당하다. 어느 한 기업의 성공이 우주에서의 더 다양하고 폭넓은 활동의 문을 여는 역할을 하기 때문이다. 이런 보완적 사업 모델 개념은 오늘날의 우주 경제를 이해하는 핵심이 되며, 이에 대해서는 6장에서 다시 살펴볼 예정이다.

동시에 서로가 서로에게 자극제가 되는 경쟁의 중요성을 과소평가해서도 안 된다. "우리는 블루 오리진이 정말 진정한 의미에서 스페이스X의 경쟁자가 될 수 있다고 생각합니다." 전직 나사 부국장 토머스 저부첸Thomas Zurbuchen의 말이다. "사실 많은 이에게 그 점이 약간의 긴장감을 줍니다."[33] 말하자면 우리는 토끼와 거북이 모두가 경주를 계속하며 서로를 자극하기를 바라는 것이다.

이런 생각에 뜻밖에도 동의하는 사람이 있다. 바로 일론 머스크다.

2023년 말 미국 경제 전문 저널리스트 앤드루 로스 소킨Andrew Ross Sorkin이 머스크를 인터뷰하며 이렇게 말했다.

"지금까지 민간 기업 중 정기적으로 로켓을 우주 궤도에 올리고 있는 건 스페이스X뿐이죠. 아직은……."

머스크가 끼어들었다.

"제프가 성공했으면 좋겠어요."

"제프 베이조스가 성공했으면 좋겠다고요?" 소킨이 되물었다.

"네. 저는 사실 제프의 동기 중 많은 부분에 동의해요. 이렇게 말해 볼게요. 만약 블루 오리진을 없애는 버튼이 제 앞에 있다면 저는 그 버튼을 누르지 않을 거예요. 로켓을 만들기 위해 돈을 쓰고 있는 건 좋은 일이라고 생각해요. 시간이 좀 더 들겠지만 그건 그의 선택이죠."[34]

블루는 다른 길을 선택했고 그 결과가 어떤 모습일지는 아직 명확하지 않다. 하지만 장기적으로 볼 때 블루는 스페이스X를 포함한 다른 기업들의 성공에서 많은 이득을 얻게 될 것이다. 우주는 넓다. 블루와 스페이스X 두 회사가 함께하기에 충분할 만큼. 그리고 그들이 성공할수록 또 대기업과 스타트업을 막론하고 더 많은 기업이 성공할수록 모두를 위한 '파이'도 커지게 될 것이다.

향후 몇 년은 블루에게 그리고 더 넓게는 우주 활동의 미래에 결정적인 시기가 될 것이다. 2025년 1월, 블루 오리진은 부분 재사용이 가능한 뉴 글렌 로켓의 첫 발사에 성공하며 우주 궤도에 진입했다. 이 로켓은 스페이스X의 팰컨 9보다 약 두 배 더 크다. 또한 블루는 나사의 새로운 달 탐사 프로젝트인 아르테미스 계획의 핵심 파트너이며 민간 우주 정거장 '오비탈 리프' 개발에도 힘을 보태고 있다. 어쩌면 우리는 머지않아 거북이의 진짜 저력을 보게 될지도 모른다.

3장

# 스페이스X:
# 우주 시장의
# 문을 열다

Space to Grow

　블루 오리진의 이야기, 곧 그들의 야망, 결정, 전환점은 민간 우주 시대의 새로운 흐름을 엿보게 해 준다. 오늘날 우주 산업에서 블루가 중요한 선도자임은 분명하지만 단연 '최고의' 리더는 아니다. 그 자리는 스페이스 익스플로레이션 테크놀로지즈Space Exploration Technologies, 즉 스페이스X의 몫이다.

　우리는 스페이스X가 인류 역사상 가장 중요한 기업 중 하나로 평가받을 것이라 믿는다. 이는 다소 과감한 주장처럼 들릴 수 있다. 그러나 설립 당시에는 예상할 수 없었던 수준의 영향력을 우주 산업, 더 나아가 전 세계에 끼쳐 왔고 앞으로도 끼칠 것이다. 다음 다섯 가지 지표만 봐도 그 영향력은 명확하다.

　**첫째, 스페이스X는 발사 비용을 우주왕복선 대비 90% 이상 대폭 낮**

**추었다.** 물론 팰컨 9 로켓은 우주왕복선처럼 다기능을 수행하려는 목적으로 만들어진 것이 아니기 때문에 이런 비교는 공정하지 않다는 주장도 있다. 하지만 우주왕복선 퇴장 이후 기본 옵션으로 사용되던 아틀라스 V Atlas V와 비교하더라도, 팰컨 9은 발사 비용을 약 70% 가까이 절감시켰다(도표 3-1 참고).

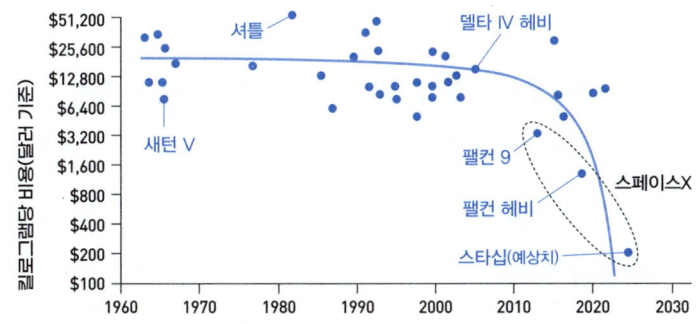

도표 3-1   궤도 발사 비용의 변화: 킬로그램당 단가 추이
출처 Payload Research and Max Olson, "The Future of Space, Part 1: The Setup", 〈FutureBlind〉, March 3, 2021, https://futureblind.com/p/the-future-of-space-1.

스페이스X가 이룬 비용 절감은 20년 전 가장 낙관적인 민간 우주 지지자조차 상상하지 못한 수준이었다.[1] 그리고 이는 우주를 활용하는 데 있어 비용만 절감한 것과는 차원이 달랐다. 우주를 전혀 새로운 방식으로, 더 많은 이에게, 더 대담한 계획을 위해 개방하는 첫걸음이 되었다.

스페이스X가 팰컨 9을 처음 성공적으로 쏘아 올린 2010년 이후 수백 개의 신규 우주 기업이 탄생했고 매년 수천 기의 위성이 발사되고 있다. 이는 10년 안에 수만 기 수준까지 늘어날 전망이다. 대규모 우주 정거장이나 공장 건설, 자원 채굴 등 한때 공상과학처럼 여겨졌던 아이디어들도 이제는 충분히 실현 가능한 목표로 떠오르고 있다. 우주에 가는 비용을 낮추는 것은 언제나 우주에서 새로운 가치를 창출하기 위한 첫 번째 전제 조건이었다.

**둘째, 스페이스X는 첫 발사 성공 이후 단 15년 만에 세계 발사 시장을 사실상 장악했다.** 2022년에는 민간 우주 발사 기록을 갈아 치우며 61회에 달하는 발사를 성공시켰다. 이는 당시 미국 전체 발사 횟수의 약 4분의 3을 차지했다.

같은 해 중국은 64회, 전 세계의 나머지 국가는 합쳐서 35회에 그쳤다. 2023년엔 발사 횟수를 약 100회로 끌어올렸고, 2024년엔 무려 132회를 발사했다. 이는 30년간 이어진 모든 우주왕복선 발사 횟수를 단 1년 만에 뛰어넘는 수준이다.

스페이스X가 속도를 끌어올리는 사이, 스타트업부터 기존 항공우주 대기업에 이르는 다른 발사체 기업들은 팰컨 9과 경쟁하기 위해 재사용 가능한 로켓을 속속 내놓기 시작했다. 특히 가격 면에서 대응하려는 시도가 두드러졌다.

그러나 경쟁사들이 뒤쫓는 동안 스페이스X는 이미 차세대 슈퍼 로켓 스타십을 준비하고 있었다. 스타십은 역사상 가장 크고 강력하며, 비용 면에서도 가장 효율적인 로켓으로 평가받는다. 팰컨 9이 불러온 변화의 스케일을 재현할 가능성이 컸다.

**셋째, 스페이스X는 단연코 세계에서 가장 가치 있는 신생 우주 기업이다.** 2023년 말 기준으로 회사 가치는 1천8백억 달러에 달했으며(나이키와 비슷하고 디즈니보다 높다), 이는 전 세계 비상장 기업 중 두 번째로 높은 평가액이었다.[2] 다음으로 가치 있는 민간 우주 기업보다 10배 이상 높은 수치이며, 록히드 마틴이나 보잉 같은 오랜 역사가 있는 대형 항공우주 기업들보다도 높았다.[3] 그리고 그 가치는 지금도 계속 오르고 있다. 이처럼 압도적인 존재감 덕분에 어떤 회의론자들은 스페이스X만이 민간 우주 시대의 유일한 성공 사례라고 말하기도 한다.

분명한 사실은 바로 스페이스X가 실제로 성공했다는 것이다. 그리고 이 성공은 마치 밀물이 여러 배를 띄우듯 우주 산업을 끌어올렸으며, 앞으로 책에서 다루게 될 많은 기업이 성공할 수 있게 한 기반이 되어 주었다.

**넷째, 스페이스X는 핵심 우주 기업가 집단을 직접 길러 냈고 수많은 이에게 간접적으로 영감을 주었다.** 지금까지 스페이스X 출신 인재들이 설립한 기업은 90개가 넘고, 이들이 유치한 벤처 자금은 40억 달러를 웃돈다. 이들은 회사를 운영하면서 모든 회의론을 뒤엎는 사업 방식에 익숙해졌고 '창조적 파괴creative destruction'라는 유명한 개념으로 알려진 조지프 슘페터Joseph Schumpeter의 기업가 정신을 구현해 낼 수 있는

새로운 모델을 갖추게 됐다.[4]

스페이스X의 직접적, 간접적 영향력은 오늘날 대부분의 신생 우주 기업이 설립된 가장 큰 배경이 되어 주었다. 스페이스X가 우주 산업 전반에 가져온 변화는 이 책이 존재하는 이유이자 어쩌면 당신이 지금 이 책을 읽고 있는 이유이기도 할 것이다.

**다섯째, 스페이스X는 '시장 중심 접근법'이 우주에서도 성공할 수 있다는 것을 확실하게 증명했다.** 나사가 COTS 프로그램과 후속 과정을 통해 상업 우주 시대의 문을 열었을 때, 민간 우주 기업들이 나사의 작은 목표조차 달성할 수 있을지 아무도 장담하지 못했다. 만약 이 실험이 실패했다면 중앙 통제 외에 다른 방식은 없다는 인식이 굳어졌을 것이다.

그러나 스페이스X는 기대 이상으로 성공했고 경쟁과 혁신, 효율성을 우주 산업에 안착시켰다. 젊고 혁신적인 기업도 정부와의 파트너십을 통해 살아남고 나아가 상업적으로 번영할 수 있음을 보여 준 것이다. 그리고 이 과정에서 정부를 유일한 고객이 아닌 '중요한 고객 중 하나'로 재정의하며 새로운 민간 우주 시대의 문을 열었다. 그 결과 나사와 국가 안보 기관 모두 이 새로운 방식이 실질적인 성과를 낼 수 있다는 확신을 갖게 되었다.

스페이스X는 어떻게 단 20년 만에 이 모든 것을 해낸 걸까? 이 장에서는 그 이야기를 풀어 가며 스페이스X가 바꿔 놓은 우주 산업의 현재와 미래를 함께 들여다볼 것이다.

## "우리가 직접 이 로켓을 만들 수 있지 않을까?"

지금은 전 세계적으로 유명하면서도 평가가 극명히 갈리는 인물인 스페이스X 창립자 일론 머스크의 이야기는 너무도 비현실적으로 느껴져 믿기 힘들 정도다. 하지만 에릭 버거, 월터 아이작슨Walter Isaacson 같은 작가들의 심층 취재로 그 놀라운 이야기들이 세상에 드러나게 되었다. 『리프트오프』, 『일론 머스크』를 읽었거나 스페이스X의 발자취를 따라온 독자라면 이 장에서 전개될 이야기들이 낯설지 않을 것이다. 이 과정을 통해 우리는 민간 기업이 어떻게 비전을 현실로 바꾸는지를 보게 된다. 그리고 그 중심에 선 머스크는 누구보다도 그 힘을 잘 활용하는 인물이다.

일론 머스크는 1971년 남아프리카공화국 프리토리아에서 태어났다. 10대 시절 그는 더글러스 애덤스Douglas Adams의 『은하수를 여행하는 히치하이커를 위한 안내서』, 아이작 아시모프Isaac Asimov의 『파운데이션』 시리즈 같은 우주 SF에서 깊은 영감과 위안을 받았다. 훗날 머스크는 《롤링스톤》과의 인터뷰에서 이렇게 회고했다. "그 책들에서 얻은 교훈은 이거예요. 문명을 지속시키고, 암흑기dark age(고대 로마제국 붕괴 이후 유럽 문명이 퇴보한 중세 초기처럼 인류 문명이 심각하게 후퇴하거나 붕괴된 시대. 머스크는 미래에도 이런 문명적 후퇴 가능성을 경계해야 한다고 본다 - 옮긴이)의 가능성을 줄이며, 만약 암흑기가 온다 해도 그 시간을 단축할 수 있는 행동을 해야 한다는 거요."[5] 머스크는 문명을 정의할 만한 영향을 남기고 인류

3장 스페이스X: 우주 시장의 문을 열다

의 의식을 우주로 확장하는 일에 평생을 걸 결심을 하게 된다.

머스크는 미국으로 이주한 뒤 펜실베이니아대학교에서 경제학과 물리학을 전공했다. 그는 자신이 살아 있는 동안 사회를 근본적으로 바꿀 수 있는 세 가지 분야가 있다고 믿었다. 그것은 지속 가능한 에너지, 인터넷 그리고 우주여행이었다. 어떤 분야에 뛰어들지 결정하지 못한 그는 전기차용 배터리를 개발하고자 스탠퍼드대학원의 박사 과정에 등록했지만 단 이틀 만에 자퇴하고 인터넷 회사를 창업했다. 당시는 1990년대 중반 벤처 자금이 몰리는 인터넷 붐의 전성기였다. 머스크는 동생 킴벌Kimbal과 함께 도시 정보를 제공하는 온라인 가이드 'Zip2'를 창업했다. 이 스타트업이 빠르게 주목받아 인수되면서 머스크는 28세의 나이에 백만장자가 되었다.

그는 Zip2 매각 대금으로 온라인 결제 회사 x.com을 설립했고 이 회사가 페이팔과 합병되며 회장이 되었다. 합병 후 경영진과 마찰을 빚으며 결국 자리에서 물러났지만 당시 페이팔 CEO 피터 틸Peter Thiel은 머스크가 위험을 두려워하기는커녕 위험에 정면으로 맞서는 인물이라며 '호메로스적 존재(고대 서사시 속 인물처럼 대담하고 신화적 서사를 지닌 인물—옮긴이)'라고 평가했다.

우주라는 머스크의 세 번째 도전은 다소 예상치 못한 계기로 시작됐다. 2000년 그는 남아프리카를 처음으로 다시 방문했고 귀국 직후 생명을 위협받을 정도로 말라리아를 크게 앓았다. 몇 달에 걸쳐 회복한 머스크는 삶에 대한 긴박함을 더욱 강하게 느끼게 되었다. 무언가 이루고 싶은 일이 있다면 지금 당장 그것에 집중해야 한다는 사실을 깨달았다. 다행히 그에게는 페이팔 매각으로 얻은 1억 8천만 달러라는 자금이 있었다.

죽음의 문턱에서 돌아온 경험과 아시모프의 책에서 받은 영감은 머스크로 하여금 인류를 다행성 종으로 만드는, 즉 화성에 인류를 정착시키는 일을 자신의 사명으로 여기게 만들었다.

하지만 가족과 친구들은 우려를 표했다. 이전에도 수많은 신생 로켓 회사가 기존 항공우주 산업을 바꾸려 시도했지만 대부분 처참하게 실패했다는 것이다. 머스크는 회상한다. "친한 친구가 로켓이 폭발하는 영상들을 잔뜩 모아서 보여 줬어요. 제가 가진 돈을 전부 날리는 걸 막고 싶었던 거죠."[6]

하지만 머스크는 로켓을 금속과 연료라는 기본 요소로 분해해 생각했다. 그는 그것들을 살 수 있었고 어쩌면 자신도 이 분야에 기여할 수 있을 것이라 판단했다.

머스크는 나사가 이미 유인 화성 탐사 계획을 세우고 있을 거라 생각하며 홈페이지를 샅샅이 뒤졌지만 충격적인 사실을 알게 되었다. 달에 인류를 보낸 지 수십 년이 지났으나 나사는 화성 유인 탐사 계획이 전혀 없었던 것이다. 머스크는 미국의 우주 산업이 기술 프런티어의 상징이자 자부심이라 생각했기에 이 같은 현실에 절망했다. 그렇게 스스로 계획을 세우기 시작했다.

처음 구상한 것은 비영리 프로젝트인 '마스 오아시스Mars Oasis'였다.

수천만 달러의 예산으로 화성에 온실을 보내는 것이 목표였다. 머스크는 이를 통해 대중에게 화성 탐사가 가능하다는 인식을 심고 이를 입법 압력으로 전환해 의회가 나사에 화성 미션을 명령하게 만들고 싶었다.[7] 하지만 화성에 가기 위해선 우선 로켓이 필요했다.

처음엔 러시아에서 로켓을 구입하려 했다. 당시 러시아에는 냉전 시절의 해체된 발사체들이 많이 남아 있었다. 머스크는 해당 분야 전문가인 짐 캔트렐과 함께 러시아로 날아가 협상을 시도했다(이 책의 앞에서 캔트렐은 미국 우주 시스템의 중앙집중적 구조에 대해 비판한 바 있다). 하지만 협상은 난항을 겪었고 판매자들은 로켓 두 기에 4천만 달러 이상의 금액을 요구하며 가격을 계속 올렸다.

머스크는 좌절하지 않고 기회를 포착했다. 그는 로켓의 부품 원가와 완성품 가격의 차이가 50배에 달한다는 사실을 알고 있었다. 귀국 비행기 안에서 그는 캔트렐에게 말했다. "우리 스스로 로켓을 만들 수 있을 것 같아요." 머스크는 페이팔에서 번 돈 중 1억 달러를 떼어 내 2002년 스페이스X를 설립했다. 창립 이래 지금까지 이 회사의 사명은 단 하나, '화성 정착'이다.

그리고 곧 스페이스X의 성장을 논함에 있어 결코 빼놓을 수 없는 또 한 명의 인물이 등장했다. 그윈 샷웰Gwynne Shotwell, 그는 머스크를 제외하고 회사에 가장 오래 몸담은 인물이며 훗날 사장이 된 인물이다. 머스크와 달리 샷웰은 어릴 적부터 우주에 특별한 관심이 없었다. 어머니가 여성 공학자 협회 모임에 데려간 적이 있었는데 썩 내키진 않았지만 그날 이후 기계공학자가 되기로 결심했다고 한다. 대학과 석사 과정을 마친 샷웰은 10년간 우주 시스템 분야에서 일했고, 이 경험은 더 작고 저렴한 로켓을 통해 발사 비용을 낮추려는 한 회사에서 고위직을 맡는 계기가 되었다.

스페이스X가 창립된 지 1년도 되지 않아 샷웰은 머스크를 처음 만났다. 이 만남은 에릭 버거가 『리프트오프』에서 이렇게 묘사했다.

> 머스크는 인터넷으로 큰돈을 벌고 난 후 심심해서 우주에 발을 담근 인물이 아니었다. 오히려 업계의 문제를 정확히 진단하고 이를 해결하려는 사람이었다. 머스크는 발사 비용을 낮추기 위해 자체 로켓 엔진을 개발하고 주요 부품도 자체 제작하겠다는 계획을 설명했고, 그가 말할 때 샷웰은 고개를 끄덕였다. 항공우주 업계의 느릿한 속도를 누구보다 잘 아는 샷웰에게는 머스크의 계획이 분명하게 들렸다.[8]

머스크는 스페이스X가 나사나 국방부 고위 관계자들에게 신뢰할 만한 파트너로 비추어지려면 고객을 설득할 수 있는 인물이 필요하다는 걸 깨달았다. 그래서 샷웰에게 사업 개발 부사장 자리를 제안했다. 커리어를 송두리째 바꿔야 하는 결정을 앞두고 망설였지만 그녀의 선택은 결국 단순한 물음으로 귀결됐다. 나는 이 업계에 몸담고 있다. 지금처럼 계속 흘러가길 바라는가, 아니면 일론이 그리려는 방향으로 나

아가길 바라는가?'⁹

샷웰은 이 제안을 수락했고 스페이스X의 열한 번째 직원이 되었다.

## 기존 질서에 도전하다

머스크는 작지만 빠르게 성장하는 스페이스X에 두 가지 핵심 원칙을 강조했다. 속도를 높이고 비용을 낮추라는 것이었다. 전통적인 항공우주 기업들은 신중하게 움직이며 완벽에 가까운 우주선을 고가로 만들어 내는 데 익숙했지만 머스크는 이러한 관행에 정면으로 도전했다. "우주에도 무어의 법칙Moore's Law(반도체 기술이 일정 주기마다 비약적으로 발전한다는 경험 법칙-옮긴이)이 필요합니다. 반도체 산업처럼 킬로그램당 우주 접근 비용이 지속해서 떨어져야만 일반인도 우주여행을 할 수 있는 진짜 우주 시대가 열립니다."¹⁰

이러한 비용과 속도에 대한 머스크의 집착은 스페이스X를 전혀 다른 형태의 우주 기업으로 만들었다. 스페이스X는 부품 수백 개를 전국에서 조달하는 복잡한 공급망을 사용하는 대신, 가능한 한 많은 부품을 직접 생산하는 방식을 택했다. 직원들과 협력 업체, 나아가 관계된 모든 사람에게 더 빠른 속도를 요구했다. 그리고 전통적인 우주 산업의 슬로건이 "실패는 용납되지 않는다."였다면 머스크는 그 정반대의 문화를 심었다. "여기선 실패해도 됩니다."

스페이스X의 수석 설계 엔지니어 케빈 브로건Kevin Brogan은 말했다. "실패가 없다면 혁신도 충분하지 않은 거죠. 실패에서 배우고 프로토타입을 개선한 뒤 다시 테스트하세요." 물리 법칙(그리고 어쩌면 수요와 공급 법칙)을 빼고는 산업 관행이든 정부의 요구사항이든 모든 것이 스페이스X에게 도전의 대상이었다.

스페이스X는 첫 번째 발사체 팰컨 1을 개발하며 이런 방식을 정교하게 다듬었다. 《스타워즈》에 등장하는 전설적인 우주선 '밀레니엄 팰컨'에서 이름을 딴 팰컨 1은 높이가 대략 18미터로 약 500킬로그램의 화물을 궤도에 올릴 수 있는 소형 로켓이었다. 록히드 마틴이나 보잉이 정부 위성 발사용으로 사용하는 대형 로켓에 비해 작고 출력도 약했지만 스페이스X는 더 저렴한 가격으로 소형 위성을 쏘아 올리는 데 초점을 맞췄다.[11]

팰컨 1의 발사 가격은 600만 달러였고 회사는 이를 웹사이트 전면에 내걸었다. "로켓 개발 비용에 따라 가격을 정하는 것이 아니라 발사체가 준비되기도 전에 구체적인 가격을 발표하는 방식은 상업 발사 시장의 흐름을 바꾸는 전환점처럼 느껴졌어요." 선도적인 우주 산업 컨설팅 기업 브라이스테크BryceTech의 설립자 캐리사 크리스텐슨Carissa Christensen은 말했다.[12]

설령 스페이스X가 저비용 로켓이라는 약속을 지킨다고 해도 발사 산업에 발을 들이기는 쉽지 않았다. 그 세계는 배타적인 곳이었다. 업계 임원들과 정부 관계자들은 서로를 잘 알고 오랫동안 함께 일해 왔고 모두가 우주 산업의 운영 방식에 대해 같은 생각을 공유하고 있었다. 반면 머스크는 그들에겐 실리콘밸리에서 온 아웃사이더일 뿐이었고 기존의 규칙을 뒤엎겠다는 야심 찬 선언은 당혹스럽기만 했다.

우주 발사 산업은 보잉과 록히드 마틴이라는 두 거인이 지배하고 있었다. 1986년 챌린저호 참사 이후, 우주왕복선을 이용해 왔던 미국 국방부는 독자적인 발사체가 필요하다고 주장했고 의회는 이에 필요한 예산을 승인했다. 보잉과 록히드는 군 전용 발사체 개발을 맡았고 각각 델타 IV와 아틀라스 V라는 신형 로켓을 선보였다. 이 로켓들은 수십 년간 구축한 발사체 기반 위에 설계되었으며 정부 임무를 중심으로 뛰어난 성능을 보였지만 비용도 상당했다. 이들은 1개당 10억 달러가 넘는 예산이 투입된 국가 안보 위성들을 쏘아 올리는 임무를 맡았고 해당 위성 하나를 만드는 데만 수년에서 많게는 10년 이상이 걸렸다.

나사 부국장 앨런 스턴Alan Stern은 말했다. "국방부 구매 담당자들은 발사 비용이 1억 달러든 3억 달러든 신경 쓰지 않아요. 그건 큰 차이가 아니니까요. 그들이 원하는 건 확실한 성공입니다."[13]

보잉과 록히드의 로켓은 성능은 뛰어났지만 막대한 비용 탓에 대부분의 상업적 위성 발사에는 적합하지 않았다. TV나 통신 위성 발사 등 상업 임무에는 부담스러운 수준이었다. 여기에 도전한 신생 로켓 기업들의 시도는 잇따라 실패했고 이는 모두에게 경고가 되었다.[14]

예컨대 2000년대 초 등장한 비얼 에어로스페이스 테크놀로지스Beal Aerospace Technologies는 2억 달러의 초기 자금을 유치했는데, 이는 머스크가 스페이스X 설립에 쓴 자금의 두 배에 달했다. 하지만 불과 2년 만에 문을 닫았다. CEO 앤드루 비얼Andrew Beal은 "나사와 미 정부가 특정 발사 시스템을 선택하고 보조금을 주는 한, 민간 우주 발사 산업은 절대 존재할 수 없다."라고 말했다.[15]

스페이스X에게도 시기는 좋지 않았다. 팰컨 1호의 첫 발사가 임박했을 무렵, 군용 발사 계약 시장의 문이 닫히는 듯 보였기 때문이다. 2006년, 보잉과 록히드 간의 경쟁은 극에 달했다. 보잉이 수천 건의 록히드 기밀문서를 소지하고 있던 사실이 드러난 것이다. 대규모 법적 충돌이 불가피해 보였지만 두 회사의 로켓에 의존하던 국방부가 개입했다. 결국 두 회사는 발사 사업을 통합해 유나이티드 론치 얼라이언스라는 공동 벤처를 설립했고, 국방부는 향후 10년간 고수익 국가 안보 위성 발사 계약을 이 회사에 독점적으로 부여했다. 게다가 아틀라스와 델타 발사체 운영을 위한 인력과 시설 유지비로 연간 10억 달러를 추가로 지원하기로 했다.

머스크와 스페이스X는 이 상황에 격분했다. 이들은 폐쇄적인 발사 시장을 열기 위해 이미 수차례 소송을 벌이고 있었다. 에릭 버거는 이렇게 썼다. "스페이스X는 설립 후 3년 만에 업계의 3대 경쟁사를 상대로 소송을 제기했고, ULA 합병을 놓고는 공군과 충돌했으며, 나사 계약에 대해서도 이의를 제기했다."[16]

보잉과 록히드는 이런 신생 기업을 불쾌하게 여겼고 동시에 다소 깔보는 태도를 보였다. 보잉 대변인은 "우주 발사는 극도로 복잡하고 도전적인 사업입니다. 스페이스X가 진정한 경쟁자로 인정받으려면 일단 발사에 성공해야겠죠."라고 말했다.[17] 록히드는 "스페이스X는 경쟁력이 있음을 입증해야 합니다. 아직 경쟁자라고 볼 수 있는 성과를 보여준 적이 없어요."라고 말했다.[18]

우주 산업 안팎에서는 스페이스X를 응원하면서도 의심의 눈초리를 거두지 못하는 이들이 있었다. 비슷한 꿈을 꾸던 이들이 과거에도 있었지만 그 끝은 대개 씁쓸했기 때문이다. "우주 산업에서 소액 자산가가 되는 가장 확실한 방법은 고액 자산가로 시작하는 겁니다." 업계 비영리 단체의 우주 정책 분석가 존 E. 파이크John E. Pike는 말했다. "로켓 과학은 실패 확률이 매우 높은 분야고 머스크가 진짜 제대로 만들어 냈는지는 적어도 여섯 번은 날려 보기 전엔 알 수 없죠."[19] 나사도 확신을 갖지 못하긴 마찬가지였다.

스페이스X가 업계에 변화를 주고 싶다면 결국에는 발사장에서 실력으로 증명해야 했다.

## 다시 시도하라

스페이스X가 첫 발사 성공까지 가는 여정은 험난했다. 에릭 버거의 『리프트오프』에 그 과정이 생생히 담겨 있다. 한번은 텍사스의 황야에서 엔진 테스트 중 고압 유체 탱크에 벼락을 맞아 심상치 않은 돌출 결함이 생겼다. 수석 엔지니어들은 당연히 새 탱크가 제작되어 배송될 때까지 테스트를 미루자고 했지만 머스크는 용접기를 들고 올라가 수리하라고 지시했다. 엔지니어들은 황당해했다. 이런 식으로 일하는 게 항공우주 업계의 방식은 아니었기 때문이다. 하지만 팀은 정말로 탱크를 용접했고 탱크는 기적처럼 작동했다.

덕분에 테스트는 예정대로 진행되었고 스페이스X는 귀중한 시간과 비용을 절약할 수 있었다. 물론 스페이스X의 빠르게 시도하고 실패에서 배우는 접근 방식이 언제나 성공적이었던 것은 아니었다. 그러나 그 실패들조차 새로운 시도를 꺼리지 않고 비용 절감을 추구하는 자세를 강화해 주었다.[20]

팰컨 1에 적합한 발사대를 찾기 위해 스페이스X는 지구 끝까지 가야 했다. 태평양 마셜제도 인근의 작은 섬, 콰젤레인Kwajalein 환초가 그곳이었다. 현지 직원들이 발사대를 조립하고 미국 캘리포니아 기술진이 로켓 부품을 조립했다. 2006년 초, 드디어 첫 팰컨 1이 준비되었다.

로켓이 솟구쳐 오르자 기체에 장착된 카메라엔 남태평양의 작은 섬이 작아지는 모습이 담겼다. 그러나 불과 30초 만에 화재가 발생해 엔진이 멈추면서 로켓은 추락하고 말았다. 수년간의 노력이 담긴 팰컨 1은 폭발과 함께 산산조각 났고 팀원들은 섬에 흩어진 파편을 일일이 손으로 주워야 했다.

한편 팰컨 1을 궤도에 올리기 위해 엔지니어들이 사투를 벌이는 사이, 그윈 샷웰은 이 신생 기업이 진짜 목표를 이뤄 낼 수 있다고 나사를 설득하고 있었다. 2006년 샷웰은 나사의 COTS 계약과 후속 계약을 따냈다. 이 계약은 향후 발사체 팰컨 9과 국제 우주 정거장에 화물을 보급할 수 있는 화물 캡슐 드래곤 개발을 위한 기술 마일스톤 달성을 조건으로 약 4억 달러의 자금이 책정된 성과 기반 계약이었다. "당시 우리는 그저 섬 위에 작은 로켓 하나 올려놓은 신생 회사에 불과했어요." 스페이스X 부사장 한스 쾨니히스만Hans Koenigsmann의 말이다. "그건 용기와 비전 없이는 못 하는 일이에요."

첫 번째 실패에도 머스크와 팀은 굴하지 않았다. 1년 후 또 다른 팰컨 1을 조립해 같은 장소에서 발사했다. 이번에는 순조로웠다. 1단이 분리되고 2단 엔진이 점화되며 로켓은 우주 가장자리까지 미끄러지듯 날아갔다. 그러나 2단이 점점 흔들리기 시작했다. 연료가 탱크 안에서 출렁였고 흔들림은 점점 더 커졌다. 결국 로켓은 균형을 잃고 추락했다. 두 번째 시도도 실패였다.

머스크는 회사를 세울 때 발사 기회를 세 번까지 가질 생각이었다. 세 번 안에 궤도에 오르지 못하면 그건 실패한 회사라는 뜻이었다. 그의 첫 투자금 1억 달러와 외부에서 어렵게 모은 약 3억 5천만 달러까지, 세 번의 기회가 전부였다. 나사와의 계약은 회사를 살릴 수 있는 희망이었지만 정해진 성과를 달성해야만 자금이 지급되는 구조였다. 궤도에 도달하지 못하면 돈도 받을 수 없었다.

2008년 여름, 팰컨 1의 세 번째이자 마지막 발사가 준비됐다. 발사는 순조롭게 시작되었고 1단 분리까지는 무사히 진행됐다. 하지만 버려져야 할 1단 로켓이 위로 치솟았다. 탱크에 남은 극소량의 연료가 고도高高度에서 낮은 기압 때문에 기화하며 추진력을 일으킨 것이다. 1단과 2단이 부딪쳤고 결국 함께 지구로 추락했다. 6년간의 노력과 세 번의 발사 끝에 스페이스X는 거의 궤도에 다다랐지만 결국 실패했다. 이제 정말 끝처럼 보였다.

"그땐 정말 돈이 다 바닥났어요." 머스크는 버거에게 이렇게 회고했다. "세 번이나 실패해서 투자받을 여지도 없었죠. 경제도 침체기에 접어들었고 개인적으로 이혼까지 했어요. 집도 없었고 전처가 집을 가져갔죠. 인생에서 가장 참담했던 여름이었어요."[21]

머스크는 팀을 불러 모아 공장에서 부품을 모으면 로켓 한 대를 더 조립할 수 있다고 말했다. 여섯 주 안에 조립을 마쳐 발사대에 세우자는 것이었다. 하드웨어는 있었지만 문제는 자금이었다. 회사를 생존시킬 수 있을지 확신도 없었다. 다행히도 페이팔 시절 동료였던 피터 틸 등 몇몇이 긴급히 2천만 달러를 투자했다.

몇 주 만에 팰컨 1 조립을 마친 스페이스X는 치명적인 자금난에 시달리고 있었다. 이전과 달리 캘리포니아에서 남태평양 외딴섬까지 배로 로켓을 운반할 시간이나 여유가 없었다. 결국 미군의 C-17 수송기에 실어 공수하기로 했다. 엔지니어들은 팰컨 1을 랩으로 단단히 감싼 뒤 비행기에 실었고 로켓 옆 좌석에 앉아 함께 이동했다.

그러나 착륙을 앞두고 이상한 소리가 들리기 시작했다. 기체 내부 밸브가 닫혀 있어서, 기압 차로 인해 로켓이 점점 눌리며 마치 콜라 캔처럼 찌그러지고 있던 것이다. 놀란 엔지니어들은 급히 포장을 뜯어냈고 그중 한 명이 좁고 구겨진 기체 안으로 들어가 밸브를 열어 압력을 낮췄다. 밸브는 터지듯 열렸지만 발사의 극심한 진동을 견뎌야 할 로켓은 이미 심하게 찌그러진 상태였다.

지상에 도착한 뒤 엔지니어들은 본사에 전화를 걸어 기체를 캘리포니아로 다시 옮겨 수리해야 한다고 보고했다. 그러나 돌아온 답은 단호했다. "시간 없어. 거기서 고쳐서 바로 발사대로 옮겨." 그로부터 두 달도 안 된 2008년 9월 말, 팀은 지구 끝에서 그 일을 해냈다.

팰컨 1의 네 번째 절박한 시도는 전과 달랐다. 불꽃도, 흔들림도, 충돌도 없이 로켓은 찬란하게 떠올라 결국 우주 궤도에 안착했다. "천운이 따랐던 순간이었죠." 머스크는 나중에 회상했다. 스페이스X는 액체연료 로켓으로 지구 궤도에 진입한 세계 최초의 민간 기업이 되었다.

이 성공은 항공우주 업계를 뒤흔들었고 언론인 에릭 버거의 주목도 받았다. 그는 이후 스페이스X의 이야기를 전하는 최고의 전문가가 되었다. "그때는 '좋은 성과' 정도로 생각했어요. 이 회사가 산업을 흔들 거라고는 상상도 못 했죠." 버거는 말했다. "처음엔 스페이스X가 판을 바꾸는 존재가 될지 몰랐어요. 완전히 오판이었습니다."[22] 이렇듯 스페이스X는 가능성을 증명했지만 아직은 소형 로켓 하나 쏘아 올린 게 전부였다. 궤도 진입에는 성공했지만 회사는 여전히 빈털터리였다.

팰컨 1의 첫 궤도 비행 후 불과 몇 개월 후인 2008년 크리스마스 주간, 머스크의 휴대전화가 울렸다. "나사에서 전화가 왔어요. 우리가 15

억 달러 규모의 계약을 따냈다고요. 너무 놀라서 전화기를 제대로 들지도 못했어요. 그냥 '고맙습니다!'라고 외쳤죠." 머스크는 회상했다.[23]

스페이스X는 오비털 사이언스와 함께 나사의 CRS 계약을 따내면서 팰컨 9 로켓과 드래곤 캡슐을 개발해 국제 우주 정거장에 화물을 실어 나를 기회를 얻었다. 이 계약은 회사를 구했을 뿐 아니라 더 큰 도전을 향한 길도 열어 주었다. 팀의 광적인 추진력과 샷웰의 끈질긴 설득이 결국 결실을 맺은 것이다. 머스크는 기쁜 마음으로 샷웰을 스페이스X의 사장으로 임명했고 그녀는 지금까지도 그 자리를 지키고 있다.

## 팰컨 9

2010년 여름, 스페이스X 팀은 우주 비행의 새로운 시대를 여는 역사적인 발사의 순간을 눈앞에 두고 있었다. 이제 발사 장소는 더 이상 태평양의 외딴섬이 아니었다. 나사의 대표적인 발사 기지, 케네디 우주센터였고 발사대 위에는 더 이상 높이 18미터의 팰컨 1이 아닌 49미터의 팰컨 9이 우뚝 서 있었다. 그리고 이 로켓은 불과 10년 만에 발사 시장을 장악하게 된다.

팰컨 9은 전작보다 아홉 배 강력했고 수년간의 개선 끝에 2만 킬로그램이 넘는 화물을 궤도에 올릴 수 있게 된다. 이는 ULA의 주력 발사체인 델타 IV와 아틀라스 V에 필적하는 성능이었고, 가격은 단 6천2

백만 달러로 ULA의 절반에도 못 미쳤다.[24] 스페이스X가 바란 건 단 하나, 문제없이 작동하는 것이었다. 그리고 그날, 팰컨 9은 완벽하게 발사됐다. 2년 뒤인 2012년에는 또 다른 팰컨 9이 드래곤 캡슐을 국제 우주 정거장에 실어 보냈고 이는 나사와 맺은 COTS 계약을 충실히 이행한 결과였다. 샷웰이 따낸 CRS 계약 덕분에 스페이스X는 팰컨과 드래곤 조합으로 국제 우주 정거장에 정기적으로 화물을 배송하게 된다.

팰컨 9의 낮은 단가(화물 1킬로그램당 약 2천8백 달러)는 상업 위성 발사 계약으로 이어졌고 기존 발사 사업자들에게는 경고등이 켜졌다. 보잉과 록히드를 상업 위성 시장에서 몰아낸 유럽의 아리안스페이스Arianespace조차 팰컨 9의 가격 경쟁력을 감당하지 못하게 된 것이다. 아리안스페이스 CEO는 "스페이스X가 촉발한 가격 경쟁 압박으로 인해" 유럽의 주력 발사체인 아리안 5Ariane 5가 정부 보조금 없이는 경쟁하기 어려운 상태가 되었다고 인정했다.[25]

그 사이 스페이스X의 엔지니어들은 팰컨 9의 대형 1단 부스터를 재사용할 수 있도록 개조하는 데 매진하고 있었다. 비싼 엔진을 포함한 이 부스터를 반복해서 사용할 수 있다면 우주왕복선을 제외하고는 유일한 쾌거가 될 것이며, 스페이스X는 다른 어떤 발사체보다도 막강한 경쟁 우위를 갖게 될 것이었다.

스페이스X는 이미 나사의 핵심 파트너가 되어 있었고 상업 발사 계약을 연이어 따내고 있었지만 여전히 개척하지 못한 주요 시장이 하나 남아 있었다. 바로 국가 안보 위성 시장이었다. 향후 15년간 미 국방부는 약 700억 달러 규모의 위성 발사 계약을 발주할 예정이었고 머스크는 화성 이주를 위한 기술 개발을 위해 이 시장에서 일정 몫을 확보해야 한다고 판단했다. 2006년부터 2013년까지 ULA는 이 시장을 독점하고 있었고 스페이스X는 팰컨 9의 가격 경쟁력과 발사 성공을 근거로 이제 자신들도 입찰 자격이 있다고 주장했다.

그러나 2013년 말, 미 공군은 110억 달러 규모의 발사 계약 36건을 ULA에 5년 연장으로 몰아줬다. 기존 계약을 단순 연장하는 형태였기에 공개 입찰 자체가 열리지도 않았다.[26] 공군은 위로 차원에서 스페이스X 같은 신생 기업을 위해 별도로 14건의 발사 기회를 경쟁 입찰로 제공하겠다고 했지만 이 숫자마저 나중에 7건으로 줄었다.

머스크는 분노했다. 스페이스X는 훨씬 낮은 가격을 제시했음에도 입찰 기회조차 주어지지 않았던 것이다. 2014년 초 스페이스X는 미 공군을 상대로 소송을 제기했다. "우리는 단지 이 발사들이 경쟁 입찰로 진행되어야 한다고 주장하는 것뿐입니다." 머스크는 이렇게 말했다.[27]

놀랍게도 스페이스X는 소송에서 승리했다. 미 공군은 국가 안보 목적의 발사를 위해 팰컨 9의 인증을 신속히 획득하겠다고 약속했고 앞으로 모든 방위 발사 계약은 경쟁 입찰로 진행하겠다고 발표했다. "앞으로 미 공군은 인증을 획득한 복수 공급자의 경쟁 방식으로 계약을 추진할 것입니다."[28]

모든 것이 순조롭게 흘러가던 시점 재앙이 닥쳤다. 2015년 6월, 국제 우주 정거장 화물 보급 임무에 나섰던 팰컨 9이 이륙 2분 만에 폭발한 것이다. 이는 팰컨 9의 첫 번째 실패였다. 나사는 1억 달러가 넘는 화물을 잃었고 업계에서는 스페이스X의 비용 절감형 로켓이 과연 신뢰할 만한지에 대한 의문이 다시 불거졌다.[29]

실패로부터 6개월 후 스페이스X는 한층 업그레이드된 팰컨 9 모델과 함께 다시 발사대에 섰다. 업계 경쟁자들과 잠재 고객들은 첫 대형 실패를 겪은 이 회사가 과연 어떻게 대응할지 주목하고 있었다. 새로운 로켓은 민간 위성 11기를 실은 채 멋지게 이륙했다. 1단이 2단과 분리된 뒤 마치 SF 영화의 한 장면처럼 회전하며 발사 지점으로 되돌아왔다. 1단 로켓이 착륙장에 부드럽게 안착했고 스페이스X는 궤도 비행을 마친 로켓을 다시 착륙시킨 최초의 민간 기업이 되었다.

머스크와 그의 팀은 단순히 실패를 극복한 것이 아니었다. 그들은 로켓을 '산업의 판도를 완전히 바꿀 수준'으로 업그레이드해 돌아왔다. "이 순간 스페이스X가 극도로 짧은 시간 안에 전례 없는 혁신을 이뤄낼 수 있다는 걸 확실히 입증했죠. 정말 경이로운 성취였습니다."라고 에릭 버거는 회고했다.[30]

불과 몇 년 전까지만 해도 민간 기업이 저비용 로켓을 만든다는 것은 허황된 이야기처럼 여겨졌다. 재사용 가능한 로켓이라면 더더욱 그랬다. 하지만 2015년 스페이스X는 그 일을 해냈다. 2017년에는 이미 한 차례 발사됐던 팰컨 9 부스터를 재사용했고 이후 그 과정을 계속 반복했다. 회수된 부스터들은 공장 곳곳에 줄지어 쌓여 갔고 스페이스X의 상업·민간·국방 분야 발사 수주량은 폭발적으로 증가했다.

2020년 25회였던 연간 발사 횟수는 이듬해 31회, 그다음 해엔 61회로 늘었다. 2023년에는 무려 96회를 기록했고, 같은 해 미국 내 모든 경쟁사의 발사 횟수를 다 합쳐도 고작 18회에 불과했다. 팰컨 9은 단순히 업계 1위 로켓이 된 것을 넘어 수많은 기록을 갈아치웠다. 신뢰성에 대한 우려도 빠르게 사라졌다. 팰컨 9은 350회 이상 성공적으로 발사되었고 실패는 단 3회, 부분 성공은 1회에 그쳤다. 개별 부스터는 최대 19회까지 재사용되었다.[31]

버거는 말했다. "스페이스X는 발사 산업의 판을 완전히 바꿔 놓았어요. 더 넓은 우주 산업 전체에 충격을 준 거죠."[32] 그는 덧붙였다. "팰컨 9은 아리안, 일본우주항공연구개발기구 JAXA, 러시아, 중국, 인도, 미국 내 ULA 같은 경쟁사들까지 모두 가격과 재사용 시스템에 대한 접근 방식을 다시 고민하게 만들었습니다. 이들 대부분은 현재 재사용성과 발사 속도 면에서 팰컨 9보다 10년은 뒤처져 있어요."[33]

놀라운 건 재사용 로켓인 팰컨 9의 개발 비용이 단 3억 9천만 달러에 불과했다는 점이다. 이는 일회용 로켓의 전신이었던 ULA의 델타 IV나 아틀라스 V 개발 비용의 10분의 1 수준이었다.[34] 나사 입장에서 보자면 팰컨 9과 드래곤 개발을 지원한 건 충분히 그 값을 했던 투자였다. 나사 엔지니어 에드가 자파타 Edgar Zapata는 스페이스X의 국제 우주 정거장 재보급 미션 비용이 기존 방식의 3분의 1 수준이었다고 분석했다.[35] 우주에서의 경쟁 시장 구축이 효과적으로 작동하고 있었다.

2023년이 저물 무렵, 머스크는 1만 3천 명이 넘는 스페이스X 직원을 모아 그 어느 때보다 빠르게 달려온 지난 1년을 돌아보았다.[36] "스페이스X 팀은 지구 역사상 지금껏 구성된 팀 중 단연 최고입니다. 그리고 지난 1년간의 성과는 그 사실을 놀라울 정도로 잘 보여 줍니다."[37] 머스크는 2008년 외딴 섬에서 소형 로켓 발사조차 힘들어했던 시절을 언급하며 불과 15년 만에 이룬 성과들을 나열했다.

- 팰컨 9의 연간 발사 횟수 세계 신기록 수립: 96회(기존 기록은 러시아 소유즈의 63회)
- 발사 및 부스터 착륙 모두 성공률 100%
- 드래곤 우주선, 우주 체류 시간 기준 우주왕복선 기록 돌파(ISS 미션 39회, 우주인 42명 탑승)
- 2023년 전 세계 모든 로켓이 실은 화물 총량 중 80% 이상을 스페이스X가 발사[38]

## 스페이스X의 성공 공식

스페이스X의 성공은 우주 산업에 뛰어든 모든 기업에게 영감을 주거나 위기감을 주거나 혹은 둘 다를 안겨 주었다. 모두가 알고 싶어 한다. 어떻게 스페이스X는 이 모든 걸 가능하게 만든 걸까? 지금까지 살펴본 짧은 역사에서 추출해 볼 수 있는 핵심 요인은 네 가지다.

**반복 개선을 통한 진화**

기존의 발사체들은 비용보다는 신뢰성을 훨씬 더 중시했기 때문에 대체로 지나치게 정밀하게 설계되어 왔다. 특히 정부 화물처럼 실패가 용납되지 않는 임무일수록 그러했다. 예를 들어 ULA의 아틀라스 V 발사체는 비행 단계별로 최적의 성능을 내기 위해 서로 다른 세 종류의 로켓 엔진을 탑재했다. 그리고 그 전략은 통했다. ULA는 "155회 연속 발사, 임무 성공률 100%"라는 기록을 자랑스럽게 내세웠다.[39] 하지만 일론 머스크는 이런 고도화에는 그만한 대가가 따른다고 봤다. "단순 계산만 해 봐도 공장과 운영비가 세 배로 뛰게 됩니다."[40]

그는 비용과 신뢰성 간에 반드시 상충 관계가 존재한다는 전제를 부정했다. "우리는 자주 이런 질문을 받습니다. '비용을 줄이면 신뢰성도 줄어드는 것 아닌가요?' 그런데 그건 정말 말도 안 되는 소리입니다. 페라리는 비싼 차죠. 그렇다고 신뢰할 수 있는 것은 아닙니다. 하지만 혼다 시빅을 사 보세요. 1년 안에 고장 날 확률은 1,000분의 1도 안 될 겁니다. 싸면서도 신뢰성 높은 차가 있듯이 로켓도 마찬가지예요."[41]

스페이스X는 '비용을 줄이면 신뢰성도 떨어진다.'라는 기존 업계의 통념을 정면으로 뒤집었다. 필요한 임무만 확실히 수행할 수 있다면 최대한 단순하고 가볍고 저렴한 로켓을 만들겠다는 접근법을 취했다. 물론 이런 전략에는 위험이 따른다. 기존 항공우주 기업이라면 이런 위험은 일일이 분석하고 모델링하고 회의하고, 결국 더 복잡하고 무거운 부품을 추가하는 방식으로 대처했을 것이다. 하지만 스페이스X는 실전 테스트와 반복 개선을 우선했다. '위험이 있다면 가장 단순하고 가벼우며 비용 효율적인 해법을 찾아보자. 기존 관행이나 상식에 얽매이지 말자. 되면 좋고 안 되면 다른 방법을 찾자. 어쨌든 일단 해 보자.'라는 마음가짐이었다.

그 결과 스페이스X는 테스트 과정에서 로켓 폭발 사고를 여러 번 겪으며 유명해졌고, 심지어 팰컨 9의 수많은 실패 장면을 모아 〈궤도 부스터 착륙에 실패하는 법〉이라는 제목의 영상까지 공개했다.[42] 하지만 그들은 끝내 해냈다. 위험을 두려워하지 않는 반복 전략과 머스크의 '광적인 긴박감'이 시너지를 내면서 상상을 초월하는 속도로 문제를 해결해 냈다. 그 결과는 놀라웠다. 2013년 9월부터 2015년 12월까지 불과 27개월 사이에 스페이스X는 팰컨 9의 궤도에 실을 수 있는 무게를 거의 두 배로 끌어올리며 ULA의 주력 로켓들과도 성능 경쟁을 할 수 있게 되었다.[43] 그리고 동시에 신뢰성 높고 재사용 가능한 로켓도 함께 만들어 낸 것이다.

**수직 통합**

기존 항공우주 기업들은 수많은 부품을 전국에 흩어진 방대한 협력 업체 네트워크를 통해 조달해 왔다. 나사 연구원 해리 존스Harry Jones는 ULA의 경우 "수백 개의 하청 업체와 수십 개의 생산 시설이 미국 전역에 퍼져 있다."라고 분석한 바 있다.[44] 이는 복잡한 로켓 설계와 고도의 전문성이 요구되는 우주용 부품을 선호하는 산업 특성에 따른 결과였다. 존스는 또 이렇게 덧붙였다. "연방 자금이 투입되는 일자리 창출 프로그램이라는 특성상 다양한 주와 선거구에 하청 업체를 분산시키는 건 정치적으로 불가피한 일이었습니다."[45]

하지만 머스크는 오로지 '속도'와 '비용'에 집착했다. 복잡한 외주 구조는 반복 실험을 늦추고 비용을 끌어올릴 뿐이었다. 스페이스X는 이렇게 본다. "직접 하면 1달러면 될 일을 하청 업체에 맡기면 관리비와 이윤이 붙어 3~5달러나 든다." 그래서 가능한 한 모든 걸 직접 하려고 한다.[46] 경쟁이 거의 없는 기존 산업 구조는 새로운 방식의 침투에 취약할 수밖에 없었고 스페이스X는 그 기회를 정확히 포착했다.

스페이스X는 수직 통합을 핵심 전략으로 삼았다. 특히 성능에 직결되거나 반복 개선이 필요한 핵심 부품은 사내에서 직접 생산했고 그렇지 않은 경우에는 시중 부품을 적극 활용했다. 그 결과 자사 로켓에 들어가는 부품의 약 70%가 자체 생산되고 있다.[47]

**규모의 경제와 재사용**

스페이스X의 전략 가운데 가장 눈에 띄는 요소는 바로 로켓의 '재사용성'이다. 물론 나사의 우주왕복선도 반복 사용을 통한 비용 절감을 목표로 설계된 바 있다. 하지만 왕복선은 그 목표를 달성하지 못했고 결국 퇴역했다. 이후 우주 산업 전반은 다시 일회용 로켓 중심으로 회귀했다. 블루 오리진의 전 사장이자 초창기 항공우주 업계 전문가였던 롭 마이어슨은 이렇게 회고했다. "내 경력 초기에 사람들은 나사 왕복선 사례를 들며 재사용은 실패할 수밖에 없다고 반복해서 말했죠. 하지만 그건 완전한 헛소리였습니다."[48]

머스크는 재사용 없는 우주 발사는 비행마다 비행기를 폐기하는 꼴이나 마찬가지라고 주장했다. "우주 비행 수요가 낮은 이유는 단 하나, 비용이 터무니없이 비싸기 때문이에요. 그 이유는 로켓이 재사용되지 않기 때문입니다."[49] 수십 년간 일회용 로켓 개발에 수십억 달러를 쏟아부은 정부와 기존 대형 업체들에게는 위험 부담이 큰 재사용 로켓 개발을 굳이 시도할 유인이 없었다. 하지만 스페이스X는 백지상태에서 시작했고, 발사 한 번 한 번을 실험 삼아 기술을 개선해 나갈 수 있었기에 재사용은 오히려 필연적인 선택이었다.

실제로 팰컨 9의 연료비는 약 20만 달러에 불과하며 전체 발사 비용의 대부분은 로켓 제작에 들어간다. 머스크는 팰컨 9의 한계 비용 marginal cost(제품이나 서비스를 하나 더 생산할 때 추가로 드는 비용-옮긴이) 가운데 약 60%가 재사용 가능한 1단 로켓에, 20%는 2단 로켓에, 나머지 20%는 페어링, 즉 위성이나 우주선처럼 로켓에 실려 우주로 나가는 탑재체 搭載體를 감싸는 덮개와 기타 발사 관련 비용으로 쓰인다고 추산했다.

물론 재사용의 경제성이 본격적으로 빛을 발하기까지는 시간이 걸렸다. 팰컨 9이 처음 재사용에 성공한 것은 2017년이었으며, 이는 스페이스X가 국제 우주 정거장 보급 임무를 따내고 한참이 지난 뒤였다. 게다가 초창기에는 전체 발사 수요 자체가 너무 적어 재사용을 통한 '규모의 경제'를 달성하기도 어려웠다. 이러한 흐름은 앞으로도 반복되는 핵심 주제가 될 것이다. 오늘날 우주 산업의 가능성은 이른바 '선순환 구조'에 기반한다. 즉 비용이 낮아지면 수요가 늘고, 수요가 늘면 더 많은 발사를 통해 효율이 높아지며, 이로 인해 비용이 또 떨어지는 순환이다.

2010년대 후반에 접어들며 스페이스X는 고객을 늘려 갔고, 무엇보다 자사 탑재체를 직접 쏘아 올리기 시작하면서 발사 횟수가 눈에 띄게 증가했다. 발사 성공과 부스터 회수가 반복될수록 재사용 기술의 이점은 더욱 분명해졌다. 현재 스페이스X의 팰컨 9 발사 대부분은 이전에 한 번 이상 사용된 로켓을 이용하고 있으며, 일부 부스터는 무려 19회까지 재사용되고 있다. 스페이스X의 팰컨 9 재사용 실험은 단순히 비용을 절감한 것을 넘어 업계의 새로운 기준을 제시한 셈이다.

### 문화

기업의 성공을 설명하는 데 있어 '조직문화'를 근거로 드는 건 때로 위험한 일이다. 하지만 스페이스X의 경우 그 무엇보다 문화가 핵심일 수 있다. 실제로 조직문화가 스페이스X에서 얼마나 중요한지는 이 회사가 아직 상장하지 않은 이유를 보면 잘 드러난다. 스페이스X는 단기

실적에 대한 외부의 집요한 압박을 피하고자 상장을 미루고 있다. 이같은 선택 역시 조직문화를 지키기 위한 의도로 해석된다.

스페이스X는 처음부터 지금까지 오직 하나의 장기 목표에 전념해 왔다. 바로 '화성에 가는 것'이다. 하버드-스미소니언 천체물리센터의 천체물리학자 조너선 맥도웰Jonathan McDowell은 말했다. "다른 우주 기업들은 계약 수주에 몰두하죠. 하지만 스페이스X는 화성에 가는 게 목표예요."[50] 이 미션은 회사를 움직이는 일상의 문화에 깊숙이 녹아 있다고 지금까지 인터뷰한 스페이스X의 전·현직 구성원들은 말한다.

영감을 주는 이 비전은 업계 최고의 인재들을 많이 끌어들이고 그들에게서 최상의 성과를 끌어내는 데 일조했다. 스페이스X의 조직문화는 강도 높기로 유명하다. 직원들은 긴 근무 시간을 요구받고 불가능해 보이는 과제를 부여받는다. 다른 항공우주 기업에서는 신입 엔지니어가 매우 한정된 부품만 담당하거나 복잡한 규정과 엄청난 양의 문서 작업 속에서 길을 잃곤 한다. 록히드 마틴에 다니던 한 젊은 엔지니어는 스페이스X에 다니는 친구와 대화를 나누면서 이런 말을 했다. "나는 지금 전투기에 들어갈 볼트 하나를 조달할 업체만 찾고 있어."[51]

반면 스페이스X에서는 직급과 무관하게 모든 엔지니어가 로켓 또는 엔진의 일부를 직접 설계하고 제작한다. 상사는 '어떻게' 하라고 가르치지 않는다. '무엇'을 해야 하는지만 말한다. 그리고 그것을 '무조건' 해내야 한다. 머스크의 표현을 빌리자면 '광기에 가까운 집념으로' 말이다.

놀랍게도, 아니 어쩌면 당연하게도, 이처럼 살인적인 요구 조건에도 불구하고 수많은 유능한 엔지니어와 불가능에 도전하는 걸 즐기는 이들이 스페이스X로 몰려든다. 그들은 더 높은 연봉이나 더 좋은 직함, 더 나은 워라밸도 마다하고 스페이스X를 선택한다. 그들에게 중요한 건 '이 사명에 동참하는 것'이다.

머스크는 말했다. "스페이스X에 들어가는 건 하버드에 들어가는 것보다 훨씬 어렵습니다. 합격률도 더 낮아요."[52]

스페이스X의 도전적인 문화는 회사 밖에서도 여실히 드러났다. 스페이스X가 진입하려 했던 우주 산업은 오랫동안 정치권과 연결된 거대 항공우주 기업들이 독점해 온, 보수적이고 폐쇄적인 영역이었다. 신생 로켓 기업들이 야심 차게 도전했다가 이내 사라져 간 일종의 '무덤' 같은 곳이었다.

머스크는 어떤 수를 써서라도 이 시장에 들어서겠다고 결심했다. 실제로 스페이스X는 계약 조건에 이의를 제기하고, 경쟁사를 자극하고, 때로는 잠재 고객을 상대로 소송까지 벌이며, 이 폐쇄적인 산업에 '경쟁'이라는 원리를 주입하려 했다. 그리고 마침내 진짜 경쟁력을 증명해 냈다. 가격도, 성능도 모두 앞섰다. 시장 경제의 교과서에 나올 법한 방식 그대로였다.

이렇게 쌓인 차별점들이 모여 머스크가 처음 그렸던 '발사 비용을 혁신적으로 낮추고 기존 질서를 무너뜨리는' 그림을 현실로 만들 수 있었다. 놀랍게도 이건 시작에 불과했다.

## 지금, 미래를 만든다

팰컨 9의 발사 횟수는 지금도 꾸준히 늘고 있지만 스페이스X는 거기서 만족하지 않았다. 그들은 새로운 두 축을 동시에 추진하고 있다. 하나는 전 세계 인터넷 생태계를 바꾸려는 위성 네트워크 '스타링크Starlink', 다른 하나는 로켓 산업의 경제 공식을 다시 쓰려는 초대형 발사체 '스타십'이다. 이 두 프로젝트는 각각 다른 궤도를 달리고 있지만 머스크가 구상하는 미래, 즉 지구 너머의 삶과 문명을 향한 비전을 현실로 만드는 데 반드시 필요한 양 날개다.

### 스타링크

2019년 5월, 스페이스X는 지구 저궤도(LEO)에 인공위성 60기를 쏘아 올렸다. 스타링크라는 이름의 이 프로젝트는 총 1만 2천 기, 나아가 최대 3만 기 이상의 위성으로 구성된 메가 콘스텔레이션(초대형 위성망)을 구축하는 것이 목표다. 2027년까지 본격적인 운영을 목표로 하는 스타링크는 지연 시간은 낮고 대역폭은 높은 전 세계 초고속 인터넷을 제공하도록 설계되었다. 특히 인터넷 인프라가 부족한 농촌이나 외딴 지역을 주요 타깃으로 삼고 있다.

스타링크는 스페이스X가 규모의 경제와 수직 통합에 얼마나 집중하는지를 보여 주는 대표적인 사례이며 지금까지 중에서도 가장 주목할 만한 프로젝트다. 팰컨 9의 저렴한 발사 비용은 스타링크에 엄청난 이점을 안겨 주었고 스타링크의 막대한 발사 수요는 다시 팰컨 9에 규모의 경제를 만들어 주는 원동력이 되었다. 이렇게 두 프로젝트는 서로를 밀어주는 구조다.

스타링크는 화성 이주와는 별 관련이 없어 보일 수 있지만 사실상 스페이스X 전략의 핵심이다. 일론 머스크는 말했다. "전 세계 인터넷 시장 규모는 연간 약 1조 달러에 달합니다. 우리가 그중 3%만 점유해도 300억 달러예요. 나사 예산보다 많죠. 이게 바로 스타링크를 시작한 이유입니다. 화성에 가기 위한 자금을 마련하려는 거죠."[53]

2024년 중반 기준, 스타링크는 전 세계 99개 국가 및 지역에서 300만 명이 넘는 가입자를 확보했으며 그 숫자는 지금도 계속 늘고 있다.[54] 아직 완전한 운영 단계는 아니지만 이미 연간 수십억 달러에 달하는 수익을 창출하고 있다. 일부 전문가들은 머지않아 연 매출이 50억 달러를 넘어설 것으로 전망한다.[55] 이 흐름을 보여 주듯 텔레샛Telesat, 원웹OneWeb, 아마존의 프로젝트 카이퍼Project Kuiper 등도 유사한 위성 인터넷 서비스를 준비 중이지만 스타링크는 현격한 선두를 달리고 있다.

## 스타십

스타십은 상상을 초월할 만큼 크고 강력한 로켓이다. 미국 텍사스 남부 시험 발사대에 우뚝 선 이 로켓은 높이만 해도 120미터에 달하며,

반경 수백 킬로미터 이내에서 가장 높은 인공 구조물이다. 지름은 8미터로 팰컨 9의 두 배, 탑재 가능한 화물 규모는 세 배에 이른다. 거대한 세쿼이아 나무가 우주로 솟아오른다고 상상해 보자. 스타십은 그보다도 30미터 더 크고 소재는 스테인리스강이다. 이는 머스크가 20여 년 전 러시아에서 돌아오며 품었던 비전이 실체화된 결과물이다. 만약 이 프로젝트가 성공한다면 스페이스X는 인류를 화성까지 데려갈 수 있게 될 것이다.

팰컨 9이 우주 산업의 흐름을 바꿨다면 스타십은 그 자체로 판을 완전히 다시 짜 버릴 존재다. 가장 두드러지는 차별점은 '크기'다. 크기는 단순한 스펙 이상의 의미를 지닌다. 아폴로 시대의 새턴 V보다 출력이 두 배 높은 스타십은 지금껏 상상할 수 없었던 규모의 화물을 실어 나를 수 있다. 스페이스X는 스타십 한 기가 저지구 궤도에 최대 15만 킬로그램의 화물을 실어 나를 수 있다고 본다. 이는 팰컨 9의 여섯 배이며 화성까지 100명의 승객을 수송하는 것도 가능하다는 계산이다.

이것은 왜 중요할까? 우주 산업의 기술자들은 그동안 한정된 적재 용량 속에서 매 킬로그램, 매 세제곱센티미터를 아끼기 위해 싸워 왔다. 2000~2010년대 소형 위성의 붐도 결국 '무게와 부피'라는 제약을 돌파하려는 흐름에서 비롯된 것이었다. 물론 그 과정에서 값진 기술 발전도 이뤄졌지만, 이런 제약이 사라진다면 훨씬 더 강력하고 효율적인 설계를 시도할 수 있게 된다.

대표적인 사례가 제임스 웹 우주망원경(JWST)이다. 이 망원경은 종이접기처럼 정밀하게 펼쳐지는 구조로 유명하지만, 스타십이 있었다면 굳이 그렇게 복잡한 구조를 고안할 필요가 없었을 것이다. 통째로 실을 수 있었다면 수년의 개발 시간과 수억 달러의 예산도 아낄 수 있었을지 모른다.[56]

둘째, 스타십은 완전 재사용을 목표로 한다. 원통형 1단 부스터와 날개 달린 상단 스테이지 모두 재사용을 염두에 두고 설계됐으며, 특히 상단 스테이지는 우주에서 연료를 보급받도록 설계되어 있다. 이는 발사를 마친 로켓이 지상으로 귀환해 재정비 후 다시 비행하는 '순환 운용'을 의미한다. 완전 재사용은 오랫동안 로켓 공학에서 '성배'로 여겨졌고, 스타십은 이 목표에 가장 근접한 시도다.

또한 우주에서 연료를 주입할 수 있다는 건 스타십이 전례 없는 도달 범위와 활용성을 갖추게 된다는 뜻이다. 다른 스타십이 연료 저장고 역할을 맡아 장거리 미션, 장기 체류, 심지어 타 우주 자산 지원까지 가능해진다는 뜻이기도 하다.

셋째, 스타십은 발사 비용을 또 한 번 획기적으로 낮출 수 있다. 머스크에 따르면 스타십이 본격적으로 운용되기 시작하면 1회 발사 비용은 수백만 달러 수준까지 낮아질 수 있다.[57] 최대 15만 킬로그램을 실을 수 있는 이 로켓의 킬로그램당 발사 단가는 약 200달러. 팰컨 9보다도 낮고, 스페이스 셔틀과 비교하면 불과 수십 년 만에 발사 비용을 99%나 줄인 셈이다.[58]

이처럼 압도적인 수송 능력과 전례 없는 비용 절감은 우주 산업에 완전히 새로운 기준을 제시한다. 스페이스X는 스타십 한 기를 하루 세 차례까지 발사할 수 있도록 발사 주기를 점차 끌어올릴 계획이다.[59] 물론 이 모든 목표가 실현되지 않더라도 스타십은 이미 기술적으로나 상징적으로 역사에 남을 프로젝트다.

《사이언스Science》의 사라 스콜스Sarah Scoles 기자는 "스타십 한 대만으로도 주 3회씩 발사하면 연간 1천5백만 킬로그램 이상의 화물을 궤도에 올릴 수 있습니다. 이는 인류가 우주 비행을 시작한 이래 지금까지 운반한 전체 화물량과 맞먹는 규모입니다."라고 말했다.[60] 스타십은 기존 로켓과 비교할 수 없는 운송력과 비용 절감 효과를 갖췄기에 향후 지구 내 초고속 이동 수단 같은 새로운 분야로도 확장될 수 있다. 다만 이 모든 비전이 실현될지는 아직 불확실하다. 이 글을 쓰는 현재까지 스타십은 정식 운용에 들어서지 않았고 첫 네 차례 시험 발사는 모두 폭발로 끝났다. 이후에도 시험 발사는 계속 이어졌으며 2025년 5월 기준 총 8차례의 시험 발사 중 절반은 성공, 절반은 실패로 기록되었다. 가장 최근인 8차 발사에서는 1단 부스터 회수에는 성공했지만 2단 우주선은 궤도 비행 중 폭발하며 임무를 완수하지 못했다.

그럼에도 스페이스X는 놀라운 속도로 전진하고 있다. 2024년 6월 진행된 한 시험 비행에서는 이륙, 1·2단 분리, 날개 달린 상단 스테이지의 우주 진입까지 성공했다. 극한의 재진입 장면은 라이브 영상으로 생중계되었고, 보는 이의 입을 떡 벌어지게 할 만큼 압도적인 광경이 펼쳐졌다. 하단 부스터 또한 지상으로의 제어 낙하를 시연하며 시스템 재사용에 한 걸음 더 다가섰다.

업계 전문가 다수는 스페이스X가 수년 내 스타십 상용화에 성공할 것으로 내다보고 있으며, 스페이스X 역시 여전히 예전처럼 "실패를 통해 배우는 방식"을 고수하고 있다. 이런 성과는 당분간 스페이스X만의 특권이 될 가능성이 높다. 자사 팰컨 9은 이미 세계에서 가장 경제적인 발사체이기에 굳이 스스로 가격을 더 낮출 유인이 없다. 게다가 스타링크는 경쟁사들보다 훨씬 낮은 발사 비용으로 쏘아 올릴 수 있어 압도적인 비용 우위를 유지하고 있다.

하지만 경제학과 경제사의 교훈은 명확하다. 과도한 이익은 언제나 강력한 경쟁을 부른다. 스페이스X도 이를 잘 알고 있다. 단기 수익을 극대화하기 위해 발사 비용을 인위적으로 높게 유지한다면 장기적으로는 더 큰 수익 기회와 스페이스X가 추구하는 핵심 비전 모두를 스스로 포기하는 셈이 된다.

스타십은 그 크기 자체가 워낙 압도적이어서 사용자들이 이를 어떻게 최대한 활용할 수 있을지 파악하기까지는 시간이 걸릴 것이다. 현재 대부분의 위성은 이렇게 거대한, 말 그대로 '세쿼이아 나무급' 로켓이 아닌 더 작은 발사체에 맞춰 설계되어 있다. 이제는 기술자와 기업가들이 훨씬 넉넉해진 탑재 능력을 어떻게 활용할지 새롭게 고민해야 한다. 물론 스페이스X는 차세대 스타링크 위성을 아예 스타십에 맞춰 최적화한 형태로 설계했으며, 업계 관계자들 다수는 엔지니어들이 중량과 부피 제약 없이 자유롭게 설계할 수 있게 된 것 자체가 하나의 패러다임 전환이라고 평가한다.

그렇다고 고객들이 이 새로운 조건에 적응하는 동안 스타십이 가만히 놀고만 있는 것도 아니다. 나사는 아르테미스 프로그램의 핵심 과제로 인간을 달에 착륙시키기 위해 스페이스X가 개발한 스타십 개량형을 선택한 상태이다. 민간 부문도 점차 스타십에 맞춰 적응해 가는 징후를 보이고 있다. 향후 챕터에서 다룰 예정인 민간 우주 정거장 스타랩Starlab은 전체 정거장을 단 한 번의 비행으로 궤도에 올릴 수 있다는 점을 높이 평가해 스타십을 발사체로 채택했다.[61]

나아가 스타십이 만들어 낸 이 새로운 패러다임에 발맞춰 아예 처음부터 이를 겨냥한 신생 기업들도 속속 등장하고 있다. 대표적인 두 곳이 바로 위성 부품을 대형·저비용 위성 중심으로 생산하는 K2 스페이스K2 Space와 우주 내에서 우주선을 원하는 궤도로 옮기는 추진체를 개발하는 임펄스 스페이스Impulse Space다. 이들은 모두 스타십이 가져온 변화 덕분에 사업 아이디어 자체가 가능해졌다고 말한다.

이처럼 스타링크와 스타십을 함께 묶은 스페이스X의 전략은 막대한 대가를 걸고 벌이는 도전이다. "스타링크가 진정한 상업적 성공을 거두려면 스타십이 필요합니다. 반대로 머스크가 꿈꾸는 화성 프로젝트를 실현하려면 스타링크의 수익이 필요하죠." 버거는 이렇게 말했다.[62] "스타십이 성공하느냐 아니냐는 스페이스X가 결국 '차세대 록히드 마틴'이 되느냐, 아니면 인류를 진정한 우주 개척 종족으로 이끄는 완전히 새로운 존재가 되느냐를 가르는 갈림길입니다."

## 스페이스X와 공급곡선

이 장의 마무리에서는 책 후반부에서 활용할 중요한 분석 도구 하나를 미리 짚고 넘어가려 한다. 우리는 앞으로도 스페이스X의 영향력을 계속 추적할 것이며, 하버드 비즈니스 스쿨을 비롯한 여러 강의 현장에서 이 영향력을 가장 심도 있게 이해할 수 있게 해 주는 도구가 경제학의 대표 개념인 '수요와 공급'이라는 사실을 발견했다.

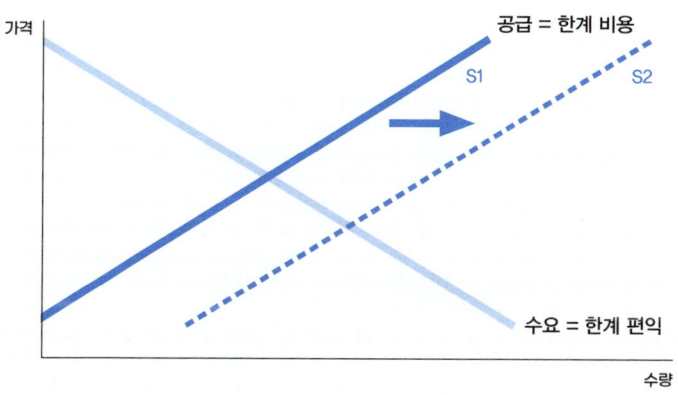

도표 3-2  발사 비용 절감이 우주 활동 시장에 미친 영향

도표 3-2는 '우주 서비스space services' 시장을 보여 준다. 간단하게 설명하기 위해 다양한 우주 경제 활동을 하나로 묶어 단순화했다. 수요와 공급 개념이 낯설다면 책 뒤쪽 미주에 보다 상세한 개념 설명이 마련되

어 있다.[63]

핵심 아이디어만 짚어 보면 이렇다. 시장에서 거래되는 대부분의 재화나 서비스는 가격이 오르면 공급(팔고자 하는 양)은 늘고, 수요(사고자 하는 양)는 줄어든다. 공급과 수요곡선이 교차하는 지점, 즉 양쪽이 일치하는 가격이 바로 시장이 '균형 상태 equilibrium'에 있는 지점이다.[64]

균형 가격은 단순히 수급이 맞는 수준을 넘어서 시장에서 창출할 수 있는 경제적 가치를 극대화한 상태를 뜻하기도 한다. 공급곡선의 각 지점은 해당 재화를 공급하는 판매자들이 부담하는 한계 비용을, 수요곡선은 각 구매자가 느끼는 한계 편익 marginal benefit(구매자가 어떤 재화에서 마지막 단위에 대해 얻는 추가적 만족 또는 가치-옮긴이)을 보여 준다. 곡선이 만나는 지점에서는 이 두 값이 일치하며, 이때 사회 전체가 얻게 되는 순편익 net gain(총 이익에서 총비용을 뺀 순수한 이득-옮긴이)이 최대가 된다. 이것이 바로 시장의 가장 순수한 형태가 지닌 힘이며, 우리가 앞서 언급한 '후생경제학 제1정리'와도 긴밀히 연결되는 지점이다.[65]

우리는 스페이스X가 우주 활동 시장에 미친 영향을 두 개의 공급곡선을 통해 포착할 수 있다. 기존 시장의 공급곡선은 S1이고, 스페이스X 등장 이후의 공급곡선은 S2다. 공급곡선은 비용을 반영하는데, 스페이스X는 우주 활동의 출발점이라 할 수 있는 발사 비용을 획기적으로 낮췄기 때문에 S2는 S1보다 아래에 위치한다. 이는 공급곡선이 대폭 아래쪽으로 이동했음을 의미한다(스타십은 이 공급곡선을 한층 더 아래로 끌어내릴 것이다). 이제 동일한 양의 우주 서비스를 훨씬 더 낮은 가격에 생산하고 구매할 수 있게 된 것이다.

S1에서 S2로 공급곡선이 이동한 것이 왜 중요한가? 수요곡선이 S1과 교차하는 지점을 S2와 교차하는 지점과 비교해 보면 후자의 경우 서비스 양은 더 많아지고 가격은 더 낮아진다. 즉 시장의 균형이 오른쪽으로 이동한 것이다. 더 많은 활동이 더 낮은 비용에서 이루어지는 셈이다(이 변화의 폭은 수요의 탄력성, 즉 가격 변화에 대한 수요의 민감도에 달려 있으며 이에 대해서는 다음 장에서 다룬다). 실제로 팰컨 9이 본격적으로 운영되기 시작한 직후, 소형 위성 시장은 급격히 성장했다. 2009년부터 2018년까지 연평균 성장률이 23%에 달했다.[66] 물론 이 같은 성장에는 다양한 요인이 작용했기 때문에 발사 비용 감소만으로 설명할 수는 없지만, 업계에서는 이것이 핵심 원인 중 하나였다는 데 이견이 없다.

겉으로는 드러나지 않지만 이 도표가 보여 주는 또 하나의 중요한 사실은 공급곡선이 S1에서 S2로 이동하면서 사회 전체가 얻는 순편익도 증가했다는 점이다. 그 이익은 수요곡선과 공급곡선이 만나는 지점 왼쪽에서, 두 곡선 사이에 위치한 면적으로 계산할 수 있다. 이 영역에 해당하는 각 서비스 단위는 구매자가 그 가격보다 더 높은 가치를 부여했고, 생산자는 그 가격보다 낮은 비용으로 서비스를 제공할 수 있었던 구간이기 때문이다.

이 도표가 너무 단순해 보일 수 있다는 점은 잘 알고 있다. 특히 경제학을 공부한 이들에게는 그렇다. 하지만 이 모델은 더 깊은 이야기로 들어가기 위한 출발점일 뿐이다. 우리는 다음 장에서 이 수요-공급

도표를 약간 변형해 다시 다룰 것이다. 공급곡선이 S1에서 S2로 이동했음에도 시장이 그 가능성을 완전히 실현하지 못하는 이유 그리고 업계가 이를 어떻게 극복하고 있는지를 살펴볼 것이다.

## 화성으로 가는 길

스페이스X 이야기를 마무리하며 다시 처음으로 돌아가 보자. 머스크가 품은 출발점, 인류를 다행성 종으로 만들겠다는 비전의 목적지는 화성이다. 20년이 지난 지금, 이토록 비현실적으로 보이는 목표를 사업 모델로 내세운 기업을 우리는 어떻게 바라봐야 할까?

여기서 "비즈니스가 성립할 수 있나?"라는 의문이 제기된다. 회의적인 시선을 뒷받침하는 근거는 충분하다. 화성 탐사 비용은 아무리 낙관적으로 잡아도 최소 수백억 달러 이상이 들 것이며, 정착지를 세우는 데는 그보다 훨씬 더 큰 비용이 들어간다. 수익을 기대하기도 어렵다. 설령 화성에서 지구로 수출할 무언가가 생긴다 해도, 운송비는 상상을 초월할 것이다. 게다가 초기에는 화성에 살고 싶어 하는 지구인의 수요 자체가 극히 제한적일 수밖에 없다.

그럼에도 불구하고 스페이스X는 여전히 이 목표에 충실한 듯하다. 2019년, 재정난으로 직원의 10%를 감원할 때에도 머스크는 스타십 같은 프로젝트는 "다른 조직들을 파산시켰던 적도 있지만", 자신은 "사람을 화성에 보낼 수 있을 때까지 절대 멈추지 않겠다."라고 선언했다.[67] 왜 그렇게까지 하는가? 그는 이렇게 답했다. "우리가 우주로 나아가고 다행성 종이 된다면 그건 믿을 수 없을 만큼 더 멋지고 흥미로운 미래가 될 것이다. 아침에 눈을 떴을 때 앞으로의 세상이 더 좋아질 거라고 믿고 싶지 않나? 우주 문명으로 나아간다는 건 바로 그런 미래에 대한 믿음이다."[68]

이 장의 앞부분을 기억할지 모르겠다. 우리는 일론 머스크가 민간 기업의 힘을 이용해 미래의 비전을 현실로 바꾸는 놀라운 능력을 보여 줬다고 썼다. 그리고 지금까지 이어진 스페이스X의 이야기는 그 주장을 가장 강력하게 뒷받침하는 사례이기도 하다.

이제 우주 산업은 점점 익숙한 모습이 되어 가고 있다. 시장 논리와 수요-공급의 원칙에 따라 움직이며, 효율성과 상업성이 빠른 발전을 이끌고 있다. 하지만 우리가 보는 머스크의 '화성 프로젝트'는 그 반대 방향의 실험처럼 보인다. 이번에는 '미래의 비전'을 통해 민간 기업의 힘을 끌어올리려는 시도다. 우주 비즈니스는 점점 익숙해지고 있지만 여전히 '우주'라는 공간에서 이루어지는 일이다. 그리고 우주는 여전히 다른 어떤 산업보다 강력한 상상력과 동기를 제공하는 영역이다. 왜 이 책에 등장하는 그윈 샷웰 같은 인재들이 굳이 우주 산업을 선택하고 혁신적 우주 기업을 창업하려 하는가?

그 이유는 분명하다. 이들은 단순한 사업이 아니라 그 무엇보다도 큰 비전, 바로 무한한 기회가 펼쳐질 미래에 대한 비전에 자신의 재능과 노력을 바치고 싶어 하기 때문이다. 만약 우주 산업에서 이런 비전이 사라진다면 결국 그 일은 단지 "매우 어려운 비즈니스"일 뿐이고, 그 재능과 노력은 다른 산업으로 흘러갈 것이다.

중요한 것은 이것이다. 스페이스X 같은 기업이 최고의 인재를 끌어들이고 그들의 역량과 창의성을 결집시킬 수 있는 힘은 '화성'처럼 대담한 목표에 진심으로 몰입해 있기 때문이다. 이런 비전이 잘 설정된다면 그 목표를 향해 나아가는 여정에서 오늘날 당장 의미 있는 기술과 사업 모델이 쏟아져 나올 것이다. 케네디 대통령의 '달 탐사'가 수많은 혁신과 혁신가를 낳았듯, 스페이스X의 화성 도전도 궁극적으로 모두가 우주에 접근할 수 있는 '저비용·대량 접근성'을 제공하는 길을 열어주었다. 우주 활동의 진입 장벽은 낮아지고 시장을 통해 그 혜택은 우리 모두에게 돌아올 것이다. 다음 장에서 그 변화가 이미 시작되었음을 확인해 보자.

4장

# Planet:
# 수요와 공급

Space to Grow

앞선 장에서는 스페이스X가 어떻게 우주 접근을 획기적으로 쉽게 만들고 비용까지 크게 낮췄는지를 살펴보았다. 심지어 스타십이 약속하는 미래를 믿는다면 비용은 최대 99%까지 절감될 수 있다.

이 대목에서 회의론자들은 이렇게 묻는다. "그래서 뭐 어쩌라고?"

사실 그리 터무니없는 질문도 아니다. 우주 경제가 많은 사람이 그리는 대로 성장하려면 단순히 궤도 진입 비용이 저렴해졌다는 사실만으로는 부족하다. '우주에 있는 것'이 과연 어떤 가치를 창출하는가? 결정적인 활용처는 무엇인가? 새로운 기업들의 주장은 야심 차고 언론은 호들갑을 떨며 앞다투어 관련 내용을 보도한다. 지구 궤도에 호텔을 세우겠다거나 소행성에서 막대한 양의 귀금속을 캐내겠다는 식이다. 이런 주장들을 회의적으로 바라보는 건 당연하다.

우주는 사람들의 상상력을 자극하지만 그 영감이 때때로 현실을 가리는 안개가 되기도 한다. 이미 분명한 수요처가 몇 군데 존재하는 건 사실이지만 그 외의 대다수 개인과 조직에게 궤도 진입 비용이 저렴해졌다는 사실은 어떤 의미가 있을까? 낙관론자들이 꿈꾸는 우주의 잠재력 가운데 과연 얼마나 많은 부분이 현실이 될 수 있을까?

솔직히 말해 현재 이 질문에 완전히 답할 수 있는 사람은 없다. 이 책 전반에서 반복해서 강조하는 바와 같이 상업 우주 혁명에 희망을 걸어 볼 만한 가장 강력한 이유는 이제 시장의 힘이 작동할 수 있는 환경이 조성되었기 때문이다. 이는 곧 우리를 포함한 누구도 예측할 수 없는 방식으로 혁신이 탄생할 수 있다는 뜻이다.

그렇다 해도 현재 업계에서 실제 벌어지고 있는 일들을 바탕으로 어느 정도 합리적인 전망은 가능하다. 따라서 이번 장에서는 '우주에 접근하는 데 드는 비용'에서 '우주를 활용해 얻는 이익'으로 시선을 옮기고자 한다.

첫 번째 사례는 플래닛이라는 기업이다. 이 회사는 발사 비용이 낮아진 시대를 발판 삼아 지구 표면을 매일 고해상도로 촬영하는 위성군을 구축했고, 그 데이터를 통해 수백만 명에게 실질적인 가치를 제공하고 있다. 플래닛은 단순히 낮아진 발사 비용이 새로운 비즈니스 모델을 가능케 한다는 사실을 보여 주는 데 그치지 않는다. 회사 자체가 우주 정보 활용 비용을 낮추는 일을 하고 있기 때문이다. 다시 말해 발사 산업이 마주한 "낮은 비용이 무슨 소용인가?"라는 질문에 대해 플래닛 역시 동일하게 고민하고 있는 셈이다. 플래닛이 고객층을 확대하기 위해 기울이고 있는 노력은 우주 산업 전반이 이 질문에 답하고 회의론자들을 설득하기 위해 얼마나 치열하게 움직이고 있는지를 잘 보여 준다.

이 장에서도 경제학적 관점으로 이 문제를 풀어 보려 한다. 비용 중심에서 이익 중심으로, 즉 '공급 중심'에서 '수요 중심'으로 사고의 전환이 필요하기 때문이다. 앞선 장에서 소개한 수요-공급 프레임워크를 바탕으로 이번에는 직관적이고 강력한 개념인 '르 샤틀리에 원리Le Chatelier's principle'를 도입해 볼 것이다. 처음 들어 본 개념이라 해도 괜찮다. 이 원리는 지금의 우주 산업이 처한 현실과 앞으로의 가능성을 바라보는 시각 자체를 바꿔 줄 수 있다.

마지막으로 이번 장은 당신에 대해 진지하게 생각해 볼 기회이기도 하다. 당신과 당신이 속한 조직은 우주 활동을 통해 어떤 혜택을 얻을 수 있을까? 우주 산업 분야에는 창의적이고 유능한 인재들이 가득하지만 그 누구도 당신 조직의 니즈를 당신보다 잘 알지는 못한다.

이 장에서는 현재 주목받는 다양한 우주 활용 아이디어를 소개할 것이다. 일부는 이 책이 출간될 즈음 현실화되었을 수도 있고 실패했을 수도 있다. 중요한 건 그런 아이디어를 통해 당신이 직접 판단하고 결정을 내리는 데 도움을 얻는 것이다. 회의론자들의 질문에 답을 내리는 주체는 결국 당신과 같은 개인들이기 때문이다. 당신이 우주를 통해 새로운 가치를 발굴할 수 있을 때 비로소 그 질문은 답을 얻게 될 것이다.

## Planet

2000년대 초반 윌 마셜Will Marshall, 로비 슁글러Robbie Schingler, 크리스 보스하이젠Chris Boshuizen, 자칭 '우주 괴짜space geeks' 세 명은 나사에서 엔지니어로 일하고 있었다. 이들은 당시에 이미 위성 기술이 저렴해지고 소형화되면서 위성의 정의와 활용 방식 자체가 바뀌고 있음을 감지했다.[1]

우주 산업 밖에서는 스마트폰, 컴퓨터 그리고 그 내부에 들어가는 마이크로칩과 배터리까지 모든 기술이 빠르게 작아지고 저렴해지고 강력해지고 있었다. 하지만 우주 산업 내부에서는 여전히 위성 하나가 스쿨버스만큼 크고 개발에 수년이 걸리며, '저렴한 편'이라 해도 수백만 달러, 많게는 수억 달러에 이르는 어마어마한 비용이 들었다.

이들은 나사에서 일부 소규모 프로젝트를 통해 저가형 상용 부품을 위성에 탑재하는 실험을 진행했다. 심지어 일반 스마트폰에 쓰이는 부품조차도 우주에서 충분히 쓸모 있다는 것을 증명해 냈다. 하지만 이러한 성공과 더불어 수많은 저항, 지연, 관료주의적 골칫거리들도 함께 마주해야 했다. 그리고 바로 그 경험들이 우주 산업의 혁신을 가로막아 온 구조적 문제들을 깨닫게 했다. "우리는 본래 엔지니어이자 물리학자였지만 지난 10년 동안 정책, 경제, 법률, 정치, 관료제의 세계를 두루 겪으며 왜 우주가 그토록 제자리걸음이었는지를 어느 정도 이해하게 됐습니다."라고 보스하이젠은 회고했다.[2] 이들은 기존 체계를 벗어나 새로운 길을 만들기로 결심했다. 마셜은 이렇게 말했다. "이 기술을 좋은 일에 쓰는 방법을 찾아내고 그걸 비즈니스로 만들어 보자는 데 뜻을 모았어요."[3]

그렇게 셋은 '플래닛'이라는 아이디어에 도달했다. 더 작고 더 저렴한 위성들을 대거 쏘아 올려 새로운 방식으로 지구를 관측하고, 그로부터 실질적인 가치를 창출하겠다는 구상이었다.

물론 고지대에서 정보를 수집하겠다는 발상 자체는 새롭지 않다. 군사 분야에서는 최소한 기원전 5세기 손자병법에서까지 그 내용을 찾아볼 수 있다. 이후 열기구, 비행기 등 기술의 발전으로 인간이 점점 더 높은 곳으로 올라가며 관측의 '고지'는 계속 높아졌다. 마침내 우주 비행이 시작되면서 우주는 궁극의 고지대가 되었다. 특히 지구 저궤도의 인공위성은 지구를 끊임없이 순환하며 법적으로 적대국 상공도 지나갈 수 있기 때문에 다른 방법으로는 얻을 수 없는 정보를 수집할 수 있었다. 미국 정보기관들은 냉전 시기 이 점을 활용해 정찰위성을 개발하고 철의 장막 너머를 엿보았다.

1970년대에 접어들면서 지구 관측 위성은 민간 분야로도 확대되었다. 나사와 미국 지질조사국(USGS)이 함께 개발한 랜드샛 Landsat 프로그램은 지구 육지의 '체계적이고 반복적인 관측'을 가능하게 했고, 이를 통해 농업, 임업, 지도 제작, 지질 연구 등 다양한 분야에서 활용 가능한 페타바이트급 데이터를 제공했다.[4] 이런 데이터는 날씨와 자연재해를 예측하는 데 특히 유용했으며 지구 기후 변화의 원인과 영향을 분석하는 데에도 큰 도움이 되었다. 실제로 지구 기후를 좌우하는 핵심 변수들인 물리적, 화학적, 생물학적 주요 지표의 대부분은 우주 기반의 관측 데이터에 의존하고 있으며 그중 상당수는 우주에서만 정확하게 측정할 수 있다.[5] 그래서 나사의 수석 과학자 캐서린 캘빈Katherine Calvin의 표현대로 기후 변화 대응에 있어 우주 기관들은 "창끝point of the spear"에 해당하는 존재인 것이다.[6]

시간이 흐르면서 위성 이미지에 GPS 등 다른 데이터 소스를 결합해 활용도를 더욱 넓힐 수 있게 되었고 구글 어스Google Earth 같은 프로그램은 위성 사진을 일반 대중에게까지 확산시켰다. 이제 인터넷만 연결되어 있으면 누구나 전 세계의 특정 지역을 확인할 수 있게 된 것이다. 물론 많은 사람은 그저 자기 집을 찾아보는 데에 그쳤지만 말이다. 하지만 여전히 위성 데이터의 실질적인 활용은 "전문가가 전문가를 위해 만든 전문 자료" 수준에 머무르고 있었다.[7]

여기서 플래닛 창업자들이 등장한다. 이들은 더 작은 위성 여러 대를 궤도에 배치해 나사의 랜드샛 시리즈보다 훨씬 넓은 지역을 더 자주 관측할 수 있으리라 판단했다. 이 방식은 기후 변화, 국가 안보, 지구 과학, 농업, 임업, 도시 계획 등 다양한 분야에 새로운 데이터 자산을 제공할 수 있었다. "나는 이 회사가 단순히 세상의 변화를 보여 주는 데 그치지 않고 사람들이 그 변화를 통해 무엇을 할 수 있는지를 보여 주길 바랍니다."라고 보스하이젠은 말했다.[8]

2005년 세 창업자는 나사를 떠나 샌프란시스코의 한 아파트에 함께

살며 차고에서 하드웨어를 개발하기 시작했다. 그들이 세운 회사의 목표는 매우 야심 찼다. 지구 육지의 전체 표면을 매일 새로운 이미지로 촬영하겠다는 것이었다. 이는 그 누구도 시도한 적 없는 일이었지만 그들은 만약 이 새로운 데이터 흐름을 전 세계에 제공할 수 있다면 반드시 가치가 있을 것이라 믿었다. "우리는 단순한 원칙 하나를 믿었어요. '측정하지 않으면 관리할 수 없다.' 그런데 지구는 너무 느린 속도로 측정되고 있었고 이 속도로는 전 지구적 과제들을 해결할 수 없다고 판단했습니다."[9]

그러나 플래닛이 이 전례 없는 일을 실현하려면 엄청난 수의 위성이 필요했다. 고해상도 이미지를 촬영하기 위해서는 위성을 지표면 가까이, 즉 저궤도에 두는 것이 유리하다. 하지만 궤도 높이가 낮을수록 시야가 좁아져 한 대의 위성으로는 지구 전체를 촬영하는 데 많은 시간이 걸린다.

예컨대 나사의 최신 관측 위성인 랜드샛 9호는 지구의 같은 지점을 다시 촬영하는 데 16일이 걸린다. 몇 개월 혹은 수년에 걸친 변화를 추적하는 데는 그 정도면 충분할지 몰라도 플래닛이 목표로 삼은 것은 거의 실시간에 가까운 변화 추적이었다. 이를 위해서는 하루 안에 지구 육지 전체를 촬영할 수 있을 정도로 많은 위성이 필요했고 그 수는 100기를 훌쩍 넘겼다. 플래닛은 이 위성들을 '도브스Doves'라 명명했으며 이 '비둘기 떼flock'를 저비용으로 구축하기 위한 방법부터 새롭게 설계해야 했다.

## 작고 빠르고 저렴하게

전통적으로 위성은 수년간의 설계, 테스트, 위험 완화, 최적화 과정을 거쳐 만들어졌다. 목표는 수년 혹은 수십 년간 문제없이 작동하는 완벽한 기계를 만들어 내는 것이었다.[10] 이런 위험 회피적 접근 방식이 자리 잡은 이유는 발사 비용이 워낙 높았기 때문이다. 수억 달러를 들여 무언가를 우주로 보낸다면 그게 제대로 작동하고 수집한 데이터가 충분한 가치를 지녀야 마땅하다. 결과적으로 위성은 대형·고성능으로 진화했지만 그만큼 제작 단가는 치솟았고 소수만 제작될 수 있었다. 예컨대 랜드샛 위성의 경우 단가가 워낙 높아 50년에 가까운 기간 동안 단 9기만 제작되었다. 2013년에 발사된 랜드샛 8호는 제작에 8억 5천5백만 달러가 들었다.[11]

게다가 단 한 번의 실패로 수년간의 노력이 수포로 돌아갈 수 있었다. 1993년 랜드샛 6호가 발사체 문제로 궤도 진입에 실패하면서 2억 2천8백만 달러 규모의 위성과 그 임무가 통째로 사라졌다.[12] 이런 리스크를 줄이려면 수년에 걸친 개발 주기가 필요했지만 역설적으로 위성이 실제로 발사될 즈음에는 이미 기술적으로 한 세대 뒤처지는 결과를 낳았다. "전통적인 위성들은 지구를 이해하는 데 큰 기여를 해 왔습니다. 그러나 150기를 우주에 올리고자 한다면 이 방식은 통하지 않아요."[13] 마셜의 말이다.

플래닛은 이 같은 업계의 통념을 뒤엎고 실리콘밸리 소프트웨어 개발자들이 채택한 민첩 제조agile manufacturing 방식을 받아들였다. 스페이스X처럼 플래닛 역시 "빠른 반복"과 "모든 위성 설계에 소폭 개선을 가하는 방식"을 통해 세대를 거듭할수록 진화하는 성능을 추구했다.[14] 이 전략의 핵심은 소형화와 단순화였다. 필수적이지 않거나 너무 크고 무겁거나 비싼 부품은 과감히 배제했다.[15] 플래닛은 고가의 맞춤형 우주용 부품 대신 일상에서 구할 수 있는 기성품 중 '쓸 만한' 것을 적극 활용했다.[16]

초기 도브 위성에는 노트북 배터리, 스마트폰 수준의 반도체, 소형 모터, 가속도계 등 소비자 전자 제품 부품이 가득 들어 있었다.[17] "여기 있는 어떤 부품도 원래 우주용으로 설계된 게 아닙니다. 대부분 온라인에서 샀어요."[18] 마셜은 프로토타입을 보여 주며 이렇게 말했다. 저렴하고 쉽게 구할 수 있는 부품을 사용하면 최신 기술을 다음 도브 배치에 신속히 반영할 수 있어 반복 개발이 쉬워졌다. "다른 위성들은 10년 된 컴퓨터를 쓰죠. 우리는 6개월 된 컴퓨터로 위성을 만듭니다."[19] 제조 책임자 체스터 길모어Chester Gillmore의 말이다. 민첩 제조 전략 덕분에 플래닛은 대량의 위성을 빠르게 쏘아 올리면서 실시간 피드백을 바탕으로 다음 버전을 개선할 수 있었다. 이런 규모와 속도는 그야말로 전례 없는 수준이었다.

물론 민첩 제조에도 단점은 있었다. 위성이 항상 완벽하게 작동하는 것은 아니었고, 설령 제대로 작동하더라도 데이터 품질은 랜드샛 같은 대형 정부 위성에 비해 떨어졌다. 그러나 창립자들의 관점에서 보면 이 정도는 비용 절감 효과만으로도 충분히 감내할 만한 문제였다. 전문가들은 도브 위성의 제작 단가가 기존 지구 관측 위성보다 95% 낮았다고 추정했다. 이는 발사 비용에서 나타나는 변화와 유사한 수준이다.[20]

앞선 장에서 일론 머스크는 "우주판 무어의 법칙"의 필요성을 언급했다. 즉 우주 접근 단가를 지속적으로 낮춰야 한다는 것이었다. 작가 애슐리 밴스 Ashlee Vance는 저서 『레인보우 맨션』에서 이 개념을 플래닛의 접근 방식에 연결 지었다.

> 지구에서 지난 60여 년간 글로벌 경제와 생산성은 무어의 법칙 덕분에 폭발적으로 성장했다. …… 하지만 그 흐름은 우주에는 미치지 못했다. …… 플래닛은 그 방정식을 바꿔 놓았다. 간단히 말해 플래닛은 우주에 무어의 법칙을 적용한 셈이다. 도브 위성은 지상과 궤도 경제를 같은 속도의 혁신으로 움직이게 한 첫 걸음이었다.[21]

### 수백 기의 도브 위성 그리고 변화하는 지구

이후 수년 동안 플래닛은 18세대 이상에 걸쳐 수백 기의 도브 위성을 제작하고 점진적으로 개선해 나갔다. 그중 150기 이상을 활용해 지구 전역을 덮는 위성 별자리를 완성했다. 새롭게 궤도에 오른 도브들을 통해 플래닛은 세 가지 유형의 데이터를 수집했다. 첫째, 지구 전 표면을 저해상도로 연속 촬영한 이미지. 둘째, 특정 지역을 하루 최대 열

번까지 촬영한 고해상도 이미지. 셋째, 지난 10년간 수집한 데이터를 바탕으로 지구의 각 지점에 대해 수천 장씩 축적된 이미지 기록이었다.[22] 이 위성들은 매일 30테라바이트가 넘는 신규 영상을 수집했고 그 결과물은 플래닛의 머신 러닝 알고리즘을 통해 분석·가공되었다.[23]

2017년에는 도브 위성이 지구 전역을 거의 매일 촬영하는 수준에 도달했다.[24] 2019년, 플래닛은 지구상의 모든 도로와 건물을 포함하는 최초의 완전한 지도 제작에 성공했다고 발표했다.[25] 지금 이 순간에도 도브 위성들은 지구 상공을 돌며 지표면에서 벌어지는 변화를 실시간으로 포착하고 있다. 애슐리 반스는 이렇게 썼다.

> 이 위성들은 북한의 군사 활동에서부터 중국의 석유 생산량, 개학 시즌 월마트 쇼핑객 수, 아마존 우림의 벌채 속도까지 모두 파악하고 있다. …… 인공지능 소프트웨어의 도움을 받은 이 위성들은 인간 활동 전반을 내려다보며 모니터링한다. …… 이들은 지구의 실시간 회계 시스템이다.[26]

## 목표는 이뤘다. 이제 무엇을 해야 할까?

놀라운 성과인 것은 틀림없지만 회의적인 시선도 존재했다. "그래서 어쩌라고?"라는 질문은 여전히 가능했다. 플래닛이 '이전에 존재하지 않았던 데이터 흐름을 만들어 시장에 공급한다'라는 초기 목표는 달성했을지 몰라도, 진정한 성공은 이 데이터를 실질적으로 '가치 있게' 만드는 데 달려 있었다. 즉 당신과 같은 개인, 당신의 조직과 같은 고객에게 실용적인 가치를 제공해야만 했다.

"플래닛이 처음 출범했을 때 우리는 위성 회사를 목표로 했죠." 제품 총괄 사장 케빈 와일Kevin Weil은 이렇게 말했다. "첫 번째 미션은 '지구를 매일 촬영할 수 있는가?'였어요. 그 질문에 '그렇다'는 답이 나올 거란 보장은 없었습니다. 이전에 아무도 해 본 적이 없었으니까요. …… 그 뒤 우리는 마치 열심히 달려가 차를 붙잡았는데 막상 뭘 해야 할지 모르는 개처럼 막막한 상황에 처했죠. 자, 이젠 뭘 해야 할까? 이 놀라운 기술적 성과를 어떻게 사업 모델로 만들 수 있을까?"[27]

언뜻 보기엔 플래닛의 데이터는 엄청난 잠재 가치를 지닌 듯 보였다. 세상에서 지금 무슨 일이 벌어지고 있는지 알려 주는 정보를 누가 마다하겠는가? 어떤 정부, 기관, 기업이든 이 독특한 인사이트에 비용을 지불할 만했다.

실제로 정부는 플래닛의 가장 초기이자 최대 고객 중 하나였다. 2019년 나사는 플래닛과 700만 달러에 달하는 계약을 체결했고, 이후 전 직원, 계약자, 연구원까지 데이터 접근 권한을 확대했다. 그만큼 유용했기에 곧이어 미 연방 정부 소속 민간 기관 전체와 국가과학재단까지도 사용 범위를 넓혔다. 그 대상만 해도 약 30만 명에 달했다.[28] 이후 국방 안보 기관도 합류했다. 2022년에는 국가정찰국National

Reconnaissance Office이 플래닛과 1억 4천6백만 달러 규모의 계약을 체결했다. 플래닛의 도브 위성은 지구 전역을 촬영했기 때문에 미국 외 다른 지역의 정부 기관이나 비영리 단체와의 거래도 자연스럽게 확장되었다. 유럽, 중동, 아프리카, 중남미, 아시아 각지에서 수주가 끊임없이 이어졌다.

민간 부문은 사정이 좀 더 복잡했다. 광범위한 지역에 대한 정보를 통해 기존 모니터링 비용을 낮추거나 경쟁력을 얻을 수 있는 업계에선 플래닛 데이터의 가치를 바로 이해했다. 예컨대 농업 분야의 코르테바Corteva, 바이엘Bayer, 금융 업계의 무디스Moody's, 헤지펀드 등이 대표적이었다. 하지만 플래닛 내부에서는 더 큰 수요가 기존 산업 내에서의 확장에 있을지, 아니면 전혀 다른 분야로의 진입에 있을지 명확히 판단할 수 없었다.

수요 확대의 또 다른 과제는 '플래닛의 데이터가 각 고객에게 어떤 방식으로 가치를 창출하느냐가 전혀 달랐다는 점이다. 한쪽 끝에는 위성 영상을 그대로 활용할 수 있는 고도 사용자들이 있었다. 정부는 물론 구글Google 같은 데이터 중심 기업들이 대표적이다. 이들은 원시 위성 영상도 자유자재로 다룰 수 있었다.

반면 스펙트럼의 다른 끝에는 위성 영상이나 지구 관측 데이터 개념조차 생소한 기업들이 있었다. 이들은 처리 역량도 부족했으며 고객으로 발전할 가능성이 있음에도 훨씬 더 많은 지원이 필요했다. 우주 기반 데이터 분석 스타트업 공동 창업자 스티븐 브럼비Steven Brumby는 이렇게 말했다. "픽셀pixel 자체는 훌륭하죠. 하지만 사람들은 사실 그 픽셀 자체를 원하는 게 아니에요. 픽셀은 그저 '세상이 어떻게 변하고 있는가'라는 질문에 다가가기 위한 중간 단계일 뿐입니다. 사람들이 진짜 원하는 건 바로 그 해답이에요."[29]

회의론자들은 이렇게 지적했다. "플래닛의 여정이 아무리 영감을 주더라도 사업적으로 장기적 성공을 거둘지는 아직 미지수다." 고해상도 위성 영상이 정말로 그렇게 유용하다면 수요는 왜 이렇게 조용한가? 설령 비용이 낮아지고 접근이 쉬워졌다 해도 결국 위성 영상은 정부나 특정 산업군에만 유효한 도구일 수도 있다. 저비용 발사가 그랬듯, 상업 위성 영상 시장 역시 일부 낙관론자들의 기대만큼 활발한 반응을 얻지 못하는 것처럼 보였다.

## 회의론자와 낙관론자가 동시에 옳을 수 있는 이유: 르 샤틀리에 원리

회사의 가치가 시장에서 입증되기 전까지는 회의론자들이 옳을 수 있다. 플래닛 같은 기업이 그 회의론을 깨기 전까지는 그렇다. 다소 모순처럼 들릴 수 있지만 경제학 개념을 조금 빌리면 이 말이 무슨 의미인지 분명해진다.

수십 년간 경제학자들은 기업이 특정 생산 요소의 비용이 하락했을 때 어떤 방식으로 대응하는지를 연구해 왔다. 이 과정에서 나온 흥미로운 결론은 다음과 같다. 단기적으로는 수요 변화가 크지 않지만 장기적으로는 훨씬 더 크게 반응할 수 있다는 것이다. 이 차이를 설명하는 데 인용되는 개념이 자연 과학에서 온 '르 샤틀리에 원리(화학에서 평형 상태에 놓인 계system가 외부로부터 자극을 받으면 그 자극을 줄이는 방향으로 반응이 일어난다는 원리다. 경제학에서는 이를 '환경 변화에 대한 체계의 반응성'을 설명하는 데 비유적으로 사용한다-옮긴이)'다.[30] 이 원리는 얼핏 보면 상식처럼 느껴지지만 실제로 플래닛, 더 넓게는 우주 산업 전반이 마주한 '수요의 한계' 문제를 이해하는 데 매우 중요한 통찰을 제공한다.

예를 들어 어떤 회사에서 특정 기계를 활용해 제품을 생산한다고 하자. 어느 날 이 기계의 가격이 하락해 회사는 당장 더 많은 기계를 들여온다. 시간이 흐르면서 직원들은 그 기계를 더욱 능숙하게 다루게 되고 그 기계로 새로운 제품을 만들거나 다른 방식으로 활용하는 법을 터득한다. 이로 인해 직원의 생산성이 올라가고 회사는 더 많은 인력을 채용하게 된다. 그런데 이 새로 뽑은 직원들도 기계를 필요로 하게 된다. 결국 장기적으로는 해당 기계에 대한 수요가 단기보다 더 크게 증가한다. 다시 말해 "장기 수요에서는 추가적인 조정이 이뤄지며, 그로 인해 단기 수요에는 없던 긍정적 피드백이 발생한다."[31]

핵심 통찰은 이렇다. 기업은 어떤 생산 요소가 저렴해지면 단순히 가격이 떨어졌기 때문만이 아니라 그 요소를 더 잘 활용할 수 있게 되었기 때문에 더 많이 요구하게 된다는 것이다. 이런 르 샤틀리에 원리는 실제 사례에서도 쉽게 찾아볼 수 있다. 개인용 컴퓨터의 보급, 인터넷의 확산 그리고 우리가 몸담고 있는 조직 내 다양한 기술 혁신의 채택 과정이 모두 그렇다.[32]

본문의 도표 4-1을 보자. 앞 장의 수요-공급 그래프와 비슷하지만 한 가지 주요한 차이점이 있다. 그래프의 오른쪽으로 갈수록 수요곡선이 훨씬 가팔라진다. 이것은 실망을 부르는 조합이다. 공급곡선이 오른쪽으로 이동하며 가격이 하락하더라도, 수요는 거의 반응하지 않는다. 결과적으로 우주 산업 내 활동은 소폭 증가하고 사회 전체의 순편익도 소폭 늘어나는 데 그친다.

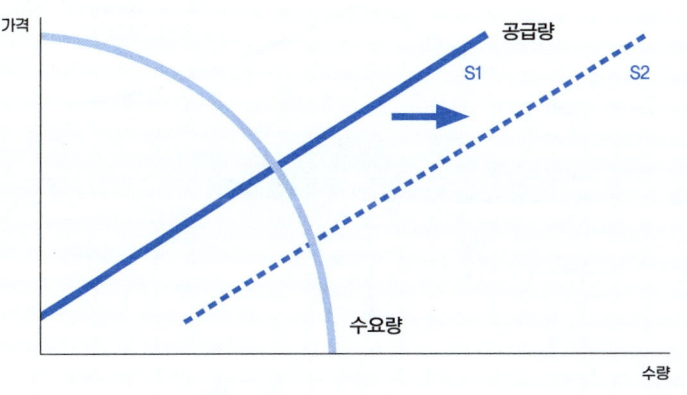

도표 4-1  비용이 감소해도 수요가 민감하게 반응하지 않으면 성장은 기대에 못 미칠 수 있다.

이것이 바로 회의론자들이 오늘날 플래닛이나 스페이스X 같은 기업이 제공하는 제품과 서비스에 대해 품고 있는 시각이다.

그러나 르 샤틀리에 원리는 우리에게 희망을 준다. 시장에 적응할 시간을 충분히 주면 기업들은 비용이 낮아진 요소를 최대한 활용할 수 있도록 운영 방식을 바꾸기 시작하고 이에 따라 수요곡선은 점차 완만해질 수 있다. 다시 말해 가격 변화에 더 민감하게 반응하게 된다. 이 변화는 도표 4-2처럼 그려질 것이다.

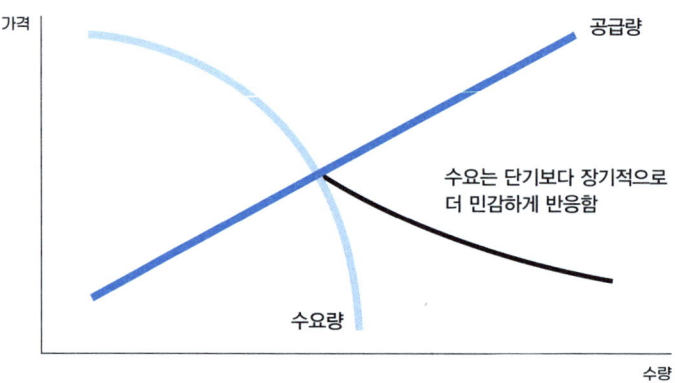

도표 4-2  르 샤틀리에 원리가 시사하는 성장 가능성

요약하자면 지금 당장은 비용 인하에 대한 수요의 반응이 제한적일 수 있지만 그것이 곧 미래의 반응까지 제한된다는 뜻은 아니다. 단기적 관찰은 장기 추세를 설명하기에 부족하다.

이제 이 개념을 플래닛으로 다시 연결해 보자. 오늘날 세계 경제는

'데이터'를 연료로 움직인다. 《이코노미스트》는 데이터를 "세계에서 가장 가치 있는 자원"이라 표현한 바 있다.[33] 플래닛이 하는 일은 이 데이터를 예전보다 훨씬 저렴하게 제공하는 것이다. 즉 경제 전반의 고객에게 핵심 생산 요소의 가격을 낮춰 주는 역할을 한다.

물론 위성 이미지라는 데이터의 형태는 여전히 낯설고 일부 고객에게는 다루기 까다롭다. 그러나 그 내용은 익숙하다. 플래닛의 위성은 전 세계의 모든 농장, 도시, 교통의 흐름, 항구, 공항, 유전, 광산, 숲, 전장, 산호초 등 거의 모든 것을 매일 촬영한다. 이 관점에서 보면 플래닛과 같은 위성 이미지 기업이 겪는 도전은 1970~1980년대 개인용 컴퓨터가 처음 등장했을 때의 도전과 크게 다르지 않다. 그 도전은 '이 도구가 유용한가?'가 아니라, '어떻게 하면 이 도구를 가장 유용하게 만들 수 있을까?'라는 질문이었다.

이런 식으로 접근하면 르 샤틀리에 원리는 두 가지 교훈을 시사한다.

첫째, 플래닛의 데이터에 대한 초기 수요가 장기적으로 예상되는 수준에 못 미친다고 해도 놀랄 일은 아니라는 점이다. 플래닛의 데이터를 활용하는 방법은 아직 많은 기업에게 낯설고 앞으로 생겨날 기업에게도 마찬가지다.

좀 더 넓은 관점에서 보자면 지구 활동에 대한 정보를 위성으로 포착하는 방식 자체가 아직 산업계 전반에 낯선 기술이다. 우주에서 획득한 상업용 데이터가 등장한 시점과 그것을 가장 생산적인 방식으로 활용하는 아이디어가 등장하는 시점 사이에는 다소간의 시차가 존재할 수밖에 없다.

자주 인용되는 사례이긴 하지만 지난 수십 년간 인터넷이 보여 준 급격한 확장세만 봐도 알 수 있다. 초기에는 이 기술이 어디까지 활용될 수 있을지 아무도 제대로 예측하지 못했다. 플래닛의 데이터 같은 위성 정보에 대한 수요가 생각보다 더디다고 실망할 필요는 없다. 이럴 때 떠올릴 만한 말이 있다. 이는 스탠퍼드대학교의 미래학자 로이 아마라Roy Amara가 남긴 말로 '아마라의 법칙Amara's Law'이라 불린다. "우리는 어떤 기술이 단기적으로 미치는 영향은 과대평가하고 장기적으로 미치는 영향은 과소평가하는 경향이 있다."[34] (물론 이러한 기술 잠재력이 현실화되는 데는 시간이 걸리기 마련이고 그 사이 기업 운영 자금 조달은 늘 어려운 숙제라는 점도 간과해서는 안 된다. 이 문제는 다음 장에서 다시 다룰 예정이다.)

둘째, 플래닛을 포함한 모든 우주 관련 기업은 이런 조정 과정을 앞당기는 데 주도적인 역할을 할 수 있다. 잠재 고객들은 우주 데이터 활용에 필요한 투자를 꺼릴 수 있으며, 심지어 그러한 가능성 자체를 인식하지 못한 채 무관심할 수도 있다. 하지만 르 샤틀리에 원리에 따르면 그런 투자는 반드시 필요하다. 그래야만 처음에는 큰 의미 없어 보일 수 있는 우주 데이터가 점점 더 유용한 자산으로 탈바꿈한다. 플래닛은 고객이 스스로 가치를 발견할 때까지 기다릴 수도 있지만 더 나은 선택지는 고객이 그 가치를 발견하도록 먼저 다가가는 것이다.

무엇보다 인식 제고가 첫걸음이다. "플래닛과 지구 관측 산업 전반이 만들어 내는 데이터와 그 영향력은 사람들이 더 많이 인식하고 활용한다면 지금보다 백 배는 커질 수 있습니다."라고 웨일은 말했다.

2021년 말 플래닛은 기업 가치 28억 달러로 뉴욕 증시에 상장하며 사회적 기여를 사명으로 삼는 '공공 이익 기업public benefit corporation'이라는 형태를 선택했다. 플래닛은 '환경과 사회 변화의 흐름을 밝힘으로써 인류를 더 지속 가능하고 안전하고 번영하는 세상으로 이끈다.'라는 비전을 전면에 내세우며 잠재 고객에게 사회적 책임을 다하는 기업으로 자리매김하고자 했다. 그리고 상장을 통해 확보한 6억 달러의 현금은 고객을 직접 찾아가 그들이 있는 자리에서 함께 문제를 해결할 수 있는 역량을 뒷받침할 자금이 되었다.[35]

그러다 2022년, 더 많은 이가 갑작스레 플래닛을 인식하게 되는 사건이 발생했다. 러시아가 우크라이나 침공을 준비하는 병력 집결 장면이 플래닛의 위성 이미지로 포착되면서부터였다. 이후 전쟁이 전면전으로 번지자 플래닛은 각종 미사일 공격과 전투 현장을 증거로 제공했고 그 이미지들은 전 세계 주요 일간지 1면을 장식했다.

플래닛은 그저 기록만 한 게 아니었다. 전쟁 초기 우크라이나 정부가 민간 위성 관측 기업들에게 도움을 요청하자 플래닛을 비롯한 많은 기업이 우크라이나의 요청에 응답해 위성 데이터를 직접 제공했고 그 결과 우크라이나는 전황을 파악하고 작전을 세우는 데 사용할 수 있는 귀중한 정보 자산을 손에 넣었다.[36]

조지아 공과대학의 원격 감지 전문가 마리엘 보로위츠Mariel Borowitz 교수는 이렇게 평가했다. "우크라이나 전쟁은 민간 위성 데이터가 군사 작전 계획뿐 아니라 전쟁에 대한 대중의 인식을 형성하는 데도 결정적인 역할을 할 수 있음을 보여 주었다." 그녀는 이번 사태가 지구 관측 산업 전체의 전환점이 될 가능성도 언급했다.[37]

하지만 르 샤틀리에 원리는 단순히 인식 제고에만 그치지 않는다. 플래닛은 고객이 자사의 서비스를 통해 실질적 가치를 창출할 수 있도록 직접 지원할 수도 있다는 사실을 알려 준다.

실제로 플래닛은 고객의 기술 수준이 어떻든지 간에 데이터를 쉽게 활용할 수 있도록 다양한 접근 방식을 마련해 왔다. 예컨대 데이터 유형을 쉽게 분류하고 여러 경로를 통해 접근 가능하게 만들었으며, 무엇보다 다양한 기관과 협업하면서 고객에게 최적화된 활용 방식을 함께 찾아 나가고 있다.

현재 플래닛의 데이터는 하나의 플랫폼으로 재구성되었고 이 플랫폼은 몇 가지 핵심 제품으로 구성된다. 개발자들이 위성 이미지를 자신의 애플리케이션이나 워크플로에 통합할 수 있도록 해 주는 API(응용 프로그래밍 인터페이스), 데이터를 직관적으로 다룰 수 있게 도와주는 자체 애플리케이션, 전 세계 주요 지역을 선명하게 보여 주는 정제된 고해상도 지도, 과학적으로 신뢰할 수 있는 외부 데이터와 플래닛 데이터를 결합해 장기적인 글로벌 변화를 추적할 수 있게 한 통합 기록 그리고 사용자가 필요한 정보가 생기면 자동으로 알려 주는 알림 기능 등이 그것이다.[38]

플래닛의 경영진은 이 플랫폼을 전 세계 위성 데이터를 한눈에 볼 수 있게 만든 '지구 버전 블룸버그 터미널'에 비유했다. 대표적 플랫폼 기업인 구글에 빗대 비유하기도 한다. "플래닛은 인터넷을 색인화한 구글처럼 지구를 색인화하고 검색 가능하게 만듭니다."[39]

2023년 기준, 플래닛은 전 세계 수십 개국의 공공 및 민간 부문에서 약 1천 곳의 고객을 확보하고 있었으며 자사 플랫폼에는 수만 명의 사용자가 활동하고 있었다. 매출은 2016년의 4천3백만 달러에서 약 2억 2천만 달러로 성장했고 연평균 성장률은 26%에 달했다.[40] 또한 플래닛은 구독형 모델을 기반으로 운영되었기 때문에 전체 매출의 90% 이상이 반복 수익recurring revenue으로 구성되어 있었다.

사회적 영향력도 함께 커졌다. 플래닛의 데이터는 수천 편의 학술 논문에 인용되었고 전 세계 언론, 연구자, 비영리 단체들은 플래닛의 영상을 가장 신뢰할 수 있는 정보 출처로 활용하고 있었다.[41] 이처럼 인상적인 성과에도 불구하고 플래닛이 이 흐름을 장기적으로 유지하고 더욱 키워 나갈 수 있을지는 여전히 불확실했다. 시장에서는 회의적인 시선이 존재했고 이를 반영하듯 플래닛의 주가는 부진했다. 그럼에도 르 샤틀리에 원리가 시사하는 수요의 진화는 점차 현실이 되어 가는 듯 보였다.

플래닛의 위성 개발 방식은 독창적이었고 지금까지의 사업 성과는 또 하나의 중요한 결과를 낳았다. 바로 새로운 지구 관측 기업들의 탄생에 불을 지폈다는 점이다. 실제로 지난 10년간 50개가 넘는 관련 기업들이 새롭게 등장했으며 이는 이전에는 거의 존재하지 않던 흐름이었다. 2010년대 초반까지만 해도 상업용 지구 관측 위성은 연간 몇 기 수준에 불과했지만 2023년에는 그 수가 연간 200기를 넘어섰다.[42]

이런 흐름을 상징하는 기업 중 하나가 바로 스파이어 글로벌Spire Global이다. 이 회사의 창업자이자 CEO인 피터 플랫처Peter Platzer는 우주 산업에서 창업을 통해 가치를 창출할 방법을 고민하던 중 플래닛에서 영감을 받았다고 밝혔다. 그는 소형 위성의 성능이 "5년마다 10배씩 향상된다."라는 속도감을 몸소 실감하며 우주 산업에도 무어의 법칙이 구현되고 있다고 느꼈다.

스파이어는 지난 10년간 자사의 소형 위성군을 구축해 운용해 왔으며 기존의 정부 위성보다 더 저렴하고 접근성 높은 기상 및 기후 데이터를 제공하고 있다. 특히 GPS 신호가 대기권을 통과할 때 발생하는 굴절을 측정하는 기술(전파 굴절 관측)을 통해 기온·기압·수증기량 등의 정보를 추출하고 있다. 이를 통해 예보 정확도는 물론, 극단적 기후 현상에 대한 예측 능력도 향상되고 있다.[43]

결국 플래닛과 마찬가지로 스파이어의 비즈니스 모델도 비용이 충분히 낮아졌을 때 비로소 실현 가능해졌다. 그리고 스파이어 역시 고객이 자사 서비스를 통해 실질적인 가치를 발견할 수 있도록 적극적으로 지원하고 있다. 이는 르 샤틀리에 원리가 제시한 전략 방향과도 맞닿아 있다.

예를 들어 스파이어의 위성에는 선박과 항공기의 움직임을 추적하는 센서가 탑재되어 있다. 이 데이터는 기상 정보와 결합되어 기업들이 자사 선단을 보다 효율적으로 관리하고 위험을 줄이며 운송 시간을 단축하는 데 활용될 수 있다.

## 다음은 무엇일까?

플래닛은 전문 기관이 아닌 일반 개인과 조직들까지, 우주를 더 많은 사람이 활용하는 시대를 연 혁신의 선두 주자로 자리매김했다. 우주 산업에 집중 투자하는 벤처캐피털인 스페이스 캐피털Space Capital은 이렇게 말했다. "오늘날 모든 기업이 기술 기업이 된 것처럼 앞으로는 전 지구적 모니터링과 조정이 필수화되며 결국 모든 기업이 우주 기업이 될 것입니다."[44]

대부분의 사람이 우주 기반 제품과 서비스를 이용하게 된다는 전망이 다소 비현실적으로 들릴 수 있지만 사실 우리는 이미 그렇게 살고 있다. 대표적인 사례가 바로 GPSGlobal Positioning System이다. 미국 국방부가 구축한 약 30기의 위성으로 구성된 이 시스템은 미국 내에서만 9억 대 이상의 기기에 위치, 항법, 시간 정보를 제공하고 있으며, 전 세계적으로는 60억 명 이상이 GPS에 기반한 서비스를 일상적으로 사용하고 있다.[45]

그렇다면 GPS처럼 새로운 가치를 폭넓게 열어 줄 다음 우주 기반 애플리케이션은 무엇일까? 솔직한 답은 아직 아무도 모른다는 것이다.

어쩌면 아직 등장하지 않았거나, 심지어 누구도 떠올리지 못한 상태일 수도 있다. 아니면 이미 존재하는 기술을 새로운 방식으로 활용하는 데에 그칠 수도 있다. 다만 현재 유력하게 떠오르는 두 분야는 지구 관측과 위성 인터넷이다.

지구 관측은 앞서 살펴본 것처럼 새로운 기회의 광맥으로 주목받고 있다. 지에이치지샛GHGSat, 새틀라이트뷰Satellite Vu, 솔라지스Solargis 같은 기업들은 각각 온실가스 배출량 측정, 태양광 패널 최적화, ESG(환경·사회·지배 구조) 기준 모니터링에 집중하고 있다. 이들 중 일부는 플래닛처럼 지구를 촬영하는 카메라를 사용하고 또 어떤 기업은 야간이나 흐린 날씨에도 관측이 가능한 레이더 기술을 활용한다. 스파이어처럼 항공기, 선박, 휴대전화 등에서 나오는 전파 신호를 이용해 지구상의 인류 활동을 추적하는 방식도 있다.

여기에 더해 위성 데이터를 분석해 픽셀을 인사이트로 바꾸는 분석 전문 스타트업들도 함께 성장하고 있다. 이 중 한 분석 스타트업 창업자는 "우리는 세상을 정확히 보여 주는 정보 그 자체를 시장에 제공하려는 것"이라고 말했다.[46]

이들의 작업은 인공지능과 머신 러닝 기술의 발전에 힘입어 더욱 가속화되고 있으며 기술 대기업인 구글(구글 어스 엔진Google Earth Engine), 마이크로소프트(애저 스페이스Azure Space), 아마존 웹 서비스(에어로스페이스 앤드 새틀라이트Aerospace and Satellite)는 고객과 전 세계가 우주 데이터를 활용하여 할 수 있는 일을 완전히 바꾸는 기반 기술과 인프라를 개발 중이다.

한편 위성 인터넷 분야도 빠르게 확장되고 있다. 앞 장에서 다뤘듯 스페이스X, 아마존, 원웹은 수천 기 규모의 위성군을 구축해 전 세계를 끊김 없는 고속 연결망으로 덮으려 하고 있다. 동시에 스마트 가전, 정밀 농업, 자율주행 시스템, 보안 기기 등 사물인터넷(IoT) 하드웨어의 대중화가 진행되며 위성 인터넷은 새로운 수요를 뒷받침하는 핵심 인프라로 주목받고 있다.

선제적으로 움직이는 기업들도 있다. 애플Apple은 아이폰 14부터 셀룰러 망이 닿지 않는 지역에서도 위성을 통해 긴급 메시지를 전송할 수 있는 기능을 탑재했다.[47] T모바일T-Mobile은 스페이스X와 협력해 스타링크 위성을 '궤도 위의 셀 기지국'으로 활용하려는 계획을 세웠다. 문자 송수신부터 시작해 수년 내 음성, 데이터까지 확장할 계획이다.[48]

해양 분야의 대형 기업들도 참여 중이다.[49] 크루즈 선사 카니발Carnival Corporation과 해운사 머스크Maersk는 스페이스X와 협력해 자사 선박에 고속 인터넷을 탑재하고 있으며, 항공사들 역시 기내 고속 Wi-Fi 연결을 위해 스타링크 도입을 검토 중이다.[50] 농기계 제조사 존디어John Deere도 스타링크와 제휴해 자사 트랙터 등 장비를 더 스마트하고 효율적으로 운용할 수 있는 시스템을 개발하고 있다. "이 기술은 전 세계 어디서나 연결되는 시대에 한 걸음 더 다가서게 해 줍니다. 우리에게 가장 큰 기회는 기존 기술을 더 많은 고객이 실제로 접하고 활용할 수 있게 하는 데 있습니다." 존디어 최고기술책임자 자미 힌드먼Jahmy Hindman은 말했다.[51]

## 당신의 위치는 수요곡선 어디쯤인가?

애슐리 반스 같은 관찰자의 눈에는 지금까지 살펴본 단기적 활용 사례들보다 훨씬 더 큰 기회가 다가오고 있다. 특히 사물인터넷 분야에서 그러하다.

> 우리는 지금 인류 역사상 가장 대규모의 인프라 구축 초기 단계에 있다. 지구를 감싸는 디지털 심장박동이 될 통신 시스템이 만들어지고 있다. 앞으로 우리의 컴퓨터와 휴대전화는 더 이상 인터넷에서 벗어날 일이 없을 것이다. 더 흥미로운 점은 자율비행 항공기, 자율주행차, 드론 같은 것들 역시 인터넷을 벗어날 수 없게 된다는 사실이다. 지난 수십 년 동안 우리가 SF에서 기대해 온 거의 모든 기술은 이 항시 연결되는 정보 네트워크에 의존하게 될 것이다. 뿐만 아니라 이제 막 모습을 드러내기 시작한 수많은 차세대 컴퓨팅 기기 역시 마찬가지다. 농부들은 토양에 수분 센서를 촘촘히 설치하고 이 센서들이 수집한 데이터를 '하늘 위의 컴퓨터'에 전송하게 될 것이다. 화물 컨테이너와 그 안의 물품에 부착된 미세 센서들도 같은 방식으로 작동할 것이다. 인터넷은 이제 우주에서부터 퍼져 나와 전방위로 확산되며 우리의 삶을 완전히 바꿔 놓을 것이다.[52]

이 장에서 우리는 우주 산업의 최전선에 있는 기업들이 기술과 제품 개발뿐 아니라 고객이 그것을 제대로 활용하고 가치를 창출할 수 있도록 돕는 데도 신경 써야 한다는 사실을 살펴보았다. 수요를 충족시키고 동시에 창출하는 데 집중하는 이 전략은 상업 우주 시대가 가져온 가장 강력한 변화 중 하나이다. 다시 말해 고객 중심 전략은 우주 기업이 지속적으로 사업을 이어 가기 위한 필수 조건이며, 바로 이 전략이 우주 기반 제품과 서비스가 널리 확산되는 데 핵심적인 역할을 한다.

하지만 수요는 저절로 생기지 않는다. 여기서 당신과 당신의 조직이 다시 등장하게 된다.

여러분과 같은 개인 그리고 여러분이 속한 조직은 우주 경제의 수요 곡선 위 각 지점을 구성하는 존재이다. 우주 활동의 비용이 낮아지는 흐름에 발맞춰 창의적인 활용 방식을 찾아낸다면 우주 기업들이 창출한 데이터와 서비스 역시 시장에서 그 가치를 제대로 인정받게 될 것이다. 이것이 바로 앞서 여러 번 언급한 성장의 선순환을 이끌어 내는 힘이다. 수요곡선을 더 민감하게 만들수록 모두가 그 혜택을 더 빠르게 누릴 수 있다.

르 샤틀리에 원리가 말하듯 당신과 당신의 조직이 선제적으로 역량에 투자해야 할 수도 있다. 하지만 우주 데이터를 활용하는 일은 점점 더 쉬워지고 일상화되며, 머지않아 다양한 산업에서 선택이 아닌 '필수'가 될 것이다.

일부 기업들은 경쟁력을 높이기 위해 우주 기반 서비스를 적극 도입할 것이며 그 결과 전략적 목표를 더욱 효과적으로 달성하고, 의사결정의 정확도를 높이며, 운영의 효율성과 자율성을 강화하고, 고객 접점을 확대하며, 고객 경험 또한 향상시킬 수 있다.

이미 다양한 산업의 선도 기업들이 이 가능성에 발 빠르게 대응하고 있다. 일부 기업들은 더 나아가 "항시 연결되는 정보 네트워크"와 "지구의 실시간 회계 시스템" 같은 우주 기술을 기반으로 자사 정체성과 산업 구조 자체를 재정의하려 하고 있다. 여기서 중요한 점은 우주 기술의 유용성이 오로지 그 기술의 발전에만 의존하지 않는다는 사실이다. GPS가 오늘날처럼 핵심 인프라로 자리 잡을 수 있었던 것도 반도체·휴대전화·배터리 등 다양한 기술 발전이 함께 이루어졌기 때문이다.

결정적 전환점은 2008년 출시된 아이폰 3G였다. 이 모델은 최초로 GPS 기능과 앱스토어를 동시에 탑재했으며, 이후로 GPS를 활용하는 다양한 앱들이 등장했다. 우버Uber, 리프트Lyft 같은 승차 공유 서비스, 틴더Tinder, 범블Bumble, 힌지Hinge 같은 위치 기반 데이팅 앱들이 그 예다. 이들 서비스가 위성에서 나온다는 점은 중요하지 않았다. 중요한 것은 위성이 열어 준 새로운 가능성과 새로운 비즈니스 모델이었다.

이처럼 우주 기술의 가치는 그것 자체보다도 이를 실현 가능하게 하는 주변 기술의 발전 속도와 보급 수준에 의해 좌우될 것이다. 반도체, 인공지능, 엣지 컴퓨팅, 클라우드 컴퓨팅 등에서의 지속적 진보는 우리가 아직 표면밖에 들여다보지 못한 우주 기술의 잠재력을 펼칠 열쇠가 되어 줄 것이다.

물론 이러한 잠재력이 현실화되기까지는 일정한 시간이 소요될 수 있다. 지난 수십 년간의 발전에도 불구하고 우주 활동은 여전히 (상대적으로) 비용이 많이 들고 기술적 난도도 높다. 그리고 일반적인 기업이나 조직 입장에서는 우주 기술을 사업 전략에 통합하는 것이 낯설고 터무니없게 느껴질 수 있다.

하지만 우리의 관점에서 보건대 시장 원리가 우주로 확장되기 시작한 지금이야말로 우주 기술이 지구상에서 새로운 가치를 창출할 진정한 기회가 열리는 시점이다.

향후 어떤 산업이 오늘날 개발 중인 우주 기술을 바탕으로 새롭게 탄생하게 될까? 위성 영상과 위성 인터넷 같은 역량은 당신의 조직이 경쟁 환경을 바꾸는 데 어떤 역할을 할 수 있을까? 그리고 만약 당신이 이 우주 기술 혁신의 흐름을 지켜보기만 한다면, 그 기술들이 경쟁자의 손에 들어갔을 때 당신은 어떤 위협에 놓이게 될까?

결국 당신 자신이 당신의 조직을 가장 잘 아는 사람이다. 언제, 어떤 방식으로 우주를 활용할지 결정하는 것은 바로 당신이다. 하지만 우리가 경험과 연구를 통해 얻은 교훈은 분명하다. 지금 이 순간은 분기점이다. 앞으로의 발전은 계속될 것이다. 그리고 이미 세계 곳곳의 선도자들은 우주에서 새로운 기회를 찾고 있다.

지금 우리가 보고 있는 이 흐름은 단지 기술의 진보가 아니라 산업과 기회 그리고 상상력의 지도를 다시 그리는 작업일지도 모른다.

5장

# 우주 정거장:
# 우주의
# 허브를 향해

Space to Grow

앞서 살펴본 위성은 데이터를 수집하거나 송수신함으로써 지구상의 우리에게 직접적인 가치를 제공하는 대표적 사례였다. 하지만 우주 경제에 대한 가장 야심 찬 비전은 데이터 활용을 넘어 우주의 독특한 환경 자체를 활용한 활동, 예컨대 연구개발(R&D), 제조, 관광, 채굴, 에너지 생산 등이 활발히 이루어지는 미래를 그리고 있다.

이러한 활용은 아직은 실현 가능성이 낮고 다소 불확실한 영역에 속하지만 실현된다면 우리가 우주로부터 끌어낼 수 있는 가치의 범위와 규모를 근본적으로 바꿔 놓을 수 있다. 나아가 인류와 우주의 관계 자체도 전환시킬 수 있다. 다시 말해 우주를 단순히 관측이나 탐사의 공간이 아닌 '거주하고 일할 수 있는 공간'으로 재정의하게 되는 것이다.

그 중심에는 수십 년 동안 우주 비전을 꿈꾸는 이들의 상상력을 자극해 온 하나의 개념이 있다. 바로 우주 정거장이다.

한편으로는 우주 정거장에 대한 기대 자체가 의문을 자아낸다. 우주에서 산다는 것은 말 그대로 상상을 초월하는 도전이기 때문이다. 인체는 지구에서 살도록 진화해 왔다. 지구에는 숨 쉴 공기, 마실 물, 먹을 음식, 근육을 유지할 중력 그리고 해로운 우주 방사선으로부터 몸을 지켜 줄 대기가 있다. 우주에는 이 모든 것이 없다. 따라서 우주 정거장에서는 이들을 가져가든지, 그곳에서 만들든지, 포기하든지 셋 중 하나를 택해야 한다.[1] 인간이 우주에서 생존하고 건강을 유지하는 일 자체가 어마어마한 과제인 것이다.

하지만 이와 같은 극한의 도전에는 다른 곳에서 실현 불가능한 기회도 함께 존재한다. 궤도에 있는 물체는 '미세중력microgravity'이라는 상태를 경험하게 된다. 흔히 중력이 현저히 약해져서 무중력 상태가 된다고 생각하지만 이는 오해다. 국제 우주 정거장의 고도에서도 중력은 여전히 지표면의 90% 수준에 달한다. 대신 물체가 초고속으로 움직이면서 지구 주위를 끊임없이 '자유 낙하' 하는 상태에 놓이기 때문에 중력이 사라진 것처럼 느껴지는 것이다. 이것이 '궤도에 있다'는 의미다.

이러한 미세중력은 지구에서는 몇 초 이상 재현하기 어렵기 때문에 오랫동안 '우주의 독자적인 자원'으로 간주되어 왔다. 우주 정거장 지지자들은 이 미세중력이 R&D와 제조 분야에 유용할 수 있다고 주장한다. 나사의 보고서에 따르면 미세중력 상태에서는 대류, 침전, 부력과 같은 현상이 사라지기 때문에 물리적·화학적 과정이 왜곡되거나 방해받지 않는다. 대신 확산diffusion이 주요한 메커니즘이 되며, 이는 개별 분자나 원자 수준에서보다 완벽하고 균일하며 정밀한 구조를 형성할 수 있게 해 준다.[2]

이론상 미세중력 환경에서는 광섬유, 반도체, 의약품용 단백질 결정처럼 더 크고 순도 높은 물질을 만들 수 있으며, 지구 중력 환경에서는 지지 구조가 필요했던 인공 장기 같은 정교한 3D 프린팅 구조물도 더욱 자유롭게 구현할 수 있다. 이러한 물질과 구조물들은 지금까지 확인된 가능성 중 일부에 불과하다.

만약 우주 정거장이 비용과 접근성의 장벽이 낮았다면 수많은 우주 개척자와 창업가가 각자의 아이디어를 실험해 보러 몰려들었을 것이다. R&D와 제조는 여전히 실험 단계에 머물러 있지만 관광 산업에서는 이미 매출이 발생하고 있다. 현재는 방문할 곳이 거의 없는데도 우주 관광이 존재하고 있다는 점을 고려하면 앞으로 더 많은 가능성이 열린다고 볼 수 있다.

더 멀리 내다보면 소행성이나 달에서 자원을 채굴하거나 우주에서 태양광을 수집하게 될 경우 우주 정거장은 로켓 연료, 위성, 우주선을 제조하는 전초기지이자, 우주 인프라를 정비하고 우주에서 지구로 수출을 진행하는 거점이 될 수도 있다.[3]

지금까지 우주 정거장의 현실은 이처럼 막대한 과제와 무한한 기회 사이의 싸움이었다. 국제 우주 정거장은 20년 넘게 인류의 우주 거주를 거의 불가능에 가까운 환경에서 지속시켜 왔으며, 학계와 산업계의 수천 건에 이르는 과학 실험이 국제 우주 정거장에서 수행되었다. 하지만 국제 우주 정거장이 퇴역을 앞둔 지금, 우주 정거장이 우주 경제에 가져다줄 수 있는 더 큰 가능성은 여전히 대부분 실현되지 않은 상태이다.

이번 장에서는 민간 중심의 새로운 우주 정거장 접근법을 다룬다. 이는 지난 20여 년 동안 나사와 민간 기업 간의 협력에서 얻은 교훈을 바탕으로 더 낮은 비용과 향상된 접근성, 새로운 역량 확보를 시장의 힘으로 실현하려는 시도이다. 요컨대, 민간 정거장이 우주 산업 전반의 가치 창출과 수요 급증을 견인하는 또 하나의 계기가 되기를 바라는 것이다.

그러나 민간 정거장에 회의적인 시선도 많다. 심지어 가장 혁신적인 우주 기업 내부에서도 마찬가지이다. 이들은 정거장이 우주 경제의 결정적 활용처가 되지 않을 것이라 보고, 정거장에 대한 거대한 비전을 현실성과 거리가 먼 '돈키호테적 발상'으로 본다. 만약 이 회의론자들의 말이 맞는다면 그 여파는 매우 크다. 우주라는 허브가 경제적 타당성을 확보하지 못한다면 우주 경제는 본질적으로 한계가 분명한 지상이라는 틀 안에 갇힐 수밖에 없기 때문이다.

민간 우주 정거장의 성공 가능성은 단순한 경제 논리만의 문제가 아니다. 현재 국제 우주 정거장 외에 유일한 정거장은 중국이 최근 완성한 우주 정거장이다. 미국과 그 동맹국들이 미래의 우주 전략을 민간 정거장에 걸고 있는 만큼 이들의 성공은 전략적으로도 큰 의미를 지닌다.

이번 장에서는 나사와 협력하고 서로 경쟁하며 정거장의 가능성을 입증하려는 기업들을 살펴볼 것이다. 이 기업들은 '닭이 먼저냐 달걀이 먼저냐' 식의 고전적인 딜레마, 즉 정거장이 있어야 수요가 생기고 수요가 있어야 정거장을 만들 수 있다는 악순환을 끊고, 우주의 새 장을 열기 위해 나섰다. 그리고 우리는 과연 그들의 주장을 얼마나 납득할 수 있을지 직접 확인하게 될 것이다. 그러기 위해 먼저 이 모든 이야기가 어디서부터 시작되었는지를 되짚어 보자. 그 출발점은 나사이다.

## 궤도에 내디딘 첫발

1970년대 나사는 우주 정거장에 모든 역량을 쏟고 있었다. 아폴로 계획 이후의 전략은 지구와 달 사이에 여러 개의 우주 정거장을 설치하는 것이었으며 이 정거장들에 우주 비행사, 실험 장비, 화물을 머물게 하며 더 먼 거리까지, 더 오랜 기간 동안 우주를 탐사하려는 계획이었다. 당시 프린스턴대학교의 저명한 천체물리학자 제러드 K. 오닐은 수천 명의 거주민을 수용할 수 있는 회전형 우주 식민지를 건설하자는 아이디어를 제안했고 이는 대규모 우주 거주지에 대한 새로운 관심을 불러일으켰다. 2장에서 언급했듯 당시 대학생이던 제프 베이조스 역시 그 비전에 깊이 매료되어 이후 자신의 우주 사업 구상을 키워 나가게 된다.

나사의 첫 우주 정거장 실험은 1973년 세 명의 우주 비행사가 머물 수 있는 소형 정거장 '스카이랩Skylab'의 발사로 시작되었다. 달 착륙의 여운이 채 가시지 않은 상황에서 나사는 특히 혹독한 우주 환경에서의 장기 체류가 인간의 건강에 미치는 영향을 알아내는 데 관심이 많았다. 이는 미래의 장기 우주여행에 핵심이 될 사안이었기 때문이다.[4] 스카이랩은 6년간 몇 차례의 연구 임무를 수행했지만 아폴로 이후 나사의 예산이 계속 긴축되면서 더 큰 규모의 정거장 계획은 일단 보류되었다. 대신 우선순위는 우주왕복선 개발이 되었다.

하지만 우주왕복선이 운용되기 시작하자마자 나사는 정거장 계획을 재개했고 이는 훗날 국제 우주 정거장으로 이어지게 되었다. 국제 우주 정거장은 1970년대 초 대담하게 구상되었던 우주 허브들과 비교하면 훨씬 소박한 형태였지만 여전히 여러 핵심 목적을 충족할 수 있는 기지였다. 과학 실험실로서 신기술 연구에 대한 기대를 안았고, 많은 이가 우주 정거장의 핵심 사명으로 여긴 '사람을 장기적으로 우주에 머물게 하고, 그 환경에서 어떻게 살아가고 일할 수 있는지를 실험하는 것'을 실현할 수 있는 수단이 되었다.

이름 그대로 국제 우주 정거장은 미국, 러시아, 유럽, 캐나다, 일본 등 5개 우주 기관과 15개국이 참여한 국제 협력 프로젝트로 탄생했다. 그리고 우리 관점에서 가장 중요한 점은 국제 우주 정거장이 우주 환경의 상업적 활용을 위한 실험 기지 역할을 수행했다는 것이다. 로널드 레이건 대통령은 1984년, 훗날 국제 우주 정거장으로 이어질 정거장 계획을 발표하며 이렇게 말했다. "바다 시대에 클리퍼선과 무역상이 새로운 세계를 열었듯, 우주 역시 민간의 손에 의해 새로운 시장으로 열릴 수 있는 잠재력을 지니고 있습니다."[5]

하지만 애초부터 국제 우주 정거장의 타당성에 회의적인 시선도 적지 않았다. 1984년 《뉴욕타임스》는 사설에서 다음과 같이 비판했다. "우주 정거장 추진의 본질은 관료적 동기에서 비롯되었으며, 이는 나사와 관련 업계의 일자리를 유지해 주기 위한 대규모 예산 사업에 불과하다."[6]

과학계 일부 주요 인물들 역시 냉소적이었다. 저명한 천문학자 칼 세이건Carl Sagan과 이론물리학자 프리먼 다이슨Freeman Dyson은 "우주 정거장을 위한 과학적 정당성은 허상에 가깝다."라고 평가했다.[7] 또한 우주 정거장이 지구로부터 멀리 떨어진 정부 주도 실험실이라는 특성상, 기업들이 상업적 용도로 이를 활용할 것이라는 기대 자체에 회의적인 이들도 많았다.

국제 우주 정거장 건설은 1993년 미 의회에서 단 한 표 차이로 사업 승인을 받은 지 5년이 지난 1998년에 본격적으로 시작되었다. 이는 훗날 그 규모와 복잡성 그리고 천문학적인 유지비로 인해 나사의 재정을 크게 짊어지게 되는 정거장으로 발전하게 된다. 이후 완공된 국제 우주 정거장은 16개의 모듈이 연결된 구조였고 세계 최대의 항공기보다 더 거대한 크기를 자랑했으며 무게는 약 450톤에 이르렀다.[8]

내부는 보잉 747 기종의 기내와 비슷한 수준이었고 최대 7명의 우주 비행사가 머물 수 있었다.[9] 연간 유지비만 40억 달러에 달했고 건설 초기에는 약 1천억 달러가 투입되어 국제 우주 정거장과 이를 지원하는 우주선 관련 비용이 나사 전체 연간 예산의 절반가량을 차지하게 되었다.[10]

이후 수십 년 동안 국제 우주 정거장은 많은 성과를 이뤘다. 2000년 첫 우주 비행사들이 탑승한 이후 한순간도 사람의 발길이 끊긴 적 없이 우주에서 상주 인류의 거점 역할을 톡톡히 해 왔다. 100개국 이상이 참여한 3천 건 이상의 R&D 프로젝트가 국제 우주 정거장에서 진행되었으며, 그 주제는 우주 환경에 대한 이해부터 식물 재배 기술에 이르기까지 폭넓었다.

예컨대 국제 우주 정거장에 머물던 연구진은 지구에서 가져온 특정 박테리아가 예상과 달리 우주 공간에서 수년간 생존할 수 있다는 사실을 밝혀내며, 생명의 기원에 대한 과학계의 논의에 새로운 시각을 더했다.[11] 대중적으로 가장 큰 관심을 끈 분야는 미세중력을 활용한 의약품 개발이었다. 국제 우주 정거장에서는 수백 건의 실험이 수행되었고 실제 상용화까지 이어진 성과도 있었다.[12]

하지만 국제 우주 정거장이 추구한 과학, 기술, 지정학, 상업 등 다양한 목표는 결국 상호 간에 충돌했고 특히 상업적 활용이라는 측면에서는 제약이 많았다. 미세중력에 대한 낙관적인 전망에도 불구하고 국제 우주 정거장은 기업들의 관심을 적극적으로 끌어내는 데 어려움을 겪었다.

의회와 나사는 시간이 지나며 상업 활동을 더욱 장려하는 방향으로 정책을 조정해 나갔다. 2011년 이들은 국제 우주 정거장 국립연구소ISS National Lab의 운영을 우주과학진흥센터Center for the Advancement of Science in Space(이하 CASIS)라는 비영리기관에 넘겼고, 이후 나사는 이 기관을 통해 민간 프로젝트를 포함한 다양한 연구에 보조금을 지급하기 시작했다.

어떤 기업이 국제 우주 정거장에서 실험을 하고자 하면 실험 준비 자체를 제외한 발사비, 우주 비행사 인건비, 시설 사용비 등 나머지 모든 비용을 나사가 부담해 주는 방식이었으며, 실험당 수백만 달러 규모의 보조금이 지원되었다.[13] CASIS는 스페이스 탱고Space Tango, 바이오서브 스페이스 테크놀로지즈BioServe Space Technologies, ZIN 테크놀로지즈 ZIN Technologies, 나노랙스Nanoracks 등 여러 민간 파트너와 협력 관계를 맺고 민간 고객을 위한 실험 설계 및 실행까지 지원하면서 국제 우주 정거장 이용 문턱을 낮추었다.[14]

이러한 노력은 일정 부분에서 성과를 거두었다. CASIS가 운영을 맡은 이후 수십 건의 민간 R&D 프로젝트가 수많은 기업에 의해 국제 우주 정거장에서 진행되었다. 나사의 최근 보고서에 따르면 "3D 프린터, 바이오 프린터, 지구 관측 및 재료 실험용 외부 구조물, 부와 외부의 압력 차를 조절하는 에어록airlock"까지 국제 우주 정거장에 설치된 것으로 나타났다.[15]

그럼에도 불구하고 실질적인 수익 창출은 기대에 훨씬 미치지 못했다.[16] 국제 우주 정거장 내에서 비교적 성공적인 상업 운영 사례로 꼽히는 나노랙스조차도 "세계 최초의 상업용 우주 정거장 기업"이라고 자처하며 2018년까지 설립 10년 만에 "4천만 달러 이상의 수익을 올렸다."라고 발표했을 뿐이었다.[17] 그러나 설립 후 10년에 가까운 시간 동안 이룬 성과치고는 결코 인상적인 수치는 아니었다. 이후 몇 년 동안 민간 활동은 비교적 활발하게 이어졌지만 국제 우주 정거장 초창기에 그려졌던 거대한 상업 비전은 좀처럼 실현되지 않았다.[18]

왜 국제 우주 정거장에서의 상업화가 생각만큼 성공하지 못했는지에 대해서는 다양한 해석과 논쟁이 존재한다. 회의론자들의 주장처럼 애초에 우주 정거장이 창출할 수 있는 경제적 가치 자체가 제한적이었는지도 모른다. 혹은 국제 우주 정거장에서 제품이나 실험을 수행하고자 했던 기업들이 각종 관료적 장벽에 가로막혀 흥미를 잃었을 가능성도 있다. 아니면 애초에 국제 우주 정거장의 운영 모델과 구조적 시스템이 상업화에 적합하지 않았을 수도 있다.

이유가 무엇이든 한 가지 분명한 교훈은 있었다. 국제 우주 정거장은 그 구조와 운용 방식상 '상업 활동을 위한 정거장이 있다면 시장 수요가 얼마나 될까'라는 질문에조차 명확한 답을 주지 못했다. 말하자면 민간 수요가 있었는지조차 판단하기 어려운 환경이었던 것이다.

2010년대 후반 무렵, 국제 우주 정거장의 수명이 점차 다해 가자 미국 의회는 중대한 결정을 내렸다. 국제 우주 정거장은 미국 정부가 직접 운영하는 마지막 정거장이 될 것이라는 점을 명확히 한 것이다. 앞으로 나사는 정거장을 직접 짓고 운영하는 대신 민간 정거장 개발을 지원하는 역할에 집중하게 된다. 정부가 '모두를 위한 하나의 정거장'을 운영하는 시대는 끝났고, 이제는 시장이 각기 다른 수요에 최적화된 다양한 정거장 포트폴리오를 만들어 내는 시대가 된다는 의미였다.

물론 나사는 여전히 이러한 민간 정거장의 주요 고객이 될 예정이다. 실제로 그래야만 한다. 장기 유인 우주 탐사를 위한 인간 건강 연구는 여전히 나사의 핵심 과제이기 때문이다. 하지만 의회는 이 새로운 체계에서 나사의 역할을 "여러 고객 중 하나 one of many customers"로 제한할 것을 명확히 했다.[19]

이 접근법이 익숙하게 들릴 만도 하다. 바로 1장에서 다뤘던 상업용 화물·승무원 프로그램, 즉 COTS 프로그램의 핵심 철학과 완전히 같기 때문이다. 이러한 계획이 진행되는 가운데 바이든 행정부는 국제 우주 정거장의 공식 종료 시점을 2031년 초로 연장했고, 이는 사실상 마지막 연장이 될 가능성이 크다.[20]

나사는 이 10여 년의 전환기를 통해 국제 우주 정거장에서 민간 정거장으로의 '매끄러운 이행'을 실현하겠다는 목표를 세웠다. 하지만 그 전환이 실패할 경우 2011년 우주왕복선 퇴역 이후와 같은 '우주 정거장 공백 stations gap'을 다시 겪게 된다. 그렇게 되면 우주 공간에서의 연구에 기반한 대담한 유인 탐사 계획 전체가 흔들리고, 미국과 파트너 국가들이 중국의 신형 우주 정거장 톈궁 Tiangong에 대응할 수단 없이 뒤처지게 될 가능성도 생긴다. 톈궁은 국제 우주 정거장 프로젝트에서 배제된 중국이 2022년 말 독자적으로 완공한 정거장이다.

## 상업용 우주 정거장의 험난한 역사

역사적으로 볼 때 상업 정거장의 성공은 결코 쉬운 일이 아니었다. 나사처럼 전문성과 자원을 갖춘 조직에게도 우주 정거장을 짓는 일은 벅찬 과업이었으며, 정치가 아닌 수익에 생존을 의존하는 상업 정거장을 짓는 일은 그보다 훨씬 더 어려웠다.

가장 이른 시도는 스페이스 인더스트리즈Space Industries Incorporated, SII가 제안한 인더스트리얼 스페이스 퍼실리티Industrial Space Facility, ISF였다. 이 회사는 1982년 전직 나사 수석 엔지니어였던 맥스 페이젯Max Faget이 설립했으며 우주왕복선이라는 신기술과 레이건 행정부의 상업 우주 분야 지원 정책에 힘입어 탄생한 기업 물결의 일부였다.[21]

"날개 달린 깡통 속 인간"이라는 별명을 얻은 ISF는 1만 1천 킬로그램 상당의 상업 실험 장비를 탑재할 수 있는 캡슐로 기획되었다.[22] SII는 특히 제약 산업을 중심으로 미세중력 환경이 제공할 수 있는 독특한 기회를 활용하려는 대기업의 수요가 클 것으로 기대했다. 실제로 1985년 우주정책연구센터Center for Space Policy는 제약 제조업만으로도 2000년까지 연간 2백억 달러 규모의 수익이 창출될 수 있다고 평가했다.[23]

나사는 초기에 ISF를 "우주왕복선 및 우주 정거장의 보완재"로 간주하며 이를 지지했다. 하지만 이 계획은 빠르게 좌초되었다.[24] 보잉이나 3M 등 주요 기업이 강한 관심을 보였다는 SII의 주장에도 불구하고 기대했던 미세중력 기반 연구개발 수요는 실현되지 않았다.[25] 1989년 미국 국가연구위원회National Research Council는 발표한 보고서에서 미세중력 연구는 아직 "미성숙한 단계"에 머물러 있으며, 향후 5~10년 내 우주 기반 제조업이 출현할 "어떠한 증거도 없다"고 단언했다.[26]

보고서는 ISS와 우주왕복선 역시 미세중력 실험이 가능하다는 점에서 ISF의 필요성을 부정했고, 나사가 부담해야 할 7억 달러의 임대 비용에 비해 가치가 없다고 평가했다. 결국 나사의 예산을 담당하는 하원 우주과학응용위원회House Space Science and Applications Committee는 상업 정거장 계획을 무기한 연기했고 ISF는 사실상 폐기되었다.

10년 후, 비글로우 에어로스페이스Bigelow Aerospace의 창립자 로버트 비글로우Robert Bigelow는 팽창식 모듈이라는 전혀 다른 기술을 이용해 상업 정거장에 다시 도전했다.[27] 팽창식 거주 모듈은 로켓에 탑재해 궤도에서 확장하는 방식으로, ISS에 사용된 고정형 구조물보다 제작·발사 비용이 낮고 더 큰 공간을 확보할 수 있다는 장점이 있었다.

나사는 수십 년간 팽창식 거주 모듈을 실험해 왔으며 이 기술은 결국 트랜스햅TransHab 프로젝트로 이어졌다. 의회는 2000년 이 프로젝트를 취소했지만, 비글로우는 그 설계 권리를 확보해 초기 시험을 성공적으로 수행했다.[28] 2000년대 중반 한 언론인은 비글로우를 "저비용 저궤도 우주 정거장을 만들 상업 부문 최유력 주자"로 평가했다.[29]

얼마 지나지 않아 비글로우는 "마시멜로 모양"의 팽창식 프로토타입을 우주로 발사했고, 2012년에는 나사로부터 공식 계약을 따내 ISS에 자사 모듈을 부착하는 데 성공했다. 이 모듈은 나사로부터 약 1천8백만 달러를 지원받아 발사되었으며, 추가 화물 공간 확보와 기술 시험용으로 여전히 ISS에 장착되어 있다.

궤도에 프로토타입을 올리고 모멘텀을 얻은 비글로우는 팽창식 상업 정거장 혁명의 선두 주자로 자신을 인식했다. 이 거대한 마시멜로 모양의 모듈은 ISS보다 저렴하고 신속하게 미세중력 환경을 제공할 수 있으며, 각국과 민간 기업에 새로운 대안을 제시할 수 있다고 보았다.

회사는 길이 15미터, 직경 6미터 규모로 최대 6명이 거주할 수 있는 독립형 모듈 B330을 공개했다. 이 모듈은 60일 단위로 임대할 수 있었고, 기업이 우주 산업 진출 의지를 과시할 수 있는 명명권은 2천5백만 달러에 제공되었다.[30] "병원, 기숙사, 창고, 우주선 모선까지 무엇이든 될 수 있죠." 로버트 비글로우는 말했다.[31] 회사는 나아가 우주 호텔, 더 큰 민간 정거장 단지, 더 작은 모듈도 계획하고 있었다.

그러나 이 모든 비전에도 불구하고 비글로우의 실제 진척은 항상 기대에 못 미쳤다. 대부분의 발표된 계획은 개발 단계를 벗어나지 못했고 상업 고객을 유치한 적도 없었다. 2019년, 창립 20년이 흐른 시점에서 비글로우는 상업 정거장 시장이 여전히 생존 가능한 수준이 아니라는 점을 인정했다.

> 상업화는 전혀 견고하지 않다. …… 우주 정거장 운영을 뒷받침할 만큼 성장한 산업이 단 하나도 없다. 거대한 구조물을 유지하고 잦은 이동을 지원하기엔 충분치 않다. …… 나사가 고객이

되겠지만 유일한 고객은 아니라는 것이 핵심이며, 훗날엔 잘 될 것이지만 초기에는 정부의 대규모 보조금이 필요하다.[32]

그리고 2020년 초, 비글로우는 코로나19 팬데믹 등 여러 악재가 겹치며 전 직원을 해고했다. 20년간 2억 5천만 달러 이상을 투자한 끝에 비글로우의 여정은 또 하나의 상업 정거장 실패 사례로 막을 내리게 되었다.

## 민간 우주 정거장의 새로운 세대

비글로우 에어로스페이스의 사업이 흔들리기 시작했지만 민간 우주 정거장의 미래에 대한 낙관론은 여전했다. 나사 역시 예외는 아니었다. 발사 비용을 획기적으로 낮춘 '발사 혁명'은 계속해서 진전 중이었고 새로운 민간 우주 기업들이 매달 탄생하고 있었다. 이들 중 다수가 미래 민간 정거장의 고객 또는 파트너가 될 수 있었다.

국제 우주 정거장의 퇴역이 다가오는 상황에서 나사는 마침내 민간 우주 정거장이 본격적으로 이륙할 적기라고 판단했다. 나사는 이미 화물 수송과 유인 수송이라는 인류의 세 가지 궤도 유인 활동 중 두 분야를 민간 협력 방식으로 상업화하는 데 성공한 바 있었다. 이제 마지막 하나, '우주 허브 destination' 부문을 상업화하는 것이 목표였다.[33]

나사는 먼저 자사의 정거장 역사와 인연이 깊은 스타트업인 액시엄 스페이스Axiom Space에 주목했다. 액시엄은 2016년 ISS 프로그램 총괄 책임자였던 마이클 서프레디니Michael Suffredini와 나사 계약을 여러 차례 수행한 베테랑 사업가 캄 가파리안Kam Ghaffarian이 함께 설립했다. 액시엄은 민간 우주 시장에 참여하되 과열 양상을 보이던 발사 산업은 의도적으로 피했다. 가파리안은 당시를 이렇게 회상했다. "우주로 가기 위한 로켓을 만드는 회사들이 넘쳐 났죠. 그래서 우리는 탑승 서비스에는 관심이 없었어요. 우주 허브 사업에 집중하기로 한 거예요. 저지구 궤도에 새로운 생태계를 만들고 싶었습니다."[34]

2020년 액시엄은 나사와 1억 4천만 달러 규모의 계약을 체결했다. 이 계약에 따라 액시엄은 2026년부터 ISS에 부착할 수 있는 거주 모듈을 개발하게 되었다. 이후 몇 년이 지나면 이 모듈들은 ISS의 퇴역 전에 분리되어 추가 부품과 함께 독립형 정거장인 액시엄 스테이션Axiom Station을 구성하게 된다. 이 정거장은 연구와 제조, 나아가 호텔 역할까지 수행할 수 있는 민간 우주 허브가 될 것으로 기대되었다.[35]

이 거대한 비전의 첫걸음으로 액시엄은 자사의 민간 우주 비행사들이 실제로 우주에서 일하는 경험을 쌓을 수 있도록 스페이스X와 4회의 ISS 방문 임무를 예약했다. 그중 첫 번째 임무인 Ax-1은 2022년 성공적으로 발사되었다.[36]

액시엄은 ISS 프로그램과의 직접적인 연계 덕분에 유리한 입지를 확보했지만 상업 정거장을 성공적으로 운영하기 위해서는 민간 수요를 확보하는 것이 관건이었다. 나사와 ISS 파트너들은 핵심 고객이 될 수는 있었지만 유일한 고객이 되어서는 안 됐다.[37] 나사의 민간 유인 우주 개발 책임자 필립 맥앨리스터는 이렇게 말했다. "단 하나의 사업 모델로는 부족합니다."[38]

액시엄의 사업 전략은 쇼핑몰과 비슷하다. 나사가 백화점 역할을 하며 다양한 중소기업들이 그 안에 입점하게 된다. 어떤 기업은 실패하고 어떤 기업은 크게 성공해 나중에는 단독 정거장을 임대하거나 직접 운영하게 될 수도 있다.

그렇다면 액시엄이 기대하는 '나사 이외의 고객'은 누구일까? 액시엄은 몇 가지 수요처를 제시하며 이들이 조성할 민간 정거장 시장이 2020년대 후반에는 연간 수십억 달러에 달할 수 있다고 내다봤다.[39]

첫째, 2010년대 후반과 2020년대 초반에는 수십 개의 신생 국가들이 자체 우주 기관을 설립하며 상업 우주 경쟁에 뒤처지지 않기 위해 노력했다. 액시엄은 이들 국가의 우주 비행사를 정거장에 수용해 주는 방식으로 초기 수요를 유치할 수 있다고 판단했다.

둘째, 액시엄은 클라우드 컴퓨팅을 우주 정거장에 접목시키는 것이 고객들의 연구와 응용 분야에 획기적인 전환점이 될 것으로 믿었다. Ax-1 임무에는 궤도상에서 데이터를 직접 처리하는 실험이 포함됐는데, 이는 데이터를 지상으로 전송해 처리한 뒤 다시 우주로 보내는 기존 방식에 비해 훨씬 효율적이었다. 실제로 18시간이 걸리던 과정이 단 20분 만에 완료되었고 이는 시간을 98% 이상 절감한 결과였다.[40]

셋째, 액시엄은 '우주 정거장 플랫폼을 제공하는 회사'로서 우주 관광 시장에서도 경쟁 우위를 점할 수 있다고 보았다. 단순한 우주 비행이 아니라 우주에서 머물 수 있는 장소를 제공하기 때문이다.

다만 액시엄이 가장 큰 기대를 거는 분야는 '우주 내 제조'였다. 서프레디니는 "15년 뒤에는 이 시장이 다른 모든 시장을 압도하게 될 것"이라고 말했다.[41] 액시엄은 경쟁사들과 마찬가지로 미세중력 환경이 지닌 연구 및 제조 잠재력을 강조하며 이렇게 광고했다. "미세중력의 독특한 효과는 특정 시장을 선점하거나 산업 구조를 재편하거나 당신의 분야에서 결정적인 돌파구를 만들 수 있게 해 줄지도 모릅니다."[42]

그러나 이러한 낙관론에 대해 과장이라는 지적도 있었다. 브라이스테크 설립자이자 우주 산업 자문가로 널리 알려진 카리사 크리스텐슨 Carissa Christensen은 이렇게 경고했다. "대부분의 유사 활동이 지금까지는 보조금에 의존해 왔기 때문에 기본적인 경제성이 불확실합니다."[43]

실제로 보조금을 받은 사업조차 규모 면에서는 제한적이었다. 물론 의약품의 유효 성분이나 인공 망막 등 무게는 작지만 부가가치는 큰 제품의 경우 우주 제조에 대한 사업성이 성립할 수도 있다. 또한 지상 제조를 위한 정보를 얻는 우주 내 연구개발도 분명히 경제적 성과를 낼 수 있다. 하지만 크리스텐슨은 "우주 내에서 만든 제품을 지구에서 대량으로 사용하는 구조는 제조 단가가 워낙 높기 때문에 훨씬 더 어려운 문제입니다."라고 덧붙였다.

이처럼 액시엄의 사업 모델에 대한 불확실성은 나사가 단일 기업에만 기대지 않으려는 이유 중 하나였다. 나사는 더욱 다양한 민간 기업들의 창의성과 혁신을 유도하고자 했다.

그래서 액시엄과의 협력 외에도 경쟁을 도입하기로 결정했다. 2021년에 출범한 '상업용 저지구 궤도 허브Commercial LEO Destinations, CLD' 프로그램은 COTS와 민간 화물·유인 수송 프로그램의 성공을 바탕으로 설계된 4억 1천5백만 달러 규모의 사업이다. 이 프로그램은 민간 기업들이 고정가 계약하에 새로운 기술을 개발하고 민간 고객을 유치할 수 있도록 장려했다. 나사는 초기 고객이자 앵커 고객anchor customer(시장 형성을 위해 선도적으로 참여하는 전략적 고객-옮긴이)으로 참여해 기술적 조언을 제공하고 기업 간 경쟁을 독려했다.[44] 우주 업계는 이에 즉각 반응했고 총 11개의 제안서가 접수되었다.[45] 에릭 버거는 "한때 조용하던 우주 정거장 후속 경쟁이 갑자기 뜨거워졌다."라고 썼다.[46]

당초 선정된 세 가지 정거장 설계안인 스타랩, 오비탈 리프 그리고 노스롭 그루먼 정거장은 단지 구조만이 아니라 수요가 얼마나 빨리 생겨날지, 또 그 수요가 어디서 올지를 두고도 서로 다른 전망을 반영하고 있었다.

노스롭 그루먼의 안은 가장 전통적인 접근 방식이었다. 이들은 사이그너스Cygnus 우주선 등 실제 비행에서 검증된 시스템을 기반으로 정거장을 구축하려 했으며 거의 전적으로 정부 고객을 타깃으로 한 것으로 보였다.[47]

스타랩 팀은 보이저 스페이스 홀딩스Voyager Space Holdings가 주도했으며 나노랙스와 록히드 마틴이 초기 참여 기업이었다(이후 록히드는 에어버스Airbus로 대체됨). 이 팀은 '우주 최초의 과학 공원'을 조성하겠다는 비전을 제시했으며 이를 미래 응용 프로그램의 발판으로 삼고자 했다.[48] 흥미롭게도 힐튼Hilton이 이 정거장의 공식 호텔 파트너로 참여해 승무원 숙소와 공용 공간 디자인을 맡기로 했다.[49]

세 번째 개념인 오비탈 리프는 '혼합 용도 비즈니스 파크'로 구상되었으며 블루 오리진이 주도하고 보잉, 레드와이어Redwire, 시에라 스페이스Sierra Space 등이 파트너로 참여했다.[50] 대규모이면서도 '무한 확장 가능성'을 갖춘 플랫폼으로 설계된 이 정거장은 국제 우주 정거장에 버금가는 거주 공간과 최대 10명의 초기 승무원을 수용할 수 있는 규모를 갖췄다. 여기에 다양한 활동을 수용할 수 있는 인간 중심 설계까지 더해져, 블루 오리진이 내세우는 기업 비전인 "수백만 명이 우주에서 살고 일하는 미래"를 위한 첫걸음으로 제안되었다.[51]

하지만 2021년 CLD 계약이 체결된 이후 민간 정거장 사업 지형은 일부 변화를 겪었다. 노스롭 그루먼은 자사 정거장 계획을 철회하고 보이저가 이끄는 스타랩 팀에 합류했다. 이와 동시에 새로운 기업 바스트Vast가 새롭게 시장에 뛰어들었다. 바스트는 헤이븐-1Haven-1이라는 소형 정거장을 개발해 실험 공간과 최대 4명의 우주인을 수용하려는 계획이었다.[52] 비록 가장 늦게 합류한 참가자였지만 바스트는 이 정거장을 신속히 조립하고 발사해 정부 및 민간 우주인 임무에서 액시엄과 직접 경쟁하는 것을 목표로 삼았다. 장기적으로는 길이 100미터 규모의 '회전 막대기' 정거장을 건설해 다양한 수준의 인공 중력을 제공하는 시스템을 구현하겠다는 계획까지 세워 두고 있었다.

그러나 회의론자들의 눈에는 액시엄과 CLD 계약을 수주한 기업들 그리고 바스트 같은 신생 기업들이 단지 "우주에 대한 낭만"에 빠진 존재들처럼 보였다. 실제 시장에 대한 냉정한 계산 없이 꿈만 부풀린 이들에 불과하다는 것이다. 예컨대 액시엄 공동 창립자 서프레디니는 "우리 정거장을 건설하려면 궁극적으로 5~10억 달러 정도를 조달해야 할 것"이라며, 전체 프로젝트 비용은 약 30억 달러에 달하고 대부분은 자사가 창출할 수익에서 충당할 계획이라고 말했다.[53]

하지만 "수십억 달러 규모의 민간 우주 시장이 곧 눈앞에 다가올 것"이라는 주장은 이미 1980년대부터 반복되어 왔고 그때마다 실현되지 못했다. 이번에는 과연 다를까? 회의론자들이 이번에도 옳은 걸까?

## 시장은 존재하는가?

이 장에서 살펴본 역사적 맥락을 고려하면 민간 우주 정거장 시장 규모에 대한 전망이 대체로 실망스럽다는 결론이 나왔다는 점은 그리 놀랍지 않다. 과학기술정책연구소(STPI)는 2017년에 실시한 심층 연구에서 향후 10년 안에 실현 가능성이 있는 다양한 수익 모델들을 제시했다.

해당 활동들이 모두 성공적으로 전개된다면 전체 시장규모Total Addressable Market, TAM가 4억 5천만~12억 달러에 이를 수 있다는 예측이 나왔다. 그러나 같은 보고서에서 정거장 건설·운영에 드는 비용이 4억 6천만~22억 5천만 달러에 이를 것으로 추정되었다.

STPI의 바브야 랄Bhavya Lal(이후 나사 부청장 역임)은 "분석 결과 2025년까지 민간 우주 정거장이 수익을 낼 수 있을 가능성은 낮다고 판단했다."라고 밝혔다.[54]

마찬가지로 나사가 2018년에 발표한 국제 우주 정거장 전환 보고서에서도 "향후 민간 저궤도 플랫폼은 상업적 수요가 충분히 확대되지 않는 한 정부의 지속적인 지원 없이는 존속하기 어려울 것"이라고 경고했다.[55] 같은 해 나사 감찰관실(OIG)은 민간 주도의 저궤도 정거장이 2020년대 중반까지 실현 가능할지에 대해서도 의문을 제기했다.

> 우리는 민간 기업들이 상당한 연방 정부 지원 없이 자립적으로 수익을 내는 사업 모델을 개발할 수 있는 충분한 비즈니스 근거가 존재하는지 의문이다. 수익을 내기 위해서는 전통적인 미세중력 연구·응용 분야를 넘어 우주 관광, 위성 서비스, 제품 제조, R&D 등 다양한 경제 부문으로 수요가 확장되어야 한다. 하지만 현재까지 이와 같은 수요는 실현되지 않았다. 이러한 수요가 확대되지 않는 한 미래의 민간 저궤도 플랫폼은 정부의 지속적인 지원 없이 존속하기 어려울 것이다.[56]

민간 정거장 추진을 가장 가까이서 이끌고 있는 인물들조차도 나사나 기타 정부가 아닌 실제 수요가 과연 언제, 어디서 생겨날지를 두고 깊은 우려를 표하고 있었다. 2021년 CLD 선정 업체 발표 직전에 공개된 나사 감찰관실 감사 보고서에서도 나사의 상업화 전략은 "시장 수요 부족, 자금 조달 미비, 신뢰하기 어려운 비용 추정치, 아직 구체화되지 않은 요건" 등 심각한 난제를 안고 있다고 지적했다.[57]

나사의 여러 활동이 일부 시장 관심과 성장을 유도한 것은 사실이지만 그 성과는 미미했다. "기업들은 아직 지상 시장에 공급할 수 있는 우주 제조 제품에 대해 유효한 비즈니스 모델을 구축하지 못하고 있다."라는 것이다.

2017년 STPI 보고서 작성을 주도했던 키스 크레인Keith Crane도 이런 우려에 공감하며 "그 보고서가 발간된 이후에도 민간 부문의 우주 상품·서비스 수요는 실제로 크게 늘지 않았다."라고 말했다.[58]

## 닭이 먼저냐, 달걀이 먼저냐

오늘날 민간 우주 정거장을 짓고 있는 기업은 회의론자들의 비판과 지금껏 이렇다 할 성과를 내지 못한 현실을 모두 감안하면서도 여전히 자신감을 잃지 않고 있다. 시에라 스페이스의 CEO 톰 바이스Tom Vice는 말했다. "모든 이에게 열려 있는 우주 내 영구 기반 시설의 건설은 인류 역사상 가장 깊고도 거대한 산업 혁명의 시작이 될 것입니다."[59]

하지만 지금까지 수익을 증명해 낸 활동이 거의 없는 상황에서 이들의 이런 낙관을 우리는 어떻게 받아들여야 할까?

이럴 때 유용하게 떠올릴 수 있는 것이 바로 고전적인 '닭이 먼저냐, 달걀이 먼저냐'의 역설이다. 이 맥락에서는 이렇게 표현할 수 있다. 민간 우주 정거장을 사용하려는 고객이 없으니 그것을 지을 이유도 없었다. 반대로 민간 우주 정거장이 없으니 그것을 어떻게 활용할지를 고민할 이유도 없던 것이다.

이 구조를 더 분명하게 이해하려면 앞서 이 장에서 소개했던 ISF와 비글로우의 사례로 다시 돌아가 보자.

ISF가 자금난에 봉착했을 당시 나사와의 협업을 원하던 SII 및 다른 기업들은 정부가 보증 대출이라는 형태로 지원에 나서야 한다고 주장했다. "민간 부문이 상당한 수준의 위험을 떠안고 있다."라는 이유에서였다. 그리고 그러한 보증 대출은 투자자와 잠재 고객의 신뢰를 확보하는 데 결정적이라는 논리였다.[60] 그러나 의회를 장악한 예산 위원회는 이에 강하게 반대했다. "나사 스스로도 사용자 수요가 없다고 인정하는 상황에서 정부가 왜 이런 정거장을 보조해야 하느냐"는 것이었다.

비글로우의 팽창식 우주 모듈이 초기에 어느 정도 성과를 내다가 점차 진척이 느려지자 당시 나사 국장이었던 찰스 볼든Charles Bolden은 대중 앞에서 공개적으로 이를 비판했다. "저궤도에서의 활동이 왜 가치 있는 일인지 비즈니스 관점에서 설득할 근거를 누군가는 제시해야 합니다. 정부는 민간 부문이 실험 시설을 활용한 뒤 이를 발판 삼아 수익을 창출할 수 있도록 막대한 비용을 늘였습니다. 그러나 위험을 감수하지 않고는 이익도 얻을 수 없습니다."[61]

이에 대해 비글로우는 다음과 같이 반박했다. "B330 우주 정거장과 같은 자산은 엄청난 상업적 잠재력을 지니고 있으며 국제 우주 정거장 전환의 훌륭한 출발점이 될 수 있습니다. 하지만 먼저 정당한 예산 확보가 뒷받침되어야 합니다. 지금처럼 인류 우주 비행의 중대한 분기점에 서 있는 시점에서, 이처럼 중요한 자산과 미션에 대해 예산을 인위적으로 억제하는 것은 바람직하지 않습니다."[62]

민간 우주 정거장이 현실화되기 시작한 이래 이와 같은 논쟁은 줄곧 반복되어 왔다. 기업들은 정거장 건설에 필요한 투자를 정부가 보조하길 원하고, 정부는 그러한 보조가 허투루 세금을 쓰는 일이 아님을 기업들이 먼저 입증하길 원한다. 도대체 누가 옳은 걸까?

이 지점에서 경제학의 시각을 도입해 보면 훨씬 선명하게 이해할 수 있다. 도표 5-1에서는 기존의 수요-공급 분석에 '보조금' 항목을 추가해 본다. 이 보조금은 현재 민간 정거장 사업자들이 정부에 요구하고 있는 것이다. 그래프를 보면 공급곡선과 수요곡선이 교차하는 지점보다 오른쪽에 세로선이 하나 그어져 있다. 이 선의 아래쪽은 보조금이 적용된 이후 소비자가 실제로 부담하게 되는 가격을 나타내고, 위쪽은 생산자가 실제로 받게 되는 금액을 나타낸다. 소비자는 적게 지불하고 생산자는 많이 받게 되므로, 시장의 활동량은 균형 수량(수요와 공급이 일치하는 지점에서의 거래량을 의미한다-옮긴이)에서 보조금 적용 수량으로 크게 증가하게 된다. 바로 이 점이 보조금의 효과이자 목적이다.

이렇게 시장 활동이 커지는 것은 얼핏 보면 좋은 일 같지만, 여기엔 한 가지 문제가 있다. 앞서 공급과 수요 분석에서 설명했듯 곡선은 이 활동의 한계 비용과 한계 편익을 나타낸다. 그런데 보조금 적용 수량에서는 비용이 편익을 초과하는 영역까지 활동이 확장된다. 요컨대 이 시점의 시장 활동은 전체적으로 봤을 때 가치보다 비용이 더 큰, 바람직하지 않은 결과를 낳는 셈이다.

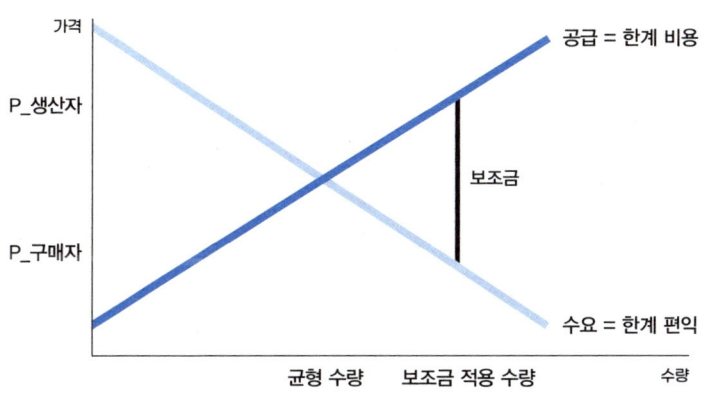

도표 5-1  보조금이 수요와 공급에 미치는 영향

이 도표는 민간 우주 정거장에 회의적인 입장을 지닌 이들의 주장과 상당히 닮아 있다. 그들에게는 민간 사업자들이 매번 똑같은 주장을

5장  우주 정거장: 우주의 허브를 향해

반복하는 것처럼 보인다. 즉 제조, R&D, 우주 관광 등의 사업 모델이 성립되려면 정부가 보조금을 통해 비용을 충분히 낮춰야 한다는 것이다. 하지만 회의론자들은 이렇게 말한다. "보조금이 많이 주어진다면 이론상 어떤 사업 모델도 수익성이 있는 것처럼 보일 수 있다. 심지어 우주에서도. 하지만 그런 식의 보조는 결국 '밑 빠진 독에 물 붓기'다."

하지만 만약 우리가 민간 우주 정거장 낙관론자들의 핵심 주장을 받아들인다면 전혀 다른 이야기를 할 수 있다. 이들은 말한다. 현재 우리가 보고 있는 수요는 어디까지나 민간 우주 정거장이 없는 상태에서의 수요이며, 만약 그런 정거장이 실제로 존재한다면 그 수요는 지금과 비교도 되지 않을 정도로 커질 것이라고 말이다. 즉 상업 활동을 염두에 두고 설계된 정거장이 존재하면 혁신가들은 그 정거장을 활용하는 새로운 방법들을 스스로 고안하게 된다는 것이다.

다시 말해 이들은 우리에게 앞 장에서 다룬 르 샤틀리에 원리를 이번에는 새로운 맥락에 적용해 보자고 제안하고 있는 셈이다. 단 이번에는 투입 비용이 줄어드는 상황이 아니라 새로운 투입 요소input가 등장하는 경우다. 구조는 비슷하지만 여기서는 상업용 우주 정거장이 존재할 때에만 기업들이 새로운 수요를 가지고 시장에 들어오게 된다는 점이 다르다.

이 개념은 도표 5-2에서처럼 기존의 수요곡선 위에 또 하나의 수요곡선(수요')을 그리는 방식으로 시각화할 수 있다. 이 새로운 수요곡선은 특정한 위치에 그려져 있는데, 공급곡선과 정확히 보조금 적용 수량 지점에서 교차하도록 배치되었다. 원래의 수요곡선이 정거장이 없을 때의 수요를 나타낸다면 새로운 수요곡선은 정거장이 존재할 때의 수요를 반영한다. 이 경우 (임시적인) 보조금은 더 이상 낭비성 활동을 유도하지 않는다. 오히려 하나의 시장 균형점에서 더 바람직한 균형점으로 이동하게 되는 셈이다. 즉 사회 전체적으로 편익이 비용을 초과하는 활동이 새롭게 유도된다는 뜻이다. 이 수요 확대는 시간이 흐르면 보조금 없이도 스스로 유지될 수 있다.

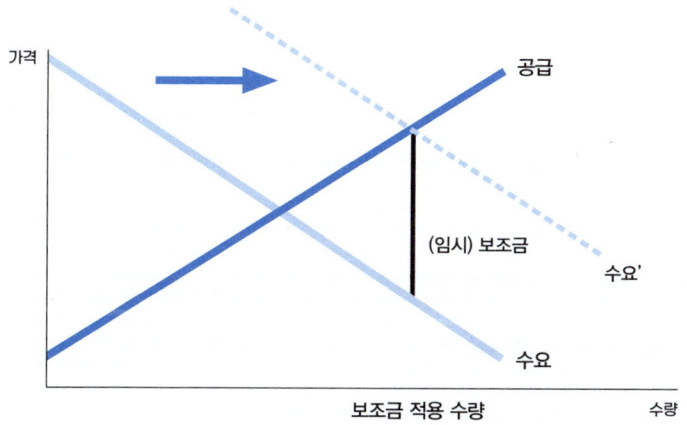

도표 5-2 **보조금에 대한 수요의 장기적 반응 가능성**

앞서 언급한 '닭이 먼저냐, 달걀이 먼저냐'의 역설로 다시 설명하자면 일단 닭이 생기면 알이 생기기 시작하고 그렇게 만들어진 선순환은 스스로 유지된다. 나사가 액시엄과 다른 정거장 팀들과 체결한 계약은 이처럼 이 역설을 깨기 위한 시도라고도 볼 수 있다.

그렇다면 이런 질문이 생길 수 있다. 상업용 정거장이 존재하는 상황에서 시장이 그렇게 폭발적으로 성장할 수 있다면 왜 민간 기업들이 보조금 없이 스스로 정거장을 띄우지 못하는 걸까? 좋은 질문이다.

첫째, 국제 우주 정거장은 수십 년간 사실상 '공짜이면서 제한된' 옵션으로 존재해 왔다. 마치 셔틀이 수십 년 동안 민간 발사체 시장을 가로막았던 것처럼 국제 우주 정거장도 상업용 우주 정거장에 대한 비즈니스 모델을 성립시키는 데 장애물로 작용해 왔다. 국제 우주 정거장이 퇴역하면 그 장애물은 사라진다.

둘째, 여기에는 고전적인 '조정coordination'의 문제가 작동하고 있다. 다음 장에서 좀 더 자세히 다루겠지만, 이 책 전반에서 계속 확인하게 되듯이 우주 산업은 "전체가 부분의 합보다 더 큰 구조"로 움직인다. 이 '전체'를 만드는 데 각 부분이 기여하려면 상당한 위험을 감수하고 장기적 관점에서 투자해야 하며, 그 모든 요소를 하나로 묶어 줄 '촉진자'가 필요하다. 이것이 저절로 되는 일은 아니다.

물론 민간 우주 정거장의 경우에는 아무리 조정을 잘하더라도 실현이 안 될 수 있다. 그 이유는 현실적으로 보면 현재 존재하는 기회들이 그에 따르는 도전에 비해 너무 작을 수도 있기 때문이다. 역사적으로도 회의론자들의 이런 관점은 수차례 반복되어 왔다.

하지만 나사가 민간 정거장 기업들과 함께 추진 중인 이번 프로젝트는 적어도 '이번에는 다를 수 있다'는 가능성을 시험해 볼 기회를 제공한다. 상업용 사용을 전제로 설계된 새로운 정거장들이 실제로 궤도에 진입할 수 있도록 초기 투자와 운영비를 충분히 투입한다면 우리는 마침내 가장 중요한 진실 하나를 확인할 수 있게 될 것이다. 즉 지금까지 우리가 수익성 있는 활용 사례를 찾지 못했던 이유가 정말로 '정거장의 잠재력 부족 때문'이었는지, 아니면 '정거장 자체가 없었기 때문'이었는지를 말이다.

실제로 이번에는 다를 수 있다는 징후들이 존재한다. 애초에 국제 우주 정거장은 외교적이고 과학적인 협력을 목적으로 설계된 것이었기에 민간 활동의 중심지가 되지 못한 것도 이상한 일이 아니다. 하지만 지금처럼 민간 주도의 상업용 정거장이 다양한 규모와 형태로 동시에 추진된 사례는 역사상 전무했다. 각 팀은 나사의 지원을 기반으로 하면서도 상업적 활용을 전제로 한 설계를 진행하고 있다.

또 궤도 발사의 비용은 그 어느 때보다 낮아지고 있으며 이용 가능성도 증가하고 있다. 이러한 흐름은 앞으로도 계속될 가능성이 크다. 그 결과 정거장을 건설하고 공급하는 데 따르는 경제적 장벽은 점차 낮아지고 있다. 경쟁은 각 팀이 매력적인 활용 사례를 찾고 비용을 절감하며, 최신 기술을 도입하고 다양한 민간 파트너들과 협업하도록 유도할 것이다. 중국의 톈궁 정거장의 존재는 미국 민간 정거장 프로젝트에 지정학적 추진력을 제공하고 있다.

상업용 정거장이 기대할 수 있는 효과는 이뿐만이 아니다. 궤도 재진입 기술, 소형 우주 실험 플랫폼, 우주 내 연결성 및 컴퓨팅 등 상호 보완적인 기술 생태계도 함께 성장하고 있다. 예를 들어 바르다 스페이스 인더스트리즈Varda Space Industries는 지름 1미터 크기의 자율 캡슐을 개발하고 있으며, 이를 통해 제약 원료의 연구개발 및 생산을 진행하고 있다. 이 회사는 2023년 첫 임무에서 미니어처 우주 실험실을 통해 HIV/AIDS 치료에 사용되는 리토나비르Ritonavir라는 약물의 여러 형태를 성공적으로 제조해 냈다.

바르다는 대형 유인 정거장이 아니라 소형 자율 캡슐을 궤도에 올렸다가 지구로 회수하는 방식으로 실험 속도와 비용을 획기적으로 낮추는 전략을 취하고 있다. 특히 원료가 가볍고 부가가치가 높은 제약 산업에 집중함으로써 경제성 면에서도 충분히 승산이 있다는 판단이다. 유사한 전략을 쓰는 기업으로는 스페이스 탱고와 영국의 스페이스 포지Space Forge 등이 있으며 이들 역시 자율 궤도 제조에 주력하고 있다.

앞서 소개했듯 스페이스 탱고는 국제 우주 정거장 내에 고정된 연구개발 및 제조 시설을 보유하고 있으며, 향후 민간 정거장에서도 유사한 서비스를 제공할 준비가 되어 있다. 물론 우주에서의 연구개발 및 제조 활동은 여전히 높은 비용과 복잡한 과제를 안고 있다. 하지만 미세중력의 잠재적 가치를 열기 위한 노력은 민간 정거장 기업들만이 아닌 나사 등 공공 기관과 다양한 주체의 공동 과제이기도 하다.

마지막으로 지금까지 상업용 정거장 경쟁에서 눈에 띄게 모습을 드러내지 않았던 한 기업이 이제는 달라질 기미를 보이고 있다. 현재 시점 기준으로 스페이스X가 "스타십을 궤도 정거장으로 전환하는 가능성에 대해 나사로부터 자문을 받고 있다."라는 보도가 있었다.[63] 스페이스X가 직접 뛰어들지 않더라도 스타십은 타 기업들이 훨씬 저렴하고 빠르게 자신들의 정거장 구상을 실현할 수 있도록 도와줄 것이다. 스타랩 팀은 스타십의 화물칸이 워낙 크기 때문에 정거장 건설과 배치 과정 자체를 대폭 단순화할 수 있다고 발표했으며, 이 외에도 여러 정거장 사업자들이 스타십을 활용할 계획을 세우고 있다.[64]

이 모든 활동이 어디로 이어질지는 아직 단언할 수 없다. 그러나 한 가지는 분명하다. 지금 벌어지고 있는 이 상업 혁명은 우주 시대 초기에 품었던 두 가지 꿈 중 하나인 우주에 가는 것뿐 아니라, 우주에 머물겠다는 두 번째 꿈을 되살리고 있다는 것이다.

6장

**자본:
호황과 불황,
사슴과 토끼**

Space to Grow

오늘날 우주 혁명의 엔진은 바로 스타트업이다. 이들은 새로운 접근 방식, 신기술, 새로운 리더십을 통해 우리가 우주에서 할 수 있는 일과 방식을 근본적으로 바꾸고 있다. 하지만 스타트업이 아무리 강력한 잠재력을 지녔다 하더라도 연료 없이는 앞으로 나아갈 수 없다. 바로 이 때문에 지난 20년간 상업 우주 혁명과 나란히 우주 투자 방식에서도 커다란 변화가 일어났다.

2000년대 초까지만 해도 우주 스타트업에 대한 투자는 사실상 전무했다. 그러나 그 후 20년 동안 600개 이상의 신규 우주 기업에 600억 달러가 넘는 민간 자본이 흘러들었다. 특히 2021년은 기록적인 해로, 우리가 곧 자세히 만나게 될 '스페이스 캐피털'에 따르면 해당 해에만 엔젤, 벤처캐피털, 프라이빗에쿼티, 은행, 기업 등 596곳의 투자자들이 우주 스타트업에 150억 달러 이상을 쏟아부었다. 이들 대부분은 처음으로 이 시장에 뛰어든 이들이었다.[1]

2021년 이후 금리 인상 등의 여파로 투자 속도는 다소 둔화되었지만 우주 스타트업은 여전히 매년 수십억 달러의 투자를 유치하고 있다. 이는 오랜 기간 우주 산업에서 통념처럼 여겨졌던 "우주에서 백만장자가 되려면 억만장자로 시작해야 한다."라는 냉소적 격언과도 대조된다. 투자자들은 우주 산업이 지닌 본질적 특성인 기술적 불확실성, 경제적 리스크, 막대한 초기 비용, 장기적인 회수 기간 때문에 기존의 자금 조달 방식으로는 대응이 어렵다는 현실에 부딪히게 된다.

그 결과 이 분야에서는 독특한 투자 방식이 시도되었고 때로는 논란을 불러일으키는 실험적 자금 조달 모델도 등장했다. 투자자들이 단순히 자금을 제공하는 것 이상의 역할을 해야 했다는 점도 우주 산업 투자만의 특징이다. 이들은 자신이 투자하는 산업 자체를 함께 만들어야 했고, 각기 개별 기업의 노력이 모여 '부분의 합을 뛰어넘는 전체'를 형성할 수 있도록 구조를 설계해야 했다. 이는 위험하면서도 매우 흥미로운 일이다.

이러한 이중 역할 때문에 책임 있는 투자자들은 단순히 돈을 대는 데 그치지 않는다. 이들은 우주 산업 전반에 대한 대중적 관심을 형성하고 확산시켜 다른 투자자들을 끌어들이며, 막대한 수익과 사회적 임팩트를 기대할 수 있는 분야라는 인식을 심어 준다. 동시에 과도한 기대를 부추겨 장기적인 매력을 해치는 일이 없도록 주의해야 한다.

이제 그동안 소홀히 다뤄졌던 상업 우주 혁명의 또 하나의 핵심 요소인 자본과 투자에 대해 생생하게 살펴보기 위해, 한 초기 투자 조직의 이야기를 시작해 보자.

## 엔젤과 캐피털리스트들

2009년 '스페이스 엔젤스Space Angels'는 우주 산업이라는 신생 분야에 관심을 가진 소규모 투자자 그룹을 연결하기 위해 설립되었다. 초기 주요 인물에는 조 랜던Joe Landon, 버튼 리Burton Lee, 기예르모 쇤라인Guillermo Söhnlein 등이 있었고, 2012년에는 채드 앤더슨Chad Anderson이 합류해 이후 회사를 이끌게 된다.[2]

앤더슨은 전형적인 우주 마니아는 아니었다. 그는 공학이나 천체물리학이 아닌 경영과 금융을 공부한 인물이었다. 옥스퍼드대학교 MBA 과정에서 시장 형성과 혁신을 연구하는 마크 벤트레스카Marc Ventresca 교수 아래에서 공부하던 중, 그는 스페이스X가 국제 우주 정거장에 화물을 처음 보낸 사건을 '진정한 신新시장 출현의 순간'으로 인식하게 된다. 그가 스페이스 엔젤스에 합류했을 당시, 앤더슨은 이 분야에 사업가들이 거의 존재하지 않는다는 현실에 놀랐다. "MBA 출신은 물론 일반적인 창업자도 거의 없더군요. 어쩌면 나에게도 자리가 있을지 모르겠다고 생각했죠."

스페이스 엔젤스는 위험을 철저히 관리하며 신중하게 조사한 몇몇 기업에만 투자했다. 그 결과 스페이스X, 로켓랩Rocket Lab, 플래닛, 나노랙스 등 이후 우주 산업의 핵심 주체로 성장한 여러 기업이 포트폴리오에 포함되었고, 스페이스 엔젤스는 "우주 투자 기회 중 상위 1%에만 투자한다"는 전략을 고수했다.[3]

하지만 이들의 전략은 단순한 투자에 머물지 않았다. 시장을 이해시키고 새로운 투자자를 끌어들이는 데에도 중점을 두었다. "대부분은 우주라고 하면 아폴로 달 착륙, 국제 우주 정거장 같은 인류의 위대한 업적을 떠올립니다. 하지만 지금 우주 경제가 열어 주는 수조 달러 규모의 기회는 그런 것이 아닙니다. 로켓과 위성 하드웨어를 넘어 지구상의 거의 모든 산업을 혁신하는 기업가들이 주역이 되는 것이죠." 앤더슨은 말했다.[4]

2017년부터 이 회사는 분기별 우주 투자 동향을 발표하기 시작했다. "투자자와 시장을 교육함으로써 우리는 수요 자체를 창출하는 겁니다." 그는 이렇게 설명했다. 초창기 멤버이자 우주 투자자로 활동하고 있는 딜런 테일러Dylan Taylor는 이렇게 덧붙였다. "우리가 투자하면 다른 투자자들도 따라 들어옵니다."[5]

시장 성장에 맞춰 스페이스 엔젤스의 전략도 진화했다. 앤더슨은 이를 "전통적인 벤처캐피털과 엔젤 투자 방식의 장점을 결합한 하이브리드"라고 설명했다. 2017년부터는 두 개의 투자 상품을 선보였는데, 하나는 개인 투자자를 위한 '엔젤 펀드Angel Fund', 다른 하나는 우주 산업에

특화된 초기 단계 벤처캐피털 펀드를 만들고자 하는 기관 투자자를 위한 스페이스 캐피털Space Capital이었다. 이후 회사는 아예 사명을 '스페이스 캐피털'로 바꾸며, 우주 투자가 소수의 마니아를 위한 니치niche 시장을 넘어서고 있음을 명확히 드러냈다.

우주 투자자들의 성격도 점차 변하고 있었다. "초기에는 돈이 목적이 아니었죠. 어떻게 하면 우주 스타트업을 위한 자본 인프라를 구축할 수 있을까가 중심이었습니다." 테일러는 회상한다.[6] 하지만 시장이 성장하고 새로운 투자자들이 속속 유입되면서 이들은 투자자답게 수익에 더 주목했고 화성에 가는 것처럼 비현실적인 꿈에는 관심이 없었다. "스펙트럼이 존재하는 겁니다. 우주 경제가 성숙해질수록 점차 균형을 갖춘 방향으로 나아가고 있어요." 앤더슨은 이렇게 설명했다.

유망한 스타트업을 발굴하기 위해 스페이스 캐피털은 나사, 국방고등연구계획국(DARPA), MIT 미디어랩, 영국 위성응용기술센터Satellite Applications Catapult 등 공공 및 학술 기관, 학생 모임, 인큐베이터, 액셀러레이터 등 다양한 경로를 활용했다. 기업의 평판 자체도 강력한 발굴 도구였다. 실제로 스페이스 캐피털의 투자 중 85%는 시드 단계seed round였으며, 나머지는 시리즈 A 단계였다.[7] 또한 전체 투자 중 89%가 위성 산업에 집중되어 있었다. 이는 4장에서 논의했던 것처럼 단기적인 벤처캐피털 수익 구조 내에서 경제적 기회가 가장 큰 분야가 지구 기반 수요를 다루는 위성 중심 기업임을 반영한 것이다.

스페이스 캐피털의 포트폴리오는 그 자체로 우주 경제의 성장을 요약한 목록처럼 보인다. 지에이치지샛, 뮤온 스페이스Muon Space, 올댓스페이스All.Space 등은 플래닛과 마찬가지로 우주에서 데이터를 생산하거나 활용하게 해 주는 기업이다. 가이아 AIGaia AI, 리그로우 AgRegrow Ag, 스카이워치SkyWatch는 위성 영상을 처리해 특정 고객을 위한 가치를 극대화하는 데 집중한다.

데이터플로어Dataplor, 클리어로드ClearRoad 등은 위성 데이터를 기반으로 신흥 시장 분석, GPS 기반 도로 요금 책정 같은 지상 응용 서비스를 제공한다. 또 임펄스 스페이스는 위성의 궤도 최종 안착을 돕는 '라스트 마일 운송' 서비스를 제공하며, 렐러티비티Relativity와 함께 최초의 민간 화성 임무도 추진 중이다. 루나 아웃포스트Lunar Outpost는 나사 계약을 포함한 달 탐사용 로버와 관련 기술을 개발 중이다. 나노랙스는 앞서 살펴본 스타랩을 건설하고 있고, 이는 나사의 민간 우주 정거장 추진 전략의 일환이다.

## 우주 투자, 주류 시장에 진입하다

지난 10여 년 동안 역사적으로 낮은 금리와 우주 기업에 대한 관심이 올라가는 상황이 맞물리면서, 소규모에 불과하던 우주 분야 투자는 벤처 자본의 급속한 유입과 함께 폭포처럼 쏟아지기 시작했다. 2012년까지만 해도 상업 우주 부문에 투자한 이들이 50명도 채 되지 않았지만 2019년에는 300명으로 늘어났고, 이 중 절반은 우주 산업에 처음 발을 들인 투자자들이었다. 대형 금융 기관들도 하나둘 가세했다. 대표적으로 모건 스탠리Morgan Stanley는 소형 발사체 스타트업인 벡터Vector에 투자하고 뉴욕에서 '우주 투자 서밋Space Summit'을 매년 개최하며 우주 시장에 대한 본격적인 관심을 드러냈다.[8] "2018년보다 투자자 수가 3배로 늘어났습니다. 자리가 부족할 정도였죠."라고 이듬해 한 모건 스탠리 애널리스트는 말했다.[9]

같은 해 《CNBC》는 투자자를 위한 우주 산업 가이드를 발행하기 시작했다. 《CNBC》의 우주 전문 기자 마이클 시츠는 "월스트리트의 중론은 앞으로 10~20년 내에 우주가 수조 달러 규모의 경제가 될 것이라는 사안입니다."라고 썼다. 이어 그는 "지금의 투자자들은 우주가 곧 거대한 수익을 낼 것이라는 기대를 바탕으로 자금을 투입하고 있습니다."라고 덧붙였다.[10]

그동안 금융 시장은 우주 산업을 거대 정부 계약 업체들이 느릿하게 움직이는 분야로만 봐 왔지만, 최근에는 실리콘밸리 소프트웨어 스타트업처럼 가치 창출과 자금 유입의 선순환이 형성되는 부문으로 보기 시작했다. 스타트업들은 매출이 하키 스틱 곡선처럼 급상승할 것이라고 자신 있게 예측하며 낙관론을 부추겼다. 물론 복잡성, 위험성, 장기 개발 주기 등 우주 산업의 고유한 난제들은 여전했다. 그럼에도 불구하고 "우주가 새로운 소프트웨어 산업이 될 수도 있다."라는 기대가 시장을 휩쓸었다. 당시 로켓랩과 스파이어 글로벌Spire Global에 투자했던 벤처캐피털 베세머 파트너스Bessemer Venture Partners의 파트너 테스 해치Tess Hatch는 이렇게 말했다. "우주는 소프트웨어처럼 투자 가치가 충분한 산업입니다. 수익을 내는 데 시간이 조금 더 걸릴 수는 있지만 결국엔 소프트웨어 기업 못지않은 투자 수익을 낼 수 있을 것입니다."[11]

2019년쯤에 채드 앤더슨은 "우주 벤처 투자라는 흐름이 명실상부한 주류로 편입되었다."라고 평가했다. 그는 당시 상위 100개 벤처캐피털 중 41개사가 적어도 한 곳 이상의 우주 스타트업에 투자했다고 밝혔다.[12] 2010년대 초반까지 수백만 달러 수준이었던 연간 투자액은 수십억 달러대로 급증했고 이는 전체 벤처 투자 성장세를 훌쩍 뛰어넘는 속도였다(도표 6-1 참고).

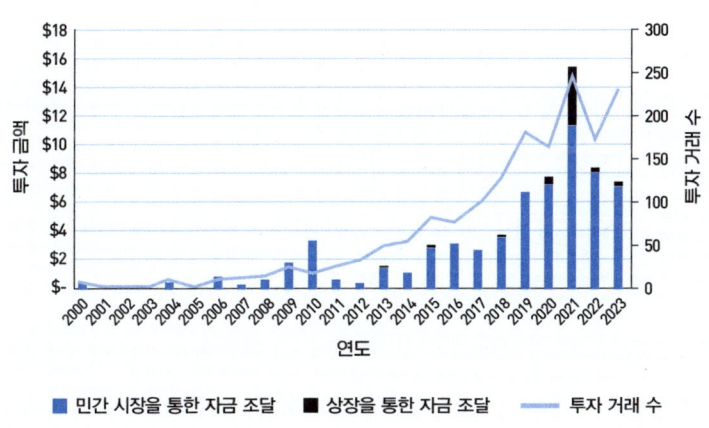

도표 6-1　2000~2023년 민간 부문 우주 스타트업 투자 현황
출처　BryceTech

이러한 자금 대부분은 눈에 띄는 대형 우주 기업 몇 곳으로 쏠렸다. 예컨대 2019년 한 해 동안 스페이스X, 블루 오리진, 원웹, 버진 갤럭틱 Virgin Galactic 등 네 곳이 전체 투자금 약 60억 달러 중 70% 이상을 가져갔다.[13] 그러나 그 외에도 수많은 새로운 기업이 벤처 자금을 통해 탄생했다. 2019년까지 총 330개 우주 스타트업이 투자를 유치했으며 이들 중 상당수는 '제2의 스페이스X'를 자처했다.[14]

흥미로운 점은 이 중 거의 절반이 미국 밖에 자리 잡고 있었다는 것이다. 중국, 인도, 유럽 등 전 세계 여러 지역에서 유니콘 기업(기업 가치 10억 달러 이상)이 새롭게 등장했다. 대표적으로 원웹, 플래닛, 로켓랩 등이 그 예이며, 스파이어와 렐러티비티 역시 유니콘 대열에 가까워 보였다. 시장의 열기는 커졌고 투자에 뛰어드는 이들도 갈수록 늘어났다.

불과 몇 년 전까지만 해도 생소한 존재였던 우주 스타트업들은 이제 월가 Wall Street 가 주목하는 대상이 되었다. 이들 중 실질적인 수익을 내는 기업은 극히 일부에 불과했고 그나마 흑자를 기록한 곳도 거의 없었지만, 시장에서는 "진짜 우주 경제가 출발하기 전에 미리 올라타야 한다."라는 분위기가 팽배했다.[15] 물론 탈락자도 없지 않았다. 모건 스탠리가 투자했던 벡터는 2019년에 파산했다. 하지만 이런 소식은 금세 잊혔다. 새로 등장한 스타트업이 더 큰 상상력을 자극하며 또다시 수백억 원의 투자금을 끌어들였기 때문이다. 기업 가치가 치솟고 "차세대 유니콘"이라는 전망이 쏟아졌으며 믿기 어려울 만큼 거대한 우주 비즈니스가 곧 펼쳐질 것이라는 기대감이 시장을 채웠다.

하지만 2010년대 후반으로 접어들면서 이런 열풍이 과연 현실적이고 수익성 있는 사업 계획에 근거한 것인지, 아니면 단순히 과장된 환상인지를 의심하는 목소리도 커졌다. 대표 사례가 바로 발사체 스타트업이다. 발사 서비스는 우주 산업의 중요한 분야이지만 전체 우주 경제에서 차지하는 수익 비중은 크지 않았다. 2019년 기준으로 발사 부문은 전체 우주 수익의 3%가 채 되지 않는 것으로 집계되었다.[16]

향후 위성 수와 발사 횟수 증가에도 불구하고 대부분의 전문가는 발사 시장의 총수익이 점진적으로만 증가할 것으로 내다봤다. 예컨대 도이체 방크Deutsche Bank는 2025년까지 연간 80억 달러에서 130억 달러로 성장할 것으로 예측했다.[17] 하지만 발사 사업은 고정비 비중이 매우 높은 분야다. 전문가들은 이 시장이 많아야 몇 개 기업만을 수용할 수 있다고 보고 있었고 스페이스X의 독보적 지위와 ULA, 블루 오리진, 로켓랩, 렐러티비티 등 이미 막대한 자금을 확보한 추격자들을 고려할 때 신생 기업이 살아남기는 쉽지 않아 보였다. 그럼에도 2019년까지 90개 이상의 발사체 스타트업이 새로 등장했으며, 이들 대부분은 벤처 캐피털의 자금으로 움직이고 있었다.[18]

물론 아직 초기 단계에 있는 이 시장에서 어떤 기업의 가치가 실제 사업 성과로 이어질지를 판단하기란 여전히 어렵다. 우주 산업은 이제 막 형성되기 시작한 시장으로, 향후 어떤 방향으로든 전개될 수 있는 '다중 균형 상태multiple equilibria(초기 조건과 투자 흐름에 따라 전혀 다른 시장 구조가 정착될 수 있는 상태를 의미한다. 여기서 '균형'이란 반드시 바람직한 결과를 뜻하는 것이 아니라, 누구도 먼저 움직이려 하지 않아 시장 자체가 형성되지 않는 상태조차 하나의 안정된 균형으로 굳어질 수 있다는 의미다-옮긴이)'가 존재할 수 있기 때문이다. 투자자가 몰리면 유망한 산업군이 형성되지만 반대로 초기 신뢰가 부족하면 시장 자체가 아예 형성되지 않을 수도 있다. 2019년 당시 벤처캐피털 창업자이자 초기 우주 투자자였던 수닐 나가라지Sunil Nagaraj는 말했다. "불과 몇 년 전의 아이디어들이 엄청난 자금을 끌어들였고 그 돈으로 기업들은 새로운 기술을 현실로 만들었습니다. 문제는 그 기술이 과연 진짜 사업 가치를 만들어 내는가입니다."[19]

## 속도를 올려라, 광속으로!

2010년대가 저물고 2020년대로 접어들 무렵, 수년간 자금이 쏟아져 들어오고 낙관론과 투기 열기가 점점 고조되자 투자자들은 이제 수익을 실현하고자 했다. 벤처캐피털에게 이는 곧 자신이 투자한 스타트업이 인수되거나 상장함으로써 '엑시트exit'에 성공하는 것을 뜻했다. 2019년 이전까지만 해도 우주 분야에서 이름난 엑시트 사례는 손에 꼽을 정도였다. 예컨대 2014년 구글이 스카이박스 이미징Skybox Imaging을 5억 달러에 인수했고, 2013년 몬산토Monsanto가 클라이밋 코퍼레이션The Climate Corporation을 9억 3천만 달러에 사들인 사례가 있다.[20] 투자자들은 이미 판을 깔아 두었고 이제는 결실을 거두길 원했다.

이때 등장한 것이 바로 '기업인수목적회사Special Purpose Acquisition Company, SPAC'였다. 《월스트리트 저널》은 당시 한 기사에서 이렇게 전했다.

> 요즘 월가에서 가장 뜨거운 네 글자가 있다. 그것은 바로 SPAC이다. 이는 상장을 원하는 비상장 기업에게 점점 더 선호되는 자금 조달 수단으로 부상하고 있다. 이들의 목적은 비상장 기업을 찾아 인수하고 빠르게 상장시키는 데 있다. 월가에서는 이를 '백지수표 기업'이라고도 부른다. SPAC 투자자들은 어떤 회사를 인수할지 정해지기 전부터 자금을 투입하며 운영진이 좋은 거래를 성사시킬 것이라는 믿음에 돈을 맡긴다. 이런 방식의 거래는 창립자에게 큰 보상을 안겨 주고, 전기차처럼 주가 상승이 기대되는 산업에 속한 스타트업에게는 시장의 열기를 활용할 기회를 제공하며, 일반 투자자에게는 '뜨는 주식'에 접근할 수 있는 새로운 통로가 된다는 점에서 주목을 받는다. SPAC이 회사를 인수할 경우, 일종의 '역합병reverse merger'을 통해 빠르게 상장 절차를 밟을 수 있고, 기존 IPO에 비해 규제 심사도 상대적으로 덜 받는다.[21]

SPAC은 수십 년 전부터 존재해 왔지만 2020년대 초에 들어 월가를 완전히 휩쓸었다. SPAC은 전통적인 기업공개(IPO)와는 몇 가지 중요한 차이점이 있었다. 예컨대 SPAC은 보통 18개월에서 24개월 안에 인수 대상을 찾아 합병을 완료해야 했는데, 이 '속도전'이 SPAC을 통한 상장의 장점으로 꼽히기도 했다. 그러나 일부 내부자들은 이로 인해 실사가 부실해질 수 있다는 점을 우려하기도 했다.

또 하나의 특징은 환매 권리였다. 주주가 향후 주가 전망에 의구심을 가질 경우, 자신의 지분을 공모가로 회사에 되팔고 원금에 약간의 이자를 더해 환불을 받을 수 있었다. 이 환매 절차가 발생하면 SPAC이 실제로 인수 대상 회사에 제공하는 자금이 줄어들 수밖에 없었다.[22]

젊은 우주 기업들에게 SPAC 상장은 절실한 자금을 끌어올 기회였지만 그 대가도 만만치 않았다. 이들 기업은 사업 계획을 실행하는 데 수천만 달러 이상의 자금이 필요했으며 SPAC을 통한 조달 기회는 쉽게 뿌리치기 어려운 유혹이었다. 그러나 우주 스타트업을 성공적으로 운영하는 것 자체도 이미 충분히 어려운 일이었기에 로켓 한 기의 발사 실패나 예상치 못한 기술 이상으로 인해 주가가 폭락할 수 있다는 부담은 치명적일 수 있었다. 더구나 당시 우주 산업에 초점을 맞춘 SPAC들은 대개 '향후 수익 전망'을 기준으로 기업 가치를 평가했기에 스타트업 CEO들은 실제 실적보다 훨씬 과장된 고성장 예측을 제시해야 하는 유인을 받았다. 이는 결국 과장된 약속에 대한 대중의 냉혹한 반응을 불러오는 원인이 되기도 했다.

우주 기업 중 일부는 2019년 이전에도 SPAC을 통해 상장한 사례가 있었지만 이때부터 본격적인 열풍이 우주 투자계 전체를 휩쓸기 시작했다.[23] 그해 버진 갤럭틱은 대대적인 주목 속에 SPAC을 통해 상장하면서 세계 최초의 상장된 상업 유인 우주 비행 기업이라는 타이틀을 얻었다.[24] 다음 해에는 모멘터스Momentus(위성 정비 기업), AST 스페이스모바일AST SpaceMobile(위성-스마트폰 연결 광대역 기업) 등 두 곳이 상장 계획을 발표했다.[25] 그리고 2021년에는 무려 14개 기업이 상장했으며 대부분이 SPAC 방식을 택했다. 베테랑 언론인 제프 파우스트는 "SPAC 열풍은 우주 스타트업 시장을 완전히 바꿔 놓았다."라며 "이제 SPAC 없이는 space(우주)라는 단어조차 쓸 수 없는 건 아닐까?"라고 농담 섞인 질문을 던지기도 했다.[26]

이 열풍은 스타트업의 자금 확보와 초기 투자자들의 수익을 합쳐 수십억 달러 규모의 자금을 시장에 불러왔다. 그리고 SPAC에 대한 기대감 자체가 민간 투자 유치 경쟁에도 도미노 효과를 일으켜 기업 가치가 급등했다. 정보기관 투자 펀드인 인큐텔In-Q-Tel의 매니징 파트너 톰 길레스피Tom Gillespie는 이렇게 말했다. "지난 1~2년 사이, SPAC이 일종의 '미끼'가 되어 민간 투자 라운드를 유도하는 일이 많아졌습니다."[27]

실제로 다양한 우주 기업이 SPAC을 통해 상장했다. 예컨대 2021년 상장한 플래닛은 이미 하루 단위로 지구 관측 영상을 수집하고 있었고 연간 매출이 1억 달러에 달했다.[28] 이때 기업 가치는 28억 달러로 평가받았다. 반면 소형 로켓 대량 생산을 목표로 삼았던 아스트라Astra는 사정이 달랐다.[29] 아스트라는 시험 발사 로켓조차 궤도 진입에 성공한 적이 없었고 유료 고객의 위성을 실은 사례도 전무했지만, 21억 달러의

가치를 인정받고 상장했다.[30]

이 같은 열기 속에서도 일부 회의론이 고개를 들기 시작했다. SPAC을 통해 상장한 일부 우주 기업들은 높은 환매율을 기록했고 이로 인해 기대했던 자금 유입이 줄어들었다. 이는 해당 종목의 향후 주가에 대한 투자자들의 불신을 보여 주는 신호였다. 예를 들어 위성을 발사하는 버진 오빗Virgin Orbit(관광을 주력으로 하는 버진 갤럭틱의 자회사)은 애초 2억 2천8백만 달러의 투자금을 기대했지만, 실제로 확보한 금액은 6천8백만 달러에 그쳤다.[31]

이 모든 과정을 지켜본 스페이스 캐피털의 채드 앤더슨은 이렇게 평가했다.

> 통상 스타트업이 초기 시드 투자부터 IPO까지 도달하는 데는 6~8년이 걸립니다. 이 기준에 비춰 보면 SPAC으로 상장한 기업 대부분은 너무 이른 시점에 상장한 셈이에요. 대부분이 아직 수익은커녕 매출도 없는 상태였고, 심지어 완성된 제품조차 없는 경우도 많았습니다. 어떤 기업은 상장한 지 1년이 넘도록 제품조차 개발하지 못했어요. 문제는 일단 상장한 이후에는 실패를 통해 학습하거나, 방향을 전환하고, 유연하게 혁신을 이어가는 것이 훨씬 더 어렵다는 점입니다. 상장 시장은 예측 가능한 매출과 안정적인 사업 구조를 원하지, 스타트업 특유의 불안정성을 감당할 준비가 되어 있지 않기 때문입니다.[32]

## 올라간 것은 결국 내려오게 마련이다

SPAC 붐이 지나가자 그 뒤를 따른 건 처참한 붕괴였다. 증시에 상장한 우주 기업들은 전반적으로 참담한 성적을 기록했다. S&P 500이 소폭 상승하던 같은 기간, SPAC을 통해 상장한 우주 기업들의 주가는 거의 예외 없이 폭락했다.

상장 직후부터 하락세를 탄 곳도 많았다. 우주 스타트업 주가를 추적하는 스페이스웍스SpaceWorks에 따르면 상장 당시 이들 기업에 100달러를 투자했다면 2024년 초에는 고작 10달러의 가치밖에 남지 않았다고 한다.[33]

여러 기업의 주가가 1달러 아래로 떨어지며 상장폐지 위기에 몰렸고, 2021년 SPAC을 통해 37억 달러의 기업 가치를 인정받았던 버진 오빗은 불과 2년도 안 되어 파산했다. 아스트라 역시 SPAC 합병 2년이 지난 시점까지도 로켓 발사에 제대로 성공하지 못했고, 자금난에 시달리다 결국 2024년 7월 수년 전 기업 가치의 극히 일부 수준으로 비상장 기업이 되었다. 그나마 로켓랩처럼 선방한 곳도 있었지만 2024년 초 기준 주가는 상장 당시의 절반 수준에 불과했다.

업계 전문가들 사이에서는 SPAC 열풍이 결국 과열된 '버블'에 불과했던 건 아닌지 의문이 제기됐다. "최근 쏟아진 우주 SPAC들에는 비현실적인 수익 예측이 가득했다." 우주 산업 분석가 클로드 루소Claude Rousseau는 이렇게 평했다.[34]

평균적인 우주 SPAC의 기업 가치는 약 18억 달러였는데, 이는 연 매출 2천9백만 달러 규모의 회사를 5년 안에 38억 5천만 달러 수준으로 성장시킬 수 있다는 가정에 기반한 수치였다. 수익성, 무형 자산, 미래 전망 등 기업 가치의 구성 요소는 분명 중요하지만, 실제로는 수익성과 시장 가능성보다 '무형의 기대감'이 훨씬 더 큰 비중을 차지한 셈이다. 심지어 시장 전망조차도 냉철한 분석보다는 투자자 감정에 휘둘렸고 시장 내 경쟁, 규제 환경, 수요와 공급, 상향식·하향식 시장 검증 같은 핵심 요소들은 뒷전으로 밀렸다.

루소는 이렇게 단언했다. "경제학 개론에서 배우는 기본 원칙들이 무시되고 시장 분석도 형식적으로만 언급될 뿐이다. 기술만 성공하면 돈이 따를 것이라는 순진한 믿음이 만연하지만 뛰어난 기술이 있다고 해서 자동으로 시장이 만들어지는 것은 아니다."

그러나 SPAC은 단점만 있는 도구가 아니었다. 많은 이가 지적하듯 SPAC은 하나의 뚜렷한 문제를 해결하는 방식이기도 했다. 바로 벤처캐피털의 투자 시간축과 우주 산업의 시간 구조가 어긋난다는 점이다. 우주 산업은 과학적·기술적·시장적 불확실성이 극도로 높은 영역이다. 그래서 벤처캐피털조차 섣불리 자금을 투입하지 못했다. 위험을 감수하되 성공 가능성을 정밀하게 따져 보는 것이 벤처 투자자들의 기본 전략이지만, 우주는 그 전략이 감당할 수 있는 수준을 넘어서는 영역이었

던 것이다.[35]

장기 수익을 목적으로 포트폴리오를 구성하는 대학 기금, 국부펀드, 연기금 같은 투자자들조차 우주 기업에 대해선 신중했다. 그나마 투자하려면 단순히 '성장 가능성' 정도가 아니라 "1천 배 수익" 같은 판을 뒤흔들 만한 전환점이 필요하다는 것이었다. 아랍에미리트, 룩셈부르크 같은 몇몇 국가는 예외적으로 고위험·장기 우주 프로젝트에 투자했지만 극히 드문 사례였다.[36]

이런 상황에서 우주 산업은 억만장자 창업자들의 존재에 크게 의존할 수밖에 없었다. 제프 베이조스, 일론 머스크, 리처드 브랜슨Richard Branson(버진 오빗 및 버진 갤럭틱 창업자)처럼 우주에 열정을 품고 장기 리스크를 감수할 수 있는 이들이 있었기에 초기 자금 유치가 가능했던 것이다. 그렇지 않았다면 대체 어떤 방식으로 이 스타트업들이 필요한 자금을 확보할 수 있었겠는가?

다시 말해 우주 스타트업과 벤처 자본은 앞 장에서 살펴본 '닭이 먼저냐, 달걀이 먼저냐' 식의 난제를 다시 마주하게 된 것이다. 기술과 시장을 개발하려면 막대한 장기 자금이 필요하지만, 대부분의 투자자는 그 리스크가 해소되기 전까지는 돈을 넣으려 하지 않았다.

바로 이 지점에서 SPAC은 해법처럼 등장했다. SPAC은 공모 시장에서 대규모 자금을 확보해 스타트업들이 중간 자금 조달 단계, 일명 '죽음의 계곡'을 건널 수 있도록 다리를 놓아 준 셈이었다. 그런 맥락에서 본다면 SPAC을 통해 상장한 기업들이 단기적으로 저조한 성과를 보였다고 해도 놀랄 일은 아니다. 심지어 많은 기업이 완전히 실패하더라도 이상할 것은 없다. 애초에 이들 기업은 기존의 성숙한 상장사들과는 달리 위험한 초기 스타트업에 더 가까웠기 때문이다.

이제 남은 질문은 이것이다. 2020년대 초의 우주 SPAC 열풍은 과연 비합리적인 버블이었을까, 아니면 시장이 스스로의 한계를 극복한 영리한 방식이었을까?

아마 두 가지가 모두 섞여 있었을 것이다. 흥미로운 점은 우리가 흔히 '버블'이라고 부르는 과열 투자 사이클이 신기술 기반 산업에는 오히려 긍정적인 영향을 미치기도 했다는 사실이다. 경제학자 라마나 난다Ramana Nanda와 매슈 로즈크로프Matthew Rhodes-Kropf는 다음과 같은 분석을 내놓았다. "버블 시기에 자금을 유치한 기업은 실패 확률이 높지만 성공할 경우 더 큰 가치를 창출한다. 특히 특허 등록 수와 인용 횟수 측면에서 더 높은 혁신성을 보여 준다."[37]

결국 SPAC 열풍 이후 우주 산업에서 수많은 실패작이 나올 수는 있겠지만 동시에 시대를 대표하는 걸출한 기업들도 함께 등장할 가능성이 있다는 이야기다.

## 우주에서 큰 사냥감을 노린다는 것

엔젤 투자자, 억만장자, 벤처캐피털, SPAC, 심지어 정부까지, 우주 산업에 투자하는 모든 이는 하나의 공통된 도전과 하나의 특별한 기회를 마주하고 있다. 이처럼 모두가 같은 리스크를 안고 있다면 이는 동시에 모두가 함께 행동할 수밖에 없는 강력한 유인으로 작용한다. 결국 이 공통된 도전은 협력이라는 선택지를 넘어 새로운 기회를 만들어 내는 조건이 된다.

이 장 앞부분에서도 언급했듯 우주 투자는 단순한 수익 예측을 넘어 '다중 균형 상태'의 가능성을 고려해야 하며, 이상적으로는 그중 가장 바람직한 균형점을 향해 시장을 유도하는 과정까지 포함된다. 스페이스 캐피털의 저스투스 킬리안Justus Kilian은 이렇게 말했다. "우주에 투자한다는 건 몇몇 기업에 투자하는 수준이 아니다. 새로운 생태계, 새로운 경제 전체에 투자하는 일이다."[38]

이 관점은 우주 상업화 혁명을 이해하고 그 미래를 제대로 그려 보기 위해 꼭 짚고 넘어가야 할 핵심 중 하나이다. 우리는 이 아이디어를 보다 명확하고 엄밀하게 이해하기 위해 협력 게임 이론cooperative game theory에서 자주 쓰이는 '사슴 사냥 게임stag hunt'이라는 모델을 활용하곤 했다.

이 모델은 학생들에게도 매우 효과적인 설명 도구였고 우리의 사고방식에도 큰 영향을 주었다. 4장에 등장한 르 샤틀리에 원리처럼 이 사슴 사냥 게임도 우주 경제의 현재와 향후 전개 방식에 대한 인식을 바꾸는 데 결정적인 역할을 할 수 있다.[39]

**사슴 사냥 게임이란?**

이 게임에는 두 명의 사냥꾼이 등장한다. 이들을 각각 A와 B라고 부르자.[40] 각 사냥꾼은 '토끼를 사냥할 것인지, 사슴을 사냥할 것인지'를 선택해야 한다.

- 토끼는 혼자서도 잡을 수 있고 그 경우 점수는 1점이다.
- 사슴을 잡으면 훨씬 높은 4점을 얻을 수 있지만, 두 사냥꾼의 협력이 반드시 필요하다.

도표 6-2는 이 게임의 구조를 정리한 것이다.

- 가로줄은 A의 선택, 세로줄은 B의 선택을 나타낸다.
- 각 칸 안의 숫자 쌍은 각각 A와 B의 보상을 뜻한다.

사슴 사냥 게임에는 두 가지 균형 상태가 있다. 이는 각각의 사냥꾼이 상대의 선택을 고려했을 때 자신의 전략을 바꿀 유인이 없는 경우를 뜻하며, 도표 6-2에서 원으로 표시되어 있다.[41] 왼쪽 위 칸은 두 사냥꾼 모두가 토끼를 사냥한 경우이고, 오른쪽 아래는 두 사냥꾼이 사슴을 사냥한 경우이다. 두 상태 모두 균형이지만 사슴을 사냥할 경우 훨씬 더 큰 보상을 얻을 수 있다.

이 게임은 단순한 점수 계산 이상의 의미를 갖는다. 사슴 사냥 게임

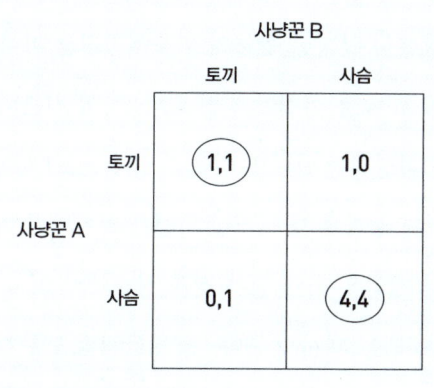

**도표 6-2** 사슴 사냥 게임

은 협력이 이루어지지 않으면 큰 보상을 얻을 수 없는 상황, 보상이 작더라도 혼자서는 안정적인 결과를 택할 수밖에 없는 상황을 설명한다. 시장이 보상하지 않는 활동이 반복되면 우주 산업과 같은 산업은 덜 바람직한 균형에 갇힐 수 있다. 모두가 사슴을 함께 사냥하는 것이 더 낫다는 데는 동의하지만 이미 모두가 토끼를 쫓고 있다면 누구도 혼자 사슴을 노리려고 하지 않는다.

그렇다면 이 균형은 어떻게 바꿀 수 있을까? 어떻게 해야 모두가 함께 위험을 감수하도록 유도할 수 있을까? 그리고 그런 협력이 실제로 일어나게 만들 수 있을까?

앞서 살펴본 우주 정거장 사례도 이와 닮아 있다. 산업 내 모든 이해관계자가 궁극적으로는 연구와 제조 등 특정 임무 수행에 최적화된 목적 기반의 민간 정거장에서 활발한 활동이 이루어지기를 바라고 있지만, 개별 기업이 단독으로 이를 실현할 수는 없다. 특히 기존의 적지만 안정적인 수익 모델을 희생해야 한다면 더욱 그렇다. 이런 상황에서는 누구도 선뜻 먼저 나서지 않기에 새 정거장 모델은 실현되기 어렵다.

다행히도 사슴 사냥 게임은 이와 같은 정체 상태에서 더 나은 균형으로 옮겨 갈 수 있는 방법도 제시해 준다. 즉 지금처럼 모두가 토끼만 사냥하고 있는 균형 상태에서 함께 사슴을 사냥하는 상위 균형 상태로 이동하는 방안을 생각해 볼 수 있다는 뜻이다.

이 가운데 우주 경제와 특히 관련 있는 두 가지 접근법을 소개한다. 첫 번째 접근은 기업들이 자발적으로 협력하거나 계약을 맺거나 혹은 아예 인수합병이나 수직적 통합을 통해 협력 필요성을 제거하는 방식이다. 실제로 우주 산업에서는 반복적인 협업, 다자간 프로젝트, 기업 간 인수, 수직 통합 등이 등장하고 있다. 그러나 이런 방식은 경쟁을 약화한다는 점에서 한계도 있다. 시장 메커니즘을 우주 산업에 도입한 이유 중 하나가 바로 경쟁의 활성화였기 때문이다.

한편 협력이 극단으로 흐르면 한 기업이 산업 전체를 장악해 서로 연결된 사업 간 시너지와 그에 따른 이익까지 독식하는 '독점' 구조로 이어질 수 있다. 우주 산업은 사슴 사냥 게임처럼 협력을 통해 큰 시너지와 수익이 동시에 창출되는 구조이기에 이런 우려가 현실이 될 가능성도 있다. 일부에서는 스페이스X가 이미 그런 독점적 위치에 와 있다고 경고하고 있다. 이에 대한 논의는 뒤에서 다시 다룰 예정이다. 지금은 이런 부작용이 없는 다른 접근법을 살펴보자.

그 하나는 투자자가 위험에 대한 인센티브 구조를 바꾸는 것이다. 도표 6-3은 이 아이디어를 반영해 게임의 보상을 조정한 예이다.[42] 이 경우 사냥꾼이 토끼를 잡으면 여전히 1점을 얻고, 사슴을 함께 사냥하면 4점을 얻는다. 하지만 이번에는 투자자가 사슴 사냥 성공 시 각 사냥꾼에게서 1점을 회수하고, 실패한 경우, 즉 혼자 사슴을 노리다 실패한 경우에는 2점을 보상으로 지급한다. 결과적으로 사슴 사냥을 시도해도 손해가 없기 때문에 두 사냥꾼 모두가 사슴을 선택하게 되고 이것이 '유일한' 균형이 된다. 투자자는 보상의 일부를 가져가지만 성공한 협력의 시너지를 통해 이익을 얻는다.

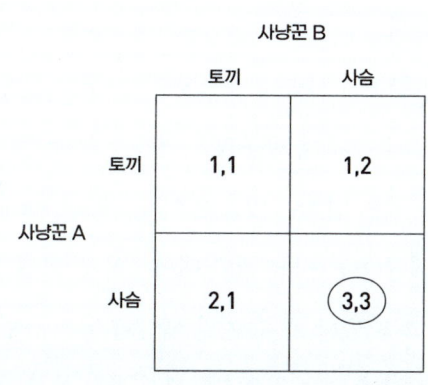

도표 6-3  보상이 조정된 사슴 사냥 게임

현실에서는 이와 같은 방식이 언제나 성공하지는 않는다. SPAC 사례에서 보았듯 모험적 기업에 자금을 투자하는 일 자체가 본질적으로 위험하기 때문이다. 그럼에도 핵심은 변하지 않는다. 자본은 단순한 자금 공급을 넘어 시장 참여자들을 조율하고 전체 시너지를 유도하는 기제로 작동할 수 있다.

오늘날의 우주 자금 조달 시장은 이런 조율 기제로서의 역할을 점차 강화하고 있다. 이는 우주 경제의 잠재력을 실현하기 위한 필수적인 과정이다.[43] 사슴 사냥 게임은 이러한 움직임을 해석하는 데 강력한 틀을 제공한다. 우주 전문 투자자들과 나사를 비롯한 공공기관의 협력은 개별 주체들을 하나로 이끌어 내는 핵심 요소이기도 하다. 물론 위험을 동반한 여러 사업 모델이 단순히 잘 결합한다고 해서 반드시 시너지를 낼 수 있는 것은 아니다. 실제 사슴 사냥이 그렇듯 이 역시 결코 간단한 일은 아니다. 하지만 토끼만을 노린다면 사슴을 잡을 가능성은 처음부터 존재하지 않는다.

우주 산업에서 어떤 활동이 사슴에 해당할까? 누구도 혼자 감당하기엔 너무 위험하고 불확실하지만, 공동의 노력을 통해 추진한다면 커다란 성과를 기대할 수 있는 영역이 있을 것이다. 저자들에게는 다음과 같은 분야가 이에 해당한다. 지구 궤도 내에서의 연구 및 제조, 달 개발, 현지 자원 활용, 화성 탐사, 우주 기반 태양광 발전 등이 대표적이다. 이 중 상당수는 이미 오늘날 우주 산업에서 가장 야심 찬 주체들이 실현을 목표로 삼고 있는 과제들이다.

다행히도 장기적 안목을 지닌 투자자들은 이미 이러한 과제에 자금을 대고 기술을 지원하며, 기업 간 협력을 조율하는 일에 나서고 있다. 스페이스 캐피털은 위성 및 위성 연결 기술, 내비게이션, 일부 발사체 기업에 집중해 왔고, 딜런 테일러가 이끄는 보이저 스페이스는 다수의 기업을 통합해 스타랩이라는 우주 정거장을 준비 중이다. 아우렐리아 연구소Aurelia Institute와 아우렐리아 파운드리Aurelia Foundry는 인간이 우주에서 생존하고 번영할 수 있는 기술과 인프라 구축을 목표로 삼고 있으며 MIT 우주 탐사 이니셔티브MIT Space Exploration Initiative를 창립한 아리엘 에크블로Ariel Ekblaw가 이를 주도하고 있다. 민간 주체들은 지금 이 순간에도 우주라는 공간에서 더 큰 사냥감을 노리고 있다.

## 전망

2021년 SPAC 열풍의 정점을 찍은 지 거의 4년이 지난 지금, 우주 산업의 자금 조달 환경은 한층 신중해졌다. 당시의 거품과 붕괴로 인해 실망한 일부 투자자들은 아예 관심을 거둬들였고, 남은 이들은 어느 기업에 신뢰(와 자금)를 실을지 훨씬 더 조심스러워졌다. 여기에 전반적인 금리 인상까지 겹치며 우주 스타트업들은 자금을 집행할 때 훨씬 더 신중해야 했고, 무엇보다 사업의 기본기business fundamentals에 더욱 집중할 수밖에 없었다.

하지만 이런 역풍 속에서도 우주 산업에 대한 투자는 생각보다 강한 회복력을 보였다. 2022년 한 해는 침체기를 겪었지만 2023년에는 민간 투자액이 약 80억 달러 수준으로 반등했으며, 이는 2021년 정점과 불과 수십억 달러 차이밖에 나지 않았다.[44]

또한 자금 조달 시장은 점점 더 국제화되고 있다. 중국, 영국, 인도, 독일, 프랑스, 일본 등 다양한 국가들이 우주 분야에 대한 투자를 확대하고 있다. 지금도 새로운 기업들이 계속해서 설립되고 있으며 여전히 자금을 유치하고 있다. 벤처캐피털과 스타트업 창업자들 역시 훌륭한 아이디어가 있다면 지원할 준비가 되어 있고, 그 기회를 기다리고 있다. 투자자들은 여전히 '사슴'을 노리고 있다.

7장

# 아르테미스: 새로운 모델, 달로 향하다

Space to Grow

 

1부를 마무리하며 우리는 다시 처음으로 돌아간다. 바로 나사다. 민간 우주 혁명이 나사에 남긴 것은 무엇일까? 나사의 미래는 어떻게 될까? 오늘날 우주 산업을 제대로 이해하려면 나사가 어떤 역할을 하게 될지에 대한 견고한 관점이 필요하다.

나사의 지지자든 비판자든 우려할 만한 이유는 충분하다. 지난 수십 년 동안 나사는 관료적 관성, 정치적 제약, 전략적 불확실성을 극복하는 데 줄곧 어려움을 겪어 왔다. 향후 아폴로 시대와 우주왕복선 시대를 지나 달과 화성, 그 너머로 이어지는 정치적 외줄타기를 무사히 해낼 수 있을지는 여전히 미지수다.

하지만 우리는 나사를 더욱 긍정적이고 희망적인 시각으로 바라볼 수 있다. 나사는 여전히 많은 도전 과제를 마주하고 있으며, 민간 우주 시스템 내 핵심 시민 주체로서의 입지도 시험받고 있다. 그럼에도 나사는 눈에 띄게 빠른 속도로 방향을 전환했고 민간 파트너들을 기꺼이 받아들였다. 초기 장에서 일론 머스크와 제프 베이조스가 나사에 감사를 표했던 장면을 떠올려 보자. 이 모든 과정에서도 나사는 정치적 지지와 대중의 신뢰를 어느 정도 유지해 왔다. 그 진전이 우리가 바라던 만큼 빠르지도, 끊김 없이 순조롭지도 않았지만 나사는 끊임없이 학습하고 적응하며 우주 활동에서 여전히 없어서는 안 될 존재로 남았다.

특히 눈여겨볼 점은, 정부가 경제에서 맡을 수 있는 역할에 대해 나사가 점차 중요한 구분을 받아들이고 있다는 사실이다. 책 앞부분에서 후생경제학 제1정리 사례를 논할 때 언급했듯이 시장은 국방, 기초 과학, 사회기반시설, 탐사 등 공공재를 효율적인 수준으로 생산하지 못한다. 이는 공공재의 특성상 누군가 비용을 부담하지 않아도 그 혜택을 누릴 수 있기 때문이며, 이를 '무임승차 문제free-rider problem'라 부른다. 이런 이유로 공공재에 대한 자금 조달은 본질적으로 정부의 핵심 임무 중 하나이다.

하지만 공공재에 '자금을 대는 것'과 공공재를 '직접 제공하는 것'은 다르다. 다시 말해 공공재가 어떻게 생산되고 전달되고 운영되는지를 통제하는 일과는 별개의 문제. 어떤 경우에는 정부가 자금을 대되 직접 제공하지 않는 방식이 더 나을 수 있다. 실제로 경쟁을 통해 창출되는 효율성과 혁신성이 중앙집중식 통제와 일관된 전략 추진력보다 더 중요해지는 경우에는 '공공 자금+민간 제공'이라는 조합이 훨씬 매력적이다. 이는 오늘날 점점 더 많은 우주 활동에 적용되는 현실이다.

나사가 이 전환 과정을 어떻게 헤쳐 나가고 있는지 살펴보기 위해 나사의 현재 대표 프로그램인 '아르테미스Artemis'에 주목해 보자.

## 달의 전초기지

아르테미스 프로그램은 21세기형 달 탐사 프로젝트로, 미국과 수많은 국제 파트너가 함께하는 대규모 계획이다. 수십 년 만에 다시 시작되는 유인 심우주 탐사로, 인류를 다시 달로 보내는 장대한 여정이기도 하다. 구체적으로는 여러 개의 임무로 구성된 프로그램으로, 반세기 넘게 끊겼던 유인 달 착륙을 재개한다.

2022년 말, 무인 시험 비행인 아르테미스 I 임무가 성공적으로 진행되어 달을 궤도 비행한 뒤 텅 빈 승무원 캡슐을 지구로 무사히 귀환시켰다. 현재 2026년 4월(빠르면 2월)로 연기된 아르테미스 II는 우주 비행사 4명이 참여하는 약 8~10일간의 유인 시험 비행이다. 달 궤도를 도는 동안 지구에서 가장 먼 거리 비행을 기록할 것이며, 최고 약 8,889킬로미터까지 멀어질 것으로 예상된다.

이어서 2027년 중반 진행 예정인 아르테미스 III는 오리온이 달 궤도에 진입한 뒤 스타십 HLS로 2명의 우주 비행사를 달 남극 인근에 착륙시켜 일주일가량 체류하며 과학 임무를 수행하는 계획이다. 이는 아폴로 이래 처음 이루어지는 유인 달 착륙이다. 이후 아르테미스 IV와 V는 '게이트웨이Gateway'라는 달 궤도 전초기지를 건설하고 다시 유인 착륙 임무를 수행한다. 마지막으로 발표된 아르테미스 VI는 게이트웨이에 도킹한 뒤 달 표면으로 우주인을 보내는 미션이다.

아르테미스는 아폴로 시절처럼 깃발 꽂고 발자국을 남기는flags and footprints 방식이 아닌, 달 표면에 지속적인 거점을 구축하는 방식으로 달 탐사를 진행하려 한다. 이는 인류가 지구 바깥 행성에 처음으로 상주 공간을 만들려는 시도다. 초기 계획에 따르면 아르테미스 베이스캠프는 탐사용 로버, 이동식 '주거 유닛', 고정형 '기지 모듈' 그리고 소규모 전진기지 여러 개로 구성되며, 과학 및 상업 연구와 실험을 위한 시설로 활용될 예정이다.[1]

또한 아폴로는 달 적도 부근에 착륙했지만 아르테미스는 달 남극을 중점적으로 탐사한다. 이 지역에는 수천억 킬로그램에 달하는 얼음 형태의 물이 존재할 가능성이 높다. 이는 올림픽 수영장 10만 개를 채우고도 남는 규모다.[2] 이 물을 활용할 수 있다면 달에서 장기 거주를 위한 기반이 마련될 뿐 아니라, 물을 전기 분해해 수소와 산소로 분리함으로써 로켓 연료를 제조할 수도 있다. 이렇게 되면 달 또는 그 주변의 '지달地月 궤도권cislunar space'은 유용한 연료 보급 기지가 되고 더 먼 우주로 나아가기 위한 전략적 발판이 된다.[3]

아르테미스는 나사가 주도하지만 전적으로 미국만의 계획은 아니다. 이 프로그램은 국제 협력으로 이루어지며 이를 뒷받침하는 「아르테미스 협정Artemis Accords」은 현재 기준으로 40개국 이상이 서명한 상태다. 이 협정은 1967년의 「외기권 조약Outer Space Treaty」을 중심으로 한 기존 우주법 체계를 보완하고자 마련된 비구속성 합의로, 다양한 국가들이 협력하여 달로 돌아가는 시대를 함께 열기 위한 원칙과 틀을 제공한다. 비록 법적 구속력은 없지만 국가 간의 조율과 공동 전략 수립을 위한 기반 역할을 한다.

러시아와 중국은 이 협정에 서명하지 않았다. 중국은 오히려 러시아 및 일부 국가와 자체적인 달 기지 설립을 계획하고 있으며, 이 역시 달 남극에 건설될 예정이다. 이로 인해 미국 내 일부 정책 결정자들에게는 아르테미스가 단순한 복귀가 아니라 일종의 '경쟁'으로 인식되기도 한다.[4]

이처럼 짧은 개요 속에도 아르테미스는 나사의 역할이 과거에 비해 어떻게 달라졌는지를 잘 보여 주는 몇 가지 핵심 요소를 담고 있다.

## 느리지만 꾸준한 탈중앙화

아르테미스의 설계는 나사가 현재 전환기의 한가운데에 있음을 보여 준다. 중앙집중식 통제와 분산형 경쟁의 균형을 추구하고 있으며 기존의 '관행대로 하는' 방식(한 보고서에서는 이 접근을 "지속 불가능한 궤도"라 평했다)과 신생 민간 우주 산업에 대한 기대를 바탕으로 리스크를 감수하

면서 과감하게 손을 내미는 새 접근 방식 사이에서 길을 모색 중이다.[5]

아르테미스의 핵심에는 초대형 로켓, 우주발사시스템Space Launch System, SLS이 있다. 1장에서 다뤘듯이 2000년대 나사는 우주왕복선 프로그램의 종료와 그로 인한 '우주 접근 단절' 위기에 놓여 있었다. 그 대안으로 처음 제시된 것이 바로 수십억 달러 규모의 '콘스텔레이션 프로그램'이었다. 당시 이를 두고 "그냥 아폴로 로켓을 덩치만 키워 놓은 것"이라는 평가도 나왔다. 그러나 콘스텔레이션이 좌초 위기를 겪고 그 무렵 민간화 프로그램인 COTS와 후속 프로그램들이 뜻밖의 성공을 거두자, 오바마 대통령은 콘스텔레이션을 전면 취소했다. 하지만 앞서 언급했듯 의회는 콘스텔레이션의 핵심 요소 일부를 명칭만 바꿔서 보존했고, 그중 하나가 오늘날의 SLS로 이어진다.

SLS는 아폴로의 새턴 V에 맞먹는 크기에 출력은 약간 더 강력하다. 주로 우주왕복선 시절의 부품으로 제작되었으며, 이를 통해 신형 로켓을 처음부터 새로 설계하는 비용을 줄일 수 있으리라는 기대가 있었다. 그러나 비판자들은 이것이 우주왕복선에 관여했던 나사 센터와 기존 계약 업체들이 수년간 안정적인 신규 계약을 보장받는 방식이기도 했다고 지적한다. 무엇보다 나사 경영진 입장에서는 SLS가 마침내 '화물과 우주인을 단 한 번의 발사로 심우주까지 실어 나를 수 있는' 로켓이라는 숙원을 현실화해 주는 존재였다.

SLS는 2022년 11월 아르테미스 I 임무에서 중대한 성공을 거두었지만 동시에 나사에 예전 문제들을 다시 불러왔다. SLS는 개발 단계에서

COTS 이전 시대의 비용 보전형 계약제도(민간 계약자가 실제로 투입한 비용에 일정 비율의 수익을 더해 보장받는 방식으로, 초과 비용과 일정 지연에 대한 유인이 커질 수 있다는 비판을 받아 왔다. 나사는 최근 들어 이런 구조 대신 고정가 계약 방식으로 점차 전환하고 있다-옮긴이)와 기존 대형 계약 업체들을 그대로 유지했기 때문에 당초 2016년에 첫 비행을 목표로 했던 일정이 2022년으로 밀린 것은 어찌 보면 놀랍지 않은 결과였다.[6] 게다가 SLS는 일회용 로켓이다. 이는 현재 우주 산업의 미래를 주도하는 재사용 가능한 민간 발사체들에 비해 기술적으로 한참 뒤처진 셈이다. 민간 발사는 속도가 점점 빨라지고 있으며 스페이스X는 이미 주당 수차례의 발사를 해내고 있다. 이에 비해 아르테미스 I과 II 사이의 간격은 당초 2년이었지만 최근엔 3년으로 늘어났다. 이 같은 시차는 당혹스럽기까지 하다.

　SLS의 단발 발사 비용도 문제다. SLS와 그 위에 실리는 오리온Orion 우주선 발사에는 약 42억 달러가 들어간다. 이는 애초에 비용 절감을 목표로 하던 콘스텔레이션 시대의 시스템이라는 점을 감안하면 매우 충격적인 수치다. 미 항공우주청 감사실에 따르면 SLS가 첫 비행을 하기도 전에 이미 약 240억 달러가 개발에 투입되었으며 이 가운데 60억 달러는 초과 비용, 6년은 일정 지연에 따른 손실이었다고 한다.[7]

　나사 감사실 일련의 보고서에 따르면 2012년부터 2025년까지, 즉 아르테미스 I과 II에만 해당하는 기간 동안 투입된 전체 예산은 930억 달러에 이를 전망이다.[8] 참고로 이 수치는 우주인이 실제 달에 착륙하는 아르테미스 III는 포함되지 않으며, 그 이후의 아르테미스 IV, V, VI

같은 더 대담한 임무는 아예 계산에 포함되지 않았다.

SLS의 막대한 비용은 스페이스X의 스타십과 비교하면 더욱 두드러진다. SLS가 첫 비행을 막 치렀을 무렵, 스타십은 이미 첫 번째 궤도 시험 발사를 눈앞에 두고 있었다. 스페이스X 측 추산에 따르면 스타십의 발사 비용은 2020년대 후반에 이르면 약 1천만 달러 수준까지 낮아질 수 있다고 한다. 물론 이는 스페이스X 내부 비용에 대한 추정치일 뿐이며 나사 같은 고객에게 실제로 청구될 가격은 아니다.[9]

이 수치가 지나치게 낙관적인 전망일 수는 있다. 하지만 설령 스타십의 실제 발사 비용이 훨씬 높다 해도—이를테면 1회당 1억 달러 수준이라 해도—SLS 대비 여전히 42분의 1이다. 심지어 스페이스X의 주장보다 100배 비싸서 발사당 10억 달러가 든다고 하더라도, SLS와 오리온 조합의 발사당 42억 달러에 비하면 4분의 1 수준에 불과하다.

더욱이 많은 우주 전문가가 지적하듯 나사는 스타십을 통해 훨씬 더 진보된 기술을 도입할 수 있다. 스타십은 궤도상 연료 재보급이 가능하고, 더 강력한 출력과 더 많은 화물 적재 능력을 갖추고 있으며, 무엇보다 한 번 쓰고 바다에 버리는 방식이 아니다.

3장에서 언급했듯이 스페이스X는 스타십을 대량 생산하고 빠른 재사용이 가능하도록 설계하고 있다. SLS가 수년 단위로 발사 일정을 잡는 반면 스페이스X는 일 단위, 심지어는 시간 단위 발사 주기를 목표로 하고 있다. 이는 팰컨 9으로 어느 정도 현실화된 전략이기도 하다. 나사가 SLS, 오리온 그리고 관련 인프라에 수십억 달러를 투입해 온 상황에서 이처럼 유망한 민간 대안들과 비교해 보면 지금의 프로그램이 과연 이만한 비용을 정당화할 수 있는지는 누구라도 의문을 품게 된다.

그렇다면 스타십이 이론상 더 나은 선택지인데 왜 나사는 여전히 SLS를 고수하는 걸까? 이에 대해 나사 측은 단순한 답변을 내놓는다. 스타십은 아직 운용 가능하지 않다는 것이다. 나사 국장 빌 넬슨Bill Nelson은 이렇게 말했다. "지금 당장 발사 준비가 된 유일한 로켓은 우리 SLS뿐입니다. 그 위에 실린 오리온 우주선 역시 지구 복귀 시 생존 가능한 유일한 유인 캡슐이죠. 언젠가 일론 머스크가 스타십으로 그것을 가능하게 만들고 싶어 하겠지만, 우리는 지금 이 순간의 현실을 감안해야 합니다."[10]

즉 현실적으로 가능한 선택지와 이상적 대안 사이에서 균형을 택하고 있다는 의미다. 실제로 시험 비행에서 빠른 진전을 보이고 있음에도, 2024년 중반 기준으로 스타십은 아직 개발 단계에 있기 때문에 나사는 아르테미스를 계속 전진시키기 위해 유일하게 사용 가능한 수단을 쓰고 있는 셈이다. (옮긴이 업데이트: 2025년 6월 기준, 스타십은 궤도 비행 시험을 이어 가고 있지만 아직 재진입 안정성과 운용 일정을 확보하지 않아 나사는 여전히 SLS와 오리온 조합을 유일한 실용적 수단으로 사용하고 있다.)

그렇다고 나사가 스타십을 포함한 민간 발사체의 가능성을 외면하고 있는 것은 아니다. 아르테미스 III와 IV, 우주인을 달 표면으로 보내기 위한 착륙선 선정 과정에서 나사는 경쟁을 통해 스페이스X를 착륙선 개발사로 선정했다. 즉 반세기 만에 이뤄질 유인 달 착륙은 수정된 스타십을 기반으로 한 착륙선으로 이루어질 예정이다. 그리고 아르테미스 V에서는 블루 오리진이 설계한 착륙선이 선택되었다. 이들 계약은 나사가 우주선을 직접 설계하거나 소유하지 않고 고정된 금액을 지불한 후 착륙 서비스만을 구매하는 방식이다(스페이스X에는 유인 착륙 두 건에 대해 40억 달러, 블루 오리진에는 한 건에 대해 34억 달러를 지급하기로 했다).

이는 나사가 COTS 프로그램 그리고 민간 우주 정거장 개발에서도 채택한 방식과 유사하다. 임무 설계 전반을 통제하던 과거와는 전혀 다른 접근이다. 달 표면에 우주인을 안전하게 착륙시키는 일은 극도로 정밀하고 복잡한 작업이다. 그럼에도 나사는 지금 가장 소중한 자산인 우주 비행사들을 두 민간 기업에게 기꺼이 맡기고 있는 중이다.

아르테미스는 단순히 달에 갔다 오는 것이 아니라 달에 지속적인 거점을 구축하는 프로젝트다. 그런 만큼 단순한 로켓이나 착륙선 이상의 요소들을 포함한다. 그 안에서도 우리는 과거와 현재를 섞어 새로운 균형을 시도하는 나사의 모습, 즉 전환기 한복판에 선 기관의 단면을 다시금 확인할 수 있다. 예컨대 '게이트웨이'는 달 궤도를 도는 전초기지로, 달 또는 그 너머로 향하는 우주선과 우주 비행사들을 위한 경유지 역할 그리고 심우주 환경에서의 과학 연구 지원을 목적으로 한다. 이 기지는 나사와 국제 파트너들이 공동 통제하며 기존 대형 계약 업체들과의 협업 방식으로 개발되었다.

하지만 게이트웨이는 초기부터 논란의 대상이었다. 많은 전문가가 "국제 우주 정거장의 축소판을 굳이 달 궤도에 만들 이유가 있는가?"라는 의문을 제기했기 때문이다. 그 비판자 중에는 아폴로 11호 우주 비행사 버즈 올드린Buzz Aldrin도 있었다. 그는 "나는 게이트웨이를 그리 좋아하지 않는다."라며 "달 주변에 상시 구조물이 꼭 필요하다고 생각하지 않는다."라고 덧붙였다.[11] 《폴리티코》의 한 기사에서는 게이트웨이를 "나사의 대형 계약 업체들이 주도하는 값비싼 환승 기지로, 인간을 다시 달에 보내고 이후 화성으로 보낸다는 나사의 약속을 오히려 지연시키는 프로젝트"라고 평가했다.[12] 얼핏 보면 게이트웨이는 과거 방식으로 회귀한 듯 보이기도 한다.

그러나 나사는 게이트웨이의 재보급 시스템에는 다르게 접근했다. 초기 건설과는 달리 보급 시스템에서는 국제 우주 정거장 때 성공을 거두었던 민간 협력 방식을 채택한 것이다. 2020년 나사는 스페이스X에게 '게이트웨이 물자 수송 계약Gateway Logistics Services'을 고정가 계약 방식으로 맡겼다. 이는 1장에서 다룬 국제 우주 정거장 보급 계약 구조와 동일한 방식으로, 나사가 민간 파트너와의 협업 모델을 점차 확장하고 있음을 보여 준다. 게이트웨이를 건설하는 것과 보급하는 것은 다르지만, 이 사례 역시 나사가 과거와 현재를 혼합하는 방식으로 시스템을 조율하고 있음을 드러낸다.

SLS와 게이트웨이는 여전히 전통적인 중앙집중식 접근이 강하게 작동하는 영역이다. 반면 나사의 달 표면 활동 계획은 탈중앙화의 가치를 얼마나 내면화했는지를 극적으로 보여 준다. 나사는 '상업 달 탑재체 서비스Commercial Lunar Payload Services, CLPS'라는 이름으로 최대 26억 달러를 투입해 민간 우주 기업으로부터 종합 운송 서비스를 구매하는 계약 구조를 설계했다. 이들 기업은 대다수가 스타트업이며 정부뿐 아니라 민간의 화물까지 달로 실어 나를 예정이다.

나사 탐사 부문 부국장 스티브 클라크Steve Clarke는 이 구조를 이렇게 설명했다. "우리는 여러 고객 중 하나일 뿐입니다. 우리는 기본적으로 자리를 사는 거예요. 그들이 발사체를 제공하고 착륙선을 만들고 착륙까지 마친 뒤 우리 측 기기들이 달 표면에서 작동할 수 있도록 보장하는 겁니다."[13]

지금까지 승인된 CLPS 임무는 총 9건이며 이를 통해 수십 개의 과학 및 상업용 탑재체가 달로 보내질 예정이다. 나사는 민간 기업들이 이 구조를 통해 자체 기술과 화물을 아르테미스 기지 캠프Artemis Base Camp까지 운송하게 되기를 기대하고 있다. 이는 국제 우주 정거장 시절 COTS·CRS 프로그램과 마찬가지로 기술을 내부에서 개발하는 대신 외부에서 구매함으로써 비용을 대폭 절감하려는 전략이다. CLPS 계약이 성공하면 달을 향한 활동이 단지 나사만이 아니라 민간 전체를 위한 더 저렴하고 강력한 기반이 될 수 있다. 이미 여러 '문Moon 스타트업'이 등장해 이 움직임에 참여하고 있고 기회를 찾고 있다.

예컨대 3D 프린팅 건설 기업 아이콘ICON, 록히드 마틴 소속의 달 위성 스타트업 크레센트 스페이스Crescent Space 등은 달의 도로, 쉘터, 통신, 항법 등 기반 인프라를 구축하려 하고 있다. 이는 초기에는 정부 임무용으로 사용되지만, 점차 기업들도 사용할 수 있게 될 것이다.

또한 인튜이티브 머신즈Intuitive Machines, 루나 아웃포스트, 벤투리 애스트로랩Venturi Astrolab 같은 기업들은 앞으로 달에서 일하고 생활할 사람들을 위한 탐사용 로버를 개발하는 나사의 '달 지형 탐사차Lunar Terrain Vehicle' 프로그램 계약을 따냈다. 한편 2장에서 언급한 롭 마이어슨이 설립한 달 자원 기업 인터룬Interlune과 같은 회사들은 달에는 풍부하지만 지구에서는 희귀하거나 공급이 제한된 자원을 노리고 있다. 대표적인 것이 헬륨-3helium-3 동위원소로, 이는 핵융합 연료로 쓰일 수 있는 물질이다. 어떤 연구에서는 헬륨-3 약 25톤이면 미국 전체의 전력을 1년간 공급할 수 있다는 추산도 있다.[14]

하지만 민간 부문을 활용하는 아르테미스 프로그램의 이러한 잠재적 이점에는 상당한 위험이 따른다. 저궤도에서 성공했던 모델이 달에서도 그대로 통할 거라는 보장은 없기 때문이다.

우선 기술적 위험이 크다. 최근 몇 년간 달은 수많은 착륙선이 추락해 묻힌 무덤이 됐다. 초기 스타트업부터 유력한 우주 기관까지 다양한 조직들이 막대한 투자를 하고도 거의 성과를 내지 못한 채 무대에서 사라졌다. 경제적 위험도 만만치 않다. 2000년대 나사가 상업용 발사 프로그램을 처음 시작했을 때는 이미 연간 수십억 달러 규모로 자리 잡은 시장에 변화를 가져오는 형태였다. 하지만 달 경제는 아직 존재하지 않는다. 당분간 달에서 이뤄지는 대부분의 활동은 정부 주도로 진행될 수밖에 없다. CLPS 기업들은 사실상 나사 자금에 전적으로 의존해야 생존할 수 있다. 민간 투자자들이 투자 수익을 낼 수 있다고 판단할 때까지 이들은 버텨야만 한다.

그런데도 나사는 아직 한 번도 달 착륙을 시도한 적 없는 이들 CLPS 기업에 자체 탑재물을 운송해 줄 책임을 맡기고 있는 실정이다. 이러한 위험은 결코 이론에 그치지 않는다. 한때 우주 스타트업계의 총아로 불리던 마스텐 스페이스Masten Space는 CLPS 계약을 따낸 후 실행 단계에서 난관에 부딪혔고 결국 2022년에 파산했다. 당시 파산 관련 문서에 따르면 이 회사는 CLPS 계약에서 감당할 수 있는 범위를 넘어서 무리하게 사업을 벌였던 것으로 드러났다.[15]

또 다른 CLPS 계약자인 애스트로보틱Astrobotic에 대한 나사의 위험도 평가 결과에서도 달 착륙선에 대한 초기 테스트가 충분하지 않았다는 지적이 나왔다. 이에 따라 나사는 최초 계약금 외에도 수천만 달러를 추가로 지원했고 일각에서는 민간 접근 방식이 과연 비용 절감으로 이어질 수 있을지 의문을 제기하게 되었다. 2024년 초 CLPS의 첫 번째 미션으로 진행된 애스트로보틱의 발사에서는 결국 심각한 문제가 발생했다. 발사 이후 우주선의 연료가 누출되었고 달 착륙은커녕 지구 궤도조차 벗어나지 못한 채 대기권에서 불타 사라졌다.

이에 대해 나사 관계자들은 CLPS 접근 방식을 '골문을 향한 슛shots on goal'이라 표현한다. 모든 시도가 성공할 수는 없지만 민간 기반의 더 저렴하고 다양한 달 서비스라는 성과를 얻고, '여러 고객 중 하나'로서의 이점을 달 탐사 영역까지 확장하기 위해서 나사는 계속 시도하고 득점을 만들어 내야 한다는 입장이다.

나사 과학 부문 부책임자인 토머스 저버컨Thomas Zurbuchen은 말했다. "우리는 인내심을 갖고 각 팀이 자신의 역량을 입증할 수 있도록 기다려야 합니다. 첫 번째 미션이 실패했다고 무서워서 물러서면 안 됩니다."[16] 그는 여전히 낙관적이었다. 만약 나사가 전통적인 방식으로 자체 착륙선을 개발했다면 비용은 "두세 배는 더 들었을 것"이라며, 민간 접근 방식의 효율성을 강조했다.[17]

하지만 CLPS 초기 미션이 연달아 실패로 끝나고 수억 달러의 예산이 달 표면에 새로운 분화구만 남긴다면 나사의 '상업적 접근'에 대한 진정성 자체가 시험대에 오를 수밖에 없다. "나사의 진심이 통하길 바랍니다." 저버컨의 마지막 말이었다.[18]

애스트로보틱의 달 착륙선이 지구 대기권에서 소멸된 지 한 달 후, 두 번째 CLPS 미션이 발사되었다. 이번에는 휴스턴에 본사를 둔 스타트업 인튜이티브 머신즈가 주도했다. 이들의 착륙선 오디세우스Odysseus는 약 일주일간의 달 항해를 거쳐 극적인 강하 끝에 달 남극에 착륙했다. 다만 30도가량 기울어진 채로 착지했다. 완전한 성공이라고 하긴 어려웠지만 CLPS와 민간 우주 업계 입장에서는 큰 승리였다. 직원 수가 고작 수백 명에 불과한 스타트업이 달 표면에 착륙선과 탑재물을 무사히 내려놓은 것이다. 오디세우스의 착륙 성공은 전 세계 주요 언론에 보도되었고 나사는 두 번의 시도 끝에 첫 골을 넣었다.

향후 몇 년 동안 여러 CLPS 미션이 더 예정되어 있다. 인튜이티브 머신즈의 성공이 단발성의 '반짝' 성과로 끝날지, 아니면 달을 무대로 한 본격적인 민간 활동의 시작이 될지는 곧 판가름날 것이다. 요컨대 아르테미스 프로그램에 담긴 구체적인 방식들을 살펴보면 전통적 접근과 새로운 실험이 어떻게 섞였는지를 확인할 수 있다. 이는 기술적·경제적 위험과 기회를 동시에 다루기 위한 나사만의 전략이기도 하다.

하지만 나사에 대해 말할 때 우리가 간과해선 안 될 또 하나의 리스크가 있다. 바로 '정치적 리스크'다.

## 게임에 참여하지 않으면 이길 수 없다

지난 10여 년간 미국 정치의 혼란과 양극화 속에서도 아르테미스의 존재는 나사가 워싱턴 정계의 긴장을 헤쳐 나가며 정책 우선순위와 예산 변화, 핵심 기술 변화에 발맞춰 스스로를 재창조해 왔음을 보여 준다. 그 결과 지금의 나사는 오히려 우주 산업 전체의 어젠다를 이끄는 주체가 되었다. "아르테미스가 최고의 설계도, 가장 효율적인 설계도 아닐지라도 나사와 항공우주 기업 직원들에게 일자리를 제공하고 있다는 점이 중요하다. 그것이 달 탐사 프로그램에 지속적인 정치적 지지를 만들어 준다." 민간단체 플래니터리 소사이어티 Planetary Society의 케이시 드레이어 Casey Dreier는 말한다.[19]

예컨대 나사의 수석 이코노미스트 알렉산더 맥도널드 Alexander MacDonald는 아르테미스 베이스 캠프를 "최소 실현 가능 존재 minimum viable presence(스타트업 업계 용어인 최소 요건 제품minimum viable product에서 파생된 표현으로, 가장 기본적인 수준에서 존재를 지속할 수 있는 체제를 뜻한다-옮긴이)"로 묘사하며 "매년 단기 체류 임무 한 차례 이상을 목표로 다양한 장기 예산 시나리오 아래에서도 재정적으로 지속 가능한 수준"이라고 설명했다.[20] 맥도널드가 이런 구조를 예산 기준으로 설명한다는 점에서 아르테미스의 전략이 예산이라는 현실적 제약 아래 어떻게 조정되고 있는지를 상징적으로 알 수 있다. 동시에 우주 탐사의 경계를 밀어붙이고자 하는 조직적 열망과 상원·하원·백악관·기타 주요 이해 당사자 및 승인 당국들에 의해 운영되는 복잡한 현실 사이의 긴장감도 드러난다.

우주에서 나사의 자리가 저절로 보장되는 것은 아니다. 오바마 행정부는 2000년대 후반 미국의 우주 프로그램을 점검하기 위해 어거스틴 위원회Augustine Commission를 구성했고, 이 위원회는 "유인 우주 비행 프로그램이 지속 불가능한 궤도를 달리고 있다."라고 결론 내렸다.[21] 즉 나사는 훨씬 더 많은 자금을 확보하든지, 스스로의 야망을 줄이든지 양자택일해야 했던 것이다.

그 이후로 오랫동안, 특히 유인 우주 비행 부문을 중심으로 한 나사는 정치적 딜레마 속에 갇혀 있었다. 프로그램을 연명시킬 만큼의 예산을 확보하려 애썼지만 정작 그 정도 예산으로는 대중의 상상력을 자극하거나 더 많은 투자를 이끌어 낼 수 있는 실질적 성과를 내기가 어려웠다. 놀라운 것은 나사가 그 와중에도 동력을 잃지 않았다는 사실이다. 그리고 마침내 신흥 민간 우주 산업이라는 출구를 찾아낸 것이다.

## 강점을 살려 다시 뛰다

무엇보다 중요한 점은 지금까지의 아르테미스 프로그램은 나사가 만들어 낸 민간 우주 혁명이 다시 나사에게 본연의 강점을 발휘할 기회를 되돌려주고 있다는 사실이다.

수십 년 동안 나사는 아폴로 시절처럼 경계를 뛰어넘고 역사를 새로 쓰는 과학과 탐사를 갈망해 왔다. 그러나 명확한 미션도, 그에 따른 예산도 없었다. 대신 나사의 유인 우주 프로그램은 셔틀과 국제 우주 정거장이라는 저지구 궤도 중심의 활동에 묶여 있었다. 인류를 달에 착륙시켰던 과거에 비하면 이처럼 좁은 활동 반경은 점점 답답하게 느껴졌다. 2022년 《뉴욕타임스》는 이를 두고 나사가 저궤도에서 '배회 중'이라고 표현했다.[22]

그러나 나사가 점화한 민간 우주 혁명은 하나의 패러다임 전환 가능성을 열어 주었다. 나사는 더 적은 예산으로도 야심 찬 탐사를 수행할 수 있게 된 것이다. 민간 발사체를 활용한 덕분에 나사는 훨씬 낮은 비용으로 우주 비행사, 화물, 과학 위성, 우주 탐사선을 쏘아 올릴 수 있게 됐다.

2010년 스페이스X 같은 기업들과의 계약이 본격적인 성과를 내기 시작했을 때, 당시 나사 국장이던 찰스 볼든은 이렇게 말했다. "이번 계약은 미국의 창의력을 바탕으로 저궤도에 진입하고 심우주 탐사에 자원을 집중하려는 계획이에요. 중요한 이정표죠."[23]

오늘날 CLD(민간 우주 정거장 개발) 프로그램을 통해 나사는 이러한 민간 파트너십의 혜택을 우주 정거장 영역으로까지 확장하려 하고 있다. 또한 아르테미스에서 스페이스X, 블루 오리진, 여러 CLPS 기업들과 손잡는 것을 보면 나사는 같은 방식의 지렛대를 활용해 심우주 미션을 가능케 하려는 전략을 취하고 있음을 알 수 있다.

이 장의 서두에서 언급했던 것처럼 나사는 지금 다른 정책 분야에서도 익숙한 교훈을 배우고 있다. 바로 '공공이 직접 제공하는 것'과 '공공이 자금을 지원하는 것'은 다르다는 점이다. 아르테미스의 설계 자체가 그러한 사고 전환의 사례다. 공공기관들이 수십 년간의 경험을 통해 확인한 바는 공공재를 직접 공급하는 것보다 민간에게 맡기고 공공 자금으로 지원할 때 오히려 효과적인 경우가 많다는 사실이다.

만약 스페이스X와 블루 오리진의 착륙선이 작동하고 CLPS 미션 중 다수가 성공한다면 나사는 자사의 달 탐사 목표의 중요한 일부를 손에 넣게 될 것이고, 우리는 모두 훨씬 낮은 비용으로 공공재를 얻게 될 것이다. 물론 이러한 전환은 결코 쉬운 일이 아니다. 특히 아폴로라는 대성공 속에서 정체성과 조직 구조가 형성된 나사에게는 더 그렇다.

경제학자 조지프 슘페터는 시장의 가장 큰 강점 중 하나가 '창조적 파괴'라고 말한 바 있다. 창의적 혁신이 엄청난 가치를 만들어 내지만 그만큼의 고통도 수반된다는 뜻이다. 나사 부국장이었던 캐서린 루더스는 말한다. "나사에게는 정말 어려운 일이었어요. '내가 이 일을 한다'에서 '우리가 함께한다'로 전환하는 건 정말 힘든 일이었죠."[24]

앞으로도 나사는 변화에 열린 태도를 유지해야 한다. 지금 우리 앞에는 무거운 질문들이 놓여 있기 때문이다. 민간 참여의 이점을 최대한 살리면서도 민간 의존도가 높아지는 데 따르는 위험은 어떻게 감당할 것인가? 민간 우주 산업이 시간이 지나면서 점점 더 유능해진다면 나사의 역할은 어떻게 바뀔까? 그리고 그 역할 변화에 맞춰 나사 자체는 어떻게 진화해야 할까?

반대로 지금의 민간 우주 혁명이 꺾인다면 어떻게 될까? 민간의 도전을 꺾지 않으면서도 미국 우주 산업의 회복력을 어떻게 보장할 수 있을까? 가장 본질적으로는 나사가 점점 더 많은 고객 중 하나로 전환되는 우주 환경을 만들면서 동시에 그 변화 속에서 스스로를 어떻게 단단히 세울 수 있을까?

"나사처럼 국가를 하나로 묶을 수 있는 공공기관은 민간 기업에는 없습니다." 오랜 기간 나사 부국장으로 재직했으며 현재는 스페이스X 부사장인 윌리엄 게르스텐메이어는 말했다.[25]

지금까지 1부 전체에서 반복해 말해 왔듯, 민간 우주 혁명은 공공 부문의 역할을 약화시키고 있는 것이 아니다. 오히려 그 역할을 변화시키고 있다. 우리 또한 개인이든 조직이든 창의적이고 유연하며 야심찬 태도를 지닌다면 정부와 민간이 서로의 고유한 역할을 살려 공존하는 우주 경제의 약속을 실현할 수 있을 것이다.

PART 2

# 시장 정교화하기

intro ───────────────────────────────

우주 경제를 구축하는 첫 번째 단계는 시장을 만드는 일이다. 이 작업은 1부에서 다루었다. 시장이 먼저 마련되어야만 '보이지 않는 손'이 마법을 발휘할 수 있다. 중앙집중 방식으로는 결코 도달할 수 없는 혁신과 효율의 수준이 시장을 통해 가능해진다.

하지만 시장은 완벽하지 않다. 역사적으로도 완벽과는 거리가 멀었다. 시장의 문제, 즉 경제학자들이 '시장 실패'라 부르는 현상은 기업과 사회 전체가 얻을 수 있는 이익을 줄이며, 결과적으로 모든 이에게 돌아갈 수 있는 경제적 파이를 작게 만든다. 우주 경제가 그 잠재력을 온전히 펼치려면 이런 시장 실패부터 정면으로 해결해야 한다.

시장 실패를 해결하는 일은 우주 경제의 가능성을 열어젖히기 위한 핵심적인 다음 단계이며, 이것이 2부의 주제이다. 일부 문제는 이미 나타났고 다른 문제들은 우주 경제가 커질수록 점점 더 도드라질 것이다. 어떤 문제는 정부가, 어떤 문제는 기업이나 민간 조직이 협력하여 해결하는 것이 더 적합하다. 하지만 모든 경우에 있어 가장 효과적인 해법은 공공과 민간이 같은 방향으로 나아갈 때 가능하다.

이번 파트에서는 오늘날 우주 경제에서 드러나는 시장 실패들을 살펴보고, 이 문제에 도전하는 주역들도 만나 보게 된다.

8장

# 애스트로스케일: 궤도 공유지의 비극을 막아라

Space to Grow

2009년 2월 10일, 미국 통신 위성 한 대가 시속 3만 5천8백 킬로미터로 날아오다가 작동을 멈춘 러시아 위성과 충돌했다. 소총 탄환보다 13배 빠른 속도였다. 두 위성은 산산이 부서졌고 소프트볼 크기 파편 수천 개와 더 작은 조각 수십만 개가 지구 저궤도에 흩뿌려졌다.

이 파편들은 이미 커지던 문제, 우주 쓰레기 문제에 기름을 부었다. 우주 쓰레기의 파괴력은 엄청나다. 저궤도에서는 체리만 한 파편 하나가 수류탄 폭발과 맞먹는 위력을 지닌다.[1] 충돌 하나로 위성이나 인간에게 치명적인 피해를 입힐 수 있지만 진짜 문제는 그것보다 훨씬 더 크다. 파편이 충돌을 낳고 충돌은 다시 더 많은 파편을 만든다. 이로써 끝없는 악순환이 시작된다.

수십 년 전 나사 과학자 도널드 케슬러Donald Kessler는 최악의 시나리오를 경고한 바 있다. 이 연쇄 반응이 한계점을 넘으면 충돌이 멈출 수 없이 증가하며 상황은 통제 불능이 된다는 것이다. 이 시나리오는 '케슬러 증후군Kessler Syndrome'이라 불리며 이는 단지 이론적인 얘기만은 아니다. 케슬러 증후군이 현실화된다면 저궤도에 떠 있는 수천 개의 위성이 고속 파편 수억 개로 산산조각 날 수 있다. 그렇게 되면 유인 우주와 위성 비즈니스의 핵심 무대인 지구 인근의 우주는 수년, 아니 수 세대에 걸쳐 접근조차 할 수 없는 금단의 공간으로 변하게 된다.

2023년 미국 우주감시네트워크는 궤도에 떠 있는 추적 가능한 파편 수가 2만 3천 개를 넘었다고 발표했다. 이는 소프트볼보다 큰 조각만 따진 수치이다. 직경 1센티미터에서 10센티미터 사이(구슬에서 소프트볼 크기까지)의 파편은 50만 개가 넘는다. 1센티미터보다 작은 금속 파편은 1억 개 이상으로 추산된다.[2]

이 중에는 이상한 쓰레기도 많다. 나사 우주 비행사 피어스 셀러스Piers Sellers는 2005년 임무 중 주걱 하나를 잃어버렸는데 궤도로 날아가 버렸다.[3] 또 다른 우주 비행사는 2007년 우주 유영 도중 카메라를 날려 보냈다.[4] 이런 쓰레기 중 상당수(정확한 수는 아무도 모른다)는 앞으로도 수년, 길게는 수십 년 동안 궤도를 떠돌며 같은 궤도 범위에 있는 모든 위성과 우주 비행사에게 보이지 않는 위협으로 남게 된다.

이제 민간 우주 혁명에 관심 있는 사람이라면 누구나 우주 쓰레기 문제도 함께 듣게 된다. 이는 단순한 관심을 넘어 불안감의 반영이다. 인류는 새로운 프런티어를 개척하려는 과정에서 과거 수백 년간 지구 경제 발전 과정에서 되풀이했던 실수를 다시 범할지 모른다. 특히 환경을 다룬 방식 말이다. 우주 쓰레기의 위협은 순전히 공공의 문제만은 아니다. 궤도상 위성 운영 등에서 연간 수천억 달러의 매출이 발생하고 향후 그보다 더 커질 시장이 걸려 있는 만큼 철저한 경제적 이해관계가 얽혀 있다.

이 정도의 이해관계라면 세계 각국의 정부와 우주 산업이 이미 신속하게 문제 해결에 나서고 있으리라 기대할 법하다. 하지만 다음 내용들을 읽어 보면 알게 될 것이다. 그 기대는 충족되지 않는다. 우주 쓰레기 문제는 경제학에서 말하는 전형적인 '외부효과' 사례이다. 생산 활동의 부작용이 시장 가격에 반영되지 않는다는 의미이다. 단 이 경우에는 규모, 복잡성, 환경 등 모든 면에서 일반적인 해결책을 적용하기가 훨씬 더 까다롭다. 정부든 민간이든 말이다.

그럼에도 우리는 희망의 실마리를 찾을 수 있다. 애스트로스케일 Astroscale이라는 스타트업 이야기를 통해서다. 이 회사는 10여 년 전 우주 쓰레기 문제의 교착 상태를 깨기 위해 만들어졌다. 이 이야기는 민간 우주 혁명 안에서도 가장 영감을 주는 것으로 꼽힌다. 특히 우주와 관련된 경험은 없지만 긍정적인 영향력을 만들고자 하는 이들에게 그렇다. 이 장을 다 읽고 나면 애스트로스케일과 다른 공공·민간 주체들이 이 문제를 해결하기 위해 충분히 빠르게 움직이고 있는지를 스스로 판단할 수 있게 될 것이다.

이는 '궤도 공유지의 비극tragedy of the orbital commons'이라 불리는 또 하

나의 경제학 개념과도 연결된다. 이에 대해서는 곧 다시 살펴보겠다.

우선은 우주 쓰레기 문제가 어디서 비롯됐고, 어떤 본질을 지녔는지부터 짚고 가야 한다.

## 커져 가는 위협

지구 궤도를 도는 수많은 파편은 여러 방식으로 생성되지만 대부분은 파괴적인 사건에서 비롯된다. 이 장 서두에서 언급한 위성 충돌처럼 우연한 사고도 있지만 많은 양의 파편은 궤도상에서 이루어진 반위성 미사일 실험(위성을 직접 파괴하는 실험-옮긴이) 때문에 생겨났다. 미국, 중국, 러시아, 인도가 그런 실험을 감행해 왔다.[5] 미국은 2022년 이후 더는 이런 실험을 하지 않겠다고 선언했지만 현재까지 중국, 러시아, 인도는 같은 선언을 하지 않았다.

우주 쓰레기는 정상적인 우주 활동을 통해서도 자연스럽게 생긴다. 고장 났거나 연료가 다 떨어진 위성은 적극적인 조치가 없는 한 계속 지구를 돌게 된다. 궤도가 약 600킬로미터 이하라면 시간이 지나면서 속도를 잃고 대기권에 진입해 연소되지만 더 높은 궤도에 있는 오래된 위성은 별도의 '묘지 궤도(퇴역 위성을 유도해 보내는 폐기용 궤도-옮긴이)'로 옮겨야 위협이 되지 않는다. 하지만 이런 정리 조치 없이 방치될 경우, '죽은 위성'들이 다른 위성들이 오가는 바쁜 궤도에서 수년간 머무르게 된다. 오늘날 이런 '좀비 위성'이 지구 주변을 정신없이 돌고 있는 수가 약 3천 기에 이른다. 이 중 약 2천 기가 가장 혼잡하고 빠른 구간인 저궤도에 집중되어 있다.[6]

또 하나의 주요한 파편 원천은 로켓의 상단부이다. 로켓의 하단부는 대기권 상층까지 추진체를 밀어 올린 뒤 바다로 떨어지거나 스페이스X의 팰컨 9처럼 회수 후 재사용되기도 한다. 하지만 로켓의 상단부, 즉 실제로 위성을 궤도에 진입시키는 마지막 단계는 보통 분리되어 궤도에 남게 된다. 오늘날 이런 상단부가 약 2천 기나 떠돌고 있다.[7]

이런 파편들과 죽은 위성들이 얼마나 오래 궤도에 머무를까? 나사는 고도 6백 킬로미터 이하에서는 대기 항력이 더 강하게 작용해 수년 내로 연소된다고 본다. 하지만 8백 킬로미터에 이르면 수백 년, 1천 킬로미터 이상일 경우 수천 년, 어쩌면 더 오랜 시간이 걸릴 수도 있다.[8]

이런 우려를 더 심화시키는 요인이 바로 우리가 이 책에서 주목하고 있는 상업 우주 혁명이다. 발사 비용과 위성 제작 비용이 빠르게 떨어지면서 2023년 말 기준으로 운영 중인 위성 수는 9천 기를 넘어섰고 이 중 90% 이상이 저궤도에 있다.[9] 여기에 더해 대형 위성군 구축 계획도 쏟아지고 있다. 원웹(648기), 아마존의 프로젝트 카이퍼(3천2백 기), 중국의 궈왕Guowang(1만 3천 기), 스페이스X의 스타링크(최대 4만 2천 기) 등이 대표적이며, 이외에도 수십 개의 기업과 국가가 자체적인 소형 위성군을 계획 중이다. 위성 수는 앞으로도 폭증할 것이고 특히 저궤도에서 그 추세는 더욱 가파를 것이다.

궤도에 수천 기의 신규 위성이 올라가고 우주 쓰레기양이 늘어나면서 두 개의 물체가 가까이 지나치는 상황, 즉 '근접 접근conjunction'의 발생 확률도 빠르게 높아지고 있다.[10] 항공우주학 교수이자 우주 쓰레기 추적 전문가인 휴 루이스Hugh Lewis는 2020년에 약 170만 건이었던 근접 접근 횟수가 2021년에는 250만 건, 2022년에는 400만 건을 넘었다고 분석했다.[11] 이는 400만 건의 '충돌 위기'를 뜻하진 않는다. 단지 두 물체의 예측 궤도가 서로 너무 가까워서 둘 중 하나가 회피 기동을 해야 했다는 뜻이다.

예를 들어 스페이스X가 자사 스타링크 위성 중 일부가 무언가에 충돌할 확률이 10만 분의 1(0.001%)이라 판단하면 위성은 자체 추진 장치를 이용해 자동으로 궤도를 틀게 된다.[12] 각각의 스타링크 위성은 5년간 350회까지 이런 회피 기동을 할 수 있는 연료를 싣고 있다. 하지만 위성과 파편의 수가 지금처럼 급증하는 상황에서는 이 정도 여유로는 부족할 수 있다.

루이스는 빠르면 2028년부터 스타링크 위성군이 워낙 많은 충돌 회피 기동을 해야 하기 때문에 지금은 최대치로 여겨지는 350회가 사실상 평균값이 될 수도 있다고 경고했다.[13] "저궤도는 폭설이 내리는 퇴근길 고속도로에서 모든 차가 과속하고 있는 상황과 비슷해질 것이다." 하버드-스미소니언 천체물리센터의 조너선 맥도웰은 이렇게 말했다. 그는 덧붙였다. "그런데 이 고속도로에는 신호등도 없고 심지어 여러 고속도로가 서로 교차하고 있다."[14]

## 어떻게 이런 상황이 되었을까?

어떻게 이런 상황이 벌어졌을까? 모든 기업, 우주 기관, 국가 안보 조직에게 위험이 되는 문제인데도 말이다. 간단한 답은 이렇다. 위험이 지나치게 분산되어 있어 각 주체가 우주 쓰레기를 줄이거나 충돌 위험을 낮출 유인이 거의 없다는 것이다.

위성 기업이나 정부 기관은 새로운 위성을 하나 쏘아 올릴 때 그 위성이 다른 모든 위성에 어떤 추가 위험을 유발할지는 전혀 고려하지 않는다. 이처럼 시장 행위자가 실제로 초래하는 비용이 그 결정에 반영되지 않는 경우를 경제학에서는 '외부효과'라 부른다. 이는 우리가 서문에서 소개했던 후생경제학 제1정리가 약속하는 시장 효율성이 현실에서 작동하지 못하는 대표적인 사례다.

어떤 경우에는 외부효과가 '공유지의 비극 tragedy of the commons'으로 이어지기도 한다.[15] 이 개념은 보통 18~19세기 영국의 목초지 사례와 연결된다. 누구나 자유롭게 이용할 수 있었던 '공유지'에서 목초를 기르다 보니 가축 수가 점점 많아지고 결국 과잉 방목으로 초지가 황폐해지는 상황이다.

핵심은 이렇다. 공유 자원을 사용하는 사람들이 각자에게 최적인 방식으로 자원을 이용하면 전체적으로 자원이 고갈되어 모두에게 해가 된다는 것이다. 공유지를 관리하거나 자원의 사용 가치를 극대화하고 이용자에게 적절한 비용을 부과하는 주체가 존재하지 않기 때문에 누구나 자기 필요대로 자원을 이용한다. 결국 자원은 소진되고 모두가 피해를 입는다. 이것이 바로 '비극'의 본질이다.

이 비극은 저궤도의 위성 환경에도 놀라울 만큼 잘 들어맞는다.[16] 저궤도를 관리하거나 전체 이익을 극대화하는 방향으로 이용을 조정하는 주체가 없다. 위성 운용자들은 각자 이익을 좇아 움직이기 때문에 지금까지는 모두를 위한 행동을 할 유인이 거의 없었다.

세계 우주안보재단Secure World Foundation의 우주 전문가 브라이언 위든Brian Weeden은 전체 위성 위험의 90%가 발사체나 위성 자체 고장 등에서 비롯되며 궤도 충돌로 인한 위험은 보험료에서 거의 무시할 수준이라고 설명했다.[17] 이는 곧 다른 선택지를 고려할 유인이 되지 않는다는 뜻이다. 즉 지금의 우주 시장에서는 우리 시대의 '우주 소'들이 공유지를 과잉 방목하는 대가를 거의 치르지 않고 있는 셈이다.

## 더 비관적일 수밖에 없는 이유

대체로 공유지의 비극 문제는 두 가지 방식으로 해결할 수 있다. 하지만 우주 파편 문제에 있어서는 이 두 방식 모두 커다란 장애물을 안고 있다.

첫 번째 방식은 정부가 직접 개입하는 것이다. 정부는 시장이 감당하지 못하는 비용을 사용자에게 부과하는 방식으로 개입할 수 있다.

만약 전 세계를 아우르는 단일 정부가 존재한다면 우주 공간에서 개별 주체의 행위가 타인에게 끼치는 피해, 즉 외부효과를 '내부화'하도록 세금이나 규제를 부과할 수 있었을 것이다. 다시 말해 우주 파편 증가로 인한 사회 전체의 피해 비용을 개별 기업이나 국가가 부담하도록 시스템을 설계했다면 이 문제는 훨씬 조기에 통제 가능했을 것이다.[18] 하지만 그런 글로벌 정부는 존재하지 않는다. 물론 각국 정부가 협력한다면 효과를 기대할 수도 있겠지만 기후 변화 대응 과정에서 봤듯 전세계가 의견을 모으는 일은 결코 쉽거나 빠르지 않다.

이처럼 전 지구적 협약이 난관에 부딪히는 이유는 경제적 경쟁 때문이다. '무임승차' 문제, 즉 어떤 참여자는 기여 없이 이익만 누리는 상황이 발생할 수 있다는 우려는 각국이 자발적으로 먼저 행동에 나서지 않게 만드는 요인이 된다. 우주의 경우 여기에 지정학적 경쟁까지 얽혀 있다. 현재 궤도에 올라 있는 많은 장비가 각국의 안보와 직결되어 있기 때문이다. 이처럼 민감한 이해관계가 얽혀 있어 우주 활동에 대한 국제적 규제 강화를 시도하려는 노력은 수차례 무산되었다.

예를 들어 1979년 유엔에서 추진된 「달 조약 Moon Treaty」은 각국과 민간 기업이 달의 자원을 마음대로 활용하지 못하도록 제약하려는 목적에서 만들어졌다. 이 조약은 달과 그 자원이 '인류 공동의 유산'임을 명시했지만, 실제로 비준한 국가는 우주 탐사 능력이 없는 소수의 나라뿐이었다.[19] 각국은 자국의 번영이나 안보에 기여할 수 있는 활동을 스스로 제한하길 꺼려한다. 이는 지구에서든 우주에서든 마찬가지다.

2000년대 들어 우주 파편 문제가 점차 알려지면서 각국 정부는 일단 상황이 더 악화되는 것만이라도 막으려는 조치를 취했다. 그중 하나는 파편을 더 잘 추적해 위성을 피하게 하는 것이고, 또 하나는 일정 수준의 규제와 기준을 마련하는 데 합의하는 것이었다. 미국은 2001년에 새로운 파편 생성을 줄이기 위한 가이드라인을 마련했다. 이 중에는 파편이 가장 많고 속도도 가장 빠른 저궤도에 있는 위성은 25년 이내에 안전하게 궤도 이탈시켜야 한다는 규정도 포함되었다. 이후 다른 우주 기관들도 비슷한 기준을 채택해 나갔다.[20]

하지만 당시 전문가들은 이런 식의 규제만으로는 충분하지 않다고 우려했다. 진짜 문제를 해결하려면 이미 떠다니는 파편을 제거해야 한다는 것이다. 나사의 리우 J.-C. Liou 박사가 수행한 연구에서는 "지구 근접 우주 환경을 정화하는 것, 즉 기존의 크고 무거운 물체들을 궤도에서 제거하는 것"만이 파편 재앙을 막을 수 있을 것이라고 결론지었다[21] (이 결론에는 리우 박사의 다른 연구 결과도 영향을 미쳤는데, 세계 각국이 25년 내 궤도 이탈 가이드라인을 제대로 지키는 비율이 50%도 되지 않는다는 조사였다[22]). 미군 측에서도 해마다 로켓 본체처럼 덩치 큰 파편을 5개에서 10개씩 제거해야 충돌 위험을 최소화할 수 있다고 말했다.[23]

2010년대 중반에 이르자 여섯 개 우주 기관으로 구성된 컨소시엄은 시뮬레이션 결과를 토대로 저궤도가 이미 케슬러가 경고했던 임계 밀도에 도달했다고 판단했다.[24] 그런데 이는 저궤도 위성 수가 '기하급수적으로 늘어나기 전'의 상황이었다. 나사 국장 찰스 볼든은 2015년에 이렇게 말했다. "파편 제거 기술 개발에 투자하는 국가는 많지 않다. 모두가 더 적극적으로 나서야 한다. 우리는 지금까지 파편 완화에 많은 노력을 기울여 왔지만…… 그걸로는 충분하지 않다. 이제는 정말 제거에 나서야 한다."[25]

하지만 저궤도를 정화하려면 '능동 파편 제거Active Debris Removal, ADR'가 필수라는 공감대가 2010년대에 널리 퍼졌음에도 현실은 여전히 복잡한 난제투성이였다. 무엇보다 기술이 초기 단계라 비용이 너무 높았다. 그에 비해 당장의 위험도는 상대적으로 낮았기 때문에 비용 대비 효과도 애매했다. 게다가 기술 문제보다 더 큰 장벽은 바로 '누가 비용을 낼 것이냐'였다. 하버드 천체물리학자 마틴 엘비스Martin Elvis는 말했다. "문제는 기술이 아닙니다. 누가 돈을 내냐는 거죠."[26] 나사의 리우 박사도 지적했다. "이건 정말 어려운 문제고 민간 기업들이 궤도 파편 정화 기술을 자발적으로 개발할 유인은 전혀 없습니다."[27]

물론 정부가 그 유인을 제공할 수도 있다. 하지만 어느 나라가 얼마를 부담할지 강제로 정할 수 있는 기구는 없다. 게다가 ADR 기술은 궤도를 떠도는 쓰레기만이 아니라 상업 위성이나 심지어 군사 위성까지도 제거할 수 있는 기술이기 때문에 이 문제는 안보적인 민감성도 안고 있다(파편 제거 장비가 사실상 무기화될 수도 있다는 우려 때문이다–옮긴이).

이처럼 정부 주도의 해법이 지지부진한 사이 민간 우주 산업은 빠르게 성장했다. 그렇다면 다른 길은 없을까?

공유지의 비극에 대응하는 두 번째 방식은 민간 주체들이 협력해 서로의 외부효과를 스스로 내부화하는 것이다. 노벨상을 수상한 경제학자 로널드 코즈Ronald Coase는 1950년대에 이런 주장을 펼쳤다. 거래 비용이 낮고 재산권이 명확히 정의되어 있다면 당사자들끼리의 협상을 통해 정부의 세금이나 규제 없이도 공유지의 비극 문제를 해결할 수 있다는 것이다.[28] 이른바 '코즈 정리Coase Theorem'로 알려진 이 이론에 따르면 협상이 가능할 경우 민간 주체들이 간과하기 쉬운 외부효과에도 가격이 매겨지고 그 결과 효율적인 수준의 활동으로 조정된다는 것이다.

다시 말해 사회 전체가 부담하게 되는 마지막 한 단위 활동의 총비용이 그로 인한 이익과 같아지는 지점까지 조정된다는 뜻이다. 코즈의 원래 사례처럼 목초지를 모두 사유화해 토지 소유주가 사용료를 부과하고 관리하게 되면 가축들이 지나치게 풀을 뜯어먹는 사태도 막을 수 있다는 것이다.

이런 관점에서 보면 우주 파편 문제는 어쩌면 코즈의 해법이 통할 수 있는 조건을 갖춘 듯 보인다. 궤도 공간은 위성 회사, 발사체 사업자, 보험사, 우주 기관들 등 소수의 핵심 플레이어들이 좌우한다. 특히 이 중에는 군사 작전과 직결된 기관도 많다. 이들은 모두 안전한 우주 환경을 유지할 강력한 유인을 가지고 있다. 케슬러 증후군이 현실화될 경우 가장 먼저 피해를 입을 쪽도 바로 이들이다. 실제로 만약 오직 하나의 행위자만이 모든 궤도 공간을 통제하고 있다면 자신에게 피해가 돌아오는 걸 막기 위해서라도 모든 조치를 취했을 것이다.

하지만 코즈 정리가 작동하려면 명확한 재산권과 낮은 거래 비용이라는 두 가지 조건이 충족되어야 한다. 저궤도에서는 그 어떤 조건도 제대로 갖춰져 있지 않다. 사실 대부분의 현실도 크게 다르지 않다.

물론 우주 공간에 재산권이 완전히 없는 것은 아니다. 1967년 체결된 「우주 조약Outer Space Treaty」은 우주를 "인류 전체의 영역"이라 선언하면서도 각국이 발사한 물체에 대한 소유권과 책임은 인정하고 있다. 조약에는 이렇게 명시되어 있다. "당사국은 외기권이나 천체에 있는 자국의 물체에 대해 관할권과 통제권을 유지한다." 또한 정부가 아닌 민간 기업의 활동이라 하더라도 그 책임은 해당 국가가 진다.[29]

문제는 충돌 사고의 책임을 정확히 따지는 일이 거의 불가능하다는 데 있다. 수많은 충돌과 그 이전의 행위들이 복잡하게 얽혀 있기 때문이다. 여기에 안보 자산이 개입되어 있다면 파편 소유권을 인정하고 책임을 떠안으려는 주체는 더더욱 없어진다.[30]

게다가 저궤도에 진입하는 행위자가 많아질수록 협의는 더 어려워진다. 실제로 앞서 언급된 위성 충돌 사고 이후, 러시아는 해당 고장 위성에 대한 책임은 자신들에게 없으며 따라서 파편으로 인한 피해에 대한 법적 책임도 없다고 주장했다.[31] 이처럼 파편 문제에 수반되는 외부효과를 둘러싼 거래 비용은 지나치게 높다. 따라서 코즈의 해법이 작동하기엔 무리가 따른다.

이 모든 장애물에 부딪힌 전문가 중 일부는 상업 우주 산업이 빠르게 성장하고 대형 위성 군집이 우주를 점령해 가는 현실 앞에서 깊은 절망을 표했다. 존스홉킨스 응용물리연구소의 궤도 파편 전문가 마셜

카플란Marshall Kaplan은 이렇게 말했다.

> 이 확산은 이제 되돌릴 수 없습니다. 정화 작업은 너무 비쌉니다. …… 우주 강국들이 이 문제 해결을 위해 실질적인 조치를 취할 가능성은 거의 없습니다. …… 현실적으로 우리가 할 수 있는 건 없습니다. 감당할 여유도, 기술도, 협력도 없습니다. 누구도 비용을 부담하려 하지 않습니다. 우주 파편 정화는 '성장산업'이라지만, 고객이 없죠.
>
> 게다가 정치적으로도 불가능한 얘기입니다. …… 앞으로 10년 안에 획기적인 기술이 개발되지 않는 이상, 현실적인 정화 방법은 없을 겁니다.[32]

## 희망의 징후

하지만 이 책의 중심 메시지 중 하나는 민간 부문이 정부의 뒷받침만 있다면 문제를 해결할 능력이 있다는 것이다. 기회가 주어지고 경제적 이해관계가 크다면 말이다. 2010년대에 우주 파편 문제를 둘러싸고 실망이 커지는 와중에도 몇몇 선구자들은 이미 진보의 씨앗을 뿌리고 있었다. 이 글을 쓰는 현재, 여전히 불확실성은 크지만 그 씨앗들이 싹을 틔우기 시작한 듯한 조짐이 보인다.

### 애스트로스케일

씨앗 중 하나는 오카다 노부Nobu Okada가 뿌린 것이었다. 그는 일본에서 자라며 우주 비행사를 꿈꿨다. 1980년대 후반 고등학생이던 그는 나사의 스페이스 캠프에 참가했고, 그곳에서 일본 최초의 우주 비행사 모리 마모루Mamoru Mohri를 만났다. 일본의 국민적 영웅이었던 모리는 오카다에게 짧은 손 글씨 메모를 남겼다. "우주는 당신 세대가 빛날 곳입니다."[33]

하지만 그 만남이 오카다에게 별을 좇는 평생의 여정을 선물하진 않았다. 그는 우주 비행사의 꿈을 접었다. "그때 이후로 우주에 대해서는 거의 잊고 지냈죠." 그는 훗날 자신이 쓴 책 『스페이스 앙트러프러너 Space Entrepreneur』에서 그렇게 회상했다. 도쿄대 졸업 후 그는 일본 재무성에 들어갔고 닷컴 버블 시기에는 미국으로 건너가 MBA 과정을 밟았다. 이때 그의 기업가 정신에 불이 붙었다. "거의 매주 두세 명씩 학업을 접고 창업에 뛰어들었어요." 그는 적었다.

졸업 후에는 금융권에서 일하다 IT 회사를 창업했고 기술과 특허권을 일본의 한 회사에 매각하기도 했다. 하지만 마흔이 가까워질 무렵 문득 이런 생각이 들었다. '나는 사회에 충분한 영향을 주고 있는 걸까?' 그는 이렇게 썼다. "전형적인 중년의 위기였죠."

그 고민은 어린 시절의 기억을 끌어냈다. 모리에게 받은 메시지와 우주를 꿈꾸던 자신. 그래서 그는 대부분의 사람이 상상만 하고 끝내

하지 못하는 일을 했다. 전혀 새로운 길을 걷기 시작한 것이다. "내 열정을 따라가기로 했어요. 내가 정말 하고 싶었던 건 우주와 관련된 일이었거든요."[34]

물론 그건 단순한 향수에서 나온 결정만은 아니었다. 그는 분명한 기회를 봤다. "우주 산업에도 '냅스터 순간Napster moment(디지털 음악을 모두가 쉽게 이용하게 만든 파일 공유 서비스에서 비롯된 표현, 폐쇄적 산업이 대중화되는 전환점을 뜻함-옮긴이)'이 올 거라 확신했어요. 제한된 소수만 누리던 서비스가 한순간에 모두의 것이 되는 시점이요. 그리고 그건 바로 지금이었죠. 수많은 '스페이스 앙트러프러너'들이 등장할 테고 저도 그중 하나가 되고 싶었습니다."[35]

문제는 그가 우주 산업에 대해 아무것도 몰랐다는 것이었다. 그래서 그는 콘퍼런스를 기웃거리며 전문가들에게 말을 걸었다. 알면 알수록 우주 파편 문제에 대한 우려가 커졌다. 모리가 말한 대로 다음 세대가 우주에서 빛날 수 있으려면 각국 정부나 우주 기구, 민간 기업이 이 문제부터 해결해야 했다. "아무도 이 문제를 해결하지 않았다는 걸 알고 '그래, 내가 들어가야 할 분야는 이거구나' 싶었죠."

하지만 그는 자신의 무경험이 걱정되었다. 그래서 한 우주 기업의 전문가에게 조언을 구했다. 그는 이렇게 조언했다. "회사부터 세우세요. 우주 산업에는 우주에 열정이 있으면서도 다른 산업에서 일한 경험이 있는 사람이 필요합니다." 그렇게 몇 달 뒤인 2013년, 오카다는 자신의 자산 20만 달러를 투자해 애스트로스케일을 설립했다.

오카다의 우주 파편 여정은 단순한 구글 검색으로 시작됐다. "위성 개발." 그는 관련 학술 논문을 300편 넘게 읽었고 그 논문의 저자들에게 모두 연락해 직접 만나러 다녔다. "지금 생각하면 너무 부끄러워요. 그런 기초적이고 엉뚱한 질문을 전문가에게 했으니 말이에요."[36] 그는 파편 문제의 위험성과 기존 정책 대응을 배우며 이런 결론을 내렸다.

> 능동 파편 제거 문제는 기술, 법, 자금이라는 삼각지대에 갇혀 있었어요. 기술자는 자금 없이는 개발을 못 하고, 법률가는 어떤 기술이 쓰일지 모르니 법을 못 짜고, 투자자는 기술과 법이 먼저 나와야 돈을 댄다고 했죠.[37]

오카다는 이 교착 상태를 풀 수 있는 실마리를 발견했다. 대형 위성 군집을 띄우려는 회사들은 결국 위성을 정비하거나 폐기해야 했다. "사후 폐기 실패율이 10%라고 가정해 보죠. 그럼 위성 1천 기를 쏘는 회사는 최소한 수십 기에 대해 비상 제거 작업을 해야 할 겁니다."[38]

만약 애스트로스케일이 효과적이면서도 저렴한 기술을 입증해 낸다면 이런 회사들이 실제로 돈을 주고 서비스를 구매할 수 있게 된다는 뜻이었다. 게다가 유엔의 평화적 우주 이용 위원회UN COPUOS 같은 국제 기구가 단순한 완화 방안이 아니라 실제 제거 규정을 의무화할 가능성도 있었다. 그렇게 되면 수요가 생기고 우주 정화 서비스라는 시장도 형성될 수 있는 것이다.

애스트로스케일은 이 문제에 대한 접근 전략을 세 갈래로 정했다. 1) 비용 효율적인 제거 기술 개발, 2) 그 기술이 사업적으로 타당함을 입증, 3) 우주 파편 관련 국제 정책 논의에 참여하고 장기적으로는 방향성 형성에 기여.

무엇보다 먼저 해야 할 일은 실제로 파편 제거가 가능할 뿐 아니라 경제적으로도 수지가 맞는 기술을 개발하는 것이었다. 일부 대학에서 로봇팔로 위성을 잡는 등의 개념적 연구가 있었지만 실험실 바깥으로 나온 적은 없었다.

애스트로스케일 역시 여러 아이디어를 실험했다. 그중엔 '접착 위성 sticky satellite'이라는 것도 있었다. 말 그대로 죽은 위성에 달라붙어 궤도에서 끌어내리는 방식이었다. 하지만 결국 이들은 자석을 활용하는 방향으로 방향을 잡았다. "죽은 위성에 접근해서 도킹하고 안전하게 제거하는 위성을 만든다는 건 정말 어려운 일이었어요." 오카다는 말했다.[39] "민간 기업이 이런 걸 시도한 건 처음이었죠."

우주 비행은 그 위험성과 도전성이 너무 커서 어떤 기업가라도 의지를 시험받게 된다. 오카다도 마찬가지였다. 2017년 말, 4년 동안 준비한 끝에 애스트로스케일의 첫 번째 위성이 마침내 발사대에 섰다. "저는 블라디보스토크 근처 보스토치니 우주기지에 있었고, 도쿄에 있는 팀이 대기 중이었어요. 우리는 엄청난 돈을 썼고 투자자들과 언론도 지켜보고 있었죠. 그 순간이 진짜 시험대였어요. 애스트로스케일이 사업으로서 살아남을 수 있을지, 아닌지를 가르는 순간이었죠."

운명은 그날 노부 오카다에게 가혹했다. 발사체는 실패했고 애스트로스케일의 첫 번째 위성을 포함한 모든 탑재체가 파괴됐다. 4년간의 노력이 한순간에 날아갔다. "그날은 정말 수많은 걱정이 몰려왔어요." 오카다가 회상했다. "제일 걱정됐던 건 팀이었어요. 정말 지치지도 않고 끝까지 버텨 줬거든요." 실망해서 동기를 잃거나 회사를 떠나 버리는 건 아닐까 걱정했다. "하지만 도쿄로 돌아가 보니 오히려 팀이 저를 걱정하고 있었어요." 그가 말했다.

첫 위성의 손실은 뼈아픈 일이었지만 애스트로스케일은 무너지지 않았다. 오카다와 팀은 사명이 그만큼 중요하다고 믿었다. 불과 1년 만에 1억 달러가 넘는 자금을 유치하며 회복 궤도에 올랐다.

실패 후 4년 뒤, 애스트로스케일의 위성이 작은 시험용 위성에 접근해 자력을 이용한 도킹에 성공했다. 우주에서 자력 도킹 메커니즘을 처음으로 입증한 것이다. 이후 유럽우주국ESA과 계약을 맺고, 궤도를 떠도는 고장 위성을 제거하는 임무를 수주했다. 임무는 2026년으로 예정돼 있다.[40]

또한 일본우주항공연구개발기구와 협력해 우주 궤도를 떠도는 로켓 잔해나 고장 위성을 근접 관측하기 위한 위성 발사에도 착수했다. 2024년 6월, 애스트로스케일의 영상 관측 위성이 15년간 궤도에서 표류하던 로켓 본체에 접근해 영상을 촬영했다. 이로써 대형 파편이 우주에서 어떻게 움직이는지 데이터를 수집할 수 있게 됐다.[41] 애스트로스케일은 이 관측 임무를 통해 수많은 상단 로켓이 저궤도를 떠도는 현실을 바꿔 나갈 기반을 다지겠다는 목표를 세웠다.

모든 게 계획대로 흘러간다면 애스트로스케일은 위성의 '수명 종료' 서비스를 민간 시장에도 제공할 수 있게 된다. 회사는 이미 미래 우주 경제의 중요한 관리자로 발돋움하기 위한 기반을 쌓아 왔다. 그들의 전략도 더 이상 '죽은 위성 수거'에 머물지 않는다. 이제는 위성 수명 연장, 연료 보급 같은 기술까지 확대하면서 우주의 환경 안전을 선제적으로 관리하는 쪽으로 방향을 잡았다.

"우리는 우주 궤도 정비 서비스를 마치 지상의 쓰레기 수거나 도로 정비처럼 일상적인 일로 만들고 싶어요." 오카다는 이렇게 말했다. "죽은 위성을 치우거나 위성의 수명을 연장했다는 이유로 뉴스에 나오지 않는 날이 오길 바랍니다."

애스트로스케일의 엔지니어들이 우주 기술을 만드는 동안 다른 팀은 우주 정책을 움직이고 있었다. "규제를 조금만 바꾸는 것도 정부 입장에서는 굉장히 오래 걸려요." 오카다는 설명했다. 애스트로스케일은 일본, 영국, 미국에 정책 대응 팀을 꾸렸다. 우주 파편 문제에 대한 사회적·정책적 인식을 높이기 위해 세계 곳곳에서 열리는 콘퍼런스에 참석하고 다양한 초청에 응했다. 심지어 하버드 경영대학원 교수에게서 사례 연구로 초청을 받은 적도 있다.

초창기 그는 "2주에 한 번꼴로 어딘가에서 강연을 했다"고 한다. 이유는 간단하다. "기존 우주 기관들, 예를 들어 나사 같은 곳은 국민의 정치적 의지에 따라 움직일 수밖에 없거든요. 국민이 세금을 써서 해야 할 가치가 있다고 생각해야 그 일을 계속할 수 있어요. 그런데 우주 파편 문제는 아직 인식이 너무 부족해요. 그래서 정부가 예산을 안 쓰는 겁니다."

"끝없는 도전이었고 때로는 스트레스도 컸어요." 오카다는 애스트로스케일의 지난 10년을 그렇게 돌아봤다. "하지만 그만큼 보람도 컸습니다."

애스트로스케일은 지금까지 3억 8천만 달러 이상을 유치했고, 직원 수도 다섯 나라에 걸쳐 500명을 넘어섰다. 2022년에는 〈타임〉이 선정한 '세계에서 가장 영향력 있는 100대 기업'에 이름을 올리기도 했다. 기술적, 법적, 재정적 삼중고 때문에 우주 지속 가능성이 막혀 있다는 '삼중 딜레마' 개념을 처음 제기한 지 10년 만에, 오카다와 애스트로스케일은 정말 바위를 쐐기로 깨는 듯한 도전을 해낸 셈이다(바위도 작은 쐐기로 깰 수 있다'는 일본 속담이 그의 좌우명이었다).[42]

그렇다고 이것만으로 '케슬러 증후군'을 막을 수 있을까? 오카다는 고개를 저었다. "아니요. 우주 파편 문제는 오히려 더 심각해지고 있어요." 그는 말했다. "사람들은 위성에서 나오는 데이터와 정보에 점점 더 많이 의존하고 있어요. 그러니 이런 수요를 충족시키려고 더 많은 기업이 위성을 쏘아 올리고요."

위성이 늘어나면 파편도 늘어나고 그 속도는 점점 더 가팔라지고 있다. "우리가 우주를 개발하고 활용해 나가는 이 시점은 정말 중대한 전환점에 와 있습니다." 오카다의 말이다.

## 우주 공유지를 지키는 법

애스트로스케일의 이야기를 읽은 뒤라면 우주 파편 문제에 대해 낙관해야 할지 비관해야 할지 혼란스러울 수 있다. 하지만 노벨상을 받은 또 다른 인물, 엘리너 오스트롬Elinor Ostrom이라면 이 이야기에서 희망을 봤을지도 모른다. 오스트롬은 잘 작동하는 정부나 시장이 없어도 사회가 공유지의 비극을 피할 수 있다는 사실을 증명해 냈다.

방법이 무엇일까? 여러 디테일이 있지만 핵심은 '규범norm'에 있다. 사람들끼리 규칙과 집행 방식을 정하고 이에 협력하기만 한다면 오스트롬이 말한 '다중 중심 거버넌스polycentric governance'를 실현할 수 있다. 단일 권력 중심이 아닌 방식으로 협력하면서 한정된 공동 자원을 효율적으로 이용할 수 있다는 뜻이다.[43]

이 다중 중심 거버넌스의 초기 징후는 오늘날 우주 산업의 여러 주체가 우주 파편의 위협을 제한하는 규범을 자발적으로 만들어 가는 모습에서 찾을 수 있다. 애스트로스케일 같은 스타트업들은 고객이 파편 위험을 줄일 수 있게 도와주는 비즈니스 모델을 만들고 있다. 동시에 이를 통해 우주 공간에서 책임 있게 행동하는 데 드는 비용을 전체적으로 낮추고 있다.

레오랩스LeoLabs는 전 세계에 레이더망을 구축해 위성 운용자들이 자신들의 위성 군집을 더 잘 관리할 수 있도록 돕고, 정부 기관이 저궤도 상황을 더 정밀하게 파악할 수 있도록 도왔다. 스페이스X와 미국 국방부도 그들의 고객이다. 스타피시 스페이스Starfish Space 같은 회사들은 위성이 다른 위성에 안전하게 접근해 궤도를 바꾸거나 대기권에 진입시킬 수 있도록 하는 하드웨어와 소프트웨어를 개발 중이다.

오빗팹Orbit Fab은 우주에서 위성에 연료를 재보급할 수 있는 '주유소'를 개발하고 있다. 이는 위성의 수명을 연장하고 회피 기동 등 궤도 내 기동 능력을 높이기 위함이다. 이런 접근의 핵심은 '파편 제거'가 좋은 사업이라는 인식을 확산시키는 데 있다. 이는 곧 업계 전체의 기본 기대치로 자리 잡게 될 것이다.

이들 대부분의 스타트업은 정부로부터 직접적 지원을 받고 있다. 기술 개발 초기 단계의 자금 지원, 초기 고객 역할, 혹은 두 가지 모두 포함된다. 스타트업 입장에서는 고객이 기꺼이 돈을 낼 법한 서비스를 만들기까지 시간이 걸리고 자금이 필요하므로 초기에 정부 지원은 필수적이다.

정부 입장에서도 득이 있다. 고객으로서 자국의 우주 자산을 더 안전하게 보호할 수 있고, 동시에 공동 자원인 우주 궤도의 수호자로서 이런 서비스의 확산을 촉진할 수 있다. 스타트업이 '규모의 경제' 곡선상에서 비용을 낮춰 가도록 지원해 주는 셈이다.

정부뿐 아니라 다자 기구와 비영리 단체도 규범을 세우려는 다양한 움직임을 보이고 있다. 법적 구속력을 지닌 규제들도 포함된다. 2022년 미국 연방통신위원회FCC는 위성 운용자에게 임무 종료 후 5년 이내에 위성을 안전하게 처분하라는 새로운 규정을 도입했다. 이는 수십

년간 유지되던 '25년 규칙'을 대폭 단축한 조치였다.[44]

2023년에는 위성을 제대로 퇴역시키지 못한 혐의로 디시 네트워크DISH를 벌금 15만 달러에 처했다. 사실상 우주 쓰레기에 대한 첫 과태료이자, 액수로 봐도 꽤 무거운 처벌이었다. 미 연방통신위원회가 파편 문제에 대해 진지하게 나서고 있음을 보여 준 사례였다.[45]

같은 해 미국은 자국의 대對위성 파괴 실험을 중단하겠다고 공식 선언했으며, 유엔은 이에 동참할 것을 촉구하는 결의안을 통과시켰다.[46] 세계경제포럼WEF도 민간 우주 기업 리더들을 모아 우주 산업 전체의 규범과 모범을 세우기 위한 논의를 이어 가고 있다. 이 모임에는 액시엄, 플래닛, 보이저, 애스트로스케일을 비롯한 20~30개 기업의 CEO들이 참여했다.

규범 형성과 유지라는 전략이 실제로 효과를 내고 있다는 신호도 감지된다. 일부 위성 군집 기업들은 점점 더 책임 있는 행동의 중요성을 인식하고 있다. 스페이스X는 자사 위성의 회피 기동 기준을 나사보다 10배나 엄격하게 설정해 뒀다. 더 극적인 사례도 있다. 스페이스X는 스타링크 위성 약 100기에 결함이 발견되자 2천5백만 달러에 달하는 제작비를 감수하고도 이 위성들을 자발적으로 대기권에 진입시켰다. 파편화를 막기 위한 선제적 조치였다.[47]

미쓰비시Mitsubishi는 애스트로스케일과 함께 자기 도킹 장치를 내장한 위성을 공동 개발하고 있으며, 원웹의 대부분 위성에도 애스트로스케일의 자기 도킹 장치가 탑재되어 있다. 원웹의 창립자 그렉 와일러

Greg Wyler는 말했다. "내 묘비에 '세상을 연결한 사람'이라고 써야지, '우주 쓰레기를 만든 사람'이라고 써선 안 되잖아요."[48]

"세상에는 풀어야 할 문제가 많고 어떤 문제는 다른 것보다 훨씬 풀기 어렵습니다. 시장 실패로 생기는 문제는 시장 변화의 흐름을 포착하지 못해서 생기는 문제보다 훨씬 다루기 어렵죠. 그리고 그중에서도 공유지의 비극에서 비롯된 문제는 제일 어렵습니다. 저는 지금이야말로 민간 부문이 나서서 국제적 기준을 만들고 우주 이용 방식을 새롭게 정의하며 재설계할 시점이라고 믿습니다. 지금 당장은 그 기준이 꿈처럼 느껴질 수 있겠지만 저희 애스트로스케일은 민간의 비즈니스 관점을 통해 그 여정을 앞당길 수 있다고 믿습니다." 오카다의 말이다.[49]

요컨대 우주는 넓지만 우주 산업은 아직 작다. 그리고 책임 있는 행동이라는 규범을 세우는 일은 모든 이해관계인에게 이익이다. 소수의 주요 업체가 "규범을 따르는 이들과만 거래하겠다."라고 선언하면 그 규범의 확산 속도는 훨씬 더 빨라질 것이다.

애스트로스케일과 여러 기업은 바로 그 도미노를 쓰러뜨리는 데 도전하고 있다. 그리고 아직은 늦지 않았을 수도 있다. 2023년, 나사 기술·정책·전략국은 보고서를 통해 우주 파편으로 인해 위성 운용자들이 지출하는 연간 총비용이 5천8백만 달러에 불과하다고 추산했다. 불과

10년 전에 상상하던 최악의 시나리오보다는 훨씬 낮은 수치였다.[50]

물론 이 모든 낙관론을 보장처럼 받아들이면 안 된다. 우주 파편의 위험을 이해하고 완화하려는 능력은 분명 나아지고 있지만 지구 궤도를 떠도는 쓰레기들은 여전히 '우박 폭풍'처럼 위협적이다. 지금도 그 수는 늘고 있다. 우주 파편은 지구 저궤도에서 영구적인 우려 요소로 남을 가능성이 높다.

따라서 정부의 개입이든, 코즈의 이론에 기댄 시장 협상이든, 오스트롬의 다중 중심 거버넌스든 간에 조정은 반드시 필요하다. 최악의 기후 변화 시나리오가 몇몇 국가의 협력 거부로 인해 발생할 수 있듯 파편 문제를 해결하려면 모두가 협력해야 한다. 공공과 민간이 손을 맞잡아야만 우주라는 공간에서 우리가 직면한 위험을 이겨 낼 수 있다. 위험이 크다는 사실이 어쩌면 역설적으로 우리가 희망을 가질 수 있는 가장 큰 이유일지도 모른다.

9장

# 시장 지배력: 경쟁과 혁신을 지키는 힘

Space to Grow

앞 장에서 본 것처럼 우주 파편 문제에 대응하는 일은 참여자가 많아질수록 더 어려워진다. 앞부분에서 살펴본 우주판 '사슴 사냥 게임' 사례에서도 마찬가지였다. 조율 실패는 플레이어들이 대어를 잡을 기회를 놓치게 만들었다. 이런 문제들은 바로 '탈중앙화'에서 비롯된다. 점점 더 많은 기업과 조직이 각자의 방향으로 움직일수록 협력은 어려워진다.

그렇다면 해결책은 시장의 집중화일까? 시장을 지배하는 한두 기업이 등장하면 부정적 외부효과와 긍정적 외부효과 모두를 내부화하며 조율 역할까지 해 줄 수 있다는 주장이다. 외부효과란 한 기업의 활동이 파급 효과로 다른 기업에 의도치 않게 이득이나 피해를 주는 걸 말한다. 우주 산업처럼 기술적 진입 장벽과 고정 비용이 높은 분야에서는 시장이 자연스럽게 몇몇 기업에 집중될 수밖에 없다. 이런 맥락에서 보면 시장 집중은 어쩌면 피할 수 없는 흐름처럼 보인다. 심지어 매력적으로까지 보일 수 있다.

여기서 독자는 이렇게 반문할지도 모른다. 시장 집중, 심지어 독점이 우주 경제의 몇 가지 문제를 풀어 줄 수는 있겠지만 그렇다고 우리가 상업 우주 혁명의 가장 중요한 자산을 포기해야 할까? 바로 경쟁 말이다.

대부분의 사람은 경쟁의 힘을 체감하며 살아간다. 경쟁은 보통 우리를 더 나아지게 만든다. 경제학자들도 마찬가지다. 경쟁이야말로 시장을 건강하게 만든다고 본다. 실제로 1장에서 설명한 후생경제학 제1정리가 성립하려면 몇 가지 전제가 필요한데, 그중 하나가 경쟁이다. 경쟁은 혁신과 효율성을 유도하고 새로운 아이디어와 신생 기업이 등장할 기회를 만들어 준다.

책 서두에서 언급했듯이, 경쟁이 없다는 사실이 중앙집중식 우주 접근 방식의 가장 큰 취약점이었다. 상업 우주 혁명은 바로 그 점을 정면에서 뒤집었다.

그렇다면 우리는 앞으로 성숙해 가는 우주 시장을 어떻게 다듬으며 시장 집중이 가져올 이점과 경쟁이 주는 이점을 저울질할 수 있을까?

이 질문은 이론적 토론에서 그치지 않는다. 지금 이 순간에도 많은 이가 스페이스X가 사실상 우주 산업의 독점적 지위를 구축해 가고 있다는 우려를 품고 있기 때문이다.

## 우주 산업의 시장 지배력

아폴로 이후 40년 동안 나사는 민간 항공우주 계약자들과 '관리된 경쟁' 방식의 협력을 이어 왔다. 연방 규정에 따라 나사는 대부분의 계약을 공개 경쟁 입찰로 진행해야 했지만 일단 계약이 체결되면 해당 기업이 사실상 나사의 유일한 공급자가 되었다. 적어도 단기간에는 다른 대안이 없었기 때문에 결과적으로 독점 공급자가 되는 셈이었다.

반대로 나사 입장에서는 자신이 거의 유일한 고객이었기 때문에 '단일 수요자monopsonist'로서의 균형이 작동했다. 이는 국방부나 정보기관 등 미국 다른 주요 국가 안보 구매자들과의 관계에서도 마찬가지였다.

하지만 이런 구조는 균형이지, 진짜 경쟁은 아니었다. 결국 나사는 기대했던 수준의 혁신과 효율성을 계속 유지하지 못했다(1장에서 살펴본 바 있다). 구조 자체가 지속 불가능하다는 신호가 이어졌고, 이에 따라 정책 입안자들은 2000년대에 경쟁 기반 발사 계약 도입 등 여러 조치를 통해 방향을 바꾸기 시작했다.

이후 나사는 우주 정거장 물자 및 승무원 수송 프로그램을 비롯해 CLD(민간 저지구 궤도 정거장 개발), 아르테미스 프로그램의 달 착륙선 개발까지 여러 사업에 걸쳐 여러 기업과 동시에 마일스톤 기반 계약을 체결하기 시작했다. 이 과정 전체에서 '경쟁'은 구조 개혁의 핵심 원칙으로 자리 잡았다.

그 과정에서 미국 국방부도 같은 길을 따랐다.[1] 지금은 주요 발사 계약 대부분이 경쟁을 통해 이루어지고 있으며, 대형 로켓 회사부터 작은 스타트업까지 진입할 수 있는 길이 열렸다. 위성 분야에서도 국방부 산하 우주개발국Space Development Agency, SDA은 수십억 달러 규모의 저지구 궤도 위성망 구축을 목표로 '열린 경쟁'을 핵심 원칙으로 삼고 있다.

"전통적인 국방 계약 모델이었다면 이 위성망 사업은 한두 개 대형 방산 업체에 통째로 돌아갔을 겁니다." 오랫동안 국가 안보 우주 분야를 취재해 온 기자 산드라 어윈Sandra Erwin은 이렇게 지적했다. "하지만 상업 위성 시장의 잠재력을 활용하기 위해 우주개발국은 여러 업체에 나눠 발주하고 있습니다."[2]

이 새로운 접근은 놀라울 만큼 빠르게 우주 계약 업체들의 고착화된 위계 구조를 흔들었다. 시장 집중 현상도 함께 무너질 거라 예상한 사람도 많았을 것이다. 도전적인 스타트업들이 우후죽순 생겨나며 대형 업체에 맞서는 새로운 경쟁의 시대가 시작된 듯 보였으니까.

하지만 곧 스페이스X가 판을 지배하기 시작했다. 스타십, 스타링크(그리고 그 군사 버전인 스타쉴드Starshield), 아르테미스 프로그램의 핵심 참여자, 화성 정착 구상까지 스페이스X는 우주 활동의 거의 모든 프런티어를 포괄하는 수직적 통합 전략을 펼치며 자신이 진입한 영역에서는 누구도 따라올 수 없는 존재처럼 여겨지기 시작했다.

혹시 '우리가 단지 한 지배 세력을 다른 지배 세력으로 바꾼 것뿐이라면 어쩌지?'라는 의문을 품게 되었다면 결코 혼자만의 생각은 아닐 것이다.

일단 로켓 발사 분야부터 보자. 2023년 기준으로 스페이스X는 무려 98회의 발사를 수행했고 이는 미국 전체 발사의 84%, 전 세계가 우주로 보낸 총 적재 질량의 80% 이상을 차지했다.[3] 2024년에는 팰컨 9 로켓을 140회 이상 발사하며 사상 최대 연간 발사 기록을 경신했다. 《월스트리트 저널》은 이렇게 보도했다. "일론 머스크의 스페이스X, 로켓 발사 분야에서 '사실상 독점' 상태."[4]

블루 오리진, ULA, 로켓랩, 렐러티비티 등 다른 상업용 로켓들도 몇 년 안에 팰컨 9에 도전하려 하지만 이들이 본격 궤도에 오를 즈음이면 스페이스X는 이미 그다음 단계인 스타십으로 도약하고 있을 것이다. 성능과 비용 면에서 압도적인 이 차세대 로켓이 본격화되면 격차는 더 벌어질 가능성이 크다.

이 같은 발사 시장에서의 압도적 지위 덕분에 스페이스X는 이제 궤도 위와 그 너머로 야심을 확장하고 있다. 스타링크 위성은 2019년에야 처음 발사됐지만, 2025년 중반 현재 벌써 6천 기 이상이 궤도에 올라 있으며 이는 전체 위성 수의 절반 이상을 차지한다.[5] 스페이스X는 최종적으로 4만 2천 기 규모의 위성망을 목표로 하고 있으며 이는 아직 시작 단계에 불과하다.[6] 위성망이 완성되지도 않았지만 스타링크는 이미 99개 나라에서 300만 명 이상의 고객을 확보했다.[7]

연간 수익은 수십억 달러 수준으로 추정되며 일부 전문가에 따르면 50억 달러를 넘었을 가능성도 있다. 이는 2위 경쟁사인 원웹보다 한 자릿수 큰 차이다.[8] 업계는 아마존의 위성 인터넷 프로젝트 카이퍼가 경쟁자로 부상하길 기대하고 있다. 하지만 지금까지 아마존은 겨우 두 기의 카이퍼 시험 위성만 쏘아 올렸을 뿐이고, 그 사이 스페이스X는 해마다 2천 기 이상을 발사하고 있다.

스페이스X의 지배력은 여기서 끝이 아니다. 현재 우주 비행사를 정기적으로 태우고 궤도로 올릴 수 있는 상업용 유인 우주선은 스페이스X의 드래곤 캡슐이 유일하다. 이 회사는 나사가 선정한 달 착륙 임무 계약의 첫 번째 수주 업체이기도 하다. 국방부 위성 발사 계약에서 스페이스X는 세 곳 중 하나로 선정됐지만 경쟁사인 블루 오리진은 아직 로켓을 발사조차 못 했고, 나머지 하나인 ULA는 매각 절차에 들어간 상태다.

2024년 초에는 스페이스X가 미국 정보기관을 위해 기밀 정찰 위성을 개발하는 계약을 체결했다는 보도가 나왔는데 그 계약 규모는 18억 달러에 달했다.[9] 이는 우주 산업의 또 다른 축인 지구 관측 분야로도 사업 영역을 확장하고 있음을 보여 준다.

한마디로 현재 우주 산업에서 스페이스X와 어깨를 나란히 할 회사는 없다. 그리고 스페이스X는 그 누구보다도 빠르게 움직이고 있다. "스페이스X는 진입한 거의 모든 분야에서 지배적인 위치를 점해 왔습니다." 에릭 버거는 말했다. "우려스러운 점은 아직도 이 지배력을 견제할 만한 경쟁자가 등장하지 않았다는 것입니다."[10]

이제 우리는 묻게 된다. 스페이스X의 시장 지배력이 상업 우주 혁명의 싹을 꺾고 있는 건 아닐까?

## 독점이 가진 위험

실질적인 경쟁이 사라지면 적어도 두 가지 문제는 피할 수 없다.

첫째, 다수의 경쟁자 가운데 하나로 움직이는 기업과 달리 독점기업은 가격을 스스로 정할 수 있는 권한을 가지며, 그 결과 소비자와 사회는 더 많은 돈을 내고도 더 적은 가치를 얻게 될 수 있다.[11]

둘째, 경쟁자들과 맞붙는 구조가 아니라면 독점기업은 현재의 지위가 안정적인 한 굳이 스스로 애쓸 이유가 없다. 혁신보다는 정체에 머무를 가능성이 높아지는 것이다. 결국 독점은 지금 이 순간에는 높은 가격을 통해 그리고 미래에는 혁신 부족을 통해 사회 전체에 비용을 전가할 수 있다.

하지만 현실 세계에서 실제 독점이 사회에 어떤 영향을 미치는지 판단하는 일은 훨씬 복잡하며 그런 상황에 어떤 조치를 취해야 할지 결정하는 일은 더더욱 어렵다. 많은 지배적 기업은 소비자에게 '적게 주고 많이 받는' 방식이 아니라 '더 많이 주고 더 적게 받는' 방식으로, 정체가 아닌 혁신을 통해 시장 지위를 확보해 왔다. 좋은 예가 자주 논쟁의 대상이 되는 기업, 구글이다.

미국 정부는 2023년 이 거대 기술 기업이 시장 지배력을 남용해 잠재적 경쟁자들을 부당하게 짓눌렀다고 주장하며 소송을 제기했다. 여론 조사에 따르면 점점 더 많은 미국인이 구글이 지나치게 큰 영향력을 쥐고 있다고 느꼈다.[12] 하지만 대다수 미국인은 대안이 있음에도 여전히 구글의 제품을 선택하고 있다.[13] 즉 구글처럼 지배적 위치를 향해 나아가는 과정에서 오히려 소비자와 사회 전체에 실질적인 혜택을 제공하는 경우도 있으며, 이는 우리가 일반적으로 독점에 대해 갖는 두려움과는 정반대다. 이런 기업에 과도하게 규제를 가하면 다음 세대의 파괴적 혁신가들이 그 길을 따르기를 꺼릴 수도 있다.

벤처 투자자 피터 틸은 "자본주의와 경쟁은 정반대 개념이다."라고 말한 바 있다.[14] 이 발언은 자극적이지만 독점과 혁신의 복잡한 관계를 압축적으로 보여 준다.

결국 독점의 영향을 어떻게 판단할지는 우리가 상정하는 반대 상황 counterfactual에 전적으로 달려 있다. 예를 들어 구글이 존재하지 않는 세상이 더 나았을까? 이것이 바로 지배적 기업에 대한 규제를 주저하는 사람들이 던지는 질문이다. 반면 구글이 보다 진정한 경쟁을 마주했더라면 세상이 더 나았을까? 이것은 규제에 보다 열려 있는 쪽이 던지는 질문이다.

다시 말해 그 지배적 기업은 '새로운 가치'를 만들어 사회에 보탬이 되었는가, 아니면 '이미 존재하던 가치'를 독점했을 뿐인가? 그 기업은 파이를 키운 다음 그중 일부를 가져간 것인가, 아니면 기존 파이에서 더 많은 몫을 차지해 남들 몫을 줄인 것인가? 하고 묻는 것이다.

이런 독점의 효과에 관한 논쟁은 단지 경제학적 논점에 그치지 않는다. 예컨대 구글에 비판적인 미국인들은 경제적 영향보다 사생활 침해, 정치 자금, 허위 정보 확산 등 사회 전반에 미치는 영향을 더 우려

한다. 이처럼 독점은 기술과 시장만의 문제가 아니라 사회 전체의 건강과도 맞닿아 있는 문제다.

이런 질문에 답하기 위해 반독점 당국은 방대한 양의 데이터와 복잡한 계량경제모델을 동원해 독점기업이 소비자 물가나 후생welfare에 미치는 효과를 추정하려고 한다. 이런 분석은 어느 분야에서든 어렵지만 특히 우주 산업처럼 역동적이고 기술 중심적인 분야에서는 훨씬 더 까다롭다.

세상은 스페이스X가 없는 편이 더 나을까? 아마 그렇지는 않을 것이다. 그렇다면 스페이스X에 더 많은 실질적인 경쟁이 존재했다면 세상이 더 나았을까? 아마 그럴 것이다. 스페이스X는 우주 경제의 판을 키웠는가? 분명히 그렇다. 그렇다면 스페이스X가 파이에서 가져간 몫은 나머지 모두의 몫을 줄였는가? 어떤 영역에서는 그렇고, 어떤 영역에서는 그렇지 않다. 단언하기는 어렵다. 이처럼 독점의 효과는 분명하지 않고 하나의 판단으로 쉽게 결론 낼 수 없다.

이 판단은 결국 우리가 누구에게 입증 책임burden of proof을 지우느냐에 달려 있다. 스페이스X를 지지하는 쪽에 그 책임을 지운다면, 즉 독점은 본질적으로 해롭고 그 해악이 명확히 측정되기 어렵다고 믿는다면 비교적 적은 증거만으로도 규제의 정당성을 확보할 수 있다. 반대로 스페이스X에 회의적인 쪽에 입증 책임을 지운다면, 즉 독점은 나름의 이유가 있기에 지위를 유지하고 시장은 스스로 조정된다고 믿는다면 훨씬 구체적이고 명확한 해악의 증거가 필요할 것이다.

이러한 시각 차이는 단순한 선입견의 문제가 아니라 경제가 어떻게 작동하는가에 대한 근본적인 철학의 차이이며, 이는 100년 넘게 미국 안에서 치열하게 맞서온 두 관점이다.[15]

이제 다시 본질적인 질문으로 돌아오게 된다. 우리는 스페이스X에 대해 걱정해야 할까? 그렇다면 무엇을 어떻게 해야 할까?

## 스페이스X의 역할을 어떻게 평가할 것인가

스페이스X의 존재가 지금 이 순간은 물론 앞으로도 전체 파이의 크기를 키우는 것 외에 다른 결과를 가져온다고 보기는 어렵다. 앞서 언급했듯 스페이스X는 발사 서비스와 위성 인터넷 연결 분야 모두에서 가격을 급격히 낮추고 공급을 늘렸다. 이는 일반적으로 우리가 독점기업에 대해 우려하는 전형적인 효과들과는 정반대다.

물론 이제 스페이스X는 가격 결정권을 일부 갖게 되었기 때문에 만약 실제로 경쟁이 존재했다면 지금보다는 더 효율적인 결과가 나왔을 가능성도 있다. 예를 들어 스페이스X는 인플레이션을 이유로 2022년 자사의 발사 가격(팰컨 9 한 차례 발사당 6천7백만 달러, 기존 6천2백만 달러에서 인상)과 스타링크 요금을 함께 올린다고 발표했으며, 이 서비스의 고객들은 별다른 대안 없이 가격 인상을 받아들일 수밖에 없었다.[16] 하지만 그럼에도 여전히 성능과 비용 면에서 스페이스X는 발사와 위성 인터넷 분야 모두의 선두 주자로 남아 있다.

더구나 우리는 이 회사가 혁신의 속도를 늦추고 있다는 신호를 전혀 발견하지 못했다. 따라서 전체 파이의 크기를 키우는 영향력 역시 줄어들고 있다고 보이지 않는다. 예를 들어 스페이스X가 스타십 개발을 결정한 일은 주목할 만하다. 팰컨 9은 이미 세계에서 가장 지배적인 발사체로 자리 잡아 가는 중이었고 스페이스X는 굳이 더 밀어붙이지 않고도 그 성공을 누릴 수 있었다. 그럼에도 회사는 완전히 새로운 로켓을 개발하기 위해 수십억 달러를 투입하기로 했다. 이는 매우 큰 리스크였고 일론 머스크도 그 사실을 알고 있었다. 머스크는 "스타십 같은 프로젝트 때문에 다른 조직들이 파산했다."라고 말한 바 있다.[17]

이처럼 스타십이라는 우주선 발사가 지닌 잠재력과 스페이스X가 그 개발을 위해 감수한 막대한 사업 리스크는 이 회사가 단순히 자신들의 몫만 지키려는 것이 아니라 실질적인 가치를 창출하고 있다는 강력한 증거로 보인다.

그렇다면 왜 스페이스X는 이미 업계를 선도하고 있음에도 여전히 이토록 빠르게 혁신하고 엄청난 리스크를 감수하며 나아가는 걸까? 비관적인 시각으로는 이렇게 해석할 수도 있다. 지금은 우선 시장 지배력을 키워 두고, 훗날 그 지위를 이용해 더 많은 가치를 뽑아내려는 전략이라는 것이다. 그러나 우리는 더욱 긍정적인 힘이 작용하고 있다고 본다. 단순한 수익 이상의 사명감에 기반한 헌신이다.

이러한 동력은 상당 부분 일론 머스크의 방식에서 비롯된 것으로 보인다. 월터 아이작슨이 2023년에 펴낸 『일론 머스크 전기』에 따르면 그는 특정 사업 전략이 아니라 세상을 바꾸는 목표를 중심으로 회사를 설립해 왔다. 스페이스X의 경우 그 목표는 인류를 다행성 종족으로 만드는 것, 다시 말해 화성에 정착하는 것이다. 3장에서 살펴봤듯 스페이스X의 현직 및 전직 직원들의 증언에 따르면 이 목표는 단지 구호에 그치지 않고 회사의 모든 주요 결정의 중심에 실제로 자리 잡고 있다.

아이작슨은 머스크가 오랫동안 매주 한 차례씩 화성에서의 삶이 어떤 모습일지를 구체화하는 회의를 열어 왔다고 전했다. 화성에 정착하려면 무엇보다 많은 사람과 물자를 저렴한 비용으로 심우주까지 옮기는 수단이 필요하다. 그래서 스타십처럼 저비용, 대량 수송, 완전 재사용이 가능한 로켓 개발에 집착하게 된 것이다.

물론 오늘날 대부분의 발사 고객은 화성에 큰 관심이 없을 수도 있다. 하지만 모두가 저렴한 발사에는 관심이 있다. 스페이스X가 이윤을 추구하지 않는다는 말이 아니다. 회사가 수익을 내는 사업을 구축하는 데 헌신하고 있다는 점은 분명하며, 시장 지배력을 활용해 경쟁자를 차단하려 할 가능성에 대해 걱정하는 것도 타당하다.

하지만 지금까지의 증거는 스페이스X가 대부분의 사람을 위해 파이를 키워 왔다는 사실을 가리킨다. 이 회사는 자사의 모든 발사 고객을 동등하게 대우한다고 밝혔고 이는 스타링크의 잠재적 경쟁자들까지 포함된다. 지금까지는 그 약속이 실제로 지켜진 것으로 보인다. 스페이스X는 원웹, 텔레샛 같은 경쟁 인터넷 위성망은 물론, 스타링크의 최대 잠재적 경쟁자로 꼽히는 프로젝트 카이퍼의 위성까지도 발사해주기로 했다.

다수의 우주 기업 임원과 창업자들은 스페이스X의 성공이 자신들의 사업을 가로막는 게 아니라 도와주고 있다고 말한다. 발사비 절감, 발사 기회 증가, 우주 서비스에 대한 수요 확대, 스타트업 투자와 인재 공급 증가 등 다양한 긍정적 파급 효과를 직접 체감하고 있는 것이다.

스페이스X와 직접 경쟁하려는 발사체 기업들조차도 이 회사가 업계 전체에 실질적으로 기여했다는 사실은 부정하기 어렵다. 만약 스페이스X가 초기에 실패해 파산했다면 그 이후의 자금 확보는 지금보다 훨씬 어려웠을 것이다.

이런 시각으로 바라보는 것도 가능하다. 만약 스페이스X가 정말로 경쟁자를 억누르려는 의도를 가졌다면 굳이 업계 전체를 이렇게 키우려 하지 않았을 것이다. 산업이 성장하면 다른 기업들이 진입 기회를 잡고 결국 그들을 위협할 수 있기 때문이다.

실제로 이 산업은 지금도 여러 잠재적 경쟁자를 키우고 있다. 아주 큰 곳으로는 아마존의 카이퍼 위성망과 블루 오리진의 뉴 글렌 로켓 및 기타 우주선이 있고, 더 작은 기업들로는 원웹, 로켓랩, 렐러티비티를 비롯해 지난 10년간 창업된 수많은 우주 스타트업이 있다.

하지만 이 새로운 우주 경제는 이제 막 시작 단계에 들어섰다. 앞으로 이 산업이 발전해 나감에 따라 중심에 선 기업 하나가 시장을 장악하는 구조에 대한 낙관적 시각은 여러 가지 우려로 인해 복잡해질 수 있다. 그것이 스페이스X든 다른 기업이든 마찬가지다.

첫 번째 우려는 지배적 기업이 가치를 창출하기보다 이를 가로채려 할 수 있다는 점이다. 예를 들어 경쟁 기업들이 특정한 한정 자원에 접근하지 못하도록 막는 방식이다. 이들은 발사 인프라를 독점하거나 데이터 송신을 위한 주파수를 과도하게 확보하거나 궤도상 혹은 달 표면 그 외의 지역에서 중요한 공간을 선점해 버릴 수 있다.

물론 실제로는 국제전기통신연합(ITU) 같은 규제 기관이 존재해 이러한 위험을 부분적으로 완화해 주고 있다. ITU는 세계 각국이 사용하는 주파수 대역과 궤도 슬롯을 조율하는 역할을 하며, 미국 내에서는 연방통신위원회가 파트너 기관으로 활동하고 있다.

수요가 증가함에 따라 주파수의 가격은 오르고 궤도 공간은 혼잡해질 수 있지만, 특정 기업이 자원을 비효율적으로 독점해 사용하는 것을 방지하기 위해 이런 제도적 장치들이 존재한다. 이들 기관은 시장 실패를 해결하기 위해 시장을 '정교화'하는 목적으로 존재하며, 비록 완전하지는 않더라도 사회가 독점기업의 지배력에 제동을 걸 수 있는 지렛대 역할을 해 준다.

두 번째 우려는 지배적인 우주 기업들이 제공하는 일부 서비스가 점차 공공 인프라처럼 되어 갈 수 있다는 점이다. 교통이나 전기·수도처럼 어떤 인프라는 하나의 사업자가 규모의 경제를 통해 운영할 때 가장 효율적인 경우가 있다. 경제학에서는 이를 '자연독점natural monopoly'이라 부른다. 이런 단일 공급자는 경쟁이 없기 때문에 규제가 필수적이며 그렇지 않으면 가치를 창출하기보다 독점적으로 가로채는 구조가 될 수 있다. 3장에서 언급했듯 규모의 경제는 스페이스X의 성공을 이끈 핵심 요인 중 하나이며, 특히 발사 분야처럼 우주 경제 내 일부 영역에서는 앞으로도 그 중요성이 지속될 것이다. 물론 지금 시점에서 그런 영역을 규제 대상으로 삼아야 할지를 판단하기엔 아직 이르다.

한편으로는 스타십의 예상 발사 단가와 실제 시장에서 스페이스X가 책정할 수 있는 가격 사이의 간극은 이 분야가 자연독점일 수 있다는 강력한 신호로 해석될 수 있다. 그러나 다른 한편으로는 발사체와 위성 분야 모두에서 경쟁자들이 여전히 수익성 있는 비즈니스 모델을 만들어 낼 가능성을 보고 있다는 점에서, 어느 기업도 오랫동안 안심할 수 없다는 반론도 가능하다.

마지막으로 스페이스X의 지배력이 문제시될 수 있는 또 하나의 이유는 바로 상업 우주 산업의 배경에 늘 깔려 있는 요소인 국가 안보 때문이다. 오랫동안 우주 기술은 미국의 국가 안보에 핵심적인 역할을 해 왔으며(12장에서 더 자세히 다룸), 상업 우주 산업의 부상은 이 안보 구조와 점점 더 밀접하게 얽히고 있다. 예컨대 위성은 전쟁, 정보 수집, 통신 등에서 직접적인 역할을 수행하는 동시에 경제 활동과 연결되어 간접적인 기반 인프라 역할도 하고 있다.

이처럼 국가 안보와 관련된 시장에서 단 하나의 기업에 의존하는 상황은 단지 경제적으로 위험한 수준을 넘어 전적으로 위험한 사태로 이어질 수도 있다. 나사 국장 짐 브리든스타인Jim Bridenstine은 "정부 독점보다 더 나쁜 건 정부가 의존하는 민간 독점이다. …… 우리는 모든 달걀을 한 바구니, 스페이스X 바구니에 담아 버린 셈이라 걱정된다."라고 말했다.[18] 그는 나사가 스페이스X에 지나치게 의존하고 있다는 점을 지적했지만 이 발언은 미국 국방부에 대한 경고로도 읽힐 수 있다.

실제로 스페이스X의 지배력이 커지면서 그 영향력은 전 세계 안보 구도에도 점점 더 깊게 스며들고 있다. 러시아가 우크라이나를 침공한 직후 스페이스X는 스타링크 단말기 수천 개를 우크라이나 정부에 보내 러시아군의 통신망 차단 시도에 맞서도록 지원했다. 이 단말기들은 곧 "전장의 통신을 떠받치는 필수 백본"이 되었다고 한 우크라이나 병사는 회상했다. 이는 상업 우주 산업이 기술 역량을 보여 줌과 동시에 불안정한 세계 정세 속에서 안보 자산으로 부상하는 현실을 잘 드러낸 사례였다.

그러나 전시 상황에서 스타링크가 맡았던 이처럼 중요한 역할은 동시에 국가 안보가 단 하나의 기업이나 한 사람에게 지나치게 의존할 때의 위험도 드러냈다. 아이작슨 전기에서 드러난 바에 따르면 머스크는 스타링크를 어디까지 작동시킬 것인지에 대해 직접 판단을 내렸고, 분쟁 지역인 크림반도 인근에서는 서비스를 제공하지 않기로 결정했다.

이 결정은 스타링크에 생명을 의지하던 우크라이나 군 관계자들과 병사들에게 갑작스러운 충격이었다. "우리는 전선에 가까이 있었어요. 그 경계를 넘자 스타링크가 작동을 멈췄죠. …… 통신이 끊기고 부대가 고립됐습니다. 공격 작전 중에는 특히 지휘관들이 각 대대의 정보를 실시간으로 받아야 합니다. 지휘관들이 라디오 수신 거리를 확보하려고 전장으로 직접 나가야 했어요. 목숨을 걸고요. …… 정말 혼란이었죠."[19] 한 병사가 회상했다. "지금 우리에겐 일론이 필요해요. 사람들이 죽어 가고 있어요." 당시 한 우크라이나 군 고위 관계자는 이렇게 말했다.[20]

스페이스X는 한때 국방부에 사실상 최후통첩에 가까운 요구를 전달하기도 했다. "우리가 추산한 대로 우크라이나 내 서비스를 유지하는 데 드는 연간 4억 달러의 비용을 국방부가 부담하지 않으면 서비스를 중단하겠다."라는 내용이었다.[21]

이 사건들은 상업 우주 산업이 현재 어떤 위치에 와 있는지를 명확히 보여 줬다. 《월스트리트 저널》은 "때로는 변덕스럽고 음모론에 경도되는 경향도 있는 민간 사업가이자 시민인 머스크가 전례 없는 방식으로 국제 분쟁에 결정적인 영향을 미치고 있다"고 보도했다.[22] 《뉴요커》도 "민간인이 국가 간 전쟁에서 이토록 구체적인 수준까지 영향력을 행사하는 일은 유례가 없으며, 미국이 특정 개인에게 이렇게까지 의존하게 된 일도 마찬가지로 전례가 없다"고 썼다.[23]

미국 상원 군사위원회 위원장 잭 리드Jack Reed 상원의원은 "심각한 국가 안보 리스크가 드러났다."라고 지적하면서, 스페이스X가 미국 안보에 수많은 이점을 제공해 온 것은 분명하지만 "그렇다고 일론 머스크나 그 어떤 민간인에게도 미국 안보에 대한 최종 결정권을 쥐게 해서는 안 된다"라고 강조했다.[24]

## 시사점

소수의 지배적 기업에 지나치게 우주 경제의 권력이 집중되면서 그 발전 속도가 늦춰지거나 왜곡되고 국가 안보의 선택지마저 제한될 수 있다는 가능성을 무시하는 것은 무책임한 일이다. 아무리 대담하고 혁신적인 기업이라도 시간이 흐르면 방어적으로 바뀔 수 있고, 그렇게 되면 가치를 창출하는 대신 가치를 가로채는 방향으로 전략을 전환하게 된다. 그런데 우주는 상업적·민간적 활용뿐 아니라 국가 안보 측면에서의 이해관계도 막대한 만큼, 경쟁과 다양화의 이점은 포기할 수 없는 가치다.

다행히 지금까지는 운이 좋았다. 우주가 급격히 성장 중인 경제라는 특성 덕분에 지배적 기업들의 인센티브 역시 사회 전체의 이익과 궤를 같이하는 구조였기 때문이다. 선도적인 우주 기업들은 성장을 늦춰 더 많은 몫을 차지하는 것보다 전체 파이를 키워 그중 일정 지분을 차지하는 편이 훨씬 더 이득이라는 점을 잘 알고 있다.

이런 조건들은 앞으로 우리가 나아가야 할 방향에 대한 단서를 제공한다. 즉 스페이스X가 지금처럼 역동성을 유지하도록 유도하면서, 동시에 유능한 대안이자 경쟁적 자극이 될 수 있는 다른 기업들도 적극적으로 장려해야 한다는 뜻이다. 놀라운 일은 아니지만 이는 현재 시점에서 나사와 미국 국방부 전략이 지향하는 바와도 정확히 맞아떨어진다. 스페이스X는 그들의 계획에서 핵심적인 위치를 차지하고 있지만 그와 함께 수많은 다른 기업도 장려되며 자금을 지원받고 있다.

우주는 앞으로 수많은 승자를 품을 수 있을 만큼 충분히 크다. 지금 해야 할 일은 앞서 성공한 기업을 억제하는 것이 아니라 다음 성공 사례들을 더 많이 만들어 내는 일이다. 돌아보면 한때는 성공 가능성조차 낮았던 스타트업이 이토록 산업을 혁신해 내고, 마침내는 누구도 넘볼 수 없을 만큼 강력해졌다는 사실 그 자체가 기쁘고도 건설적인 고민거리가 아닐 수 없다.

# 10장 메이드 인 스페이스: 나사가 키운 '메이드 인 스페이스'

Space to Grow

앞선 두 장에서는 시장 실패의 사례인 부정적 외부효과와 시장 집중을 살펴보고 정부가 이를 어떻게 완화할 수 있는지 논의했다. 하지만 시장 실패를 다룬다는 건 단지 부정적인 결과를 피하는 데 그치지 않는다. 긍정적인 효과를 포착하는 일도 못지않게 중요하다.

우주 활동 시장은 긍정적 외부효과로 가득하다. 한 기업이 창출한 가치가 시장에서 제대로 보상받지 못한 채 다른 기업에까지 전이되는 경우가 그것이다. 그중 일부는 기본적인 기술 혁신에서 비롯되며 선구자를 넘어 다수에게 가치를 가져다준다. 또 다른 일부는 새로운 하위 산업군을 탄생시키며 다양한 비즈니스 모델을 뒷받침한다.

그리고 앞서 여러 차례 언급했듯이 우주 산업의 많은 비즈니스 모델은 다른 우주 관련 비즈니스 모델의 성공을 전제로 성립한다. 발사 기업은 궤도에 올릴 가치 있는 탑재물을 가진 고객이 필요하고, 위성 기업은 데이터를 유의미하고 대규모로 활용할 수 있게 해 줄 파트너가 필요하다. 우주 정거장 기업은 시설을 활용해 실제 가치를 창출할 수 있는 고객 기업 없이는 존재할 수 없다.

이런 상호 의존성을 장애물이 아닌 선순환 구조로 바꾸는 일은 시장을 정교하게 다듬고자 하는 정부가 전통적으로 맡아 온 역할이다. 우주 쓰레기를 유발하는 활동에 세금이나 규제를 부과해 부정적 외부효과를 내부화하듯, 긍정적 외부효과가 큰 활동에는 보조금 등으로 지원함으로써 시장이 놓치는 가치를 실현할 수 있다.

물론 외부효과를 내부화하는 데 꼭 정부 보조금이 필요한 것은 아니다. 6장에서 살펴본 '사슴 사냥 게임' 사례를 기억할 것이다. 벤처캐피털, 인수합병, 기타 민간 부문의 기능들이 전략적 외부효과를 활용해 시장이 작동하도록 도울 수 있다. 그러나 우주 산업은 초기 투자 비용이 크고 긴 시간적 안목이 필요하며 근본적인 불확실성이 크기 때문에 민간 투자자들이 주저하는 경우가 많다. 그래서 때로는 정부의 개입이 필요하다.

이러한 경제 구조를 이해하면 오늘날 우주 경제의 또 다른 특징을 새롭게 바라볼 수 있다. 민간 혁명이 진정한가에 대한 의문을 품게 만드는 그 특징은 여전히 정부가 첨단 우주 기업의 주요 자금줄이라는 사실이다. 이것이 산업의 취약함을 보여 주는 신호일까? 우리는 그렇게 보지 않는다. 오히려 정부 자금이 여전히 중요한 역할을 하는 것은 자연스럽고 바람직하며 앞으로도 줄어들 가능성이 적다고 본다. 실제 역사도 그렇게 말해 준다.

다만 그 자금이 투입되는 방식은 최근 몇 년 사이 크게 바뀌었다. 정부 역시 민간 우주 혁명을 최대한 활용하려는 방향으로 전략을 수정하고 있기 때문이다.

## 민간 우주 산업을 위한 공공 부문의 자금 조달

역사적으로 정부는 자본 집약적이고 기술 집약적인 산업의 발전을 가속화하는 데 중요한 역할을 해 왔다. 오늘날 우리 사회에서 가장 핵심적인 기술인 철도, 항공기, 반도체, 인터넷 등은 모두 정부의 장려와 지원, 확산 덕분에 발전할 수 있었다.[1] 정부는 기술에 대한 초기 연구개발을 학계와 민간 부문이 함께 수행하도록 장려하면서 장기적인 사회적 가치를 창출하도록 유도했다.[2]

최근 경제학 연구에 따르면 제2차 세계대전에 대응해 정부가 기초 연구개발에 대규모로 투자한 결과는 전쟁 이후에도 민간 부문에 폭넓은 가치를 제공했다. 뿐만 아니라 당시 지원받은 기술 중심지들은 그 이후에도 더 많은 특허를 내고, 더 많은 산업 일자리를 창출하며, 더 많은 기업을 배출하는 등 혁신의 중심지로 자리 잡았다.[3]

가장 대표적인 예가 바로 실리콘밸리다. 최근 연구에서는 이 혁신의 요람이 단지 자유 시장의 힘으로 자연스럽게 생긴 것이 아니라 "방위부의 막대한 예산이 이 지역을 변화시켰다"는 점을 강조한다.[4] 즉 정부가 기술 개발에 자금을 지원하면 해당 기술만 앞당겨지는 것이 아니라 보다 폭넓고 지속적인 긍정적 효과, 다시 말해 긍정적 외부효과까지 유도할 수 있는 것이다.

우주 산업도 예외가 아니다. 우주 개발 초기부터 정부 자금은 민간 우주 계약 업체들의 중요한 원천이었다. 나사의 새턴 V 로켓은 대부분 보잉, 록웰Rockwell, 로켓다인Rocketdyne, 크라이슬러Chrysler 같은 기업이 제작했다. 아폴로 프로그램에만 2만 개 이상의 하도급 업체가 관여했으며 이들은 모두 정부로부터 일정 금액을 지급받고 산업 공급망을 구축해 나갔다.[5]

오늘날 가장 성공적인 민간 우주 기업인 스페이스X조차도 나사의 초창기 지원이 없었다면 존재하지 못했을 것이다(3장에서 살펴본 바 있다). 케네디 우주센터, 반덴버그 우주군 기지 같은 정부 시설은 물론, 팰컨 시리즈 발사체에 대한 정부의 계약이 스페이스X의 성장에 핵심적이었다. 일부 추산에 따르면 현재도 스페이스X 매출의 3분의 1 이상은 정부 계약에서 비롯된다.[6]

이 점에서 스페이스X는 오히려 일반적이다. 거의 모든 민간 우주 기업이 공공 부문의 자금을 한 번 이상 지원받은 경험이 있다. "민간 기업들이 우주를 대중화하는 데 상당한 진전을 이뤘다고는 해도 여전히 정부가 규칙을 정하고 대부분의 자금을 제공하며 우주 활동에서 중심적

역할을 유지하고 있다."[7] 미 공군 산하 에어 유니버시티Air University의 우주 전문가 스베틀라 벤이츠하크Svetla Ben-Itzhak는 말했다. 기술 프런티어에 가까울수록 정부 자금은 여전히 마중물이자 연료 역할을 한다.

하지만 정부 보조금과 지원이 무조건 마법처럼 작동하는 건 아니다. 단순히 돈을 많이 쓴다고 해서 우주의 긍정적 외부효과가 자동으로 실현되는 건 아니다. 공공 자원이 실질적인 성과로 이어지려면 그 자금이 어떤 기업, 어떤 활동, 어떤 기술에 배분되는지가 중요하다. 그리고 우주 산업이 빠르게 변화하면서 과거 우주 기업들이 정부의 지원을 받아 왔던 방식은 더 이상 유효하지 않을 수 있다.

다행히 지난 20년간 민간 우주 혁명이 일어나고 6장에서 살펴본 민간 자본 혁신이 뒤따르는 동안, 나사와 미 국방부도 자금 지원 방식에 혁신을 꾀해 왔다. 이들은 민간 투자자들이 초기에는 매력을 느끼지 못하지만 '상업화 가능성'을 가진 대담하고 혁신적인 스타트업을 지원하는 여러 자금 조달 수단을 도입하고 발전시켰다(이 장에서 다룰 SBIR 프로그램이 대표적이다).

이런 스타트업 대부분은 기술 프런티어를 개척하거나 현재로서는 나사와 국방부에만 유용한 능력을 구축하고 있지만, 향후 우주 활동이 더욱 확장되면 반드시 필요할 능력을 지닌 기업들이다. 이런 공공 자금 프로그램이 완벽하다고는 할 수는 없지만 시장이 혼자서 할 수 없는 부분을 보완해 주고 결국 시장에서 생존할 수 있을지에 따라 자금 지원을 조율하는 기능도 수행한다.

이처럼 공공 자금이 새로운 방식으로 작동하는 사례를 살펴보기 위해 우리는 우주 내 적층additive manufacturing 제조 분야의 선구자인 메이드 인 스페이스Made In Space 이야기를 소개하고자 한다. 이 스타트업은 설립 초기부터 최종 매각에 이르기까지 전 과정에서 나사의 지원을 받았다.

## 가져오지 말고 만들어라

메이드 인 스페이스(MIS)가 창업되기 훨씬 전부터 나사는 이미 3D 프린팅(적층 제조) 기술의 잠재력을 실현하기 위해 막대한 자금을 투입해 왔다.[8] 이 기술이 구현되면 '우주에서' 부품을 직접 만들어 쓸 수 있게 되므로 우주선 설계의 판을 새로 짤 수 있다는 기대가 컸다. 더 이상 로켓 화물칸에 맞게 부품 크기를 줄이거나 발사 시 발생하는 강한 진동을 견디게 만들 필요가 없어지는 것이다.

장기적으로는 우주 공간에서 자율적으로 제조할 수 있는 기술이 확보되면 우주의 철, 물, 귀금속 같은 자원을 활용할 수 있게 된다. 그렇게 되면 이 자원들을 지구로 가져와 가공하는 데 드는 막대한 에너지를 절약할 수 있다. 다시 말해 적층 제조는 '가져오지 말고 만들어라.'라는 새로운 패러다임의 가능성을 품고 있었다.[9]

국제 우주 정거장을 떠올려 보자. 지금까지 정거장을 구성하는 모든 부품은 지구에서 설계되고 제작·검증된 뒤에야 발사를 거쳐 궤도로 보내졌다. 이후 우주 비행사들과 로봇이 직접 조립하는 방식이었다. 그런데 혹여 우주에서 어떤 부품이 고장 나거나 사양에 맞지 않는다면 다시 수리하거나 폐기해야 했다. 엄청나게 비싼 쓰레기가 되는 셈이다.

만약 당시에 우주에서 저비용으로 대규모 적층 제조를 구현할 수 있었다면 나사는 국제 우주 정거장을 지구에서 완성해 발사하는 대신 대량의 원재료만 궤도로 보낸 뒤 그곳에서 직접 건설했을지도 모른다. 그렇게 했다면 설계의 자유도가 훨씬 커지고 성능은 끌어올리면서도 비용은 낮출 수 있었을 것이다.

게다가 국제 우주 정거장 보급 임무는 몇 달에 한 번씩만 이루어진다. 이 때문에 정거장은 중간에 생길 수 있는 고장이나 오류에 취약할 수밖에 없다. 나사의 해결책은 간단했다. 부품을 넉넉하게 비축해 두는 것이다. 국제 우주 정거장에는 예비 부품이 1만 3천 킬로그램 넘게 실려 있었고 지구에도 1만 8천 킬로그램 가까이 따로 보관돼 있었다. 그런데 과거 데이터를 분석해 보니 그 예비 부품의 95%는 단 한 번도 쓰이지 않았다.[10]

메이드 인 스페이스는 바로 이 '우주에서 3D 프린팅'을 실현하기 위해 세워진 기업이다. 그 이야기는 2009년 싱귤래리티대학교에서 시작된다. 당시 셔틀 우주 비행사 출신의 댄 배리Dan Barry는 이 대학의 교수였고 학생 세 명에게 이렇게 말했다. "국제 우주 정거장에 3D 프린터가 있으면 진짜 유용할 텐데."[11] 그 학생들이 바로 애런 케머Aaron Kemmer, 제이슨 던Jason Dunn, 마이크 첸Mike Chen이었다.

이들은 얼마 지나지 않아 오하이오주립대학교 학생인 마이클 스나이더Michael Snyder와 함께 메이드 인 스페이스를 공동 창업한다. 목표는 명확했다. 국제 우주 정거장에 3D 프린터를 올리는 것. 케머는 그때를 이렇게 회상했다. "우리는 늘 새로운 아이템을 찾는 연쇄 창업가들이었어요. 우주 개척에 기여하는 회사를 만들고 싶었죠."[12]

당시 국제 우주 정거장의 공급망은 말 그대로 '세상에서 가장 길고 복잡하고 비싼 공급망'이었다. 던의 표현대로였다. 나사의 분석에 따르면 국제 우주 정거장에 실려 있는 부품 중 30%는 플라스틱 재질로 현장에서 3D 프린터로 제작이 가능했다. 이들은 나중에는 플라스틱을 넘어서 복합 소재 부품(전체의 60%), 나아가 전자 부품까지 프린트하겠다는 계획을 세웠다.

초기 자금은 싱귤래리티대학교 벤처 펀드에서 소액 프리시드 투자를 받았고, 나사의 에임스 리서치 센터NASA Ames Research Center 안에 작은 사무실도 얻었다. 이후 나사가 지원하는 무중력 시험 비행에 참여하면서 본격적인 실험에 들어갔다.

하지만 첫 번째 3D 프린팅 시제품은 모두 실패했다. 첸은 말했다. "그래서 계속 손봤어요. 수정하고 테스트하고 또 고치고 다시 테스트했죠. 나중엔 그냥 처음부터 새로 만드는 게 낫겠다 싶더라고요."[13] 그렇게 해서 2011년 메이드 인 스페이스는 미세중력 환경에서 완전히 작동하는 자체 3D 프린팅 기술을 개발해 냈다.

이후 메이드 인 스페이스는 나사와 더욱 밀접하게 협력하게 된다.

첫 무중력 실험의 성공 이후 2012년 나사로부터 SBIR(소기업 혁신 연구 Small Business Innovation Research) 지원금을 받은 것이다. 이 프로그램은 첨단 기술을 가진 소기업들이 연구 결과를 상용화할 수 있도록 지원하는 프로그램으로, 1980년대 입법으로 만들어졌고 나사는 2000년대에 참여했다.[14] 이 지원 덕분에 메이드 인 스페이스는 나사와 민간 시장 모두를 겨냥한 제품 개발을 본격화할 수 있었다.

곧이어 메이드 인 스페이스와 나사 마셜 우주 비행센터NASA Marshall Space Flight Center는 국제 우주 정거장에 3D 프린팅 모듈을 설치했고, 2014년에는 국제 우주 정거장 사령관 배리 윌모어Barry Wilmore가 우주에서 사상 최초로 물건을 프린트했다.

그가 필요로 한 건 라쳇 렌치였다. "디자인부터 완성까지 5일 걸렸어요." 던은 말했다. "우주에서 뭔가 만들어서 사람 손에 쥐여 준 것 중에 이보다 빠른 사례는 없었죠. 만약 그가 화성에 있었어도 진행 방식은 거의 똑같았을 거예요."[15]

메이드 인 스페이스는 곧 SBIR 프로그램의 대표 성공 사례로 떠올랐다. 나사도 이 기업을 자주 홍보했으며 공공-민간 협력 모델을 통해 기술 개발이 얼마나 빨라질 수 있는지를 보여 주는 본보기로 활용했다. 아직 지구 저궤도에 3D 프린터는 하나뿐이었지만 업계는 메이드 인 스페이스에 큰 기대를 걸었다. 그들이 처음 만들어 낸 렌치 사진은 언론에 널리 퍼졌고 우주 제조의 새로운 가능성을 보여 주는 상징이 되었다.[16]

메이드 인 스페이스는 2014년 실험 성공 이후 우주 내 재활용 시스템 개발을 제안하며 SBIR 자금을 계속 지원받았다.[17] 나사는 2017년까지 SBIR을 통해 메이드 인 스페이스에 총 130만 달러를 투자했으며 회사는 4명 규모에서 45명 규모까지 성장했다.[18]

메이드 인 스페이스의 입장에서 보자면 나사와의 협력은 혜택과 도전 과제를 동시에 안겨 줬다. 메이드 인 스페이스의 전 CEO 앤드루 러시Andrew Rush는 나사와 일하면 신뢰할 수 있는 대형 고객이 생기고 안정적인 수익원이 확보된다는 장점이 있다고 설명했다.[19] 하지만 동시에 회사의 성장 계획을 확장하기보다는 나사의 마일스톤을 충족하는 데 집중해야 했다는 점도 분명한 한계였다. 민간 벤처 자본은 스타트업에게 빠르게 움직이고 과감히 시도할 것을 요구하지만, 공공 자금으로 일하는 메이드 인 스페이스는 명확히 정의된 제품을 차근차근 개발하는 방식을 택할 수밖에 없었다.

메이드 인 스페이스는 나사와의 협력을 계속 이어가며 우주 내 대형 구조물이나 안테나 같은 장비를 적층 제조로 제작하는 기술을 구상했다. 그러나 이 비전을 실현하려면 기존과는 다른 자금 모델이 필요했다. 나사의 티핑 포인트Tipping Point 프로그램 지원금은 이런 요구에 적합했다. 이 지원은 민간만으로는 개발이 어려운, 미래를 여는 초기 기술 탐색을 목적으로 만들어진 것이기 때문이다.[20]

메이드 인 스페이스는 2016년 아키나우트Archinaut 프로젝트의 초기 설계 단계 수행을 위해 2천만 달러 규모의 티핑 포인트 계약을 따냈다.

이 프로젝트는 궤도상에서 대형·복합 우주 시스템을 적층 제조, 결합, 조립하는 기술을 세계 최초로 실현하는 것을 목표로 했다.[21] 나사의 짐 로이터Jim Reuter 부국장은 아키나우트 프로그램에 대해 이렇게 말했다. "우주에서의 로봇 기반 제조 및 조립은 단연코 게임 체인저이며, 미래 우주 탐사의 핵심 역량입니다. 나사가 이 혁신적인 기술 개발을 주도함으로써 우리는 달과 화성을 향한 여정에서도 미국의 리더십을 이어갈 것입니다."[22]

나사는 이 비전을 적극 뒷받침하고자 2019년 메이드 인 스페이스에 약 7천4백만 달러 규모의 추가 티핑 포인트 계약을 수여했다. 해당 프로젝트는 OSAM-2(또는 아키나우트 원Archinaut One)로 불렸으며, 길이 10미터에 달하는 쌍둥이 태양광 패널을 우주 내에서 조립해 소형 위성에 탑재하는 내용이었다.

우주에서 태양광 패널을 직접 제작하는 것은 데모 프로젝트로서 자연스러운 선택이었다. 기존에는 장착된 작은 패널을 펼치는 방식이 일반적이었지만 이는 근본적인 한계가 있었기 때문이다. 메이드 인 스페이스는 자사 태양광 패널이 기존 방식보다 최대 다섯 배 더 많은 전력을 생산할 수 있을 것으로 기대했다.[23]

그러던 중 2020년 중반 이 이야기는 새로운 전환점을 맞는다. '복잡한 우주 탐사용 제품과 서비스의 원스톱 플랫폼'을 자처하며 몇 달 전 막 창립된 레드와이어Redwire라는 회사가 메이드 인 스페이스를 인수하겠다고 발표한 것이다.[24]

## 메이드 인 스페이스의 궤적

　메이드 인 스페이스의 이야기는 나사의 새로운 스타트업 지원 전략이 성공적으로 작동한 보기 드문 사례로 평가되기도 한다.

　몇몇 창업자가 최첨단 기술인 적층 제조를 우주에 도입하겠다는 열망을 품는다. 초기 자금을 받아 회사를 세운다. 나사는 그들에게 연방 시설을 개방하고 실험과 테스트를 돕는다. 그들은 기술을 다듬는다. 얼마 지나지 않아 국제 우주 정거장에서 최초로 공구 프린팅에 성공한다. 나사는 기술의 가능성을 높이 평가하며 SBIR과 티핑 포인트 계약을 통해 지원을 늘린다.

　그리고 창립 10년 후, 메이드 인 스페이스는 인수되며 우주 산업에선 보기 드문 '엑싯'을 이룬다. 레드와이어의 일원이 된 메이드 인 스페이스는 위성을 발사해 궤도 위에서 자율적으로 대형 구조 빔 두 개를 프린팅하고 그 위에 태양광 패널을 펼칠 준비를 한다. 만약 이것이 성공한다면 이는 우주에서 우주를 위해 직접 위성 부품을 제작한 첫 사례가 된다. '쏘지 말고 만들어라'는 접근은 10여 년 전 메이드 인 스페이스 창업자들이 처음 상상한 바로 그 미래였다. 이 이야기는 창업가의 비전을 공공 자원이 실현해 준 사례라 할 수 있다.

　하지만 조금 더 냉정한 시선으로 바라보는 것도 가능하다. 정부 자금이라는 것은 처음엔 공짜처럼 보일지 몰라도 사실은 그렇지 않다는 걸 모르는 사람은 없다. 앞서 앤드루 러시가 말했듯 정부 자금은 늘 복잡한 조건을 수반한다. 그 조건들은 회사의 전략을 제약하거나 젊은 스타트업의 성장을 더디게 만들 수 있다(2장에서 블루 오리진이 이런 이유로 독자 노선을 선택한 사례가 소개되기도 했다). 메이드 인 스페이스 덕에 우주 3D 프린팅 기술이 크게 진전된 건 사실이지만 전문가 대다수는 지금의 우주 제조 기술이 초기 기대에는 한참 못 미친다는 데 동의할 것이다.

메이드 인 스페이스는 창업 시점부터 인수 직전까지 민간의 실질적인 상업적 관심을 거의 끌지 못했다. 국제 우주 정거장에서 렌치를 출력해 대형 철물점 체인 로우스Lowe's와 제휴하는 식의 마케팅 사례는 있었지만 그 이상은 아니었다. 무엇보다 허탈했던 건 나사가 메이드 인 스페이스를 오랫동안 지원해 왔음에도 그 기술을 실질적으로 활용할 만큼 우주 내 제조 기술이 아직 충분히 발전하지 못했다는 점이었다. 나사의 열정과는 달리 OSAM-2 임무는 결국 비행 시연 전에 종료됐다.[25] 의미 있는 규모의 우주 제조는 여전히 '준비되지 않은 미래'였다.

메이드 인 스페이스는 나사의 초기 지원과 지속적인 지원 없이는 존재조차 어려웠을 수 있다. 하지만 동시에 나사에 너무 의존한 탓에 상업적으로 그리고 속도 면에서도 충분히 성장하지 못했을 가능성도 있다. SBIR 같은 프로그램이 상업적 잠재력을 평가 기준으로 삼는다고 하더라도 진짜 시장의 압박을 대신할 순 없다. 이제 메이드 인 스페이스가 레드와이어의 일원이 되었으니, 과연 민간 자본의 경쟁이 정부의 초기 지원이 열어 준 잠재력을 어디까지 밀어 올릴 수 있을지 지켜볼 수 있을 것이다.

## 벤처 정부

메이드 인 스페이스 사례는 수백 가지 사례 가운데 하나에 불과하다. 하지만 스타트업에 벤처 투자처럼 자금을 지원하려는 우주 기관들의 새로운 접근을 거의 빠짐없이 보여 준다는 점에서 특히 유용한 예시다. 메이드 인 스페이스의 사례를 보면 창업부터 투자금 회수에 이르기까지 지난 20년간 나사를 비롯한 기관들이 어떤 프로그램을 만들어 스타트업을 도왔는지를 한눈에 볼 수 있다.

가령 초기 단계 스타트업은 기술력이나 아이디어 검증 역량은 갖췄지만 이를 시험해 볼 시드머니가 부족한 경우가 많다. 크라우드 펀딩이나 벤처캐피털을 고민해 볼 수도 있지만 민간 투자자에게 높은 지분을 내줘야 한다는 점이 부담스럽다. 이런 상황에서 우주 기관들은 스타트업이 발을 뗄 수 있도록 돕는 다양한 프로그램을 마련했다.

벤처 스튜디오 모델을 본뜬 나사는 미국 국립과학재단(NSF)의 I-코어I-Corps 프로그램을 도입해 대학 연구자들이 핵심 기술을 상업화할 수 있도록 멘토링을 제공하고 있다. 와이콤비네이터Y Combinator나 테크스타즈TechStars 같은 유명 스타트업 액셀러레이터의 성공을 참고해 미 공군과 우주군도 각각 캐털리스트 액셀러레이터Catalyst Accelerator와 하이퍼스페이스 챌린지Hyperspace Challenge를 운영하며 젊은 우주 기업을 멘토링하고 정부 파트너와 연결해 주고 있다. 마스텐 스페이스 시스템즈Masten Space Systems, 알티우스 스페이스 머신즈Altius Space Machines, 페이즈

포Phase Four, 돈 에어로스페이스Dawn Aerospace 등 주목할 만한 기업들도 I-코어 프로그램이나 정부 주관 액셀러레이터를 거쳐 창업의 물꼬를 튼 경우다.

시드 자금을 발판 삼아 기술 개발에 성공한 스타트업이 마주하는 다음 고비는 악명 높은 '죽음의 계곡valley of death'이다. 우주 기술의 경우 이 중간 단계에서 좌초하는 일이 잦다. 개발 주기는 길고 규제는 복잡하며 우주 산업의 많은 분야에서는 수요 자체가 아직 명확하지 않기 때문이다. 이 장 초입에서 설명했듯이 서로 얽힌 기업 간 상호 의존성과 파급 효과 때문에 우주 스타트업들은 종종 시장에서 아직 필요로 하지도 않고 투자 가치가 있다고도 여겨지지 않는 기술을 개발해야 하는 상황에 처한다.

다행히 나사를 비롯한 우주 기관들은 이런 '죽음의 계곡'을 건널 수 있도록 강력한 도구들을 마련해 두었다. 그 대표적인 사례가 바로 메이드 인 스페이스도 활용한 SBIR 프로그램이다. 1982년 미국 의회는 연구개발 예산이 1억 달러를 넘는 연방 기관이 연방 R&D에서 나온 혁신을 상업화하도록 중소기업에 보조금을 지급하는 SBIR 제도를 도입했다.[26]

나사는 민간 우주 혁명이 태동하던 시기에 SBIR을 채택했고 세 단계에 걸쳐 운영하고 있다. 아이디어 개발 단계인 1단계에서는 6개월간 12만 5천만 달러를, 프로토타입 개발 단계인 2단계에서는 24개월간 최대 85만 달러를 지원한다. 3단계는 기술이 시장에 진입하거나 다른

조직의 자금으로 상업화에 들어가는 단계다.[27]

이 프로그램의 강점은 지분을 넘기지 않고도 자금을 유치할 수 있어 창업 기업이 과감히 도전할 수 있고, 제품-시장 적합성product-market fit을 찾아가는 과정에서 귀중한 현금 자원을 지킬 수 있다는 점이다. 이런 프로그램은 야심 찬 젊은 우주 스타트업에 큰 도움이 되어 왔다. 2000년 이후 나사의 SBIR 프로그램과 그와 연계된 STTR(소기업 기술 이전Small Business Technology Transfer) 프로그램은 총 1만 2천 건에 달하는 계약으로 35억 달러에 가까운 금액을 지원했다.[28]

SBIR 외에도 나사와 국방부는 민간 벤처 투자 방식을 본뜬 다양한 도구들을 꾸준히 도입하고 있다. 절차를 간소화하기 위해 피치 데이pitch day나 사업 계획 경진 대회를 열고 있으며, 국방부의 미 공군 혁신 프로그램AFWERX과 우주군 혁신 프로그램SpaceWERX 같은 지원 프로그램을 통해 스타트업과 협력하고 계약 절차를 몇 달이 아니라 몇 주 안에 끝낼 수 있도록 체계를 바꾸었다.

메이드 인 스페이스의 사례에서 중요한 역할을 했던 티핑 포인트 계약 역시 2015년부터 나사가 운용하고 있는 제도다. 이 프로그램은 민간 우주 역량을 키우고 향후 나사 임무에도 기여할 수 있는 기술을 가진 기업에 기술 개발의 마지막 단계를 마무리할 수 있도록 자금을 지원한다.[29] 2015년 이후 50개 이상의 기업이 총 5억 달러가 넘는 티핑 포인트 자금을 수주했다.

나사와 국방부는 이제 기술 개발만큼이나 '기업 자체'도 지원해야 한다는 점을 분명히 인식하고 있다.[30] 여기에는 제조나 운영 역량의 개선, 생산 능력 확대, 전략적 파트너십 강화, 흑자 기반 사업 모델 전환 등이 포함된다. 이를 위해 국방부는 2020년 TACFI(전환 가속화)와 STRATFI(전략적 자금 조달) 프로그램을 출범시켜 오빗팹, 어사 메이저Ursa Major, ABL 등과 협업 중이다.[31]

자금 조달이라는 영역은 지금 이 순간에도 빠르게 진화하고 있다. 이 책을 쓰는 현재는 아직 도입되지 않은 수단들이 여러분이 이 페이지를 읽을 즈음에는 이미 활용되고 있을 수도 있다. 우주 산업에서의 사업 혁신은 그 산업을 가능케 하는 자금 조달 방식, 특히 공적 자금 조달 방식의 혁신과 맞물려 진화한다는 점이 분명해지고 있다.

## 큰 사냥감을 향해

이제 시야를 좀 더 넓혀 보자. 정부가 민간 우주 기업에 자금을 조달하는 새로운 방식들을 이해하는 하나의 관점은 우리가 6장에서 소개했던 '사슴 사냥 게임' 이론으로 돌아가는 것이다. 기억을 되살려 보면 이 게임은 여러 참여자가 서로 긍정적인 외부 효과를 주고받는 상황에서 발생할 수 있는 여러 결과를 보여 준다. 모두가 위험을 피하면 작은 사냥감만 얻지만, 핵심 플레이어들이 잘 조율되면 큰 사냥감을 함께 쫓을 수 있다는 내용이었다.

당시 우리는 벤처캐피털이 이 게임의 균형을 '위험 감수자에게 보상하는 방식'으로 바꾼다는 점을 살펴보았다. 개별 기업의 성공 여부와 무관하게 한 기업의 도전이 다른 기업에도 긍정적 파급을 주기 때문이다. 이들이 함께 큰 사냥감을 쫓을 때, 각각 따로 낼 수 있는 성과를 모두 더한 것보다 훨씬 큰 수익을 올릴 수 있다.

그 장면을 떠올리며 독자 중 일부는 '이 역할을 정부가 할 수도 있지 않을까' 생각했을 것이다. 이번 장의 사례들은 실제로 나사와 국방부가 그런 가능성을 인식했고, 큰 사냥감을 실현하기 위해 창의적으로 접근하고 있다는 점을 보여 준다.

기술적, 상업적 개척지에서처럼 아직 기술 타당성이나 민간 수요가 검증되지 않은 영역에서는 민간 자금이 감당하기 어려운 위험을 공적 자금이 떠안으며 이 '사슴 사냥 게임'을 해결할 수도 있다. 경제적 구조는 크게 다르지 않다. 공공 자금도 민간 자금처럼 실패를 감수하고 몇몇 성공을 기대하며 투자한다. 다만 여기서 기대하는 보상은 투자 수익이 아니라 사회 전체의 이익이다. 그리고 많은 기업이 대부분 실패하더라도 이 점은 반드시 정책 예산을 짜는 입법자나 유권자에게 이해시켜야 한다. 그런 실패들조차 계획의 일부이기 때문이다.

초기 철도 산업이나 통신, 인터넷, 에너지 전환, 우주 산업의 역사에서도 보듯 민간 자본에는 수익이 되지 않는 영역도 사회 전체의 관점에서는 타당한 투자일 수 있다. 바로 그때 우주라는 공간을 공공과 민간이 함께 활동하는 장소로 만드는 것이 곧 자산이 된다.

PART 3

# 시장 조율하기

## intro

우주라는 공간이 맞이한 이 결정적 순간을 최대한 활용하려면 1부와 2부에서 살펴본 것처럼 탈중앙화를 통해 시장을 세우고 시장 실패를 보완하며 정교하게 다듬어야 한다. 하지만 그렇게 활기차고 빠르게 성장하는 우주 활동 시장을 구축하는 데 성공하더라도 그 결과가 반드시 사회의 도덕적·윤리적 판단과 맞아떨어질 거란 보장은 없다.

우주 경제는 지구상의 다른 경제와 마찬가지로 스스로 양심을 가지지 않는다. 그 방향과 영향력은 오롯이 우리에게 달려 있다. 3부에서는 우주 경제를 이끄는 마지막 세 번째 단계, 즉 '시장 조율하기'를 통해 사회가 중요하게 여기는 가치를 어떻게 구현할 수 있을지를 살펴본다.

'temper'라는 단어는 여러 의미를 갖지만 여기에서 우리가 의도한 뜻과 가장 가까운 표현은 '조율하다'이다. 즉 우리는 우주 경제의 결과가 사회 전반의 가치와 목적에 어울리도록 그것을 이끌고자 한다. 시장을 조율한다는 건 재산권과 법치 같은 근본적인 질문들에 마주하는 일이다. 이는 우리가 어떤 사회를 지향하느냐, 그 신념이 우리의 제도와 행동을 어떻게 형성하느냐에 관한 보편적 질문들이다.

당연히 간단한 해답은 없다. 하지만 인간의 활동이 지구 바깥으로까지 확장되고 있는 시점에 우리는 더 이상 그 질문을 미뤄 둘 수만은 없다.

11장

**플래너터리 리소스:
우주에서의
소유권을
둘러싼 논쟁**

Space to Grow

2009년, 우주 상업화 1세대 혁신가로 알려진 피터 디아만디스 Peter Diamandis와 에릭 앤더슨 Eric Anderson은 '플래너터리 리소스 Planetary Resources'라는 회사를 공동 설립했다. 이 회사는 우주 자원 채굴에만 전념한 최초의 기업이었다.[1] 소행성이나 달에서 자원을 채굴하겠다는 구상이 많은 이에게 황당하게 들렸지만 구글 공동 창업자 래리 페이지 Larry Page와 전 CEO 에릭 슈미트 Eric Schmidt, 버진 창업자 리처드 브랜슨 같은 유명 인사들이 직접 투자에 나서며 회사를 지지했다.

단기적으로는 지구 관측 위성 사업을 통해 수익을 낼 계획이었는데 이 위성 센서들은 유망한 소행성을 탐사하는 데도 활용할 수 있었다. 하지만 장기적으로 이들의 목표는 단 하나였다. 태양계에 흩어진 천연자원을 인류가 직접 손에 넣을 수 있도록 만드는 것이었다.[2] "어릴 때부

터 저는 한 가지를 꿈꿨어요. 소행성 채굴자가 되는 거였죠." 디아만디스는 말했다.[3]

디아만디스와 앤더슨이 플래너터리 리소스를 세운 것은 단순히 신사업을 시작하기 위함이 아니었다. 이들은 우주 개발에 대한 하나의 비전을 좇고 있었다. 그 비전은 실제 우주 비행이 시작되기 전부터 존재했던 것이다. 20세기 초 인류가 첫 번째 인공위성 스푸트니크 1호를 쏘아 올리기 반세기 전부터, 러시아의 우주 개척 사상가이자 '로켓 공학의 아버지'로 불리는 콘스탄틴 치올콥스키 Konstantin Tsiolkovsky는 태양계가 품고 있는 무한한 자원과 에너지에 감탄하고 있었다.

그는 인류가 지구라는 한정된 환경에서 벗어나려면 반드시 우주의 자원을 활용해야 한다고 봤다. 자원의 희소성이 깔아 놓은 한계를 깨고 인류에게 더 풍요롭고 확장된 시대를 열어 줄 열쇠가 바로 우주 자원이라고 그는 예언했다. 치올콥스키는 1911년에 이렇게 썼다. "지구는 인류의 요람이다. 그러나 요람에서 영원히 살 수는 없다."[4]

그로부터 약 100년 뒤, 플래너터리 리소스의 창업자들은 비로소 그 비전을 실현할 때가 왔다고 믿었다. 인류 역사에 새로운 장을 열 시점이라고 생각한 것이다.

물론 기술적, 경제적 측면에서 소행성 채굴은 말 그대로 막막한 도전이었다. 하지만 이들은 결코 흔들리지 않았다. 이들의 시선은 언제나 인류 전체를 향해 있었다. 한 행성에 갇히지 않고 태양계 전체의 자원과 에너지에 접근할 수 있다면 인류는 어떤 미래를 설계할 수 있을까. 기술이 계속 진보하고 에너지와 자원에 대한 수요가 끊임없이 커지는 지금, 소행성이나 달에서 자원을 채굴하는 일은 '가능할까' 하는 문제라기보다 '언제 가능할까' 하는 문제처럼 보이기도 했다.

하지만 이들의 꿈을 좌초시킬지도 모를 또 하나의 큰 문제가 있었다. 그게 과연 '합법적인 일'인가 하는 점이었다.

## 인류 모두의 영토

1960년대 우주 경쟁이 본격화되면서 미국과 소련은 궤도와 달에서 전례 없는 활동을 벌이기 시작했다. 이와 동시에 우주 활동을 규율할 새로운 국제 규범이 필요하다는 공감대가 점차 확산됐다. 규범이 없다면 우주는 홉스가 말한 '만인에 대한 만인의 투쟁'처럼 무정부적이고 무제한적인 권력 다툼의 장이 될 수 있다는 우려가 제기됐다. 그렇게 되면 누군가 승자가 되더라도 그 주도권은 오로지 자국의 이익을 위해 쓰일 테고, 나머지 국가는 그 뒤처리를 떠안는 처지가 될 것이었다.

이러한 우려를 피하기 위해 전 세계에서 100개가 넘는 나라가 하나로 뭉쳤고, 결국 국제 우주법의 토대가 되는 「우주 조약」을 만들어 냈다. 이 조약이 1967년 유엔에서 통과됐을 당시, 특히 미국과 소련이 나란히 서명하면서 양국 간의 단결이 두드러졌다.

「우주 조약」에 서명한 국가는 우주 활동을 수행 중인 나라든 아직은

먼 미래로만 여기는 나라든 상관없이 외계 우주는 "인류 모두의 영토 province of all mankind"이며 "모든 국가가 자유롭게 탐사하고 이용할 수 있는 공간"이라고 합의했다. 이 조약은 또한 "외계 우주는 국가의 주권이나 점유를 통해 영유할 수 없다."라고 명시했다. 이론적으로는 "인류 모두의 영토"라는 표현이 모두에게 평등한 권리를 보장하는 것으로 보였다. 하지만 실제로는 구체적으로 누구에게 어떤 권리를 보장하는지 명확하지 않았다.

그렇다면 태양계의 자원은 누가 소유하는가? 외계 우주가 '우리 모두'의 것이라면 그 자원을 사용할 권리는 누구에게 있으며, 그 혜택은 누가 받아야 하는가? 좀 더 구체적으로 말해 이 조약이 소행성 채굴의 여지를 남겨 두었는가? 소행성 채굴 기업은 천체를 점유한 것으로 간주해 금지되는 것일까, 아니면 주권을 주장하지 않고 자원을 이용했기 때문에 허용되는 것일까? 이 문제는 실제로 시험된 적이 없었다. 명확하지 않았다.

"인류 모두의 영토"라는 표현은 감동적이긴 했지만, 국제법상으로 정립된 개념이 아니었다. 예를 들어 레스 누리우스 res nullius(아직은 어느 국가의 것도 아니나 소유 가능), 레스 코무니스 res communis(모두가 공동으로 소유), 레스 엑스트라 코메르키움 res extra commercium(소유 자체가 불가능) 같은 국제법상의 표현들은, 「우주 조약」의 추상적 개념보다 훨씬 명확한 법적 의미를 갖고 있었다.

하지만 조약 초안 작성자들이 의도한 개념은 분명 이들과는 달랐다.

우주 정책 전문가 헨리 허츠펠드Henry Hertzfeld와 시큐어 월드 재단Secure World Foundation 연구진은 다음과 같이 지적했다. "「우주 조약」의 어떤 개념도 미래의 우주 자원 활용이나 우주 탐사를 다루기에 적절한 법적 틀을 제공하지 못한다."[5]

「우주 조약」이 제정된 후 우주 강국이 아닌 몇몇 국가는 좀 더 명확한 규제를 요구하기 시작했다. 특히 그 관심은 우리와 가장 가까운 이웃, 달에 집중되었다. 이들 국가는 주장했다. 달을 채굴할 수 있는 능력은 부유하고 기술력이 뛰어난 나라들에만 있으며, 이는 결국 그들의 부와 기술력을 더 강화할 뿐이라는 것이다.

그리고 그 과정에서 쉽게 접근 가능한 자원은 독점되고 달의 자연환경은 훼손될 것이라고 우려했다. 이들은 외계 우주가 인류 모두의 것이라는 조약이 지구에서의 불평등을 우주로 확장하는 초대장이 되어서는 안 된다고 주장했다.

앞서 8장에서 언급했듯, 이러한 우려를 바탕으로 1979년 소수 국가가 이른바 「달 조약」을 초안으로 제시했다. 이 조약은 달과 그 자원을 인류 공동의 유산common heritage of mankind으로 정의하고 민간 활동의 범위를 제한하고자 했다. 하지만 이 조약은 우주 활동의 핵심 주체들로부터 지지를 얻는 데 실패했고 실제로 우주 강국이 아닌 국가 몇 곳만이 비준했다.[6]

이후 수십 년간 우주 자산에 대한 국제적 소유권 체계는 거의 진전을 보지 못했다. 우주 강국들은 향후 자원을 활용할 가능성을 열어 두고자 했고 「달 조약」 비준국들은 민간 소유에 반대했다. 그러나 본격적인 상업화 이전까지만 해도 누가 무엇을 소유할 수 있느냐는 문제는 어디까지나 이론적 논쟁에 불과했다. 기업이 정말로 자원을 채굴해 이익을 얻겠다는 발상 자체가 너무 비현실적으로 들렸기 때문에, 그 합법성을 따지는 논쟁은 소수의 전문가 집단을 제외하면 진지하게 다루지 않았다.

그 사이 규범은 멈춰 있었지만 기술은 계속 진보했다. 2009년 가장 주목받은 최초의 소행성 채굴 스타트업 플래너터리 리소스가 등장하면서, 우주 자산에 대한 소유권 문제와 그 파급 효과는 더 이상 이론이 아닌 현실의 문제가 되었다.

## 플래너터리 리소스: 우주 채굴을 합법화하려는 움직임

플래너터리 리소스가 그린 비전은 이론적으로는 단순했다. 소행성에서 물과 금속을 채굴해 지구에서 그리고 궁극적으로는 지구 밖에서도 사용하는 것이었다.

지구에서는 드물고 그만큼 값비싼 백금과 같은 유용한 금속들이 개별 소행성에는 풍부하게 매장돼 있다고 여겨진다. 많은 금속형 소행성에는 백금, 팔라듐, 로듐, 이리듐, 오스뮴 같은 백금족 금속과 금 등 다양한 금속이 존재하며, 이들 농도는 지구의 어떤 풍부한 광산보다도 높다고 분석된다. 예를 들어 16 프시케라는 소행성을 보자. 소행성대에 위치한 이 밀도 높은 타원체(지름 약 270킬로미터×225킬로미터)에 2020년대 후반에 나사 탐사선이 방문할 예정이다. 이 소행성에는 철, 니켈, 구리, 금, 백금 등 다양한 금속이 어마어마한 양으로 매장돼 있으며 현재 시세를 기준으로 추산한 광물 가치만 해도 1경 달러를 넘는다. 이는 2023년 기준 지구 전체 국내 총생산의 10만 배에 달하는 규모다.[7]

일각에서는 플래너터리 리소스가 실제로 수 톤의 백금이나 금, 기타 금속을 가져오게 되면 시장이 과잉 공급 상태에 빠질 것이라고 우려했다. 가격은 폭락할 것이고 그런 상황에서는 16 프시케 같은 소행성도 실질적 가치가 떨어질 수밖에 없다는 것이다.

그러나 플래너터리 리소스는 그런 지적을 대수롭지 않게 여겼다. 앤더슨은 말했다. "회사 입장에서 백금 가격이 스무 배, 쉰 배나 떨어질 만큼 많은 양을 가져올 수 있다면 그야말로 최고의 상황이죠."[8] 플래너터리 리소스 측은 가격 하락이 시장을 죽이기는커녕 수요를 폭증시킬 것이라고 주장했다. 다시 말해 4장에서 설명한 르 샤틀리에 원리처럼 투입 비용이 낮아지면 기업들이 그에 맞춰 전략을 조정하고, 결과적으로 장기 수요가 커진다는 논리였다.

이처럼 백금과 금으로 이루어진 '부유하는 광산'은 생각보다 가까이에 많다. 태양계에는 6천만 개가 넘는 소행성이 존재하며 이 중 약 1만 5천 개는 현재의 우주 비행 기술로도 도달 가능하다. 그중 약 2천5백 개는 달보다 적은 에너지로 접근할 수 있을 만큼 가까이에 있다.[9]

심지어 막대한 가치를 지닌 소행성이 지구 근처를 지나가는 일도 있다. 2013년에는 '2012 DA14'라는 소행성이 지구에서 단 2만 7천7백 킬로미터 떨어진 곳을 지나갔다. 이 거리면 일부 인공위성보다도 더 가까운 거리다. 해당 소행성에는 약 1천3백억 달러 규모의 귀금속이 포함된 것으로 추정됐다.

플래너터리 리소스는 이러한 근지구 소행성 가운데 8개를 선별해 우주 기반 이미지 수집과 탐사 임무 대상으로 삼았다.[10] 만약 이들 소행성에 도달해 백금과 기타 금속을 채굴해 지구로 가져올 수 있다면 말 그대로 '궁극의 광맥'을 손에 넣는 셈이었다. 하버드-스미소니언 천체물리센터 소속 천체물리학자이자『소행성Asteroids』저자인 마틴 엘비스Martin Elvis는 "최초의 조만장자는 소행성 광산업자일 것이다."라는 통념이 "과장된 이야기"라고 말했다.[11] 그러나 돈이 되는 사업이라는 점만큼은 분명하다고 덧붙였다.

플래너터리 리소스가 주목한 두 번째 시장은 지금은 존재하지 않지만 장기적으로 큰 잠재력을 지닌 '우주 내 시장'이다. 지금까지는 우주선이 장비와 연료를 전부 싣고 떠나야만 했다. 이를 두고 '로켓 방정식의 폭정tyranny of the rocket equation'이라고 부른다.

쉽게 말해 대륙 횡단 자동차 여행을 하는데 중간에 주유소도 없고, 식료품점도 없고, 숙소도 없는 상황을 떠올리면 된다. 연료 수백 갤런과 음식, 물, 주거 공간까지 모두 직접 실어야 하고, 짐이 늘어나면 차는 더 무거워지고, 무거워진 차를 움직이기 위해 연료는 또 더 필요해지는 악순환이 반복된다.

하지만 우주 자원을 활용할 수 있다면 상황은 달라진다. 소행성이나 달에서 확보한 물은 생명 유지용 자원이 될 뿐 아니라, 수소와 산소로 분해해 일반적인 로켓 연료로도 활용할 수 있다. 이렇게 생산한 물, 산소, 연료는 우주 거주지나 궤도 연료 저장소 등에 공급할 수 있으며 이는 보다 자립적인 우주 경제 체계로 나아가는 계기가 될 수 있다.

"길이 75미터짜리 소행성 하나에 들어 있는 수소와 산소만으로도 우주왕복선을 135회 발사할 수 있다."라고 앤더슨은 말했다.[12] 소행성 전문가인 천체물리학자 엘비스도 이에 동의했다. 그는 "우주 정거장을 위한 자원 공급 사업은 '대박 산업'이 될 수 있다."라고 하며, 이러한 모델이 인류가 우주 연구와 우주 제조를 통해 지구에 직접적인 이익을 가져다주는 날을 앞당길 것이라고 말했다.[13]

그러나 플래너터리 리소스 창업자들만큼 이 상황을 낙관적으로 보지 않는 이도 있었다. 시장도 생기기 전에 채굴부터 하는 건 순서가 뒤바뀐 거라는 지적이 나왔다. 나사에서 우주 사학자로 활동했던 데이비드 포티David Portee는 이렇게 비유했다. "지금 우주 자원 시장에 투자한다는 건 마치 중세 영국 해안에 대형 유조선을 정박시키는 것과 같습니다. 중세의 영국인들이 석유가 유용한 자원이라는 건 알아챌 수 있을지 몰라도 그 석유를 얼마나 활용할 수 있을지 알 수는 없고, 그 유조선에서 석유를 어떻게 내릴지도 모릅니다. 고작해야 나무 양동이랑 노 젓는 보트가 전부일 테니까요."[14]

## 워싱턴으로 향한 소행성 채굴업자들

하지만 플래너터리 리소스의 비즈니스 모델이 옳았는지, 회의론자들의 주장이 맞았는지는 중요한 문제가 아니었다. 우주 자원을 채굴하는 데 따르는 법적 불확실성이 해소되지 않는다면 모든 논의는 무의미해질 수 있었기 때문이다. 플래너터리 리소스의 글로벌 커뮤니케이션 담당 부사장이었던 피터 마르케즈Peter Marquez는 이렇게 설명했다. "초기 투자자들은 정책 리스크를 낮추고 싶어 했죠."

기술적 난관을 돌파하고 수십억 달러 가치의 소행성을 확보했다고 해도 플래너터리 리소스가 그 자원에 대한 소유권을 법적으로 인정받을 수 있을지는 불분명했다. 앞서 언급했듯「우주 조약」은 아무리 좋게 봐도 모호한 구석이 있었다. 플래너터리 리소스가 투자자들의 정치적, 법적 불안을 덜어 주려면 우주 자원 기업들이 노력의 대가를 정당하게 누릴 수 있도록 정책을 밀어붙여야 했다.

법적 판도를 바꾸는 일은 어느 기업에나 큰 도전이다. 하물며 플래너터리 리소스처럼 이제 막 출발한 신생 기업에는 더욱 그랬다. 하지만 마르케즈가 그 작업을 주도하게 되면서 플래너터리 리소스는 시작부터 유리한 고지를 점할 수 있었다.

그는 국방부에서 우주 프로그램을 이끌었고, 조지 W. 부시와 버락 오바마 대통령하에서 백악관 우주 정책국장을 지낸 바 있었다. 이런 경력 덕분에 그는 우주가 미국의 안보와 번영에 얼마나 중요한지를 누구보다 잘 알았고, '현실정치realpolitik'에 대한 통찰도 갖추고 있었다. 우주 정책이 늘 깔끔하게 진행되는 일은 아니며 결과도 완벽할 수 없다는 사실도 잘 알고 있었다. 하지만 미래를 준비하려면 움직여야 했다. 마르케즈는 행동에 나섰고 플래너터리 리소스도 본격적으로 작업에 돌입했다.

"플래너터리 리소스의 경영진, 법률 자문단, 로비스트들 사이에서 논의가 있었어요. 어떤 접근이 가장 효과적일지를 두고 말이죠." 마르케즈는 이렇게 회상했다.

> 우리는 가능한 모든 옵션을 테이블 위에 올려놓고 검토했어요. 기존의 「우주 조약」을 개정하는 방법, 행정명령 발동, 새로운 법안 제정. 아무 조치도 취하지 않고 판례법이 쌓이기를 기다리는 것까지 전부요. 당장 제외할 수 있는 선택지도 있었죠. 기존 조약을 개정하는 건 난관이 많고 결과도 가장 불확실했어요. 반대로 아무것도 하지 않는 건 현 상태를 그대로 유지하겠다는 얘기일 뿐이었고, 우리는 현 상태 이상으로 투자자의 신뢰를 끌어올리고 싶었어요. 투자자들은 확신이 필요하죠. 투자하면 수익을 거둘 수 있다는 확신이요.[15]

플래너터리 리소스 팀은 결국 어렵더라도 입법을 추진하는 게 최선이라는 결론을 내렸다. 그리고 이를 기반으로 6쪽 분량의 초안을 작성해 미 상원의원들과 하원의원들에게 가져갔다. 초기 피드백과 지지를 얻기 위한 목적이었다.

이 초안은 국회뿐 아니라 국방부, 국무부, 상무부, 교통부 등 행정부 소속 부처 관계자들에게도 전달되었다. 해당 법안을 의회에서 통과시키고 대통령이 서명하게 만들려면 이들 부처의 협력이 꼭 필요했기 때문이다.

"초안에서 우리에게 정말 중요했던 핵심 조항은 세 가지였어요." 마르케즈는 설명했다.

> 첫째는 권리 인정이었어요. 자원을 확보하러 간다면 그 자원은 법적으로 그 사람의 소유가 되는 것이죠. 나머지 두 조항은 분쟁이 발생했을 때의 법적 절차와 관련된 내용이었어요. 하나는 「우주 조약」에 따라 모든 주체가 해로운 간섭 없이 자유롭게 활동할 권리를 가진다는 내용이었고, 누군가 그런 간섭을 받게 되면 법원에 소송을 제기할 수 있다는 조항이었죠. 그리고 다음 조항에서는 분쟁이 법원에 회부될 경우 판사는 각 당사자의 주장이 어느 정도 '합리적'이었는지를 기준으로 판단해야 한다고 명시했어요. 모든 사법 시스템이 그러하듯이요. 마지막으로, 가장 논란이 많았던 '선점 우선주의 first in time' 개념도 있었어요. 우주에서 자원 회수를 목적으로 활동을 가장 먼저 시작한 기업이 우선권을 가진다는 내용이었죠.

"우리는 이후 2년에 걸쳐 이 초안을 업계에 알리고 다듬고 하원과 상원의원들의 지지를 얻어 냈어요. 덕분에 최종적으로는 단 한 장짜리 법안이 되어 나올 수 있었죠." 마르케즈는 덧붙였다.

하지만 모두가 플래너터리 리소스가 제안한 법안의 문구에 동의한 것은 아니었다. 플래너터리 리소스만이 우주 자원을 노리고 있었던 건 아니기 때문이다. 딥 스페이스 인더스트리즈Deep Space Industries, DSI도 강력한 경쟁자였다.

"플래너터리 리소스가 이 과정을 시작해 줘서 감사하긴 해요. 하지만 그들이 작성한 초안에는 문제가 적지 않았어요." DSI의 법무 책임자 사기 크피르Sagi Kfir는 이렇게 말했다. 크피르는 그 법안이 플래너터리 리소스에게 유리하도록 짜여 있다고 지적했다. 플래너터리 리소스는 지구 궤도 위성으로 채굴 가능한 소행성을 탐지하는 방식을 고려하고 있었는데, 이 방식이 '선점 우선주의'에 따라 잠재적인 권리를 주장할 여지를 준다는 것이었다.

크피르는 비판했다. "이런 논리라면 플래너터리 리소스는 저궤도에 위성을 배치하고 사방의 소행성들을 향해 기술을 작동시키기만 해도 권리를 주장할 수 있게 돼요. 만약 우리가 DSI에서 막대한 비용을 들여 몇 달에 걸쳐 진짜로 소행성에 착륙해 채굴 작업을 시작했는데 그 과정에서 먼지라도 일으켰다고 쳐요. 플래너터리 리소스는 그걸 근거로 연방법원에 '우리가 먼저 회수를 개시한 쪽'이라고 주장할 수 있고, 판사는 해당 법안에 따라 플래너터리 리소스 손을 들어 줄 수밖에 없죠."[16]

이에 대해 마르케즈는 단호하게 반박했다. "소행성은 소유할 수 없습니다. 우리 모두 알고 있어요. 소행성은 소유 대상이 아니고 어떤 대상을 원격으로 관측했다고 해서 자원이 회수되고 있다는 주장을 할 수 있는 건 아니죠."

동시에 '합리적인 비간섭reasonable non-interference'을 지지하는 판결을 내릴 수 있도록 사법 구조를 만들면서 경쟁사가 "쿠키에 침만 발라 놓고 아무도 못 먹게 하는" 행위를 차단할 수 있게 보호 장치를 마련했다. 마르케즈는 "'합리성reasonableness'이라는 개념과 '자원 채굴과 관련된 활동을 실제로 하고 있는지'에 대한 여부를 함께 규정하는 게 핵심이었다."라고 설명했다.

이쯤에서 잠시 짚고 넘어가자. 이런 입법 싸움 속에는 우주 경제의 발전을 이끌 법과 규칙을 만들어 나가는 데 따르는 고유한 어려움이 담겨 있다. 플래너터리 리소스와 딥 스페이스 인더스트리즈는 각각 자신들의 소행성 채굴 방식을 법안에 반영하고자 치열하게 맞섰다. 이런 상황에서 공정하고 중립적인 법을 만드는 일은 극도로 어렵다. 자칫하면 가장 효과적인 로비력을 가진 쪽에 유리하게 기울어질 수밖에 없다. 모두가 받아들일 수 있는 절충점을 찾는 것이 목표였고, 그 지점은 '미국 법 아래서 소행성 채굴은 가능해야 하고 허용되어야 한다'는 데에 있었다.

결국 '선점 우선'이나 '합리성'이라는 표현은 최종 법안에서 삭제되었고 해당 법안은 미 의회로 넘어가 심사를 받았다. "2년이나 걸렸죠. 그래도 정부 여러 부처가 함께 지지해 준 덕분에 제대로 된 결과물이 나왔다고 생각해요." 마르케즈는 회상했다.

2015년 11월, 「우주 자원 탐사 및 활용법Space Resource Exploration and Utilization Act」이 제정되었다. 이 법은 미국 시민이 "해로운 간섭 없이 우주 자원을 상업적으로 탐사하고 회수할 권리"를 갖는다고 명시했다.[17] 이로써 미국 기업은 "획득한 소행성 자원 또는 우주 자원을 소유, 보유, 운반, 사용, 판매할 수 있는 권리"를 법적으로 보장받게 되었다.[18] 이 법안의 통과와 함께 미국 시민과 기업은 태양계와 그 너머에서 획득 가능한 자원에 대해 명확한 재산권을 부여받게 된 것이다.

미국 입법자들이 플래너터리 리소스의 주장에 손을 들어 준 셈이었다. 마르케즈는 마지막에 이렇게 덧붙였다. "결국, 아무도 반대하지 않았어요."

### 우주 자원 탐사 및 활용법(2015)

이 장에 따른 소행성 자원 또는 우주 자원의 상업적 회수를 수행하는 미국 시민은 해당 자원을 획득한 경우 관련 법률과 미국의 국제적 의무에 따라 해당 자원을 보유, 소유, 운반, 사용, 판매할 수 있는 권리를 가진다.[a]

a. "U.S. Commercial Space Launch Competitiveness Act", H.R. 2262, 114th Congress, November 25, 2015, https://www.congress.gov/114/plaws/publ90/PLAW114publ90.pdf.

## 국제 사회의 반응

상업 활동을 전폭 지지한 이 법은 미국 입법부에서 만장일치로 통과됐지만 국제 사회의 반응은 엇갈렸다. 개인이나 기업이 우주에서 이처럼 광범위한 권리를 부여받는 것은 역사상 처음이었다. 1950년대 후반부터 우주법 논의를 이끌어 온 유엔 산하 평화적 우주 이용 위원회 COPUOS에서도 각국 대표들이 날 선 입장을 내세우며 치열하게 맞섰다.

일부 국가는 이번 미국 법안을 수십 년 된 기존 정책에 대한 필요한 보완으로 받아들였다. 이탈리아 대표는 강조했다. "기존 조약들은 오래되었고 우주 산업의 환경은 크게 달라졌습니다. 미국이 국제적 의무를 충분히 고려하리라 믿습니다. 실제로 이번 자원법에는 유엔 관련 국제 의무가 여러 조항에 담겨 있습니다."[19]

반면 러시아 등은 미국의 '먼저 확보한 자가 사실상 소유하게 되는' 방식이 「우주 조약」과 충돌한다고 주장했다. 미국도 서명했던 이 조약의 정신에 어긋난다는 것이다. 러시아 대표는 이번 미국 법이 "국제법과 질서를 전면으로 무시한 결과"라고 비판했다.[20]

이에 대해 미국 정부는 자국의 법이 「우주 조약」을 오히려 충실히 따르고 있다고 반박했다. 새 법이 인정한 권리는 '영토권'이 아니라 '물리적 자원 추출'을 근거로 한 '재산권'이라고 강조한 것이다. 미국 대표는 이번 법에 "미국은 어떤 천체에 대해서도 주권이나 독점적 권리, 관할권, 소유권을 주장하지 않는다."라고 명시되어 있음을 지적했다.[21]

하지만 비판자들은 이러한 주장을 형식적인 대응일 뿐이라 보았다. 브라질 대표는 "우주 현실에서는 아무리 선의에서 출발한 국내 입법이라도 국제 공동체의 이해를 반영할 수 있는 다자적 체계에 비해 늘 미흡한 대안일 수밖에 없습니다."라고 말했다.

나아가 미국의 새 정책은 지구상의 국가 간 불평등을 더욱 고착화시키거나 심화시킬 수 있다는 우려도 나왔다. 벨기에 대표는 이렇게 반문했다. "우리는 먼저 차지한 쪽이 모든 걸 가져가고 나머지는 부스러기를 주워야 하는 그런 체제를 향해 나아가야 할까요?"[22]

국제 우주법의 공백을 보완하고자 우주 자원 활용의 국제 규범을 논의해 온 비공식 다자 협의체 '헤이그 우주 자원 거버넌스 그룹'의 핵심 인사인 올라보 비텐코르트 네투Olavo Bittencourt Neto는 이렇게 경고했다. "지금 지구 남반구를 대표하는 다수 국가는 우주 자원 채굴이 본격화되는 초기 단계에 직접 관여하지 못할 것입니다. 하지만 그 영향은 고스란히 떠안게 되겠죠. 이런 활동이 세계 전역에 파급 효과를 낼 거라는 점은 반드시 고려해야 합니다."[23]

미국 법에 반대하는 이들은 또 하나의 핵심을 짚었다. 원래 「우주 조약」은 우주의 환경을 보호하고 달과 소행성, 행성과 그 자원을 미래 세대, 특히 순수한 과학 탐사를 위해 보존하자는 의도로 만들어졌다는 것이다.

반면 플래너터리 리소스는 자신들의 소행성 채굴이 결국은 인류 전체에 이로울 것이라고 믿었다. "우리는 우주 자원을 가져오는 게 '인류 공동의 이익'에 어긋난다고 주장하는 이들에게 이야기합니다. 우리가 플래티넘을 대량으로 지구에 가져온다고 생각해 보세요. 그러면 누가 혜택을 받을까요? 의료기기, 촉매 변환기, 암 치료제에 사용하는 등 누구든 이 자원을 활용할 수 있게 됩니다. 우린 단지 그 과정에서 수익을 얻는 것뿐이에요. 수익을 낸다고 해서 그게 나쁜 일은 아니잖아요." 마르케즈는 말했다.

## 철학의 충돌

우주에서의 재산권 그리고 그 혜택이 누구에게 돌아가야 하는지를 둘러싼 격렬한 논쟁은 수 세기 동안 반복되어 온 근본적인 질문들과 맞닿아 있다. 사실 21세기의 우주 자원 논쟁은 17세기의 대표적 철학자 존 로크John Locke의 사상을 통해 이해할 수 있다. 로크는 미국 초창기 정치 지도자들에게 큰 영향을 미친 인물이며, 그의 재산권 이론에는 현재의 우주 자원 논의와 맞닿는 핵심 개념 세 가지가 담겨 있다.

첫 번째는 주권 정부가 존재하지 않는 상황에서 자연 자원에 노동을 더하면 그 자원에 재산권이 생길 수 있다는 주장이다. 그는 1689년 저서 『통치론』에서 이렇게 썼다. "사람의 몸과 손의 노동은 당연히 그 사람의 것이다. 따라서 자연 상태에 있던 대상을 옮기고 그 대상에 자신의 노동을 더해 무언가를 결합했다면 그것은 그의 소유가 된다."[24]

즉 인간이든 로봇이든 노동을 통해 소행성에서 백금을 채굴했다면 그 백금은 정당한 방식으로 획득된 소유물이라는 것이다. 이런 주장은 자원 회수는 가능하되 영토권 주장은 금지하는 「우주 조약」을 위반하지 않으면서 채굴을 정당화할 수 있는 논리를 뒷받침한다.

두 번째는 사유 재산을 인정하되 공통된 몫 중에서 충분히 좋은 것이 남아 있어야 한다는 것이다. 그는 "다른 이가 쓸 수 있을 만큼을 남긴 사람은 아무것도 가져가지 않은 것과 마찬가지다."라고 말했다.

미국 철학자 로버트 노직Robert Nozick은 1974년 저서 『아나키에서 유토피아로』에서 이 조건을 '로크 조건Lockean proviso'이라 명명했다. 노직은 자원의 점유가 설령 타인의 몫을 줄이더라도 모든 개인이 무소유 상태보다 나아질 수 있다면 정당화될 수 있다고 해석했다. 이 논리는 미국의 우주 자원 법안이 지닌 도덕적 근거의 핵심이기도 했다. 지지자들은 우주가 인류 전체에 거의 무한한 자원을 제공할 수 있다고 주장했으며, 플래너터리 리소스 같은 기업이 소행성 채굴을 금지당한다면 그 자원은 오랜 시간 방치될 것이라고 경고했다.

세 번째는 로크 이론의 핵심 중 하나였던 '선점 우선' 개념이다. 이는 플래너터리 리소스가 앞장서서 주장해 온 핵심 논리이기도 했다. 먼저 도달한 자는 소유권을 획득하며, 국가는 그 권리를 보호해야 할 의무가 있다는 것이었다.

미국의 우주 채굴법은 로크의 이론이 발표된 지 300여 년이 지난 뒤 등장했지만, 양자는 놀랍도록 유사하게 맞물린다. 로크가 오늘날 살아 있었다면 그는 우주 채굴을 반대하는 이들을 향해 이렇게 비판할지도 모른다. "한 기업이 먼저 소행성에 도달했고, 충분한 자원이 다른 이에게 남겨졌으며(노직의 버전으로는 모든 이를 더 잘살게 만들고), 실제로 노동을 통해 백금이나 금속을 채굴했다면 그 자원을 판매할 권리는 그 기업에게 있다." 하고 말이다.

그러나 로크의 이론이 널리 영향력을 미치는 고전으로 인정받는 한편, 그에 반대하는 대표적인 철학자들도 존재한다. 이 책이 재산권에 관한 수 세기 논쟁을 다 정리할 공간은 아니지만 몇몇 주요 사상가의 시선만 살펴보아도 미국 법안에 제기된 비판들이 철학적으로도 충분히 타당함을 알 수 있다.

18세기 철학자 데이비드 흄David Hume은 재산권이란 논의와 합의를 거쳐 사회적·법적 균형이 이뤄질 때 비로소 성립한다고 보았다. 그는 이렇게 썼다. "우리가 말하는 재산이란 사회의 법이 지속적으로 그 소유를 보장해 주는 물건일 뿐이다. 즉 정의의 법에 따라 보장되는 것이다."[25] 미국의 새 정책을 비판한 이들은 미국이 이런 절차를 우회한 채 국제 사회의 정당한 권리를 고려하지 않고 일방적으로 재산권을 정립하려 한다고 지적했다.

앞서 언급한 올라보 비텐코르트 네투는 이런 우려를 강한 어조로 표현했다. "지금 우리가 목격하고 있는 것은 국제 법체계의 위기입니다. 「우주 조약」이라는 가장 핵심적인 조약이 50주년을 맞이하고 탐사나 채굴, 자원 활용과 관련된 명확한 규정이 부재한 상황에서 국가들이 자국의 법을 통해 각자 해석을 내리고 있습니다."[26]

로크에 반대한 또 다른 18세기 철학자로는 임마누엘 칸트Immanuel Kant와 장 자크 루소Jean-Jacques Rousseau가 있다. 이들은 단순한 타협이 아닌 사회적 합의가 반드시 이루어진 다음에야 국가가 재산권을 인정할 수 있다고 보았다. 즉 사적 권리를 확대하기 전에 그로 인해 영향을 받을 모든 사람의 우려가 먼저 반영되어야 한다는 것이다. 그러나 미국의 소행성 채굴법은 이런 모든 우려를 충분히 다루지 못했다.

예컨대 유엔 평화적 우주 이용 위원회 회의에서 러시아 대표는 다음과 같이 말했다. "이번 법안을 만든 이들이 이 새로운 시도가 초래할 수 있는 부정적 영향을 이해하길 바랍니다. 어떤 천체에든 영향을 미치는 활동은 인류 전체에 중대한 위험을 안기며 반드시 국제적 차원에서 규제되어야 합니다."[27]

이처럼 우주는 우리가 사회를 어떻게 구성해야 할지에 대한 고전적 질문들을 현실의 무대, 그것도 지구 바깥의 영역에서 다시 묻는 기회를 준다. 수백 년 전부터 논의되어 온 철학적 질문들이 이제는 우주라는 새로운 현실 속에서 다시 모습을 드러내고 있다.

## 미래를 만들어 가는 길

결국 플래너터리 리소스는 자신들이 입안에 기여했던 법의 혜택을 누릴 기회를 얻지 못했다. 단기적인 수익 흐름은 실현되지 않았고 투자자들도 등을 돌렸다. 2018년 말, 플래너터리 리소스는 블록체인 회사에 비공개 조건으로 매각되었다.

이듬해 경쟁사였던 딥 스페이스 인더스트리즈도 마찬가지로 다른 기업에 인수되었고 그 뒤 우주 채굴 사업은 조용히 정리되었다. 콘스탄틴 치올콥스키가 한 세기 전 꿈꾸었던 우주의 자원을 수확하는 미래는 아직 조금 더 기다려야 할 운명인 듯했다.

그러나 플래너터리 리소스의 영향력은 여전히 살아 있다. 2015년에 제정된 「우주 자원 탐사 및 활용법」과 그것이 촉발한 우주 자원 논쟁은 여전히 이어지고 있다. 법 제정 이후 룩셈부르크, 아랍에미리트, 일본 등 여러 나라가 기업들이 우주 자원을 채취할 수 있도록 허용하는 자국법을 마련했다.[28]

무엇보다 중요한 것은 7장에서 다룬 「아르테미스 협정」이다. 이 협정은 미국이 주도한 주요 국제 합의로, 여러 조항 중에 달을 포함한 우주 자원의 이용과 채취를 허용하는 내용을 담고 있다. 협정은 「우주 조약」이 금지하는 천체의 점유를 명확히 금지하면서도 '안전 구역safety zones'이라는 개념 아래 자원 채굴은 허용한다.

지지자들은 이 협정이 「우주 조약」의 시대착오적 한계를 보완하며 책임 있는 행동을 유도하면서도 민간 상업 활동의 이점을 억누르지 않는 현실적인 대안이라고 본다. 당시 나사 국장이던 짐 브리든스타인은 말했다. "국가와 기업은 자기 노력의 결실을 누릴 수 있어야 합니다."[29]

지금 이 글을 쓰는 시점 기준으로 이미 40개 이상의 국가가 이 협정에 서명했다. 이제 우주 자원을 '사용할 수 있고 실제로 사용할 것이다.'라는 믿음 아래, 우주 진출국들의 연대가 형성되고 있다.

그러나 반대자들의 시선은 다르다. 「아르테미스 협정」은 '우주를 인류 전체를 위한 공간'으로 보던 시대의 종말을 알리는 신호라고 본다. 독일 쾰른대학교의 우주법 전문가 슈테판 호베Stephan Hobe는 이렇게 말했다. "「아르테미스 협정」에 참여하는 모든 국가는 「우주 조약」의 실질적 무력화를 방조하고 있는 셈입니다."[30]

반대자들은 '자원 채굴'과 '안전 구역' 개념이 결국 국가와 기업, 자금과 기술을 가진 이들 사이에 일어나는 우주 영토 쟁탈전의 첫걸음이라고 주장했다. 미국, 중국, 러시아가 각각 달 탐사 계획을 추진하고 더 많은 나라와 기업이 여기에 뛰어들고 있는 지금, 이 쟁탈전이 실제 충돌로 번지기까지는 시간이 오래 걸리지 않을지도 모른다.

우주에서의 재산권 논쟁은 앞으로도 계속될 것이다. 하지만 머지않아 우리는 우리가 만든 정책과 그 속에 담긴 철학이 실제로 어떤 결과를 낳는지를 직접 목격하게 될 것이다. 천문학자이자 소행성 전문가 마틴 엘비스는 이렇게 말했다.

> 10년 전의 첫 번째 소행성 채굴 열풍은 너무 이른 타이밍에 시작됐어요. 우리는 아는 게 적었고, 기술도 미완성이었고, 수익 구조도 전혀 성립되지 않았죠. 그런데 지금은 모든 조건이 더

나아졌습니다. 몇 년 안에 새로운 조사가 시작되면 2030년쯤에는 우수한 채굴 후보군을 많이 확보할 수 있을 거예요. 그 무렵에는 연구자, 관광객, 제조 기업들이 탑승하는 민간 우주 정거장도 등장해서 그 안에서 쓸 물이나 철 같은 자원이 필요해질 겁니다. 이 수요는 우주 광산에서 충당하는 게 가장 효율적일 수 있죠. 그리고 지금은 값싸게 다수의 탐사선을 보낼 수 있는 신기술도 있습니다. 만약 한 우주 채굴 회사가 앞으로 5년 정도 탐사와 정제 기술을 준비해 둔다면 그들은 이 모든 기술을 활용할 수 있는 2020년대 말쯤에 최적의 위치에 서게 될 겁니다."[31]

규제 장벽이 걷히고 우주 산업 전반에 추진력이 생기면서 새로운 기업들이 속속 등장하고 있다. 인터룬, 애스트로포지AstroForge 같은 기업들은 최근 수년간 수백만 달러의 자금을 유치하며 달과 소행성 채굴에 나서고 있다. 시간이 흐를수록 우주 자원을 채굴했을 때의 이익과 그로 인한 결과는 더 가까워지고 있다.

우주에서 재산권 체계가 마련되는 것은 불가피해 보인다. 최소한 우리에게는 그렇게 느껴진다. 아마도 머지않은 미래에 그것은 현실이 될 것이다. 사유 재산은 시장 경제의 전제 조건일 뿐 아니라, 우리가 8장에서 봤듯 '공유지의 비극'과 같은 시장 실패를 막기 위한 방어 수단이기도 하다. 우주에서 무엇을 소유할 수 있을지 결정하지 못한다면 우주에서 소유할 만한 그 어떤 것도 생기지 않을 것이다.

남은 질문은 여전히 많다. 자원을 누가 사용할 수 있는가? 어떤 절차로 결정할 것인가? 먼저 도달한 자가 가지는가, 아니면 충분한 논의와 합의가 선행되어야 하는가? 채굴국과 기업이 모든 이익을 독점해도 되는가, 아니면 제삼자도 그 이익을 나눠 가져야 하는가? 재산권을 통해 자원을 이용할 뿐 아니라 그것을 보호하며 우주를 지속 가능하고 존중 어린 방식으로 사용하도록 만들 수 있을까? 만약 국제 합의가 끝내 이루어지지 않는다면 어떻게 '끝없는 경쟁'으로 치닫지 않도록 막을 수 있을까?

이 질문들은 도덕적이면서도 정치적이며, 동시에 지극히 지정학적인 문제다. 우리는 가능한 한 최선을 다해 지금 존재하는 국내외 제도들을 활용하고 「아르테미스 협정」 같은 합의를 만들어 가며 답을 찾아야 할 것이다.

하지만 우리는 낙관한다. 지구와 우주에서 사용할 수 있는 자원의 양을 늘리는 것은 인류에게, 아니 모든 생명에게 막대한 혜택을 줄 수 있는 일이기 때문이다. 치올콥스키는 말했다. "인간은 영원히 지구에 머물지 않는다. 진보와 우주를 향한 갈망은 결국 인간을 대기권 너머로 이끌 것이며, 처음엔 망설이겠지만 마침내 인간이 태양계 전체를 정복하게 될 것이다."[32]

12장

# 국가 안보:
# 우주와
# 군사 산업의 결합

Space to Grow

우주는 오랫동안 평화적 협력의 영역으로 여겨져 왔다. 전 세계 국가와 기업이 인류 전체의 이익을 위해 힘을 모을 수 있는 공간이라는 이상 말이다. 이런 생각은 인류가 처음 우주로 나아가던 시절부터 자리 잡기 시작했다.

존 F. 케네디 대통령은 1962년 라이스대학교 연설에서 우주를 "지식과 평화에 대한 희망이 가득한 새로운 바다"라고 선언했다.[1] 그 이후 우주는 전쟁이 아니라 평화를 위한 공간이 되어야 한다는 믿음이 깊게 뿌리내렸다.

오늘날의 상업 우주 혁명은 이 비전을 실현해 가는 듯하다. 결국 누군가와 비즈니스를 한다는 건 서로 다름에도 상호 이익이 되는 거래 지점을 찾는 일이다. 상업 활동이 우주에서 확장됨에 따라 지구에서 오

랫동안 이어져 온 갈등의 장벽을 넘어 새로운 유대와 이해가 생겨나리라는 기대도 커지고 있다.[2]

그러나 우주를 그저 평화로운 새 바다로만 보는 시각은 현실의 전모를 담지 못한다. 실제로는 국가 안보의 우선순위가 오래전부터 각국의 우주 활용 방식에 결정적인 영향을 미쳐 왔다.

우주는 냉전 시기부터 지금까지 언제나 강대국의 경쟁 무대였고, 특히 최근에는 중국의 급부상이 수십 년 만에 미국의 우주 패권을 실질적으로 위협하고 있다. 이에 따라 양국 모두 궁극적인 고지를 차지하고자 과감한 조치를 취하고 있으며, 적국을 견제하고 억제할 수 있는 역량 확보에 힘을 쏟고 있다. 2019년 미국이 우주군 Space Force을 창설하고 우주사령부 Space Command를 재건한 것도 2010년대 중반 중국의 유사한 움직임에 대응한 조치였다.

미국과 중국만 이 흐름에 뛰어든 것은 아니다. 러시아는 2016년에 자국의 군 우주 전력을 재편했고 인도, 프랑스, 아랍에미리트, 북한까지 포함해 전 세계 90개국 이상이 우주를 둘러싼 지정학적 긴장에 대응해 자국의 전략을 마련하고 실행에 옮기고 있다.

그렇다면 왜 이 책에서 국가 안보라는 주제를 한 장 전체에 걸쳐 다루는 걸까? 이유는 간단하다. 우주와 국가 안보, 이 둘은 결코 분리할 수 없기 때문이다.

우주가 본래부터 안보의 영역이었다는 사실을 받아들이면 상업 우주 혁명이 이 영역에까지 영향을 미치고 있다는 사실도 자연스럽게 이해된다.

앞서 7장에서 살펴봤듯 시장의 효율성과 혁신성은 나사가 공공재 임무를 더 잘 수행하도록 도왔다. 그리고 지금은 같은 원리가 미국의 군사 및 정보기관에도 새로운 선택지와 역량을 제공하고 있다. 따라서 향후 지정학적 긴장이 더욱 고조될 경우 더 분산된 구조의 우주 산업은 미국에 결정적인 우위를 안겨 줄지도 모른다. 미국은 시장 기반의 접근을 가장 적극적으로 밀어붙이고 있기 때문이다. 이것이 바로 국가 안보 기관들, 특히 미국 내 기관들이 상업 우주 기업에 기술 개발 자금을 대규모로, 차별화된 방식으로 지원하는 이유다.

이처럼 안보와 산업의 불가분성을 이해하는 것은 오늘날 상업 우주 부문의 본질을 파악하는 데 필수적이다. 이 장의 말미에 이르면 우리는 이 산업이 어떤 방향으로 나아가야 할지를 진지하게 묻게 될 것이다. 국가 안보 주체들의 지원은 기업들에는 반가운 기회일 수 있으나 그 영향력이 기업의 성장 경로는 물론 우주 활동 전반의 방향까지도 좌우할 수 있기 때문이다.

우주는 앞으로도 국가 간 경쟁과 긴장이 교차하는 무대일 것으로 예상한다. 그러나 상업 혁명이 주는 희망은 그 영역 자체를 확장하고 우리가 '마지막 프런티어'를 바라보는 방식을 새롭게 바꿀 수 있다는 데 있다.

그 의미를 제대로 짚기 위해 먼저 우주 안보의 역사부터 간략히 짚고 넘어가려 한다.

## 냉전 시대의 우주 경쟁

제2차 세계대전이 끝나 갈 무렵, 핵무기의 등장은 장거리 로켓의 전략적 가치를 단번에 끌어올렸다. 제삼제국이 붕괴하자 소련과 미국은 인류가 만든 최초의 우주 도달 물체이자 나치의 악명 높은 V2 로켓을 개발한 독일 과학자들과 기술자들을 먼저 확보하기 위해 경쟁적으로 움직였다.[3]

미군은 '페이퍼클립 작전Operation Paperclip'이라는 극비 작전을 통해 독일의 핵심 과학자와 기술자 1천6백 명을 미국으로 데려왔다. 이들은 냉전 동안 미국의 우주 프로그램을 지원하는 역할을 하게 된다.[4] 그중에는 아폴로 우주인을 달까지 실어 나른 새턴 V 로켓을 설계한 베르너 폰 브라운Wernher von Braun도 포함되어 있었다.[5]

소련은 우주 개발에 높은 전략적 우선순위를 부여했다. 강력한 로켓은 지구 반대편까지 핵무기를 신속하게 날려 보낼 수 있었지만, 동시에 과학 위성이나 인간도 우주로 보낼 수 있었다. 후자의 경우 명백히 평화적인 외양을 띤 채로 소비에트 체제의 우월함을 과시할 수 있는 강력한 상징이 될 수 있었다.[6]

1장에서 살펴보았듯 1957년 소련은 세계 최초의 인공위성 스푸트니크 1호를 발사했다. 흥미롭게도 흔히 이야기되는 '스푸트니크 쇼크'라는 통념과 달리 미국 대중의 반응은 엇갈렸다. 일부는 스푸트니크의 등장을 새로운 우주 시대의 개막으로 여겼고[7] 다른 이, 특히 상원 원내 대표였던 린든 B. 존슨(후일 대통령이 된다)은 미국의 숙적인 소련이 이 첨단 분야에서 세계를 선도하고 있다는 사실을 받아들이기 어려워했다.

스푸트니크 발사 이듬해 미 육군은 미국 최초의 궤도 우주선 익스플로러 1호를 쏘아 올렸고, 이어 해군은 태양광 패널을 위성에 처음으로 적용한 뱅가드 1호를 발사했다.[8] 그해 말에는 세계 최초의 통신 위성이 발사되었고, 드와이트 아이젠하워 대통령은 이를 이용해 크리스마스 메시지를 송출했다. 이는 인류 최초의 '우주에서 날아온 음성'이었다.[9] 이어진 프로젝트 코로나Project Corona는 냉전 시기 소련을 정찰하기 위한 대규모 위성 정찰 프로그램을 작동했다.[10]

미국은 본격적으로 우주 경쟁에 뛰어들었지만 이를 주도할 조직의 성격을 두고는 논쟁이 거셌다. 존슨은 미국의 우주 개발이 군이 주도하는 방식이어야 한다고 강하게 주장했다. "궁극의 무기보다 더 중요한 것이 있다. 바로 지구 전체를 지배할 수 있는 궁극의 위치다. 그 위치는 우주 어딘가에 있다."[11] 존슨은 우주를 전장으로 보았지만 그 견해에 반대하는 이들도 있었고, 그중 가장 중요한 인물은 당시 대통령이었던 아이젠하워였다. 그는 우주 기관 자체의 필요성에 대해서도 회의적이었다.

결국 두 사람은 절충점을 찾았고 국가 안보, 과학, 경제, 정치적 목표를 모두 포괄하는 다목적 우주 전략이 형성되기 시작했다.[12] 1958년 창설된 나사는 미국의 우주 활동을 대표하는 조직으로 자리 잡았다.[13] 같은 해 제정된 「국가 항공우주법National Aeronautics and Space Act」은 나사의 민간 임무를 명확히 규정하면서 미국이 후원하는 항공 및 우주 활동에 대한 권한을 나사에 위임했다.[14] 하지만 동시에 "무기 시스템 개발, 군사 작전, 미국 방위와 관련된 활동"은 국방부의 책임이자 권한이라고 명시했다.[15] 즉 미국의 우주 프로그램은 애초부터 민간과 군사, 두 갈래로 나뉘어 운영되도록 설계된 것이다.

나사가 추진한 유인 우주 비행 프로그램은 대중의 눈에는 미국 우주 개발의 상징처럼 보였지만 실제로는 군 우주 프로그램도 결코 미약하지 않았다. 퓰리처상을 받은 우주 경쟁사 『하늘과 땅』의 저자 월터 맥두걸Walter A. McDougall은 말했다. "군 우주 프로그램은 겉으로 드러난 모습보다 훨씬 더 탄탄한 실체를 갖고 있었다."[16]

우주 경쟁이 가속화되면서 민간과 군을 공식적으로 분리한 체계는 점점 현실과 괴리되기 시작했다. 많은 우주 기술이 군사적·민간적 용도를 모두 갖는 '이중 용도dual use' 기술로 여겨졌기 때문이다. 로켓은 우주인을 실어 나를 수도, 탄두를 실어 보낼 수도 있다. 실제로 존 글렌을 우주로 보낸 로켓은 사실상 개조된 탄도 미사일이었다.

마찬가지로 이미지 위성은 날씨 데이터를 측정할 수도 있고 적국의 방어 체계를 감시할 수도 있다. 로봇 팔은 우주 수리를 수행할 수도 있고 적 위성의 태양광 패널과 안테나를 떼어 낼 수도 있다. 좀 더 일반적으로 말하면 미국과 소련의 우주 경쟁은 나사 수석 경제학자 알렉산더 맥도널드의 표현처럼 "기념비적 성과를 통해 위상과 역량을 과시"하기 위한 이중 목적을 지니고 있었다.[17]

나사와 소련의 민간 경쟁이 대중의 이목을 집중시키는 동안, 양국은 물밑에서 군사적 행동도 함께 추진했다. 양측은 극단적인 군사화만큼은 서로 억제하기로 합의했다. 1963년 「부분핵실험금지 조약Partial Test Ban Treaty」은 핵폭발 실험을 금지했고, 1967년 체결된 「우주 조약」은 "군사 기지 설치, 무기 실험, 군사 작전 수행을 포함한 모든 군사 활동"을 천체에서 금지했다.[18]

하지만 이런 극단적인 조치 외의 영역에서는 사실상 모든 수단이 허용되었다. 특히 양측은 정찰, 통신, 조기 경보, 무기 타격, 항법 등 다양한 용도의 군사 및 정보 위성을 적극 개발했다.[19]

위성 기술이 진화할수록 각국 국방 기관은 이를 더욱 유용한 전략 자산으로 활용했고 상대국 입장에서는 매력적인 공격 목표가 되었다. 국방 장관 로버트 맥나마라Robert McNamara는 이렇게 말했다. "소련이나 다른 누군가가 우리 위성을 건드리기 시작한다면 우리 역시 똑같이 대응할 수 있어야 한다."[20] 미국과 소련은 모두 우주 무기를 개발했고, 여기에는 적국 위성을 파괴할 수 있는 지상 기반 무기나 위성 자체가 다른 위성을 공격할 수 있는 무기까지 포함되었다.

1980년대 초, 물밑에서 진행되던 우주 무기 개발 경쟁은 공개적인 이슈로 떠오르게 된다. 로널드 레이건 대통령은 취임 직후 미국의 우주 역량을 통해 소련의 핵무기 위협을 무력화하고, 상호확증파괴(MAD)라는 불안정한 억제 균형을 뒤엎고자 했다. 그는 고도 무기 개발을 위한 대형 프로그램, 전략방위구상Strategic Defense Initiative을 시작했다. 이

구상에는 소련의 핵미사일을 우주에서 요격하는 무기 개발도 포함되어 있었다.[21]

이는 미국 안팎에서 많은 비판을 받았다. 비평가들은 이를 노골적인 우주 무기화라고 비난했고 제안된 기술들, 이를테면 우주 기반 레이저, 미사일 요격기 등은 실용적인 방어안이라기보다는 공상과학소설에 가깝다며 조롱했다. 결국 이 프로그램은 '스타워즈 Star Wars'라는 별명으로 불리게 된다.

하지만 1980년대 중반에 이르자 소련 경제는 급속히 흔들리기 시작했고 미하일 고르바초프 Mikhail Gorbachev의 군비 삭감으로 인해 첨단 무기 개발도 큰 타격을 입었다. 우주 무기 경쟁은 자연스럽게 식어 갔다. 이 시기는 공교롭게도 미국 정부가 상업 우주 부문을 본격적으로 장려하기 시작한 시점이기도 하다.

우주에서의 냉전은 실제 충돌 없이 유지되었고 지구 궤도는 다시금 전쟁이 아닌 평화의 공간처럼 보이기 시작했다.

## 우주에서 벌어진 첫 번째 전쟁

1990년 8월, 이라크의 사담 후세인 대통령은 병력 10만 명을 동원해 석유가 풍부한 인접국 쿠웨이트를 침공했다.[22] 이에 미국이 주도하는 국제 연합군은 이 침략 행위를 규탄하고, 이라크군을 몰아내기 위해 군사 작전을 준비했다. 마침 미국은 냉전 동안 개발해 온 다양한 안보 위성들을 이미 수적으로나 기술적으로 갖춰 둔 상태였다. 규모, 복잡성, 민감도와 정찰 범위까지 크게 향상된 미국의 안보 위성 체계는 이제 실전에 투입될 준비가 되어 있었다.

연합군이 확보한 우주 자산은 이라크군과의 전력 격차를 압도적으로 벌려 놓았다. 이라크는 자체 위성을 전혀 보유하고 있지 않았기 때문이다. 미국 위성들은 즉각적으로 장거리 통신을 제공함으로써 연합군이 정밀한 동기화와 기동을 할 수 있게 도왔고 기습적인 화력 사용도 가능하게 만들었다.[23]

실제로 미군은 위성 기반 장비를 통해 하루 70만 통의 전화와 15만 건의 메시지를 주고받았다.[24] 기상 위성은 실시간 기상 정보를 제공하는 가장 신뢰할 만한 자원으로 기능했고[25] 미사일 경보 위성은 이라크가 쏘아 올린 스커드 미사일에 대해 연합군에 즉시 경고를 보냈다.[26] 또한 GPS 기반의 정밀 유도 무기를 통해 전투가 불가능해 보이던 지형에서도 정확한 타격과 정밀한 협동 작전을 수행할 수 있었다.[27]

연합군이 공격을 개시한 지 불과 100시간 만에 이라크는 휴전을 요청했다. 전 세계 시청자들은 전선에서 실시간으로 중계되는 뉴스 화면을 통해 미국의 군사 우주 시스템이 만들어 낸 압도적인 파괴력을 직접 목격하게 되었다. 그 메시지는 분명했다. 위성은 현대전의 성격을 완전히 바꾸어 놓았다는 것이다.[28] 이 전쟁은 훗날 '우주에서 벌어진 첫 번째 전쟁'으로 불리게 된다.

## 변화의 요구

걸프전은 위성이 미국 국가 안보의 중심축이 되었음을 명확히 보여주었다. 그러나 동시에 그 의존도가 미국을 새로운 위험에 노출시키고 있다는 사실도 드러났다. 이에 따라 1999년 미국 의회는 국방부의 우주 활동을 전면 재검토하기 위한 위원회를 구성했다. '럼스펠드 위원회 Rumsfeld Commission'라 불린 이 조직은, 훗날 국방 장관이 되는 도널드 럼스펠드 Donald Rumsfeld가 위원장을 맡았다.

위원회는 매우 강경한 경고를 내놓았다. "미국의 우주 의존도는 이미 높은 수준이며 빠르게 증가하고 있다. 따라서 미국의 국가 안보 차원에서 우주 활동을 최우선 순위로 두어야 한다."라는 것이다. 위성에 대한 의존은 군에만 국한되지 않았다. 21세기 들어 마이크로 전자 기술, 컴퓨팅, 인터넷이 계속 진보함에 따라 우주 시스템은 현대 인프라의 토대에 깊이 뿌리내리게 된다.[29] 교통, 금융 거래, 기상 예측, 재난 대응, 에너지망 등 거의 모든 핵심 시스템이 우주 기반 기술에 의존하게 된 것이다.[30] 그중에서도 가장 높은 의존도를 보이는 국가는 단연 미국이었다.

럼스펠드 위원회는 미국이 '우주 진주만 기습 space Pearl Harbor'이라는 개념에 취약하다고 지적했다. 하원의원 짐 쿠퍼 Jim Cooper는 이렇게 지적했다. "[미국의 적국들은] 자신들의 위성이 거의 없기 때문에 오로지 공격에만 집중할 수 있다. 오늘날 미국의 위성 자산은 공격할 엄두조차 나지 않는 존재가 아니다."³¹ 위원회는 우주를 책임지는 새로운 군사 조직, 나아가 새로운 군 조직의 창설까지도 고려할 필요가 있다고 권고했다. 육군이 지상, 해군이 바다, 공군이 하늘을 책임지는 것처럼 우주도 전담 조직이 필요하다는 논리였다.³²

미 공군 중령 출신으로 훗날 합참 차장을 맡게 되는 존 하이튼John Hyten은 그 당시 이미 다음과 같은 통찰을 내놓고 있었다.

> 만약 미국이 계속 강한 힘을 유지하며 우주를 명백한 국가 핵심 이익으로 인식하고, 세계 각국과 투명하게 협상하고, 민간 산업이 우주를 최대한 활용하여 정보 시대의 확고한 리더가 되도록 장려하며, 앞으로 우주에서 반드시 발생할 갈등에 효과적으로 대응할 수단과 방법을 미리 준비한다면 케네디 대통령이 말한 '평화의 바다'로서의 우주는 그대로 유지될 수 있을 것이다.
> 그러나 반대로 미국이 통합된 국가 전략 없이 방치하고, 우주의 미래에 대한 비전 설정에 실패하여 나머지 우주 공동체와의 연계 없이 별도로 무기 개발을 추진하고, 타국과의 협상을 거부하고, 상업 우주 정책마저 제대로 수립하지 못한다면 그 바다는 머지않아 '공포의 전쟁터'로 바뀔 것이 분명하다.³³

하이튼의 말대로 미국은 '우주 미래를 지키기 위한 국가적 논쟁과 국가적 노력'을 동시에 시작할 필요가 있었다. 그는 이렇게 결론지었다. "이 문제는 공군이나 군대만으로 해결할 수 없다."[34]

하지만 이런 고위급 경고들에도 불구하고 2000년대 내내 미국의 우주 전략, 특히 군의 접근 방식은 좀처럼 바뀌지 않았다. 그러다 거의 20년이 흐르고 우주에서의 강대국 간 경쟁이 본격화되면서 '우주군Space Force'이라는 아이디어가 다시 수면 위로 떠오르게 된다.

## 중국의 우주몽

미국이 자국의 우주 취약성을 자각해 가던 무렵 중국은 새로운 우주 강국으로 부상하기 시작했다. 21세기 지정학적 구도를 정의하는 핵심 축 중 하나는 미국과 중국의 경쟁이며, 이 경쟁은 이제 우주 영역으로까지 확장되고 있다. 로이드 오스틴Lloyd Austin 미 국방 장관은 "우주는 이미 강대국 간 경쟁의 무대"라고 말하며 중국을 "앞으로 가장 중대한 위협"이라고 지목했다.[35]

중국의 우주 프로그램은 그 뿌리가 깊다. 1960년대 우주 경쟁이 본격화되던 시절, 중국 공산당 주석 마오쩌둥은 우주 기술이 국가의 힘과 위상을 높이는 데 기여할 수 있음을 직감했다.[36] 초기 중국의 우주 활동은 소박했다. 첫 번째 위성을 발사한 것은 1970년으로, 미국이 달에 인류를 착륙시킨 이듬해였다. 그러나 이후 수십 년에 걸친 중국의 놀라운 경제성장 덕분에 우주 기술력도 함께 성장했다. 특히 걸프전에서 미국이 우주를 활용해 비대칭적 군사 우위를 확보하는 장면은 중국에 강한 인상을 남겼다.

MIT 안보연구소 소장 M. 테일러 프레이블M. Taylor Fravel은 이렇게 설명했다. "중국 전략가들은 이제 현대전을 고도의 기술 전쟁으로 인식하게 되었으며, 그 핵심은 정밀 유도 무기와 우주 기반 플랫폼을 이용한 첨단 정찰·감시 능력이다".[37]

걸프전 직후부터 중국은 새로운 군사 전략 지침을 채택하기 시작했고 우주를 포함한 첨단 기술 플랫폼의 비중이 점점 커졌다. 자국 위성 개발에 박차를 가하는 한편, 미국이 의존하는 위성을 파괴하거나 방해할 수 있는 수단도 모색했다. 중국의 한 군사 분석가는 미국의 위성을 "미군의 약한 갈비뼈이자 전략적 약점"이라고 표현하며[38] "탱크와 전투기로는 미국과의 전쟁에서 결코 승산이 없는 나라들에 미국의 우주 시스템을 공격하는 것은 뿌리치기 힘든 선택일 것"이라 분석했다.[39]

1999년 중국은 유인 우주 비행 프로그램을 위한 첫 시험체인 선저우 1호를 발사했고,[40] 4년 뒤 최초의 우주인 양리웨이Yang Liwei가 지구 궤도로 날아올랐다.[41] 이는 중국이 진정한 우주 강국으로 올라섰음을 세계에 알린 순간이었다.

미 국방부가 2002년 의회에 제출한 보고서는 이렇게 짚었다. "중국 유인 우주 프로그램의 가장 강력한 동기는 정치적 위신으로 보이지만 이 노력은 거의 확실히 군사 우주 역량 강화에도 기여할 것이다."[42] 미 해군전쟁대학교의 조앤 존슨프리스Joan Johnson-Freese는 2003년 "중국은 우주로의 빠른 진입 궤도에 올라 있다."라며 최근 성과와 함께 우주 실험실, 우주왕복선, 우주 정거장, 달 기지, 화성 탐사, 일정 발표 등 일련의 계획을 언급했고 "도대체 중국이 무슨 속셈인지 궁금하지 않을 수 없다."라고 평했다.[43]

중국의 우주 개발이 전적으로 평화적이라는 환상은 2007년 산산조각 났다. 그해 중국은 위성 파괴 미사일 실험에 성공하며 이 무기를 보유한 세 번째 국가가 되었다.[44] 당시 미 공군 참모총장 T. 마이클 모슬리T. Michael Moseley는 의회에 출석해 이렇게 경고했다. "이제 우주는 더 이상 안전지대가 아니다. 상황이 심각하다." 미국 의회는 중국과의 우주 협력을 금지했고 중국은 세계 최대의 국제 협력 프로젝트인 국제 우주 정거장에서도 배제되었다.[45] 2011년에는 '울프 수정안Wolf Amendment'이 통과되어 나사가 "중국이나 중국 국영기업과 어떠한 방식으로도 협력하는 것"을 금지했다.[46]

2012년 시진핑이 국가주석에 취임하면서 중국은 더 적극적이고 야심 찬 우주 전략을 펼치게 된다. 시진핑은 중국의 '위대한 부흥'을 위한 청사진, 이른바 '중국몽'을 내세웠다.[47] 물론 중국의 경제성장 모델이 과거처럼 지속될 수 있을지에 대한 회의론도 존재하지만 군사력 변화만큼은 확실했다.[48] 전 미 국방부 차관 그레이엄 앨리슨Graham Allison은 이렇게 평했다. "중국은 전형적인 부상국이고 미국은 전형적인 패권국이다. 그리고 우리는 지금 이 둘 사이가 역사상 가장 치열한 경쟁 구도로 치닫고 있다는 사실을 점점 인식하고 있다."[49]

이제 '중국몽'은 전 세계적으로 잘 알려진 슬로건이 되었지만, 그 속에 우주가 얼마나 핵심적인 위치를 차지하는지는 잘 알려져 있지 않다. 시진핑은 선언했다. "광활한 우주를 탐사하고 우주 산업을 발전시키며, 중국을 우주 강국으로 만들자는 것은 우리 민족의 영원한 꿈이다."[50] 2012년 그의 취임 이후 중국의 우주 개발은 가속도를 내기 시작했다.

2013년에는 1970년대 이후 처음으로 달 탐사선이 달에 부드럽게 착륙했고,[51] 2016년에는 톈궁 2호가 중국의 두 번째 우주 실험실로 발사되었다.[52] 2019년에는 창어 4호가 사상 최초로 달의 뒷면에 착륙하는 데 성공했다.[53] 그 이듬해에는 또 하나의 달 탐사선과 화성 탐사선을 발사하고 자체 위성 항법 시스템까지 구축했다.[54]

5장에서 다룬 바와 같이 미국 주도의 국제 우주 정거장이 노후화되고 나사가 '우주 정거장 공백'을 막기 위해 고군분투하는 동안, 중국은 2022년에 자체 우주 정거장을 완공했고 수십 개 나라와 100건이 넘는 우주 활동 협정을 체결하며 국제 협력을 확대해 나갔다.[55] 여러 스타트업을 포함한 급성장하는 발사 산업을 바탕으로 연간 발사 횟수가 60회를 넘겼고, 이는 스페이스X에 이어 두 번째로 많은 수치다.[56] 또한 1만 3천 기 규모의 위성망 궈왕을 자체 스타링크로 구축 중이며, 우주 스타트업 수백 곳에 투자해 상업 우주 혁명도 촉진하고 있다.

중국의 다층적인 우주 전략에서 국가 안보는 중심에 놓여 있다. 이미 2015년 무렵부터 중국은 자국의 우주 프로그램을 군사, 외교, 상업,

경제 모든 영역에서 미국과 맞먹는 수준으로 끌어올리겠다는 목표를 명확히 설정했다.[57] 2016년 미 국방부는 보고서를 통해 "중국 지도부는 위기나 분쟁 상황에서 미국을 포함한 제삼국의 개입을 저지하거나 외부 세력의 군사적 영향력 행사를 억제하기 위한 역량 확보에 주력하고 있다."라고 지적했다.

이를 위해 인민해방군은 우주를 "국제 전략 경쟁의 전략적 요충지"로 규정하고 군 우주작전을 전담하는 새로운 부대를 창설했다.[58] 2023년 국방부가 발간한 중국 군사력 보고서에는 우주 관련 내용이 무려 147회 등장하며, 우주가 중국 군 전략에서 얼마나 중추적인지를 보여준다.[59]

중국은 달도 겨냥하고 있다. 러시아 및 점점 더 많은 국가와 협력해 2030년대 달의 남극 부근에 기지를 건설하겠다는 계획을 내놓았다. 이는 미국 주도의 아르테미스 프로그램과 직접 경쟁하는 구도다. 정치 전문 일간지인 《폴리티코》는 이렇게 보도했다. "아폴로 착륙 50년이 지난 지금, 달은 역사상 가장 큰 인류 활동의 표적이 되었으며 그 열기는 아폴로 시대 전성기를 능가할 정도다."

> 중국 지도부는 지구에서의 야심과 우주에서의 목표를 국가 전략의 최상위 차원에서 하나로 묶어 바라보고 있다. 소비자 디지털 기술에 집중된 미국 사회에서 우주 개발은 다소 구시대적인 국가 프로젝트처럼 여겨지지만, 중국 지도자들은 거리낌 없이

'항공우주 정신', '우주몽'을 국가 재건의 일환으로 내세운다. 2018년 중국 달 탐사 프로그램 책임자 예페이지엔Ye Peijian은 말했다. "우주는 대양이고, 달은 댜오위다오 섬이며 화성은 황엔다오 섬이다." 이는 중국이 남중국해에서 추진하고 있는 영토 확장 정책과 우주 전략을 직접 연결한 상징적 발언이었다.[60]

"이건 분명한 사실이다. 우리는 이미 우주 경쟁 중이다. 그들이 과학 연구라는 명목으로 먼저 달의 어느 지점에 도달한 뒤 '우리가 먼저 왔고 여기는 우리의 영토다. 비켜라.'라고 주장하지 말라는 법은 없다."[61] 나사 국장 빌 넬슨의 말이다.

시진핑의 우주몽은 오늘날 중국을 아폴로 시대에 견줄 만한 우주 열풍 속으로 밀어 넣었다. 실제로 미국이 아폴로를 통해 그랬듯, 중국도 우주몽을 통해 자국 사회와 문화에 거대한 파장을 불러일으켰다. 우주 콘셉트의 패션쇼와 의류, 테마파크, 장난감, 예술 작품이 속속 등장했다. 중국에서 가장 인기 있는 패스트푸드 체인점인 KFC는 인공위성 발사 기념일을 맞아 치킨 통 디자인에 우주 이미지를 넣었다.

다음 세대에게 끼친 영향은 더욱 두드러진다. 블록 장난감 회사 레고는 5세에서 12세 사이의 어린이들을 대상으로 장래 희망을 묻는 설문 조사를 실시했는데, 절반이 넘는 중국 어린이들이 '우주인'을 선택했다. 반면 서구 어린이들의 1위는 '유튜버'였으며, '우주인'은 그보다 세 배 낮은 비율이었다.[62]

## 다극화의 부상

강대국 간의 우주 안보 긴장이 고조되는 한편, 우주 활동 비용은 빠르게 하락하고 있다. 이 두 가지 흐름이 결합하면서 지난 10여 년 동안 여러 나라가 자체적인 궤도 계획을 적극적으로 추진하게 되었다.[63] 그 결과 지금 우리는 우주에서의 다극화 시대를 맞고 있다. 평화적 목적과 군사적 함의가 뒤섞인 익숙한 양상이 이번에도 반복되고 있다.

가장 빠르게 성장하는 우주 강국 중 하나인 인도는 화성 궤도선, 달 착륙선, 활발한 우주 스타트업 생태계, 유인 우주 비행에 대한 단기적 야망을 통해 인상적인 성공을 거두었다. 그러나 인도의 우주 역량이 커질수록 국가 안보 목적의 우주 활용도 늘어나는 추세다.[64] 인도는 우주를 중심으로 한 새로운 방위 조직을 출범시켰고 위성 요격 미사일까지 자체 개발에 성공했다. 한 기사에서는 인도의 이 실험이 "우주의 무기화가 머지않았다고 세계 각국이 느끼기 시작했음을 보여 주는 신호였다"고 분석했다.[65]

이러한 움직임은 인도에 국한되지 않았다. 2000년에 집권한 러시아의 블라디미르 푸틴 대통령은 20여 년에 걸쳐 권력을 공고히 했고 이 과정에서 러시아의 우주 활동 역시 중앙집권화 되었다. 서방의 평가에 따르면 군사적 성격도 강화되었다.[66] 2015년 러시아는 "우주 전력을 공군과 통합"한다고 발표했고, 이는 우주가 러시아의 군사 작전에서 차지하는 비중이 커지고 있음을 시사했다.[67]

미국 우주군 작전사령관 존 '제이' 레이먼드John 'Jay' Raymond 장군의 말에 따르면 러시아는 이후 몇 년 동안 "미국 및 동맹국의 우주 자산을 위협하는 무기를 활용하겠다는 크렘린의 군사 교리에 부합하는 일련의 행동"을 이어 갔다.[68]

도미노는 계속 쓰러졌다. 2018년 프랑스는 러시아의 위성 하나가 자국의 군사 통신 위성을 염탐하고 있다고 비난했다. 그로부터 몇 달 뒤 프랑스의 바스티유 데이 기념식에서 에마뉘엘 마크롱 대통령은 자국의 군 우주사령부 창설을 공식 발표했다. 《뉴욕타임스》는 이를 두고 이렇게 전했다. "프랑스는 유럽에서 우주 분야를 선도하는 국가로, 이번 결정은 지상의 전쟁이 점점 더 우주 위성에 의존하게 되는 현실 속에서 위성을 무력화하거나 심지어 격추하는 우주 전투 시대의 개막이 가까워졌음을 보여 주는 가장 최근의 신호였다."[69]

"이제 우주는 더 이상 성역이 아니다. 우주는 전쟁의 영역이다. 이건 미래의 위협이 아니다. 현재의 위협이다." 2019년 당시 국방부 장관 대행 패트릭 섀너핸Patrick Shanahan의 말이다.[70] 미국 군부 내에서는 러시아 또는 중국과의 다음 전쟁은 우주에서 시작될 것이라는 인식이 확산되었다. 이 전쟁은 통신, GPS, 정찰 등 미국의 핵심 시스템에 대한 선제 공격으로 시작될 것이라는 것이다.[71] 섀너핸은 마지막으로 이렇게 덧붙였다. "위협은 분명하다. 지금 우리는 강대국 경쟁 시대에 있다. 그리고 다음 전쟁의 승패는 우주에서 갈릴지도 모른다."[72]

이 경쟁은 2020년대 들어 더욱 가속화되었을 뿐 아니라 확산되기 시작했다. 이란은 로켓과 위성 프로그램의 속도를 높였고,[73] 2022년 러시아는 우크라이나 침공을 시작하면서 현지 군이 의존하던 상업 통신 위성망을 교란했다. 북한은 러시아의 지원을 받아 로켓 및 위성 기술을 빠르게 진전시키고 있으며 이를 자국의 핵무기 프로그램에 반드시 필요한 전략 자산으로 간주하고 있다. 2023년 11월 북한은 첫 인공위성 발사에 성공한 것으로 보이며, 백악관과 국방부 건물을 우주에서 촬영했다고 주장했다.[74]

몇 달 뒤에는 러시아가 궤도에 핵무기를 배치하려는 정황이 보도되었다. 이 무기는 '잠복 시한 폭탄lurking time bomb'처럼 수천 개의 위성을 인질로 삼아 세계 통신망 전체를 위협할 수 있다는 분석이 뒤따랐다.[75]

이처럼 점점 더 많은 국가가 우주 영역에 진입하고 기존 강대국들은 자국의 존재감을 더욱 확장해 나가는 가운데, 지상에서 벌어지던 경쟁과 동맹 관계가 이제 궤도 위로 올라서고 있다. 미국은 그 최전선에 계속 남아 있을 것을 결심했다.

## 미국 우주군과 국가 안보
## 그리고 민간 우주 산업의 연결 고리

2010년대로 접어들며 우주 영역이 점점 더 혼잡한 갈등의 장으로 바뀌자 미국 국방부의 여러 우주 프로그램을 공식적으로 담당해 온 공

군이 우주 활동을 "마지못해 지원한다"는 비판이 거세졌다.[76]

결정적인 전환점은 2015년에 찾아왔다. 당시 하원 군사위원회는 국방부 관계자들과 기밀 브리핑을 진행하며 미국의 우주 자산 위협 증가에 대한 논의를 가졌고, 이후 두 명의 하원의원 짐 쿠퍼와 마이크 로저스Mike Rogers가 미국의 우주 안보를 강화해야 한다며 강력한 목소리를 내기 시작했다. 두 사람은 과거 한차례 폐기됐던 '우주 전담 군 조직' 구상을 되살려 2017년 국방수권법에 '우주군' 창설 조항을 포함시키기 위해 노력했다.[77]

2017년 도널드 트럼프가 대통령직에 오르면서 우주 전담 군을 주장하던 이들은 강력한 동맹을 얻게 된다. 마이크 펜스 부통령은 이후 재편된 '국가우주위원회'의 의장을 맡았고, 특히 트럼프는 2018년 초 새로운 국가 안보 전략을 발표하면서 우주를 '전쟁의 무대theater of war'로 공식 규정했다. 그로부터 얼마 지나지 않은 2019년 12월, 미 우주군이 정식으로 창설되었다. 공군이 출범한 지 70여 년 만에 새롭게 등장한 여섯 번째 군 조직이었다.[78]

오늘날 전 세계가 우주 역량을 강화하기 위해 경쟁하는 상황에서 미국 우주군은 자국의 기술 주도권을 유지하고 방대한 우주 자산들을 보호하는 임무를 부여받았다. 이 임무의 핵심은 민간 우주 산업과의 관계 설정에 있다. 민간은 빠른 속도와 혁신을 제공할 수 있기 때문이다. "미국 시스템은 조심스럽고 신중하게 세금으로 운영되도록 설계되어 있다. 미국 국방은 빠르게 움직이지도 않고 최첨단 기술 기업처럼 창의적으로 사고하지도 않는다."라고 미 우주군 예비역 중장 니나 아르마그노Nina Armagno는 설명했다.[79]

실제로 미국 안보 기관은 자신들이 촉발하는 데 도움을 준 발사체 혁명과 위성 혁신으로부터 이미 상당한 보상을 얻고 있다. 과거에는 국방 및 정보기관이 유일한 발사 업체였던 ULA에 의존했고 위성을 쏘지 않더라도 생산 라인을 유지하기 위해 매년 10억 달러를 투입해야 했다. 그러나 스페이스X가 경쟁을 불러왔고 훨씬 저렴한 비용으로 국가 안보 탑재체를 궤도에 올리는 정기적인 발사가 가능해졌다.

이후 등장한 수많은 발사체 기업 역시 이 흐름을 이어 가고 있다. 여기에 더해 스타십은 훨씬 더 높은 수준의 역량을 예고하고 있다. 대용량 발사는 물론, 지구상에서 '초고속 지점 간 이동point-to-point travel'까지 가능하게 할 전망이다. 실제로 스페이스X는 미 육군과 함께 스타십을 활용해 지구 반대편으로 몇 분 만에 화물을 수송하는 일이 가능한지 실험 중이다.[80]

한편 민간 위성 기업들 역시 국가 안보에 유용한 기술을 다양하게 개발하고 있다. 고속·대용량 통신, 지표면 감시, 우주 내 물체 추적, 우주 공간에서의 기동 등은 모두 군사·정보 분야에 큰 도움이 되는 역량이다.

창설 초기부터 우주군은 민간 친화적인 정체성을 구축해 왔다. 발사 계약은 경쟁 입찰을 통해 이루어지며 규모가 다양한 기업들이 참여할 수 있도록 진입 경로도 마련되었다. 또 '우주개발청Space Development

Agency'이라는 조직을 만들어 2년마다 여러 기업에서 최신 기술을 반영한 위성을 '트렌치tranche(분할 조달 방식-옮긴이)' 단위로 구입하고 있다. 더욱 넓게 보면 국가 안보 관련 우주 기관들은 이제 민간이 정부 기능을 보완할 수 있는 분야, 예컨대 정찰, 통신, 궤도상의 활동 감시 등에서 점점 더 많은 민간 서비스를 구매하는 방향으로 움직이고 있다. 10장에서 살펴봤듯 우주 관련 모든 규모의 기업을 대상으로 기술 개발 투자를 대규모로 진행하고 있다는 점도 눈에 띈다.

이러한 지원 덕분에 민간 우주 혁신은 단순히 국가 안보에 도움이 되는 수준을 넘어 국가 안보 시스템 자체의 형성 과정에까지 영향을 미치고 있다. 그렇다면 우리는 이제 중요한 질문을 던져야 한다.

민간 우주 혁명의 산물이 군사적 목적으로 활용되는 현실을 우려하거나 그 확산을 제한해야 할까? 우주 경제와 국가 안보의 '불가분성'을 당연시해야 할까? 민간 자본 시장이 얼어붙을 때 군과 정보기관으로부터 자금을 지원받는 일은 야심 찬 우주 기업들에 가장 현실적인 선택지로 보이는데, 과연 이 상황에 안심할 수 있을까?

## 선택의 기로

이 문제를 좀 더 명확히 보기 위해 게임 이론에서 오래전부터 국가 안보 분석에 활용되어 온 고전적 모델인 '죄수의 딜레마 게임'을 살펴보자. 지금의 우주 상황을 고려하면 이 게임이 주는 통찰은 더 깊게 다가온다. 구조는 6장에서 다룬 '사슴 사냥 게임'과 언뜻 비슷하다. 두 명의 플레이어(죄수 1과 죄수 2)가 있고, 이들은 서로 협력(무죄 주장)하거나 배신(상대에게 죄를 뒤집어씌움)할 수 있다. 두 사람이 모두 협력하면 서로 배신하는 경우보다 더 나은 결과를 얻는다. 도표 12-1에서 볼 수 있듯이 플레이어들은 좌상단이 아니라 우하단의 결과에 도달하길 원한다.

|  | 배신 | 협력 |
|---|---|---|
| 배신 | (1,1) | 4,0 |
| 협력 | 0,4 | 3,3 |

**도표 12-1** 죄수의 딜레마

하지만 죄수의 딜레마 게임은 사슴 사냥 게임과 중요한 차이가 있다. 협력의 결과인 우하단 칸이 균형 상태가 아니라는 점이다. 왜 그럴까? 이는 한쪽이 일방적으로 협력을 깰 경우 얻는 보상이 달라지기 때문이다.

'사슴 사냥 게임'에서는 두 사냥꾼이 함께 사슴을 사냥하고 있다면 어느 쪽도 홀로 토끼 사냥에 나서고 싶어 하지 않는다. 하지만 죄수의 딜레마에서는 상대가 협력하고 있을 때 자신은 배신하는 쪽이 더 유리하다. 그리고 상대가 배신할 경우에도 마찬가지로 배신하는 쪽이 낫다. 결국 유일하게 안정적인 결과, 다시 말해 균형 상태는 두 사람 모두 배신하는 좌상단의 결과뿐이다. 불행하게도 이 결과는 두 사람 모두에게 나쁜 선택이다.

이 게임이 오늘날 우주 안보의 현실과 어떻게 맞닿아 있는지는 자명하다. 우주에서 영향력을 가진 두 강대국 중 어느 한쪽도 상대가 배신할 가능성이 있다고 의심하는 상황에서 먼저 협력에 나서긴 어렵다. 이런 식으로 우리는 갈등과 경쟁이 불가피해 보이는 구도에 갇혀 있는 셈이다.

그러나 이 딜레마에는 해결책이 존재한다는 것도 잘 알려져 있다. 단 한 번이 아니라 반복적으로 게임이 진행된다면(현실 세계에서는 대부분 그렇다) 각 플레이어는 장기적 관점에서 협력의 막대한 이익을 인식하게 된다. 그리고 두 사람 모두 상대가 배신하지 않는 한 협력을 지속하는 전략을 선택하기만 하면 이익을 얻을 수 있다. 이는 신뢰의 문제가 아니라 억제 deterrence의 문제다. 만약 한쪽이 협력하고 있을 때 다른 한쪽이 배신하려 한다면 그 배신에 상응하는 대응으로 인해 결국 양쪽 모두 손해를 본다는 가능성만으로도 배신의 유혹을 억제할 수 있다.[81]

이 구조를 조금 더 들여다보면 우리가 앞에서 던졌던 국가 안보와 민간 우주 산업의 관계에 관한 질문으로 다시 연결된다. 죄수의 딜레마든 우주 안보든 협력을 유지하려면 각 플레이어는 최소한 두 가지 조치를 취할 수 있다.

첫 번째는 상대가 배신할 때 얻는 이익을 줄이는 것이다. 그중 하나가 상대의 배신을 감지하고 대응할 수 있는 역량을 갖추는 것이다. 우주라는 맥락에서 이 조치는 우주군과 기타 기관이 하는 것처럼 군이 민간 우주 기술을 활용해 효율성과 혁신, 복원력을 높이려는 전략과 맞닿아 있다.

예를 들어 내비게이션, 표적 조준, 통신, 미사일 조기 경보 같은 핵심 기능을 몇 개의 중요한 위성에만 의존하지 않고 수십 개 혹은 수백 개의 위성으로 구성된 위성군으로 분산하려는 움직임이 그것이다. 이런 위성은 무력화되기 어렵고 대체도 쉽다. 이 전환을 가능하게 해 주는 기반은 탄탄한 민간 우주 산업이다. 그렇기에 미국의 안보 기관들이 이 산업의 성장을 적극 지원하는 것도 놀랍지 않다.

두 번째 조치는 협력의 보상을 키우는 것이다. 도표 12-1에서 (3,3)으로 표기된 협력 결과를 (5,5), (6,6) 혹은 그 이상의 보상으로 바꾸는 것이다. 우주라는 맥락에서 이 조치는 민간 우주 기술을 안보에 활용하되, 그 방식이 광범위한 경제적·사회적 가치 창출로 이어지도록 유도하는 일과 맞닿아 있다.

다시 말해 단순히 민간에 자금을 투자하는 수준을 넘어서 우주 공간에서의 법치 rule of law를 확립하고, 이를 번영의 전제로 삼으려는 노력이 포함된다.[82] 동시에 안보 목적의 민간 우주 지원이 산업의 발전 방향을 왜곡시킬 수 있다는 점도 충분히 인식해야 한다.

실제로 지구 관측 기업들(예: 플래닛)은 전장에서 유용한 정찰 정보를 제공하지만 그 정보는 산림 벌채, 불법 벌목·채굴·어획 활동, 농작물 수확량 향상에 필요한 농지 분석, 빙하와 극지방의 해빙 정보 등 비군사적 가치에도 크게 기여하고 있다. 마찬가지로 스타링크 같은 서비스는 전시 상황에서 매우 중요하지만 전장 너머로도 막대한 잠재력이 있다. 전 세계 인구 중 25억 명 이상이 여전히 안정적인 인터넷 접속 환경을 갖지 못한 현실을 고려하면 그 영향력은 막대하다.[83]

이런 기술 역량에 대한 지원은 안보 기관의 목적에 부합할 뿐 아니라 사회 전반에 새로운 가치를 확산시키는 일이기도 하다. 민간 우주 활동이 깊고 넓은 비군사적 가치를 만들어 낼수록 모든 당사자에게 협력의 보상이 커지고 배신의 유인은 줄어든다.

결국 우주 안보 조직과 민간 우주 산업의 미래는 분리될 수 없는 관계다. 국방과 정보기관은 민간의 역동성과 효율성에 의존해야 하고 민간 기업들은 자금과 초기 지원 측면에서 군의 도움을 필요로 한다. 하지만 인류를 위한 민간 우주 혁명의 가능성을 제대로 실현하려면 그 발전 경로가 국가 안보 논리에 지나치게 종속되어서는 안 된다. 건강한 균형이 필요하다.

그 균형을 찾는 길은 사실 역사 속에 있다. 미국이 우주 활동을 시작하던 시기에도 미국은 강력한 우주 경쟁자를 마주했고, 우주를 군사적 혹은 민간적 우선순위 중 어느 쪽으로 활용해야 할지에 대한 난제를 안고 있었다. 미국의 초창기 우주 지도자들은 안보와 정보 수집을 위한 우주 활용을 주저하지 않으면서도 국가의 대표 우주 기관은 민간 조직으로 설정했다.

이들은 우주가 땅이나 바다, 하늘처럼 분쟁의 위험을 안고 있다는 점을 인식했다. 그럼에도 우주가 아직 전장이 되지 않았다는 점도 중시했고, 전장으로 만들지 않으려는 노력을 택했다. 그리고 군과 민간의 우주 활동과 통치 체계를 뚜렷이 구분하기보다 경계를 모호하게 유지함으로써 오늘날 우리가 말하는 '균형'의 기반을 마련한 셈이었다.

그 결과 국가 안보 목적으로 우주 활동이 활용됨에도 불구하고, 아이러니하게도 또 그로 인해 오늘날에도 우주가 평화의 바다로 남아 있다. 앞으로 우주 경제가 성장하는 동안 이 균형을 지켜 내고 평화를 지속할 수 있을지는 우리 손에 달려 있다.

**결론**

# 우주 경제의 다음 장을 열다

인류는 정말 짧은 시간 안에 우주 활용에 있어 엄청난 진전을 이루어 냈다. 초강대국 간의 패권 경쟁으로 시작된 우주 활동은 이제 과학, 탐사, 상업까지 아우르는 다층적 영역으로 발전했다. 국가 주도의 중앙집중적 시스템으로 운영되던 우주 산업은 민간과 공공의 주체들이 협력하거나 경쟁하며 새로운 가치를 창출하는 혼합형 구조로 바뀌었다. 한때는 단지 개척하고 지배해야 할 미지의 영역이었던 우주는 이제 경제적·정치적·사회적 발전이 이루어지는 하나의 공간으로 자리매김하고 있다. 이러한 변화는 한 세대도 채 지나지 않은 짧은 시간 안에, 인간의 한 생애보다도 짧은 우주 시대 안에서 벌어진 일이다.

우리는 지금의 우주 르네상스가 이제 막 시작되었을 뿐이라고 믿는다. 매년 수천 개의 새로운 위성이 발사되며, 우주는 지구상 삶의 가치와 연결되는 깊이를 더해가고 있다. 스페이스X의 스타십, 민간 우주 정거장, 나사의 새로운 달 탐사 계획 등은 우리의 활동 영역을 너욱 확장할 전망이다.

정부 기관들은 스타트업부터 스타트업처럼 움직이는 대형 기업까지 수백 개 기업들과 협력하며 산업을 더욱 역동적이고 유능하게 그리고 성공적으로 만들기 위한 아이디어와 기술을 함께 개발해 가고 있다. 산업 전반에 걸쳐 점점 더 많은 기업이 정부·비영리 단체·다양한 공공기관들과 함께 우주 기술이 가능하게 만든 제품과 서비스를 적극 활용하고 있다. 그리하여 매일 크고 작은 방식으로 우주 혁명은 한 걸음씩 앞으로 나아가고 있다.

그렇다면 다음 장에서는 어떤 미래가 기다리고 있을까? 솔직히 말하면 누구도 확실히 알 수 없다. 우주 산업이 점점 더 시장 기반으로 바뀌고 있기 때문에 미래는 중앙의 권위가 아니라 산업 전반에 분산된 지식과 통찰에 의해 결정될 것이다. 경제학자들이 시장을 강력하고 이론상 매력적으로 보는 이유는 바로 이 분산된 지식이 작동하고 강화되는 구조 때문이다. 시장은 당신을 포함한 각자가 갖고 있는 고유한 지식과 아이디어를 끌어모아 작동한다. 이 책을 쓴 이유도 바로 여기에 있다. 당신이 이 책을 읽어 주어 기쁘다.

앞으로 무슨 일이 벌어질지는 알 수 없지만 확실히 말할 수 있는 몇 가지는 존재한다. 다음 장이 쓰이는 과정에는 분명 실망도 있을 것이다. 우주 개발의 역사는 수많은 좌절로 가득했으니까. 하지만 분명히 놀라움도 있을 것이다. 민간 우주 산업의 급부상은 오랜 시간 우주를 연구해 온 전문가들조차 예상치 못했던 일이었다. 그리고 이 책이 쓰인 이유이기도 한 무엇보다 중요한 사실은, 민간 부문이 우주에서 가능한 것을 결정하고 그 혜택을 누릴 수 있는 주체를 주도해 가는 이 흐름 속에 엄청난 기회가 있다는 점이다.

이 기회는 우리 모두에게, 사회 전체에 이 특별한 순간을 최대한 활용할 책임을 요구한다. 이 책임은 부분적으로 경제적 이유에서 비롯된다. 현대 민주주의 국가들의 경제성장률은 지난 50년 동안 꾸준히 하락해 왔다.[1] 자료에 따르면 창업률, 생산성, 혁신 속도 모두 둔화하고 있으며 경제를 변화시킬 만한 혁신은 점점 더 많은 자원을 들여야만 겨우 가능해지고 있다. 또한 출산율 하락을 포함한 인구 구조의 변화는 수요 자체를 억제하는 요인으로 작용하고 있다.[2]

이러한 흐름을 반전시키려면 우리는 게임의 규칙 자체를 바꿀 수 있는 대규모 투자가 필요하다.[3] 많은 경제학자가 이에 대해 공감대를 이루고 있다. 대규모 공공 투자가 민간 투자를 유도하고 지속적인 생산성 성장을 끌어낼 수 있는 가장 효과적인 방법 중 하나라는 것이다. 기존에도 익숙한 투자 대상은 존재한다. 인프라, 에너지 전환, 인공지능 등 말이다. 하지만 그중에서도 우주 분야에 대한 대규모 투자는 전혀 다른 고유한 잠재력을 갖고 있다.

로켓은 더 저렴하고, 더 강력하고, 더 풍부해질 것이다. 그리고 이는 궤도 안팎에서 가능하다고 여겨지던 일들의 경계를 완전히 재정의하게 만들 것이다. 위성은 지구 곳곳에서 벌어지는 인간의 활동을 더욱 정밀하게 포착하고, 광범위한 정보를 빛의 속도로 지구 곳곳에 전달하게 될 것이다. 우주 거주지도 머지않아 인간과 기술이 함께 생활하고 작동하는 공간으로 대규모로 실현될 것이다. 이처럼 우리가 한계에 도전할수록 예기치 못한 새로운 역량이 나타나고, 이는 곧 비즈니스, 삶, 사회 전반을 재편하게 될 것이다.

우주 분야에 대한 투자의 여지는 여전히 충분하다. 업계에 활력과 기대가 넘쳐나고 있음에도 이 분야의 자금 규모는 여전히 지상 산업에 비해 턱없이 부족하다. 오늘날 나사의 연방 예산 비중은 아폴로 시절의 정점에 비하면 10분의 1 수준에 불과하다.[4] 하지만 지금의 우주는 과학, 기술, 경제 번영, 국가 안보 측면에서 그때와는 비교도 되지 않을 만큼 큰 가능성을 품고 있다.

아폴로 이후 미국의 우주 개발 동력은 한동안 꺾였고 위기 상황에 직면하기 전까지 우주 전략의 전환도 더뎠지만, 변화가 시작된 지금은 미래를 위한 투자를 감행할 절호의 기회이자 책임의 순간이다.

우주를 향한 이 민간 혁신의 흐름을 받아들이는 일은 단순한 경제 논리를 넘어선다. 우주는 인류의 마지막 경계이자, 영원한 경계다. 과거 우리는 새로운 지평을 향한 탐험 과정에서 많은 비극을 초래해 왔다. 하지만 그런 탐험을 이끈 것은 오직 '프런티어'만이 줄 수 있는 영감이었다. 더 나은 세상, 새로운 세계를 발견하고 창조하려는 그 열망 말이다.[5]

우리는 과거의 잘못으로부터 분명히 배워야 하지만 그 속에서도 근본적인 호기심과 희망은 잃지 말아야 한다. 그것이야말로 지구상의 모든 사람 그리고 언젠가는 그 너머를 살아갈 인류 전체의 경제적 번영을 향한 원동력이기 때문이다.

이 책임은 경제를 넘어서는 이유에서도 비롯된다. 인류의 우주 서사는 깊고도 풍부하다. 우주의 광대함은 우리를 겸손하게 만들고 그 세계를 이해하고 탐험하려는 욕망은 우리를 고무시킨다. 이 도전을 현실로 만들기 위해 필요한 역량과 기술은 우리의 에너지와 잠재력을 이끌어 내며 우리 안의 가장 나은 가능성을 드러내게 한다.

인류가 하늘의 별을 기록했던 가장 오래된 흔적은 기원전 2만 년경 뼛조각에 새겨진 음력 달력이다. 그 후 수천 년 동안 우주에 대한 집요한 호기심과 탐구는 문명의 발전을 이끌어 왔다. 그것은 종교적 열정으로, 과학 혁명으로, 철학적 사유로 이어졌으며 아리스토텔레스, 코페르니쿠스, 갈릴레이, 뉴턴, 아인슈타인에 이르기까지 인류의 가장 빛나는 지성들은 우주를 바라보며 인류의 진보를 이끌었다. 우리는 이 위대한 역사의 수혜자일 뿐만 아니라 그 전통을 이어 가야 할 수호자이기도 하다.

지금 우리는 새로운 우주 황금시대의 문턱에 서 있다. 모든 인류를 위한 혜택을 만들고 과학과 탐사를 진전시키기 위해 우주를 생산적이고 책임감 있게 활용할 수 있는 희귀한 기회를 맞이했다. 만약 우리가 이 기회를 무지 혹은 무능 때문에 놓친다면 그것은 우리에 대해 무엇을 말해 주는가? 우리는 정말 그토록 영감이 부족한 존재일까? 그토록 냉소적이기까지 할까?

『데커던트 소사이어티The Decadent Society』에서 《뉴욕타임스》의 유명 칼럼니스트 로스 다우댓Ross Douthat은 이렇게 썼다. "진정으로 세계화된 문명이 지구에 묶여 있는 한, 새로운 세상으로 도약하고 정복하고 탐험하리라는 희망이 존재하지 않는 한, 결국은 쇠퇴로 치단을 수밖에 없다고 생각한다. …… 우리는 별을 향해 올라갈 사다리를 만들어야 한다. 그리고 미래 세대가 탐험할 수 있는 새로운 현실을 제시해야 한다."[6]

모든 프런티어는 불확실성으로 가득하다. 그것이야말로 프런티어의 본질이자 매력이다. 수많은 우주 비전가가 이 경계를 개발함으로써 인류의 삶을 풍요롭게 만들고자 꿈꿔 왔다. 아직 초기 단계에 있는 우주 민간 혁명이지만 그 흐름은 이미 가능성의 지평을 넓혔고 인류가 우주에서 얻을 수 있는 가치 또한 크게 확장했다.

우리는 지금 오래 품어 온 거대한 우주 비전과 그 혜택을 현실로 끌어올 수 있는 새로운 희망과 실제적인 경로 앞에 서 있다. 그리고 상업 우주 혁명이라는 새로운 흐름 안에는 단지 과거의 꿈을 실현하는 것 이상의 가능성이 있다. 그 기회는 아직 알려지지 않은 것들 그리고 아직 알 수조차 없는 것들 속에 숨어 있다. 시장의 힘이 우주에 스며들며 새로운 아이디어가 생겨나고, 그 아이디어는 기업가들에 의해 현실화될 것이다. 새로운 기술은 새로운 가치를 만들고, 그 가치는 또 다른 기술과 가치를 촉진하는 연쇄 반응을 불러올 것이다.

저비용, 재사용 가능한 잦은 로켓 발사, 더 똑똑하고 민첩하게 연결된 위성들, 궤도와 달 표면에서의 연구와 거주를 가능하게 할 기반 기술 등 이 모든 혁명의 1세대는 일종의 인프라다. 이들은 이후의 응용과 더 높은 단계의 활동들을 가능하게 해 줄, 사다리의 가장 낮은 단이라 할 수 있다.

우리는 지금 그 사다리를 오르기 시작했고 그 여정은 이미 우주 산업의 판도를 바꾸어 놓고 있다. 중앙정부 주도의 모델 아래서도 위성 통신과 GPS 같은 핵심 기술이 만들어졌고 오늘날 삶을 지탱하는 기반이 되었다. 그러나 최근 몇십 년간 시장 논리가 더해지면서 경쟁과 혁신, 효율이라는 힘이 우주 산업을 다시 변화시키고 있다. 지금 이 순간에도 새로운 기술이 개발되고 있으며 그중 다수는 기업과 정부는 물론 훨씬 더 다양한 주체들에게 활용될 수 있는 방향으로 진화하고 있다.

우리는 사다리를 빠르게 오르고 있고 그 단계마다 새로운 가치의 원천이 열리고 있다. 이러한 상승에는 말 그대로 새로운 성장의 기회가 내재되어 있다. 모든 유형의 산업과 경제의 성장, 기술과 산업의 성장, 과학의 성장, 우리가 사는 이 행성과 우주를 이해하는 폭의 확장 그리고 우리가 소중히 여기는 원칙들인 진보와 지식, 번영의 추구, 정의와 평등, 법치에 대한 추구, 이해와 평화, 협력에 대한 추구를 향한 성장이 그것이다.

하지만 이 민간 우주 혁명은 아직 태동기다. 우리의 등반은 이제 막 시작되었다. 기술자와 엔지니어, 기업가와 정책가, 과학자와 학생, 교육자와 수많은 우주 전문가로 구성된 이 세대는 지금 함께 사다리의 다음 단계를 향해 손을 뻗고 있다. 그 과정에는 분명 지연과 좌절, 실망

같은 걸림돌도 있겠지만 분명한 것은 이 길이 계속되리라는 사실이다. 그리고 그 길은 결국 우리 안에 잠든 가장 고귀한 가능성을 다시 깨우는 여정이 될 것이다.

이 책은 프런티어의 경계에 선 수많은 기업과 개인의 이야기를 담았다. 그들은 우주 경제라는 미래를 더 이상 미스터리가 아닌 현실로 만들기 위해 오늘도 도전하고 있다. 우주 경제의 미래를 믿는다는 것은 결국 어느 정도의 신념을 요구하는 일이다. 바로 그 점이야말로 이 여정이 그 무엇보다 특별한 기회가 되는 이유이기도 하다.

## 우주 리더들의 메시지

이 책을 집필하는 동안 우리는 여러 우주 산업 리더들과 만나 비전과 통찰을 듣는 행운을 누렸다. 그들의 답변은 책 전반에 걸쳐 핵심 논점을 강조하거나 설명하는 데 활용되었다.

우리는 마지막으로 하나의 큰 질문을 던지고 그 답을 한데 모았다. 여기서 그 답변들을 소개하고자 한다. 이 자리를 빌려 흔쾌히 인터뷰에 응해 준 모든 분께 깊이 감사드린다.

"우주의 미래를 생각할 때, 무엇이 가장 기대되시나요?"

**채드 앤더슨**

(스페이스 캐피털 매니징 파트너, 『스페이스 이코노미』 저자)

: 세 가지가 떠오른다. 하나는 전 지구적 규모의 문제들을 해결할 수 있는 능력, 둘째는 스타십이 몰고 올 거대한 변화 그리고 셋째는 차세대 우주 창업자들이 보여 줄 잠재력이다.

**니나 아르마그노**

(예비역 중장, 전 미 우주군 참모국장, 현 로켓랩 이사회 멤버)

: 나는 우주의 끝없는 가능성에 가장 큰 기대를 걸고 있다. 제임스 웹 망원경 James Webb Telescope에서 보내오는 사진들은 그 자체로 놀라움과 경외심을 자아낸다. 그 덕분에 인류의 우주 탐사와 발견, 상상력에 다시금 불이 붙은 느낌이다. 단기적으로는 인류가 다시 달에 발을 딛는 모습을 보게 될 일이 무척 기대된다. 동시에 우주 경제가 본격적으로 성장하는 과정도 기대된다. 우주 접근 비용이 낮아지고 접근성도 좋아지면서 '우주의 민주화 democratization of space'가 현실이 되어 가고 있다. 이제 우주는 정부나 극소수 부자만의 영역이 아니다. 꿈꾸는 자들과 창업자들이 우주로 나아갈 때, 그 활용 가능성은 무한해진다.

**에릭 버거**

(『리프트오프』 저자, 베테랑 우주 전문 기자)

: 솔직히 말해 스타십과 아르테미스 그리고 중국과의 달 경쟁보다 더 흥미로운 주제를 찾기 어렵다. 그 자체로 충분히 드라마틱하고 짜릿한 흐름이 될 것이다.

**롭 마이어슨**

(블루 오리진 전 사장, 인터룬 창립자, 엔젤 투자자)

: 민간 기업들이 저궤도에서 새로운 시장을 열 수 있는 기회가 크다고 본다. 상업 우주 정거장이 본격화되면 그 가능성이 현실로 드러날 것이다. 발사체 재사용에 이어 우주 자원 활용이야말로 향후 우주 비용을 대폭 낮추는 결정적 수단이 될 것이다. 더 이상 모든 걸 지구에서 쏘아 올릴 필요는 없다. 우주에서 얻은 자원으로 바로 건설하는 시대가 온다. 그래서 우주 자원 스타트업에 매우 낙관적이다. 오래된 위성을 재활용하든, 달이나 소행성에서 자원을 채굴하든 모두가 연결된다. 덧붙이자면 그 결과로 생겨난 인재 밀도가 정말 놀랍다. 미국에는 이제 새로 양성된 수백 명의 로켓 추진 엔지니어들이 있다. 이들은 곧 기술을 더 진전시키고 다음 도약을 이끌 인재들이다.

### 마틴 엘비스

(하버드-스미스소니언 천체물리센터 선임 천체물리학자, 『소행성』 저자)

: 과학자로서 나는 우리가 우주에서 더 많은 것을 할 수 있게 되면서 얻을 새로운 지식에 가장 큰 기대를 걸고 있다. 수백 개의 천체를 탐사하고 거대한 망원경을 만들며 블랙홀 주변을 정밀하게 관측하고 다른 지구에서 대륙과 구름을 포착하는 그날을 꿈꾼다. 물론 상업 기업들이 막대한 이익을 거두는 것도 중요하겠지만, 내게는 그것이 이러한 지식의 문을 여는 수단일 뿐이다.

### 윌리엄 게르스텐메이어

(스페이스X 비행 안정성 및 제작 부문 부사장, 전 나사 유인 탐사 부국장)

: 인류의 우주 비행을 너무 당연한 것으로 여기지 않기를 바란다. 더 많은 이에게 우주 비행의 문이 열리길 희망한다. 인간의 거주 영역을 태양계로 확장하고, 화성 같은 다른 행성의 자원을 활용하는 법을 배워야 한다. 우주에서 필요한 모든 자원을 지구에서 실어 나르는 것은 비효율적이다. 미국은 기술 개발에 있어 세계적인 리더십을 유지해야 한다. 기술을 선도하는 국가가 곧 세계의 기준을 설정하며, 기술 리더십은 우리의 민주주의에도 핵심적인 가치다.

**조 랜던**

(록히드 마틴 산하 달 인프라 스타트업 크레센트 스페이스 전 CEO)

: 가까운 시일 내에 더 대담한 비즈니스 아이디어를 들고 우주 산업에 뛰어드는 창업가들이 점점 늘어날 것이다. 우주는 세상에서 가장 열정적이고 흥미로운 분야이며, 그만큼 최고의 인재들을 계속 끌어들일 것이다. 사실 우리는 아직도 기업가 정신이 지닌 잠재력을 제대로 풀어내지 못하고 있다. 장기적으로는 인류가 달, 화성 그리고 태양계를 탐험하고 개발해 가는 과정을 기대하고 있다. 이제 인류의 경제권도 별까지 확장될 때다.

**알렉산더 맥도널드**

(나사 수석 경제학자)

: 달에 세워질 최초의 국제 연구 기지, 인류 최초의 금성 유인 근접 비행에서 탄생할 새로운 이야기들 그리고 미래의 신화들이다.

### 카리사 크리스텐슨

(우주 산업 전문 컨설팅 기업 브라이스테크 창립자 겸 CEO)

: 인류 우주 비행의 확대다. 궤도와 준궤도 영역 모두에서 정부 주도든 민간 주도든 인류 우주 비행이 더 활발해지기를 기대한다.

### 클레이 마우리

(국제 우주항공연맹 회장, 바스트 고문)

: 정부가 민간 기업으로부터 '서비스로서의 우주'를 구매하려는 흐름이 점점 커지고 있다는 점이 가장 기대된다. 민간 부문은 정부보다 훨씬 빠르고 효율적으로 다양한 서비스를 제공할 수 있다. 이 흐름은 안보 목적의 위성 통신에서 시작됐고, 이후 민간 화물과 유인 프로그램을 통해 민간이 주도하는 우주 시대가 본격적으로 열렸다. 지금은 전 세계 여러 정부가 이 모델을 점차 수용해 가고 있다.

### 노부 오카다

(애스트로스케일 창립자 겸 CEO)

: 단기적으로는 AI, 머신 러닝, 로보틱스, 3D 프린팅의 융합이 궤도상 우주 서비스를 혁신할 것으로 본다. 장기적으로는 우주 경제가 하나의 'GDP'를 갖게 되는 날이다. 상업 우주 정거장과 달·화성 기지들이 현실화되면 인류의 미래는 지구 바깥에 뿌리를 내릴 것이며, 그 중심에는 궤도상 서비스가 자리하게 될 것이다.

### 스콧 페이스

(조지워싱턴대학교 국제관계대학원 우주정책연구소장, 국가우주위원회 전 사무총장)

: 인류가 달로 돌아가게 되면 새로운 세대의 학생, 엔지니어, 과학자, 창업가들이 등장해 인류 활동을 저궤도 너머로 확장할 것이다. 우리는 우주 내 수송, 우주 원자력, 현지 자원 활용, 태양계 인터넷을 위한 새로운 인프라를 갖출 것이다. 이 모든 일은 과거와 달리 미국 정부가 자국 상업 우주 산업의 혁신성과 속도를 최대한 활용하면서도 새롭고 비전통적인 국제 파트너들과 협력하는 방식으로 추진될 것이다.

## 더 읽어 볼 책들

- 채드 앤더슨, 『스페이스 이코노미』, 장용원 옮김, 민음인, 2024.
- Aaron Bateman, 『Weapons in Space』, MIT Press, 2024.
- 에릭 버거, 『리프트오프』, 정현창 옮김, 초사흘달, 2022.
- Eric Berger, 『Reentry』, BenBella Books, 2024.
- Douglass Brinkley, 『American Moonshot』, Harper Collins, 2019.
- Christian Davenport, 『The Space Barons』, Public Affairs, 2018.
- 로리 가버, 『중력을 넘어서』, 조동연·김지훈 옮김, 다산사이언스, 2024.
- Loren Grush, 『The Six』, Scribner, 2023.
- Joel S Greenberg and Henry R. Hertzfeld, "Space Economics." 『Progress in Astronautics and Aeronautics』, 144, 1992.
- Roger Handberg, 『Reinventing NASA』, Bloomsbury Publishing, 2003.
- Adam Higginbotham, 『Challenger』, Avid Reader Press/Simon & Schuster, 2024.
- 월터 아이작슨, 『일론 머스크』, 안진환 옮김, 21세기북스, 2023.
- W. Henry Lambright, 『Why Mars』, Johns Hopkins University Press, 2014.
- John M. Logsdon, 『After Apollo』, Springer, 2015.
- Alexander C. MacDonald, 『The Long Space Age』, Yale University Press, 2017.
- Howard E. McCurdy, 『The Space Station Decision』, Johns Hopkins University Press, 2007.
- Walter McDougall, 『The Heavens and the Earth』, Basic Books, 1985.
- Eligar Sadeh, ed. 『Space Politics and Policy』, Springer Science & Business Media, 2002.
- 애슐리 반스, 『레인보우 맨션』, 조용빈 옮김, 쌤앤파커스, 2024.
- Robert Zubrin, 『Entering Space』, Penguin, 2000.

Endnotes 미주

## 서문

1. 조너선 C. 맥도웰Jonathan C. McDowell, "위성 통계: 위성과 우주 쓰레기 현황", 《Jonathan's Space Report》, https://planet4589.org/space/stats/active.html.
2. 흥미를 느끼는 독자를 위한 추가 설명이다. 물론 가장 유명한 설명은 1940년대 노벨 경제학상 수상자인 프리드리히 A. 하이에크Friedrich A. Hayek가 제시한 바 있다(참고: F. A. 하이에크, "사회에서 지식의 활용", 《American Economic Review》 제 35권 519~530쪽, 1945). 자원을 경제적 가치를 극대화하는 방향으로 배분하려면 상상할 수 없을 만큼 방대한 정보를 수집하고 처리해야 한다. 이를 위해 중앙 계획자는 가능한 모든 상품과 서비스에 대해 가능한 모든 생산자와 소비자, 가능한 모든 시간과 지리적 조건을 아우르는 비용과 편익 데이터를 파악해야 하는데 이는 사실상 불가능하다. 과거 소련을 비롯한 여러 나라가 이를 시도했지만 비효율이 필연적으로 발생했고 결국 경제를 무너뜨렸다. 초기에는 선진국의 궤적을 모방해 빠른 성장을 이루는 것처럼 보일 수 있지만 결국 중앙 통제 경제는 비효율을 벗어나지 못한다.
시장은 중앙 당국이 정보를 수집하고 처리하는 방식이 아니라 훨씬 단순하고도 아름다운 도구, 바로 '가격'에 의존한다. 가격은 시장에 참여하는 누구나 이해하고 활용할 수 있을 만큼 단순하지만 그 안에는 방대한 정보가 내포되어 있다. 시장 참여자는 각자의 비용과 편익을 가격과 비교해 의사결정을 내리고 이 과정이 끊임없이 반복되면서 자원이 가장 가치 있게 활용될 곳으로 유도된다. 내가 어떤 상품에 부여하는 가치가 그 가격보다 높거나 같다면 나는 그 상품을 구입할 것이다. 이 구매는 생산자들에게 더 많은 생산을 유도한다. 만약 그 추가 생산의 비용이 기존 가격을 넘어선다면 생산자는 가격을 올릴 것이다. 이러한 역학은 경제 안에서 무수히 반복되며, 가격이 이 과정을 통해 모든 정보를 집약하고 전달함으로써 자원이 가장 큰 가치를 창출할 수 있는 곳으로 흘러가도록 유도한다는 사실을 보여 준다.
물론 가격이 항상 완벽하게 작동하는 것은 아니다. 때로는 상품이나 서비스의 실제 비용과 편익이 생산자와 소비자 개인의 이익을 넘어서는 경우가 있다. 이를테면 기초 과학 연구처럼 사회 전체에 막대한 이익을 가져다주는 경우가 그렇다. 이런 상황에서는 가격이 모든 정보를 반영할 수 없어 시장에 맡겨 두기만 해서는 자원이 효율적으로 배분되지 않는다. 따라서 정부가 개입해 시장 결과를 개선할 여지가 생긴다.
요컨대 경제의 특정 영역에서 정부가 어느 정도 역할을 해야 하는지 결정할 때는 중앙집권적 활동(정부 주도)과 탈중앙적 활동(시장 주도) 중 어떤 방식이 정보를 더 잘 처리하는지를 이해하는 것이 핵심이다. 정보의 역할과 밀접하게 연결되는 것이 바로 유인의 역할이다. 시장은 이윤 추구와 개인이 자신의 이익을 극대화하려는 욕구에 기반해 작동한다. 반면 중앙집권적 통제는 보상과 처벌 그리고 세금이나 보조금 같은 인센티브에 의존한다. 시장은 경쟁을 통해 효율성을 이끌어 내지만 중앙집권적 통제는 감독과 계획을 통해 이를 달성하려 한다. 결국 이러한 서로 다른 유인의 매력은 정보의 맥락에 따라 달라진다. 유인은 결국 그 기반이 되는 정보의 정확성과 신뢰성에 의해 성패가 결정되기 때문이다.
3. 우주 시대의 기원과 초창기 수십 년을 다룬 역사에 대해 알기 위해서는 월터 맥두걸의 퓰리처상 수상작 『하늘과 땅』을 참고하면 된다. 스푸트니크 1호 발사 이전에 진행된 민간 우주 활동에 대한 역사를 알고 싶다면 알렉산더 맥도널드의 『긴 우주 시대The Long Space Age』(뉴헤이븐, 예일대학교 출판부, 2017)를 참고할 수 있다.

## 1장

1. S. 피트 워든S. Pete Worden, "스스로 핥는 아이스크림콘에 대하여", 《Cool Stars, Stellar Systems, and the Sun: Proceedings of the 7th Cambridge Workshop ASP Conference Series》, 마크 S. 지암파파Mark S.

Giampapa, 제이 A. 북바인더Jay A. Bookbinder 엮음, 제26권(샌프란시스코: ASP, 1992).

2. 공공재는 막대한 가치를 창출할 수 있지만 자유 시장에는 제공될 수 없다. 공공재는 일단 생산되면 모든 사람이 이익을 누릴 수 있으며 누구도 배제될 수 없기 때문이다. 경제학자들은 이를 '비경합성nonrival(한 사람이 사용한다고 해서 다른 사람의 사용 가능성이 줄어들지 않는 성질-옮긴이)'과 '비배제성nonexcludable(비용을 치르지 않은 사람을 이용에서 배제할 수 없는 성질-옮긴이)'이라고 부른다. 이런 특성 때문에 공공재는 시장에서 수익성 있게 판매될 수 없고, 정부가 자금을 조달하고 제공 방식과 수준을 결정하게 된다. 앞서 언급한 후생경제학 제1정리 조건에 따르면 공공재는 거래 가능한 재화가 아니다.

3. 짐 캔트렐Jim Cantrell, "구 우주와 신 우주의 만남", 《SpaceNews》, 2015년 10월 19일, https://spacenews.com/op-ed-old-space-meets-new-space.

4. 나사의 전신인 국가항공자문위원회National Advisory Committee for Aeronautics, NACA는 1915년에 설립되어 미국 대통령에게 자문하고 항공 연구를 조정하는 역할을 했다. 약 50년간 운영되면서 항공과 우주항공 분야의 연구·개발 기반을 마련했다. 제2차 세계대전 이후 미·소 냉전이 격화되자 NACA는 미사일 탄두 기술 개발에 주력했고, 이른바 우주 경쟁이 시작되었다.

5. 국가안전보장회의National Security Council, "미국의 우주 정책(NSC 5918)", 조지 C. 마셜 연구소George C. Marshall Institute(1959): 1~26쪽, https://aerospace.csis.org/wp-content/uploads/2019/02/NSC-5918-US-Policy-on-Outer-Space.pdf.

6. 국가안전보장회의, "미국의 우주 정책".

7. 존 M. 록스돈John M. Logsdon, 『John F. Kennedy and the Race to the Moon』(뉴욕: 팰그레이브, 2010), 72쪽; "사이언스: 보스토크Vostok호의 항해", 《Time》, 1961년 4월 21일, https://time.com/archive/6830304/science-the-cruise-of-the-vostok/.

8. "1961년 5월 25일: 케네디의 달 착륙 연설", 《Space.com》, 2011년 5월 25일, http://www.space.com/11772-president-kennedy-historic-speech-moon-space.html.

9. 존 노블 윌포드John Noble Wilford, "아폴로의 마지막 수요일", 《New York Times》, 1972년 12월 3일, https://www.nytimes.com/1972/12/03/archives/last-apollo-wednesday-scholars-assess-program-25billion-space.html.

10. 존 노블 윌포드, "아폴로의 마지막 수요일".

11. 존 노블 윌포드, "아폴로의 마지막 수요일".

12. 매슈 와인지얼Matthew Weinzierl, 메하크 사랑Mehak Sarang, "국제 우주 정거장, 대리인 문제 그리고 인간을 우주에 머무르게 하려는 나사의 노력", Case 721-054, Boston: Harvard Business School, 2021년 5월.

13. "여론 조사: 21세기 우주여행—미국인은 혜택을 보지만 비용에는 부정적", 《SpaceRef》, 2015년 2월 22일, https://spaceref.com/press-release/poll-space-travel-in-the-21st-century-american-public-sees-benefits-but-balks-at-cost.

14. 벤자민 워멀드Benjamin Wormald, "미국인, 우주 탐사엔 열정적, 비용 부담은 꺼려", 퓨리서치센터, 2014년 4월 23일, http://www.pewresearch.org/fact-tank/2014/04/23/americans-keen-on-space-exploration-less-so-on-paying-for-it.

15. 이와 같은 맥락에서 '스푸트니크 위기' 이후 나사에 대한 예산 축소는 표준 경제 원칙과 공공재 공급에 대한 경제학적 분석에 부합하는 결정이었다. 정부는 세금을 통해 공공재를 재원으로 충당하고 유권자들은 비용 부담을 다른 사람에게 전가하려는 유인을 갖는다. 1960년대는 나사 예산 지지를 보여 준 예외적 시기였다. 미국은 오랫동안 국가 안보를 최우선 순위로 삼아 왔으며, 아폴로 프로그램 이후 40년간 군사 예산은 국내총생산의 약 5%를 차지했다. 1960년대 소련의 우주 활동이 안보를 위협하기 시작하니 유권자들은 기꺼이 우주에 투자했다. 그러나 미국이 달에 착륙하고 소련의 위협이 줄자 우주 활동에 대한 지원

의지도 줄었다. 50년 후인 2015년 10월 8일, 미국 풍자 잡지 《The Onion》은 나사와 국방부 예산의 격차를 조롱하며 "나사, 방어용 어뢰 탑재 우주망원경 계획으로 국방 예산 지원 기대"라는 기사를 실었다. https://theonion.com/nasa-hoping-to-get-in-on-some-defense-funding-with-plan-1819578304/.

16. 앨버트 부를라Albert Bourla, "문샷의 의미: 평생 기억될 리더십의 교훈", Pfizer, https://www.pfizer.com/news/articles/the_meaning_of_moonshot_lessons_in_leadership_to_last_a_lifetime, 2023년 12월 접속.
17. 존 M. 록스돈, "스페이스 셔틀은 실수였나?" 《MIT Technology Review》, 2011년 7월 6일, https://www.technologyreview.com/2011/07/06/193194/was-the-space-shuttle-a-mistake/.
18. 윌리엄 게르스텐메이어William Gerstenmaier와 저자들 간 서면 인터뷰, 2023년 12월.
19. "1972년 닉슨 대통령의 스페이스 셔틀 발표", NASA, 1972년 1월 5일, https://history.nasa.gov/stsnixon.htm.
20. 존 M. 록스돈, "스페이스 셔틀은 실수였나?".
21. 존 M. 록스돈, "스페이스 셔틀은 실수였나?".
22. 스콧 페이스Scott Pace와 저자들 간 서면 인터뷰, 2024년 2월.
23. 스콧 페이스 인터뷰.
24. 로저 A. 피엘케Roger A. Pielke, "스페이스 셔틀의 흥망성쇠", 《American Scientist》 96, 5호(2008): 432쪽, https://www.americanscientist.org/article/the-rise-and-fall-of-the-space-shuttle.
25. 로저 라우니어스Roger Launius, "나사의 스페이스 셔틀과 국방부", 로저 라우니어스 블로그, 2012년 11월 12일, https://launiusr.wordpress.com/2012/11/12/nasas-space-shuttle-and-the-department-of-defense.
26. 존 M. 록스돈, "스페이스 셔틀은 실수였나?".
27. 로빈 맥키Robin McKie, 〈국제 우주 정거장 20주년-가치 있었을까?〉, 《The Guardian》, 2020년 10월 25일, https://www.theguardian.com/science/2020/oct/25/twenty-years-of-the-international-space-station-but-was-it-worth-it.
28. 웨인 엘레이저Wayne Eleazer, 〈환영한다, 친구!〉, 《Space Review》, 2005년 12월 12일, https://www.thespacereview.com/article/517/1.
29. 전문은 다음 링크 참조: https://adsabs.harvard.edu/full/1992ASPC...26..599W.
30. Commercial Space Act of 1998, HR 1702, 105th Congress, Congressional Record 105, no. 303(1998년 10월 28일).
31. 레베카 해클러Rebecca Hackler, 〈상업 궤도 수송 서비스: 우주 비행의 새로운 시대〉, NASA 2014, https://www.nasa.gov/wp-content/uploads/2016/08/sp-2014-617.pdf.
32. 〈우주 탐사의 비전〉, NASA 2004년 2월, https://www.nasa.gov/wp-content/uploads/2023/01/55583main_vision_space_exploration2.pdf.
33. 윌리엄 게르스텐메이어와의 인터뷰.
34. 윌리엄 게르스텐메이어와의 인터뷰; 현재 스페이스X에서 제작 및 비행 안전성 부사장으로 일하는 게르스텐메이어는 이렇게 덧붙였다. "지금 스페이스X에서도 나사에서 봤던 동일한 열정과 집요한 엔지니어링 집중을 보고 있어요."
35. 제프 파우스트Jeff Foust, "미국의 우주 탐사 청사진", 《Ad Astra》 16권 3호(2005), https://nss.org/u-s-blueprint-for-space-exploration-the-aldridge-commission-report/.
36. "올드리지 위원회 보고서", 2004년 6월, https://csps.aerospace.org/sites/default/files/2021-08/Aldridge%20Commission%20Report%20Jun04.pdf.
37. 스콧 페이스, "미국 우주 운송 정책: 역사와 새 행정부를 위한 쟁점", 《Space Policy》 4권 4호(1988년 11월): 307-318, https://doi.org/10.1016/0265-9646(88)90007-0.

38. 제프 파우스트, "미국의 우주 탐사 청사진".
39. 제이슨 데이비스Jason Davis, "스테로이드를 맞은 아폴로: 나사의 콘스텔레이션 달 프로그램의 부상과 몰락", 《The Planetary Society》, 2016년 8월 1일, https://www.planetary.org/articles/20160801-horizon-goal-part-2.
40. 상업 유인·화물 프로그램 사무소, NASA https://web.archive.org/web/20150202042840/http://www.nasa.gov/offices/c3po/about/c3po.html, 2015년 5월 접속.
41. 마이클 그리핀Michael Griffin, 나사 존슨 우주센터 구술 기록 프로젝트, 레베카 라이트Rebecca Wright와의 인터뷰, 2013년 1월 12일, https://historycollection.jsc.nasa.gov/JSCHistoryPortal/history/oral_histories/C3PO/GriffinMD/GriffinMD_1-12-13.htm.
42. 엘리가 사데Eligar Sadeh, "미국의 우주 발사 시스템 개발과 공공-민간 파트너십", 《Astropolitics》 13권 1호 (2015): 100-115.
43. 2004년 우주법의 두 번째 규제 개혁도 새로운 우주 기업들에게 중요한 의미가 있었다. 1984년 제정된 「상업 우주 발사법Commercial Space Launch Act, CSLA」은 상업적 우주 활동을 규율하는 최초의 법이었다. 그러나 이 법은 미국 내에서 발사체를 발사하거나 발사장을 운영하려는 기업에 과도한 허가 및 규정 장벽을 설정했다. 안사리 X 프라이즈Ansari X Prize로 크게 주목받은 상업적 성공을 계기로 의회는 CSLA를 개정할 필요성을 인식했고 2004년 우주법을 통해 기존 규제를 완화했다. 이 법은 연방항공청(FAA)이 민간 기업의 재사용 발사체 연구개발에 실험 허가를 부여하도록 허용했다. 법은 정부가 '비관여 대중uninvolved public(우주 발사 및 활동에 직접적으로 참여하지 않지만 사고 발생 시 피해를 입을 수 있는 일반 대중을 뜻함-옮긴이)' 보호에 초점을 맞추도록 했으며, 허가받은 상업 운영자에게 관련 리스크에 대한 재정적 책임을 지도록 요구했다. 운영자는 우주 활동에 대한 고비용 보험을 구입하거나 FAA가 결정한 최대 예상 손실(MPL)까지 제삼자 피해를 보상할 충분한 자본을 확보해야 했다. MPL 초과 손실에 대해서는 정부가 보상했다(참조: 팀 펀홀츠Tim Fernholz 《Quartz》 기자); "스페이스X가 진정한 우주 기업이 되기까지의 과정", 《Atlantic》, 2014년 10월 21일, https://www.theatlantic.com/business/archive/2014/10/what-it-took-for-spacex-to-become-a-serious-space-company/381724/.
44. 레베카 해클러, "상업 궤도 수송 서비스", 58쪽. 수치는 나사 상업 유인·화물 프로그램 사무소(C3PO) 국장 앨런 린덴모이어Alan Lindenmoyer와의 인터뷰에서 인용했고 문서의 주석 266에 출처가 명시되어 있다.
45. 로리 가버Lori Garver, 『중력을 넘어서』, 조동연·김지훈 옮김, 다산사이언스, 2024.
46. 랜드 심버그Rand Simberg, "중력을 넘어서 나사 개혁의 투쟁", 《Space Review》, 2022년 6월 27일, https://www.thespacereview.com/article/4410/1.
47. "대통령의 21세기 우주 탐사 관련 연설", 백악관 보도 자료실, 2010년 4월 15일, https://obamawhitehouse.archives.gov/the-press-office/remarks-president-space-exploration-21st-century.
48. 에드가 자파타Edgar Zapata, "나사 COTS/CRS 프로그램의 비용 개선 평가와 향후 임무에 대한 시사점", 미국항공우주학회, 2017.
49. "우주 정책 성공 사례", 《SpaceNews》, 2013년 12월 16일, https://spacenews.com/38718editorial-a-space-policy-success-story/.
50. 우주사 애호가들은 우주왕복선 외에 소련의 에네르기야/부란Energia/Buran 시스템도 부분 재사용 궤도 발사체였다는 점을 지적할 수 있다. 그러나 에네르기야/부란은 1988년 단 한 차례 무인 시험 비행에 그쳤다.
51. 2023년 4월 28일, 에릭 화이트가 연방 뉴스 네트워크와 진행한 인터뷰에서 인용. 참조: https://federalnewsnetwork.com/space-hour/2023/04/longtime-nasa-official-calls-it-a-career/.

## 2장

1. 조엘 애첸바흐Joel Achenbach, "제프 베이조스의 블루 오리진, 국가 안보 발사용 엔진 공급", 《Washington Post》, 2014년 9월 17일, https://www.washingtonpost.com/national/health-science/jeff-bezos-and-blue-origin-to-supply-engines-for-national-security-space-launches/2014/09/17/59f46eb2-3e7b-11e4-9587-5dafd96295f0.
2. 브래드 스톤Brad Stone, "우주로 간 베이조스", 《Newsweek》, 2003년 5월 5일.
3. 리즈 풀러-라이트Liz Fuller-Wright, "미래를 내다본 물리학자 제러드 오닐Gerard O'Neill, 다큐멘터리 〈더 하이 프런티어〉에서 조명", 프린스턴대학교 홍보실, 2021년 4월 16일.
4. 캐서린 클리퍼드Catherine Clifford, "제프 베이조스, 1조 인류 우주 시대 꿈꾼다", 《CNBC》, 2018년 5월 1일.
5. 브래드 스톤, 『아마존 언바운드』, 전리오 옮김, 퍼블리온, 2021.
6. 브래드 스톤, 『아마존 언바운드』.
7. 브래드 스톤, 『아마존 언바운드』.
8. 롭 마이어슨Rob Meyerson, 저자와의 인터뷰, 2023년 12월.
9. 월터 아이작슨Walter Isaacson, 『일론 머스크』, 안진환 옮김, 21세기북스, 2023.
10. 브래드 스톤, 『아마존, 세상의 모든 것을 팝니다』, 야나 마키에이라 옮김, 21세기북스, 2014년. 스톤은 베이조스가 고등학교 졸업 연설에서 "우주, 최후의 프런티어(Space, the final frontier)"라는 〈스타 트렉〉의 문구로 시작해 인류를 구할 영구적인 우주 식민지에 대한 비전을 밝힌 일화를 소개한다. 스톤에 따르면 아마존의 성공은 단순한 사업적 성취가 아니라 우주로 나아가기 위한 수단이었다. 실제로 베이조스의 고등학교 시절 여자 친구였던 우르술라 베르너는 "베이조스가 그렇게 많은 돈을 버는 이유는 우주에 가기 위해서야."라고 말한 바 있다. 블루 오리진은 2000년 3월 투자자들의 우려가 있던 시기에 조용히 설립되었고, 2003년 뉴스위크 기자였던 스톤이 시애틀 교외의 창고 사무실을 찾아가면서 그 존재가 처음으로 외부에 알려졌다. 당시 베이조스는 "아직 말할 만한 성과가 없기 때문에 언급할 시기가 아닙니다."라고 말했다.
11. 브래드 스톤, 『아마존 언바운드』.
12. NASA, "상업 유인 우주선 프로그램 개요", https://www.nasa.gov/content/commercial-crew-program-the-essentials, 2015년 7월 28일 접속.
13. 다른 수혜 기업으로는 보잉(1천8백만 달러), 패러곤 스페이스 디벨롭먼트 코퍼레이션Paragon Space Development Corporation(140만 달러), 시에라 네바다 코퍼레이션Sierra Nevada Corporation(2천만 달러), 유나이티드 론치 얼라이언스(670만 달러)가 있었다. 비글로우 에어로스페이스Bigelow Aerospace, 스페이스X, XCOR 에어로스페이스XCOR Aerospace 등 유망한 신생 우주 기업들도 지원했으나 선정되지 않았다. 각 기업에 배정된 금액은 해당 기업이 제안한 설계안의 예산 추산에 따라 결정되었다. 자세한 내용은 Geoffrey Yoder, "상업 유인 우주선 개발 선정 설명서", NASA Selection Authority, 2009년 12월 8일 참조.
14. NASA, "상업 유인 우주선 프로그램 개요".
15. 매슈 와인지얼과 안젤라 아코첼라Angela Acocella의 보고서 "블루 오리진, NASA 그리고 뉴 스페이스 (A)", Case 9-716-012, Boston: Harvard Business School, 2016.
16. 프랭크 모링 주니어Frank Morring Jr, "NASA의 민간 우주 사업 확대를 가로막는 예산 부족", 《Aviation Week & Space Technology》, 2012년 5월 7일.
17. 칼라 코필드Calla Cofield, "비밀과 공상과학, 불확실성: 제프 베이조스와 민간 우주 비행의 미래", 《Space.com》, 2015년 10월 7일.
18. 브래드 스톤, 『아마존 언바운드』.

19. 매슈 와인지얼, 안젤라 아코첼라, "블루 오리진, NASA 그리고 뉴 스페이스 (A)".
20. NASA, "블루 오리진, 신형 로켓 엔진 시험 발사", 2013년 12월 3일.
21. Blue Origin, "블루 오리진, 이탈 테스트 성공", 2012년 10월 22일.
22. 브래드 스톤, 『아마존, 세상의 모든 것을 팝니다』.
23. 내셔널 스페이스 소사이어티, "NASA, 미국 본토 유인 우주발사 계획 발표", 2012년 8월 4일, https://nss.org/nasa-announces-next-steps-in-effort-to-launch-americans-from-us-soil/.
24. "NASA, 스페이스X에 우주 정거장 유인 비행 추가 발주", 2022년 8월 31일, https://www.nasa.gov/humans-in-space/nasa-awards-spacex-more-crew-flights-to-space-station; 에릭 버거Eric Berger, "NASA, 보잉에 스페이스X의 두 배 비용 지급", 《Ars Technica》, 2022년 9월 1일, https://arstechnica.com/science/2022/09/nasa-will-pay-boeing-more-than-twice-as-much-as-spacex-for-crew-seats.
25. 에릭 버거는 "로켓랩Rocket Lab의 CEO 피터 벡Peter Beck이 블루의 자원을 가지고 스페이스X에 맞선다면 어떤 결과가 나올지 정말 궁금해요."라는 견해도 덧붙였다.
26. 브래드 스톤, 『아마존 언바운드』.
27. 브래드 스톤, 『아마존 언바운드』.
28. "블루 오리진 소개", Blue Origin, https://www.blueorigin.com/about-blue, 2024년 6월 접속.
29. 낸시 앳킨슨Nancy Atkinson, "뉴 셰퍼드, 24번째 비행 완료… 뉴 글렌은 언제쯤?", 《Universe Today》, 2023년 12월 19일; 에릭 버거, "BE-4 엔진 지연으로 벌컨 로켓 2022년 발사도 불투명", 《Ars Technica》, 2021년 12월 13일.
30. 크리스천 대번포트, 레이첼 러먼Rachel Lerman, "블루 오리진 내부: 불신과 사기를 떨어뜨린 유독한 브로 컬처", 《Washington Post》, 2021년 10월 11일.
31. 브래드 스톤, 『아마존 언바운드』.
32. 에릭 버거, "블루 오리진, 더 빨라져야 한다고 베이조스가 말하다", 《Ars Technica》, 2023년 12월 14일.
33. 마이카 메이든버그Micah Maidenberg, "블루 오리진, 초대형 로켓 발사 계획… 내년? 아마도", 《Wall Street Journal》, 2023년 8월 9일, https://www.wsj.com/articles/jeff-bezos-blue-origin-new-glenn-rocket-a328067.
34. "딜북 서밋 2023: 일론 머스크 인터뷰", 《Rev》, 2023년 11월 30일, https://www.rev.com/blog/transcripts/dealbook-summit-2023-elon-musk-interview-transcript.

## 3장

1. 미국 연방항공청(FAA) 산하 민간 우주 운송국의 2018년 평가에 따르면 아틀라스 V의 킬로그램당 발사 비용은 약 8천1백 달러로 추정된다. 같은 기준으로 팰컨 9은 약 2천6백 달러이며 약 68% 비용 절감 효과가 있었다. 물론 임무 성격, 탑재물, 목표 궤도 등에 따라 같은 발사체라도 가격 차이는 클 수 있으며, 시간이 지남에 따라 가격도 변동된다. 예컨대 2022년 스페이스X는 팰컨 9의 기본 발사 가격을 6천2백만 달러에서 6천7백만 달러로 인상한 바 있다. 완벽한 기준은 아니지만 킬로그램당 평균 단가는 우주 접근 비용의 추이를 파악하는 유용한 지표로 활용된다.
2. 마이클 시츠Michael Sheetz, 로리 앤 라로코Lori Anne LaRocco, "스페이스X, 기업 가치 1천8백억 달러 돌파", 《CNBC》, 2023년 12월 13일.
3. 로라 콜로드니Lora Kolodny, "스페이스X, 1,370억 달러 가치로 7억 5천만 달러 신규 투자 유치… 투자자에 안드리센 호로위츠 포함", 《CNBC》, 2023년 1월 2일; 2023년 7월 10일 기준 두 번째로 가치가 높은 민간 우주 기업은 렐러티비티Relativity로 약 30억 달러, 상장 우주 기업 중 시가총액 1위인 로켓랩Rocket Lab은

27억 달러, 플래닛Planet은 10억 달러 미만, 블루 오리진은 신뢰할 만한 가치 추정 없음, 록히드 마틴, 보잉은 각각 약 1,160억, 1,280억 달러 시가총액.

4. 조지프 슘페터Joseph A. Schumpeter, 『자본주의, 사회주의, 민주주의』, 을유문화사, 2009.
5. 닐 스트라우스Neil Strauss, "일론 머스크: 내일을 설계하는 자", 《Rolling Stone》, 2017년 11월 15일, https://www.rollingstone.com/culture/culture-features/elon-musk-the-architect-of-tomorrow-120850/.
6. 캐서린 클리퍼드Catherine Clifford, "일론 머스크, '스페이스X는 실패할 줄 알았고 수백만 달러를 날릴 거라 생각했다'", 《CNBC》, 2019년 3월 6일, https://www.cnbc.com/2019/03/06/elon-musk-on-spacex-i-always-thought-we-would-fail.html.
7. "MarsNow 1.9 프로필: 일론 머스크, 라이프 투 마스 재단", 《SpaceRef》, 2001년 9월 25일, https://spaceref.com/status-report/marsnow-19-profile-elon-musk-life-to-mars-foundation/.
8. 에릭 버거, "일론 머스크가 어떻게 그윈 샷웰을 스페이스X로 데려왔는가", 《Wired》, 2021년 3월 2일, https://www.wired.com/story/how-elon-musk-gwynne-shotwell-join-spacex.
9. 에릭 버거, 앞의 글.
10. 타리크 말릭Tariq Malik, "스페이스X의 첫 팰컨 1호, 발사 직후 손실", 《Space》, 2021년 3월 24일, https://www.space.com/2196-spacex-inaugural-falcon-1-rocket-lost-launch.html.
11. "그의 목표는 우주의 폭스바겐을 만드는 것이다. 기본 사양에 초점이 로켓을 만들어 반복해서 사용할 수 있게 하겠다는 것이다." 《New York Times》는 신생 기업인 스페이스X를 이렇게 소개했다. "상업 발사 비용은 현재 화물 1파운드당 5천~1만 달러이지만, 머스크는 자신의 단순한 로켓으로 1천 달러면 가능하다고 말한다.", 레슬리 웨인, "이전에도 인간이 다녀온 곳으로 향하는 대담한 계획", 《New York Times》, 2006년 2월 5일, https://www.nytimes.com/2006/02/05/business/yourmoney/a-bold-plan-to-go-where-men-have-gone-before.html.
12. 2023년 12월 서면 인터뷰.
13. 앤드루 체이킨Andrew Chaikin, "스페이스X는 로켓의 법칙을 바꾸고 있는가?", 《Smithsonian》, 2012년 1월, https://www.smithsonianmag.com/air-space-magazine/is-spacex-changing-the-rocket-equation-132285884/.
14. 1990년대 후반에는 키슬러 에어로스페이스Kistler Aerospace 같은 기업들이 민간 우주 개발을 선도하려 했지만, 세계적인 거시경제 불황과 이리듐Iridium, 텔레데식Teledesic 같은 위성 통신 기업들의 파산 여파로 흐름이 끊겼다. 관련 내용은 앨런 맥코맥Alan MacCormack, 케리 허먼Kerry Herman, "이리듐의 흥망", Case 601-040, Boston: Harvard Business School, 2021년 11월 참조.
15. 스티븐 클라크Stephen Clark, "비얼 에어로스페이스, 민간 로켓 개발 중단", 《Spaceflight Now》, 2000년 10월 24일, https://spaceflightnow.com/news/n0010/24beal/.
16. 에릭 버거, 『리프트오프』.
17. 웨인 엘리저, "이전에도 인간이 다녀온 곳으로 향하는 대담한 계획", 《New York Times》, 2006년 2월 5일.
18. 같은 글.
19. 웨인 엘리저, "대담한 계획".
20. 예를 들어 또 다른 엔진 테스트 라운드에서 팀은 노즐에서 분출되는 초고온 가스로부터 엔진을 효과적으로 보호하는 데 애를 먹고 있었다. 머스크는 가장 좋은 해결책이 노즐 안쪽에 두꺼운 에폭시 접착제를 덧바르는 것이라고 주장했다. 엔지니어들은 회의적이었지만 머스크는 완강했다. 결국 팀은 밤늦게까지 남아 노즐의 틈을 에폭시로 메웠다. 그날 저녁 파티에 참석할 예정이었던 머스크는 정장을 입은 채 온몸이 검은 점액으로 뒤덮였다. 하지만 다음 날 엔진에 압력을 가하자 에폭시는 바로 떨어져 나갔다. 결국 다른 방법을 찾아야 했지만 새로운 접근을 위해서는 이런 시행착오도 일부라는 걸 모두가 받아들였다.

21. 에릭 버거, 『리프트오프』.
22. 저자 인터뷰, 에릭 버거, 2023년 12월.
23. 스콧 펠리Scott Pelley, "테슬라와 스페이스X: 일론 머스크의 산업 제국", CBS 뉴스, 2014년 3월 30일, https://www.cbsnews.com/news/tesla-and-spacex-elon-musks-industrial-empire.
24. "팰컨 9", 스페이스X, https://www.spacex.com/vehicles/falcon-9, 2023년 12월 기준 접속; 엠레 켈리, "오늘 발사 예정인 아틀라스 V 로켓, ULA CEO '예상보다 더 낮은 가격'", 《Florida Today》, 2020년 11월 4일, https://www.floridatoday.com/story/tech/science/space/2020/11/04/ula-ceo-our-rocket-launch-prices-even-lower-than-expected-florida/6135231002/.
25. 에이미 스비탁Amy Svitak, "아리안스페이스, ESA에 요청: '지원이 필요합니다'", 《Aviation Week Network》, 2014년 2월 11일, https://web.archive.org/web/20170305200010/http://aviationweek.com/space/arianespace-esa-we-need-help.
26. 마이크 그러스Mike Gruss, "스페이스X, ULA 일괄 구매 관련 공군과의 소송 합의", 《SpaceNews》, 2015년 1월 23일, https://spacenews.com/spacex-air-force-reach-agreement/.
27. 마이크 그러스, 같은 글.
28. 마이크 그러스, 같은 글.
29. 미 항공우주국 감사실(OIG) 보고서 No. IG-16-025, "2015년 6월 스페이스X 발사 실패에 대한 NASA의 대응: 국제 우주 정거장 물자 보급에 미친 영향", 2016년 6월 28일, https://oig.nasa.gov/docs/IG-16-025.pdf.
30. 저자 인터뷰, 에릭 버거, 2023년 12월.
31. 에릭 랄프Eric Ralph, "스페이스X 팰컨 로켓, 100번째 연속 착륙 성공", 테슬라라티, 2023년 2월 27일, https://www.teslarati.com/spacex-falcon-rocket-100th-consecutively-successful-landing; 마이크 월 Mike Wall, "스페이스X 팰컨 9, 13번째 재사용 발사 성공", 《Space》, 2022년 6월 17일, https://www.space.com/spacex-falcon-9-rocket-record-13th-launch.
32. 저자 인터뷰, 에릭 버거.
33. 저자 인터뷰, 에릭 버거.
34. 일론 머스크, 《SpaceX newsletter》, 2011년 5월 4일, https://web.archive.org/web/20130328121051/http://www.spacex.com/usa.php.
35. 에드가 자파타Edgar Zapata, 「NASA COTS/CRS 프로그램의 비용 개선 평가 및 향후 NASA 임무에의 함의」, 미국항공우주학회, 2017.
36. 미국 텍사스 남부지방법원 사건번호 1:23-cv-00137, 2023년 9월 15일 접수, https://storage.courtlistener.com/recap/gov.uscourts.txsd.1934705/gov.uscourts.txsd.1934705.1.0.pdf.
37. VideoFromSpace, "일론 머스크의 스페이스X 최신 브리핑", 유튜브, 2024년 1월 13일, https://www.youtube.com/watch?v=6xLmBLWDSHo.
38. 위 영상 및 통계 인용. 스페이스X는 120만 킬로그램을 궤도에 실었고, 나머지 전 세계 로켓들이 실은 총합은 40만 킬로그램 이하였다.
39. "다음 발사", ULA, https://www.ulalaunch.com/, 2024년 4월 열람.
40. 앤드루 체이킨, "스페이스X는 로켓의 공식을 바꾸고 있는가?", 《Smithsonian》, 2012년 1월.
41. 제니퍼 레인골드Jennifer Reingold, '우주 속의 혼다', 《Fast Company》, 2005년 2월 1일, https://www.fastcompany.com/52065/hondas-space.
42. 스페이스X, "궤도 로켓 부스터 착륙에 실패하는 법", 유튜브, 2017년 9월 14일, https://www.youtube.com/watch?v=bvim4rsNHkQ.

43. 팰컨 9의 정지 천이 궤도(GTO) 수송 능력은 2013년 9월 기준 4,850킬로그램에서 2015년 12월 기준 8천3백 킬로그램으로 상승했다.
44. 해리 W. 존스Harry W. Jones, "최근 우주 발사 비용의 대폭 감소", 제48회 국제 환경 시스템 회의, 2018년 7월 10일.
45. 앞의 글.
46. "팰컨 9 발사체 NAFCOM 비용 추정", NASA, 2011년 8월, https://www.nasa.gov/wp-content/uploads/2015/01/586023main_8-3-11_NAFCOM.pdf.
47. "팰컨 9 발사체 개요", NASA.
48. 롭 마이어슨과의 서면 인터뷰, 저자 제공, 2023년 12월.
49. 아티프 안사르Atif Ansar·벤트 플뤼브여르그Bent Flyvbjerg, "우주 탐사의 플랫폼 접근", HBR.org, 2022년 11월 22일, https://hbr.org/2022/11/a-platform-approach-to-space-exploration.
50. 아담 만Adam Mann, "로켓 시장을 장악한 스페이스X, NASA에 이득과 위험 동시에 안겨", 《Science》, 2020년 5월 20일, https://www.science.org/content/article/spacex-now-dominates-rocket-flight-bringing-big-benefits-and-risks-nasa.
51. 에릭 버거, 『리프트오프』.
52. "일론 머스크, 스페이스X·테슬라 입사, 하버드보다 훨씬 어렵다", 《Business Today》, 2023년 5월 17일, https://www.businesstoday.in/technology/news/story/much-more-difficult-to-get-into-spacex-tesla-than-harvard-says-elon-musk-381650-2023-05-17.
53. 월터 아이작슨, 『일론 머스크』(뉴욕: 사이먼 & 슈스터, 2023), 오디오북, 트랙 55, 1:30.
54. 윌 로빈슨-스미스Will Robinson-Smith, "스페이스X, 스타링크 위성 23기 발사… 가입자 300만 돌파", Spaceflight Now, 2024년 5월 22일, https://spaceflightnow.com/2024/05/22/live-coverage-spacex-to-launch-starlink-satellites-on-falcon-9-rocket-from-cape-canaveral-2/.
55. 마이카 메이든버그Micah Maidenberg, 롤프 윙클러Rolfe Winkler, "스타링크는 성장 중이지만 스페이스X의 목표엔 여전히 미달", 《Wall Street Journal》, 2023년 9월 13일, https://www.wsj.com/tech/spacexs-starlink-demonstrates-its-power-but-still-needs-growth-9906c5b0; 모 이슬람, "2023년 스페이스X의 수익 예측", 페이로드, 2023년 2월 27일, https://payloadspace.com/predicting-spacexs-2023-revenue.
56. 조너선 오칼라핸Jonathan O'Callaghan, "스페이스X의 스타십과 나사의 SLS가 우주 과학을 가속화할 수 있다", 《사이언티픽 아메리칸》, 2022년 4월 12일, https://www.scientificamerican.com/article/spacexs-starship-and-nasas-sls-could-supercharge-space-science/.
57. 미리암 크레이머Miriam Kramer, "스페이스X의 스타십은 우주 산업을 바꿔 놓을 수 있다", 《Axios》, 2023년 4월 18일, https://www.axios.com/2023/04/18/spacex-starship-transform-industry.
58. 에이든 폴링Aidan Poling, "카운트다운 6초 전: 스타십과 인류의 다음 우주 도약", 《조지타운 안보연구리뷰》, 2023년 4월 20일, https://georgetownsecuritystudiesreview.org/2023/04/20/t-minus-6-seconds-starship-and-humanitys-next-major-step-into-space/.
59. 사라 스콜스Sarah Scoles, "최대 발사체 스타십, 우주 과학계는 준비됐나?", 《사이언스》, 2022년 8월 11일, https://www.science.org/content/article/space-scientists-ready-starship-biggest-rocket-ever.
60. 위 글 재인용.
61. 팀 펀홀츠Tim Fernholz, "스타십이 스타랩의 상업 우주 정거장 발사 예정", Payload, 2024년 1월 31일, https://payloadspace.com/starship-will-launch-starlabs-commercial-space-station/.
62. 저자 인터뷰, 에릭 버거.
63. 우선 '우주 서비스'라는 용어로 지칭할 수 있는 시장을 이해해 보자. 이 말은 우주에서 이루어지는 다양한

경제 활동을 통칭하는 일반적인 표현이다. 우리가 알고자 하는 것은 우주 서비스가 왜 현재 가격에 거래되는지, 생산량이 왜 지금보다 많지도 적지도 않은지, 이 질문들에 영향을 줄 수 있는 요인은 무엇인지 등이다. 이를 파악하려면 도표 3-2에서처럼 우주 서비스의 가격과 생산량을 축에 따라 그래프로 표시해야 한다. 그다음에는 우리가 '수요곡선'이라 부를 수 있는 선을 추가한다. 이 곡선은 단순히 구매자는 가격이 높을수록 우주 서비스를 덜 구매하려 한다는 사실을 보여 준다. 다시 말해 가격이 오르면 그 가격 이상으로 우주 서비스를 가치 있게 여기는 구매자가 줄어든다는 뜻이다. 이어서 '공급곡선'을 추가한다. 이 곡선은 판매자들이 가격이 높을수록 더 많은 우주 서비스를 생산하려 한다는 점을 나타낸다. 다시 말해, 가격이 오르면 그 가격보다 낮은 비용으로 우주 서비스를 생산할 수 있는 판매자가 늘어난다는 것이다. 이 두 곡선이 만나는 지점에서는 구매자가 사고 싶어 하는 양과 판매자가 팔고 싶어 하는 양이 일치하며, 경제학에서는 이 지점을 '시장 균형equilibrium'이라고 부른다.

64. 설명의 간결함을 위해 공급·수요곡선을 직선 형태로 제시했으나, 실제로는 다양한 형태를 가질 수 있어 곡선curve이라는 용어가 일반적으로 사용된다.
65. 경제학에서는 수요곡선이 한계 편익을 나타낸다고 본다. 예를 들어 수요와 공급이 만나는 지점을 (Q*, P*)(Q*는 수량quantity, P*는 가격price를 뜻함-옮긴이)라고 하자. 이때 Q*에 해당하는 구매자는 해당 상품을 정확히 P* 달러 만큼의 가치로 평가했다고 볼 수 있다. 왜냐하면 만약 더 높은 가치를 부여했다면 수요곡선은 해당 지점에서 더 완만했을 것이고, 더 낮은 가치를 부여했다면 곡선은 더 가팔랐을 것이기 때문이다. 마찬가지로 공급곡선은 이 시장에서 생산자들이 지닌 한계 비용의 흐름을 보여 준다. 기업은 마지막 판매가 변수 비용을 간신히 충당할 때까지 생산을 이어가기 때문에 Q*에서의 판매자는 정확히 P*만큼의 비용을 들였다고 볼 수 있다. 결국 수요와 공급이 일치하는 시장의 균형점은 생산자의 한계 비용과 구매자의 한계 편익이 같아지는 지점이며, 이때 사회 전체의 자원 배분 효율이 극대화된다. 이것이 바로 1장에서 살펴본 '후생경제학 제1정리'의 단순하지만 핵심적인 사례이다. 즉 일정한 조건 아래에서는 시장 균형이 효율성을 극대화한다. (Q*, P*)에서만 이득이 비용을 초과하는 단위를 정확히 생산하고 구매하기 때문이다.
66. 막심 퓌토Maxime Puteaux, 알렉상드르 나자르Alexandre Najjar, "분석: 소형 위성이 성숙 단계에 접어들었는가?", 《SpaceNews》, 2019년 8월 6일, https://spacenews.com/analysis-are-smallsats-entering-the-maturity-stage/.
67. 사라 머보시Sarah Mervosh, "스페이스X, 전체 인력 10% 감축", 《New York Times》, 2019년 1월 12일, https://www.nytimes.com/2019/01/12/business/spacex-layoffs-elon-musk.html.
68. "다행성 생명체 시대를 향하여", SpaceX, 2020년 4월 13일 접속, https://www.spacex.com/mars.

## 4장

1. 윌리엄 J. 브로드William J. Broad "가방인가, 피자 상자인가? 아니다. 소형 위성이다", 《New York Times》, 2018년 12월 11일, https://www.nytimes.com/2018/12/11/science/satellites-space-nasa.html.
2. 기가옴GigaOm, "플래닛 랩스, 내년 위성 28기 발사 예정… 우주 산업이 돌아왔다", 2013년 8월 2일, https://web.archive.org/web/20221206173431/https://old.gigaom.com/2013/08/02/at-planet-labs-the-space-industry-is-back/.
3. 앞의 글.
4. 제임스 B. 캠벨James B. Campbell, 랜돌프 H. 윈Randolph H. Wynne, 『원격탐사의 이해Introduction to Remote Sensing, Fifth Edition』(New York: Guilford Press, 2011), 15쪽.
5. "우주와 탄소중립", 세계경제포럼World Economic Forum, 백서, 2021년 9월, https://www3.weforum.org/docs/WEF_Space_and_Net_Zero_2021.pdf.

6. 제프 파우스트, "나사의 새 수석 과학자, 기후 변화 대응에 집중", 《SpaceNews》, 2022년 1월 12일, https://spacenews.com/new-nasa-chief-scientist-to-focus-on-climate-change/.
7. 제임스 B. 캠벨, 랜돌프 H. 원, 앞의 책, 17쪽.
8. 기가옴, "우주 산업이 돌아왔다".
9. "플래닛의 두 번째 10년을 그리다", Planet, 2022년 7월 20일, https://www.planet.com/pulse/charting-planets-second-decade/.
10. 벤 하워드Ben Howard, "애자일 항공우주란 무엇인가? 플래닛의 접근법을 알아보자", 2019년 10월 16일, https://www.planet.com/pulse/what-is-agile-aerospace-learn-planets-approach/.
11. 윌리엄 하우드William Harwood, "나사, 8억 5천5백만 달러 랜드샛 임무 발사", 《CBS News》, 2013년 2월 11일, https://www.cbsnews.com/news/nasa-launches-855-million-landsat-mission/; USGS, "랜드샛 위성 프로그램이란 무엇이며, 왜 중요한가?", https://www.usgs.gov/faqs/what-landsat-satellite-program-and-why-it-important, 2023년 12월 기준 접속.
12. 캐시 소여Kathy Sawyer, "미국의 2억 2천8백만 달러짜리 위성, 궤도 진입 실패로 소실", 《Washington Post》, 1993년 10월 8일, https://www.washingtonpost.com/archive/politics/1993/10/09/lost-228-million-us-satellite/815ef504-e24e-4981-b437-0f899867d909/.
13. Stanford Technology Ventures Program, "윌리엄 마셜William Marshall: 애자일 항공우주 개념 설명", YouTube, 2015년 5월 21일, https://www.youtube.com/watch?v=QCewG5PuVq8.
14. 하워드, "애자일 항공우주란 무엇인가?".
15. 틴 하디Quentin Hardy, 닉 빌튼Nick Bilton, "스타트업, 우주 시장 정복을 노리다", 《New York Times》, 2014년 3월 16일, https://www.nytimes.com/2014/03/17/technology/start-ups-aim-to-conquer-space-market.html.
16. 앞의 글.
17. 앞의 글.
18. 앞의 글.
19. 앞의 글.
20. 앞의 글.
21. 애슐리 반스, 『레인보우 맨션』.
22. 애슐리 반스, 『레인보우 맨션』.
23. Planet, SEC 연례보고서(Form 10-K), 2022년 6월 14일, https://www.sec.gov/ix?doc=/Archives/edgar/data/0001836833/000183683322000033/pl-20220430.htm; "Planet: Imagine a Dynamic, Ever-Changing Earth", Google Cloud, https://cloud.google.com/customers/planet, 2023년 12월 기준 접속.
24. T. N. 해리슨T. N. Harrison, J. 마스카로J. Mascaro, "나사 소형 위성 데이터 획득(CSDA) 프로그램을 통한 플래닛 고해상도·고빈도 영상 접근", 제5회 행성 데이터 워크숍 및 과학정보학 회의, 2021년 6월 2일~7월 2일, https://www.hou.usra.edu/meetings/planetdata2021/pdf/7107.pdf.
25. 애슐리 반스, 앞의 책.
26. 애슐리 반스, 앞의 책.
27. 케빈 와일Kevin Weil, 2023년 2월 6일, 케이스 스터디 연구자 인터뷰.
28. 위와 같음.
29. 미리엄 크레이머Miriam Kramer, 앨리슨 스나이더Allison Snyder, "위성 데이터, 기후 행동 촉진 시작하다", 《Axios》, 2023년 2월 7일, https://www.axios.com/2023/02/07/climate-change-satellites.
30. 폴 밀그롬Paul Milgrom, 존 로버츠John Roberts, "르 샤틀리에 원리Le Chatelier's Principle", 《American

Economic Review』 86, no. 1(1996): 173~179, http://www.jstor.org/stable/2118261. 두 사람은 앞서 폴 사무엘슨Paul A. Samuelson의 여러 선행 논문을 바탕으로 이 글을 집필했다. 참고: 『Foundations of Economic Analysis』, Cambridge, MA: Harvard University Press, 1947.

31. 위의 글.
32. 가디너 모스Gardiner Morse, "생산성 붐의 진짜 원인", 《Harvard Business Review》, 2002년 3월, https://hbr.org/2002/03/the-real-source-of-the-productivity-boom. 1970~1980년대 당시 기업들은 컴퓨터가 '차세대 핵심 기술'이 될 것이라며 대대적인 정보기술(IT) 투자를 단행했다. 하지만 1980년대 후반에 접어들면서 그 투자의 효과는 기대에 크게 못 미쳤다. 노벨경제학상 수상자인 로버트 솔로Robert Solow는 1987년에 "컴퓨터 시대임을 어디서나 볼 수 있지만 생산성 통계에서는 보이지 않는다."라고 말했다. 당시 데이터를 보면 컴퓨터가 대부분 기업에서 실용적이지 않다는 결론도 가능했다. 회의론자들은 그때도 이렇게 물곤 했다. "그래서 어쩌라고?" 하지만 1990년대에 들어서며 컴퓨터는 더 싸고 강력해지고 접근성도 높아졌다(참고: 지나 스미알렉Jeanna Smialek, "지금이 생산성 붐인가? 1994년을 보라", 《New York Times》, 2024년 2월 21일, https://www.nytimes.com/2024/02/21/business/economy/economy-productivity-increase.html). 기업들은 IT 투자를 거의 두 배로 늘렸고 중요한 변화는 컴퓨터를 가장 효과적으로 활용하는 방법을 터득했다는 점이었다. 그 결과 생산성이 급상승했고 여러 연구에서는 IT 투자가 특정 산업에서 생산성에 '지대한 영향을 끼쳤다'고 분석했다.
33. "세계에서 가장 가치 있는 자원은 더 이상 석유가 아니라 데이터", 《Economist》, 2017년 5월 6일, https://www.economist.com/leaders/2017/05/06/the-worlds-most-valuable-resource-is-no-longer-oil-but-data.
34. "아마라 법칙", 《PCMag》, https://www.pcmag.com/encyclopedia/term/amaras-law, 2023년 12월 접속.
35. 마이클 시츠, "위성 이미지 기업 플래닛, SPAC 상장 이후 3억 달러의 '전쟁 자금'을 확보하고 상장하다", 《CNBC》, 2021년 12월 8일, https://www.cnbc.com/2021/12/08/satellite-imagery-company-planet-begins-trading-on-the-nyse.html.
36. "러시아군이 국경을 넘기 시작하자 우크라이나 부총리가 플래닛을 포함한 민간 위성 관측 기업들에 직접 데이터 제공을 요청했다. 몇 주 안에 우크라이나는 수백만 제곱킬로미터에 달하는 전장 지역의 고해상도 이미지를 확보하게 되었고, 때로는 이미지 촬영 직후 몇 분 만에 데이터를 전달받기도 했다." 캘빈 비제커Calvin Biesecker, "정보기관, 우크라이나에 민간 위성 이미지 신속 제공 중", 《Via Satellite》, 2022년 4월 26일, https://www.satellitetoday.com/government-military/2022/04/26/intelligence-community-is-rapidly-delivering-commercial-satellite-imagery-to-ukraine-nga-official-says/.
37. 마리엘 보로위츠Mariel Borowitz, "우크라이나 전쟁이 민간 위성 기업의 중요성을 부각하다", 《Astronomy》, 2022년 8월 16일, https://www.astronomy.com/science/war-in-ukraine-highlights-importance-of-private-satellite-companies/.
38. 위와 동일.
39. 플래닛 투자자 프레젠테이션, 5쪽, 2021년 7월 7일, https://www.planet.com/investors/presentations/2021/investor-presentation-20210707.pdf.
40. "플래닛, 2023년 4분기 및 전체 회계연도 실적 발표", Planet, 2023년 3월 29일, https://investors.planet.com/news/news-details/2023/Planet-Reports-Financial-Results-for-Fourth-Quarter-and-Full-Fiscal-Year-2023/default.aspx.
41. 타냐 해리슨Tanya Harrison, "플래닛의 지구 관측 데이터, 1천5백 건 이상의 과학 논문에 기여", Planet, 2021년 11월 12일, https://www.planet.com/pulse/planets-earth-observation-data-contributes-to-over-1500-scientific-publications/.

42. USGS, "지구 관측 위성 현황", 2024년 5월 8일, https://www.usgs.gov/calval/earth-observing-satellites.
43. "GPS-RO 101", PlanetIQ, https://planetiq.com/gps-ro-101/, 2021년 5월 7일 접속.
44. 스페이스 캐피털Space Capital, 실리콘밸리은행Silicon Valley Bank, "기후 변화가 만들어 낸 거대한 기회", 2021년 8월 4일, https://www.spacecapital.com/publications/climate-opportunity.
45. 마이클 J. 던Michael J. Dunn, "GPS의 미래를 위한 진화: Directions 2023", 《GPS World》, 2023년 3월 6일, https://www.gpsworld.com/directions-2023-advancing-gps-to-meet-the-future/.
46. 애슐리 반스, 『레인보우 맨션』.
47. "아이폰에서 위성을 통한 긴급 구조 요청 기능 사용하기", Apple, https://support.apple.com/en-us/HT213426, 2023년 12월 기준 접속.
48. 헤더 켈리Heather Kelly, 크리스 벨라스코Chris Velazco, "아이폰 14, 이제 위성을 통한 SOS 전송 가능… 신중히 사용해야", 《Washington Post》, 2022년 11월 15일, https://www.washingtonpost.com/technology/2022/11/15/iphone-satellite-sos/.
49. 마이클 시츠, "우주에 투자하기: 위성은 글로벌 산업의 보이지 않는 중추", 《CNBC》, 2023년 10월 19일, https://www.cnbc.com/2023/10/19/investing-in-space-satellites-are-the-invisible-backbone-of-industry.html.
50. 라일리 피켓Riley Pickett, "스페이스X의 스타링크 항공 서비스, 항공 업계에 어떤 의미인가", 《Simple Flying》, 2022년 10월 19일, https://simpleflying.com/spacex-airline-starlink-aviation-offering/.
51. 밥 티타Bob Tita, 미카 메이든버그Micah Maidenberg, "존디어, 일론 머스크를 만나다: 스페이스X 위성으로 농기계를 연결하다", 《Wall Street Journal》, 2024년 1월 15일, https://www.wsj.com/business/telecom/john-deere-meet-elon-musk-spacex-satellites-to-link-farm-giants-equipment-e0936668.
52. 애슐리 반스, 『레인보우 맨션』.

# 5장

1. 차야크릿 크리타나윙Chayakrit Krittanawong 외, "우주여행 중 인간 건강: 최신 연구 동향", 《Cells》 제12권 제1호, 2023년, https://doi.org/10.3390/cells12010040.
2. "미세중력의 이점", NASA, 2022년 9월 1일, https://www.nasa.gov/missions/station/the-benefits-of-microgravity/.
3. 지구에서 우주로 무언가를 쏘아 올리는 데는 막대한 에너지가 필요하다. 로켓 무게의 90%가 단지 우주 진입을 위한 연료이며 정작 탑재할 수 있는 화물 공간은 극히 제한적이다. 만약 소행성이나 달 등에서 원자재를 수집하고 이를 우주 정거장 등에서 직접 가공할 수 있다면 로켓 연료 혹은 전체 우주선을 우주에서 제조할 수 있어 막대한 에너지를 절감할 수 있다.
4. 존 유리John Uri, "50년 전: 미국 최초의 우주 정거장 스카이랩 발사", NASA, 2023년 5월 14일, https://www.nasa.gov/history/50-years-ago-the-launch-of-skylab-americas-first-space-station/.
5. "국제 우주 정거장의 역사와 연표", ISS National Laboratory, https://www.issnationallab.org/about/iss-timeline/.
6. 도널드 A. 비티Donald A. Beattie, 『ISS 카페이드: 미국 우주 프로그램의 마비』, 벌링턴: Apogee Books, 2006년, 31쪽.
7. 칼 세이건Carl Sagan, 『코스믹 커넥션』, 김지선 옮김, 사이언스북스, 2018년; 프리먼 다이슨Freeman Dyson은 미국 의회 기술평가처Office of Technology Assessment 위원회 회의에 세이건과 함께 참석한 경험을 이렇게 회상했다. "우리는 나사와 항공우주 업계 전문가들이 정거장에서 수행하고자 한 48개의 과학 실험

을 설명하는 모습을 들었다. 그중 46개는 정거장 없이도 더 잘 수행할 수 있다고 결론 내렸다."

8. "우주 정거장 정보", NASA, https://www.nasa.gov/international-space-station/space-station-facts-and-figures/.
9. 위의 자료와 동일.
10. 마이클 시츠, "나사, 민간 우주 정거장 개발 위한 프로젝트 공모… 최대 4억 달러 지원", 《CNBC》, 2021년 3월 27일, https://www.cnbc.com/2021/03/27/nasa-commercial-leo-destinations-project-for-private-space-stations.html; "나사 예산 가이드", Planetary Society, https://www.planetary.org/space-policy/nasa-budget.
11. 가와구치 유코Yuko Kawaguchi 외, "외부 우주 환경에서 3년간 노출된 데이노코쿠스 세포 펠릿의 DNA 손상 및 생존 경과", 《Frontiers in Microbiology》 제11권, 2020년 8월, https://doi.org/10.3389/fmicb.2020.02050.
12. 머크Merck는 오랜 기간 우주 실험을 수행해 온 제약사로, 국제 우주 정거장에서의 연구가 자사 항암제 키트루다Keytruda 개발에 기여했다고 밝혔다. 키트루다는 다양한 암에 효과적인 치료제로 세계적인 베스트셀러 약품 중 하나로 꼽힌다. 참고: 시 엔 킴Shi En Kim, "제약사가 우주로 간 이유", 《Chemical and Engineering News》, 2022년 11월 13일, https://cen.acs.org/pharmaceuticals/drug-development/Pharma-goes-space-drug-development/100/i40.
13. 재키 와틀스Jackie Wattles, "굿이어와 델타 수전이 우주에서 연구하는 이유", 《CNN》, 2018년 8월 5일, https://money.cnn.com/2018/08/05/news/companies/goodyear-delta-faucet/index.html.
14. ZIN과 나노랙스는 모두 보이저 스페이스Voyager Space 소속이다. 참고: https://voyagerspace.com/company/.
15. NASA, "국제 우주 정거장 전환 보고서", 2022년 1월, https://www.nasa.gov/wp-content/uploads/2015/01/2022_iss_transition_report-final_tagged.pdf.
16. 막스 왕Max Wang, "우주에서 과학과 경제를 진전시키다: 국제 우주 정거장 국립연구소에서 수행된 실험의 실증 평가", 워킹페이퍼, 2024년 6월 26일, https://doi.org/10.21203/rs.3.rs-4406627/v1.
17. 제프리 맨버Jeffrey Manber, "나노랙스: 고객이 있는 세계 최초의 상업용 우주 정거장 기업", 프레젠테이션, 2018.
18. "국제 우주 정거장 국립연구소 2023 회계연도 연차 보고서", 참고: https://www.issnationallab.org/ar2023/.
19. 「미국 항공우주국 전환 승인 법안(S.442)」, 제115대 미국 의회(2017~2018), 2017년 3월 21일, https://www.congress.gov/bill/115th-congress/senate-bill/442; 케빈 엥겔버트Kevin Engelbert, "저지구궤도 상업화: 수요 촉진을 위한 ISS 활용", NASA 존슨우주센터, 2020년 6월 24일, https://www.nasa.gov/sites/default/files/atoms/files/space_portal_iss_jsc_0.pdf.
20. 스테퍼니 파파스Stephanie Pappas, "국제 우주 정거장, 2031년에 바다로 추락 예정", 《Live Science》, 2022년 2월 4일, https://www.livescience.com/international-space-station-deorbit-water-grave-date.
21. 마커스 린드로스Marcus Lindroos, "산업용 우주 시설", Astronautix, https://www.astronautix.com/i/industrialspacefacility.html, 2022년 12월 6일 접속.
22. 위의 글.
23. 위의 글.
24. 위의 글.
25. 위의 글.
26. 항공우주공학위원회Aeronautics and Space Engineering Board, 공학기술시스템위원회Commission on

Engineering and Technical Systems, 국가연구위원회National Research Council, "상업적 개발 우주 시설 위원회 보고서", 워싱턴 D.C.: 미국국립과학원출판부, 1989년, 2장, https://www.nap.edu/read/18565/chapter/2.

27. "회사 소개", 비글로우 에어로스페이스, http://bigelowaerospace.com/pages/whoweare/, 2022년 12월 6일 접속.
28. 세라 스콜스Sarah Scoles, "나사, 마침내 호텔 재벌의 팽창식 거주 모듈을 국제 우주 정거장에 보내다", 《Wired》, 2016년 4월 4일, https://www.wired.com/2016/04/bigelow-expandable-activity-module/.
29. 레너드 데이비드Leonard David, "비글로우 에어로스페이스의 제네시스-1, 순조롭게 작동 중", 《space.com》, 2006년 7월 21일, https://www.space.com/2649-bigelow-aerospace-genesis-1-performing.html.
30. 이브-A. 그롱-댕Yves-A. Grondin, "저렴한 거주 모듈이 더 많은 버크 로저스를 가능케 한다고 말한 비글로우", NSF, 2014년 2월 7일, https://www.nasaspaceflight.com/2014/02/affordable-habitats-more-buck-rogers-less-money-bigelow/.
31. 아담 히긴보텀Adam Higginbotham, "로버트 비글로우, 우주 부동산 제국을 꿈꾸다.", 《Bloomberg Businessweek》, 2013년 5월 2일, https://web.archive.org/web/20130503062237/http://www.businessweek.com/articles/2013-05-02/robert-bigelow-plans-a-real-estate-empire-in-space.
32. 제프 파우스트, "비글로우 에어로스페이스, 국제 우주 정거장 상업 모듈 대신 독립형 정거장에 초점", 《SpaceNews》, 2020년 1월 29일, https://spacenews.com/bigelow-aerospace-sets-sights-on-free-flying-station-after-passing-on-iss-commercial-module/.
33. 마이클 시츠, "나사는 기업들이 새 우주 정거장을 개발·건설하길 원한다", 《CNBC》.
34. 에릭 버거, "정거장 대체를 둘러싼 한때 조용했던 경쟁이 갑자기 뜨거워졌다.", 《Ars Technica》, 2021년 10월 28일, https://arstechnica.com/science/2021/10/a-once-quiet-battle-to-replace-the-space-station-suddenly-is-red-hot/.
35. 시시 카오Sissi Cao, "이 스타트업은 우주 호텔을 짓고 국제 우주 정거장을 대체할 계획이다", 《Observer》, 2021년 1월 9일, https://observer.com/2021/01/axiom-space-startup-plan-commercial-space-station-replace-iss-spacex. 액시엄의 정거장은 초기부터 독립 비행이 아닌 구조였기 때문에 나사의 CLD 계약 요건에 부합하지 않아 2021년 CLD 수상 대상에는 포함되지 못했다. 그럼에도 불구하고 CLD 프로젝트의 일원으로 간주되어 향후 나사의 민간 정거장 예산을 두고 CLD 수상자들과 경쟁하게 될 예정이다.
36. "나사와 액시엄, 민간 우주 비행사 임무 첫 실시 합의", NASA, 2021년 5월 10일, https://www.nasa.gov/press-release/nasa-axiom-agree-to-first-private-astronaut-mission-on-space-station.
37. 에릭 버거, "정거장 대체를 둘러싼 한때 조용했던 경쟁이 갑자기 뜨거워졌다".
38. 제프 파우스트, "하나에서 다수로: 민간 우주 정거장 개발 경쟁과 그 시장", 《SpaceNews》, 2023년 6월 8일, https://spacenews.com/from-one-many-the-race-to-develop-commercial-space-stations-and-the-markets-for-them/.
39. 에릭 버거, "정거장 대체를 둘러싼 한때 조용했던 경쟁이 갑자기 뜨거워졌다"; 케빈 J. 라이언Kevin J. Ryan, "이 전직 나사 간부가 민간 우주 정거장을 세우려는 이유", 《Inc.》, 2016년 6월 27일, https://www.inc.com/kevin-j-ryan/why-this-former-nasa-manager-is-building-a-private-space-station.html.
40. 토드 비숍Todd Bishop, "이 아마존 클라우드 장치는 어떤 과정을 거쳐 국제 우주 정거장에 실렸으며, 그곳에서 어떤 역할을 했을까", 《GeekWire》, 2022년 6월 23일, https://www.geekwire.com/2022/how-this-amazon-cloud-device-ended-up-on-the-international-space-station-and-what-it-did-in-orbit/.
41. 제프 파우스트, "액시엄 스페이스, 1억 3천만 달러 조달", 《SpaceNews》, 2021년 2월 16일, https://spacenews.com/axiom-space-raises-130-million/.

42. "연구 및 제조 파트너", 액시엄 스페이스Axiom Space, https://www.axiomspace.com/start/research-manufacturing-partner/.
43. 카리사 크리스텐슨Carissa Christensen과의 인터뷰, 2023년 12월.
44. 필 맥앨리스터Phil McAlister, 안젤라 하트Angela Hart, "나사 상업용 저지구 궤도 허브(CLD) 산업 브리핑", 프레젠테이션 자료, 2021년 3월 23일; 발사와 민간 화물·유인 수송 프로그램의 상업화 관련 내용은 매슈 와인지얼, 안젤라 아코첼라, "블루 오리진, 나사, 뉴 스페이스 (A)", Case 9-716-012, Boston: Harvard Business School, 2016년 5월, 매슈 와인지얼, 카일리 루카스Kylie Lucas, 메하크 사랑, "스페이스X, 규모의 경제, 우주 접근 혁명", Case 9-720-027, Boston: Harvard Business School, 2021년 10월 참조.
45. 에릭 버거, "정거장 대체를 둘러싼 한때 조용했던 경쟁이 갑자기 뜨거워졌다"; "상업용 저지구궤도 허브 (공고번호 80JSC021CLD) 선정 성명서", NASA, 2022년 1월 27일, https://govtribe.com/file/government-file/selection-statement-cdff-final-signed-dot-pdf#web-viewer.
46. 에릭 버거, "정거장 대체를 둘러싼 한때 조용했던 경쟁이 갑자기 뜨거워졌다".
47. NASA, "나사, 민간 우주 정거장 개발을 위한 파트너 기업들 선정" 2021년 12월 2일, https://www.nasa.gov/press-release/nasa-selects-companies-to-develop-commercial-destinations-in-space.
48. 제프 파우스트, "민간 우주 정거장 경쟁", 2021년 11월 1일, 《Space Review》, https://www.thespacereview.com/article/4276/1.
49. 스테퍼니 월덱Stefanie Waldek, "힐튼, 우주에 호텔 객실 만든다", 2022년 9월 20일, Travel and Leisure, https://www.travelandleisure.com/hilton-voyager-space-starlab-hotel-rooms-6741170.
50. 제프 파우스트, "민간 우주 정거장 경쟁", 《Space Review》, 2021년 11월 1일, https://www.thespacereview.com/article/4276/1.
51. "LEO Destinations", 블루 오리진, https://www.orbitalreef.com; 마이클 시츠, "베이조스의 블루 오리진, 민간 우주 정거장 '비즈니스 파크' 공개", 《CNBC》, 2021년 10월 25일, https://www.cnbc.com/2021/10/25/jeff-bezos-blue-origin-unveils-ocean-reef-private-space-station.html.
52. 바스트Vast, "로드맵", https://www.vastspace.com/roadmap.
53. 제프 파우스트, "액시엄 스페이스, 1억 3천만 달러 조달", 《SpaceNews》.
54. 제프 파우스트, "민간 우주 정거장에 대한 비관적 전망", 《SpaceNews》, 2018년 5월 18일, https://spacenews.com/study-offers-pessimistic-outlook-for-commercial-space-stations/.
55. NASA, "국제 우주 정거장 전환 보고서", 2018년 3월 30일.
56. NASA 감찰관실, 감사보고서: "국제 우주 정거장의 관리 및 활용"(보고서 번호 IG 18-021), 2018년 7월 30일.
57. NASA 감찰관실, 감사보고서: "NASA의 국제 우주 정거장 관리 및 저궤도 상업화 노력"(보고서 번호 IG-22-005), 2021년 11월 30일.
58. 페기 홀링거Peggy Hollinger, 이언 보트Ian Bott, 클라이브 쿡슨Clive Cookson, "우주 정거장을 재창조하려는 경쟁", 《Financial Times》, 2022년 9월 18일, https://www.ft.com/content/f50fba1d-5f03-4035-8302-535319f9338c.
59. 홀링거, 보트, 쿡슨, "우주 정거장을 재창조하려는 경쟁".
60. 위의 글.
61. 제프 파우스트, "NASA, 민간 우주 정거장 개발 지원 계획 검토", 《SpaceNews》, 2019년 10월 8일, https://spacenews.com/nasa-looks-to-support-development-of-commercial-space-stations/.
62. "찰스 볼든 발언에 대한 공식 반박문(2019년 10월 7일)", 비글로우 에어로스페이스, https://bigelowaerospace.com/pages/news/learnmore.php?story=charlie_bolden/.
63. 조시 디너Josh Dinner, "NASA, 스페이스X 스타십을 우주 정거장으로 전환하는 방안 검토 중", 《Space,

com〉, 2023년 7월 27일, https://www.space.com/nasa-considering-spacex-starship-space-station.
64. 팀 펀홀츠, "스타십, 스타랩의 민간 우주 정거장 발사에 투입된다", 《Payload》, 2024년 1월 31일, https://payloadspace.com/starship-will-launch-starlabs-commercial-space-station/.

## 6장

1. 스페이스 캐피털 대시보드: https://www.spacecapital.com/space-iq.
2. 자세한 내용은 앤더슨 본인의 저서 참고: 채드 앤더슨, 『스페이스 이코노미』 장용원 옮김, 민음인, 2024.
3. 스페이스 엔젤스Space Angels 포트폴리오: https://www.spaceangels.com/portfolio.
4. 채드 앤더슨 서면 인터뷰, 2023년 12월.
5. 딜런 테일러Dylan Taylor 전화 인터뷰, 2018년 11월 28일.
6. 딜런 테일러 인터뷰.
7. 스페이스 캐피털 포트폴리오: https://www.spacecapital.com/portfolio.
8. 마이클 시츠, "모건 스탠리가 소형 로켓을 많이 발사할 수 있는 스타트업 벡터에 베팅하며 벤처 투자사들과 손잡다", 《CNBC》, 2018년 10월 19일, https://www.cnbc.com/2018/10/19/morgan-stanley-is-betting-vector-can-launch-a-lot-of-small-rockets.html; "모건 스탠리가 진지하게 우주 투자에 나섰고, 이를 위한 첫 번째 콘퍼런스를 개최했다", 《CNBC》, 2018년 12월 12일, https://www.cnbc.com/2018/12/12/heres-what-happened-at-morgan-stanleys-inaugural-space-investing-summit.html.
9. 마이클 시츠, "우주 투자가 현실이 된 해, 모건 스탠리의 뉴욕 투자자 서밋이 성황리에 열리다", 《CNBC》, 2019년 12월 14일, https://www.cnbc.com/2019/12/14/space-investing-becoming-real-morgan-stanley-hosts-second-summit.html.
10. 마이클 시츠, "투자자를 위한 우주 가이드: 월스트리트가 주목하는 다음 조 단위 산업", 《CNBC》, 2019년 11월 9일, https://www.cnbc.com/2019/11/09/how-to-invest-in-space-companies-complete-guide-to-rockets-satellites-and-more.html.
11. 마이클 시츠, "투자자를 위한 우주 가이드".
12. 아론 프레스먼Aaron Pressman, "민간 우주 기업 자금 조달, 2018년에는 감소했지만 여전히 높은 수준 유지", 《Fortune》, 2019년 1월 10일, http://fortune.com/2019/01/10/space-startups-spacex-bezos-vc/; 스페이스 캐피털, "BNN 블룸버그, 우주 투자에 대한 논거", YouTube, 2018년 12월 13일, https://www.youtube.com/watch?v=0asjfR-_0Jw&t=236s.
13. "스타트업 스페이스: 상업 우주 벤처 투자 현황 업데이트", 《BryceTech》, 2020년, https://brycetech.com/reports/report-documents/Bryce_Start_Up_Space_2020.pdf.
14. "스타트업 스페이스", 《BryceTech》.
15. "스타트업 스페이스", 《BryceTech》.
16. 《The Space Report》, 2021년, 스페이스 재단The Space Foundation, https://www.thespacereport.org/.
17. 마이카 메이든버그Micah Maidenberg, "일론 머스크의 스페이스X, 로켓 발사 시장에서 '사실상의' 독점 지위 확보", 《Wall Street Journal》, 2023년 7월 7일, https://www.wsj.com/articles/elon-musks-spacex-now-has-a-de-facto-monopoly-on-rocket-launches-3c34f02e.
18. 스페이스 캐피털 대시보드.
19. "스타트업 스페이스", 《BryceTech》.
20. 크리스 퀼티Chris Quilty, 저스틴 캐드먼Justin Cadman, "우주 산업 엑시트: 새로운 시대, 새로운 옵션", 《SpaceNews》, 2021년 3월 23일, https://spacenews.com/op-ed-exiting-space-new-era-new-options/;

"Start-Up Space", BryceTech; "Space Startup Exits", SpaceFund, 2018~2020, https://spacefund.com/exits/, 2022년 2월 22일 열람.

21. 아므리트 람쿠마르Amrith Ramkumar, 모린 패럴Maureen Farrell, "SPAC의 침공! 월스트리트를 덮친 새로운 힘",《Wall Street Journal》, 2021년 1월 23일, https://www.wsj.com/articles/when-spacs-attack-a-new-force-is-invading-wall-street-11611378007.
22. 옐머 칼리스바르트Jelmer Kalisvaart, "SPAC의 환매권 제도", GreenbergTraurig, 2021년 6월 28일, https://www.gtlaw.com/en/insights/2021/6/published-articles/redemption-rights-bij-spacs.
23. 이리듐, 아비오Avio는 각각 2008년, 2016년에 SPAC을 통해 상장했다.
24. "버진 갤럭틱Virgin Galactic과 소셜 캐피털 헤도소피아Social Capital Hedosophia, 세계 최초의 상장 유인 우주 비행 기업 출범 발표", 버진 갤럭틱 보도자료, 2019년 7월 9일, https://investors.virgingalactic.com/news/news-details/2019/Virgin-Galactic-and-Social-Capital-Hedosophia-announce-merger-to-create-the-worlds-first-and-only-publicly-traded-commercial-human-spaceflight-company/default.aspx.
25. 마이클 시츠, "AST 스페이스모바일, 다음 주 SPAC 합병 마무리 예정… 나스닥 상장 준비",《CNBC》, 2021년 4월 1일, https://www.cnbc.com/2021/04/01/ast-science-to-close-spac-deal-begin-trading-on-nasdaq-next-week.html.
26. 제프 파우스트, "이제 SPAC 없이는 우주도 못 쓰나?",《SpaceNews》, 2021년 3월 23일, https://spacenews.com/can-you-still-spell-space-without-spac/.
27. 인큐텔In-Q-Tel은 미국 정부가 자금을 지원하는 벤처캐피털로, 자국 및 동맹국의 안보 강화를 위한 기업에 투자한다. 제프 파우스트, "우주 기업의 주가 하락에도 사모투자 시장은 여전",《SpaceNews》, 2022년 2월 8일, https://spacenews.com/stock-market-losses-for-space-companies-not-affecting-private-investment/.
28. 플래닛 투자자 대상 발표 자료, 2021년 7월.
29. 애슐리 반스는 아스트라의 여러 해에 걸친 여정을 취재하며 『레인보우 맨션』을 집필했다.
30. 마이클 시츠, "우주 로켓 스타트업 아스트라, SPAC 통해 상장… 평가액 21억 달러",《CNBC》, 2021년 2월 2일, https://www.cnbc.com/2021/02/02/rocket-startup-astra-to-go-public-astr-via-spac-at-2point1b-valuation.html.
31. 제프 파우스트, "2022년, 반등을 노리는 우주 SPAC들",《SpaceNews》, 2022년 1월 3일, https://spacenews.com/space-spacs-look-to-rebound-in-2022/.
32. 채드 앤더슨 인터뷰.
33. 스페이스웍스SpaceWorks, NewSpace Index, https://www.spaceworks.aero/new-space-index/.
34. 클로드 루소Claude Rousseau, 2021년 7~8월 필자와의 전자메일 인터뷰에서 인용.
35. "2021년 4분기 우주 투자 보고서", 스페이스 캐피털, 2021.
36. "룩셈부르크, 지속 가능한 우주 활동을 지원하기 위해 노스스타 어스 앤 스페이스의 유럽 본사 설립에 투자", 룩셈부르크 정부 공식 보도자료, 2021년 12월 17일, https://gouvernement.lu/en/actualites/toutes_actualites/communiques/2021/12-decembre/17-fayot-lff-northstar-earthspace.html; "아랍에미리트, 자국 우주 경제 강화를 위한 8억 2천만 달러 규모의 투자 펀드 출범", 테크크런치, 2022년 7월 18일, https://techcrunch.com/2022/07/18/united-arab-emirates-launches-820m-fund-to-boost-domestic-space-economy/.
37. 라마나 난다Ramana Nanda, 매슈 로즈크로프, "투자 사이클과 스타트업의 혁신",《Journal of Financial Economics》110, no. 2(2013): 403~418, https://www.sciencedirect.com/science/article/abs/pii/S0304405X13001967/.

38. 매슈 와인지얼, 알리사 하다지Alissa Haddaji, "우주 투자자, 다중 균형 그리고 우주 경제 자금 조달", Case 719-070, Boston: Harvard Business School,, 2019년 5월 2일.
39. 이 절은 매슈 와인지얼이 하버드 경영대학원의 디지털 이니셔티브에 기고한 글 "우주에서 큰 사냥감을 노린다는 것"의 내용을 상당 부분 인용 및 참고함, https://digital.hbs.edu/digital-infrastructure/hunting-big-game-in-commercial-space/.
40. 독자에게 더 익숙할 수 있는 비슷한 게임으로는 '죄수의 딜레마the prisoner's dilemma'가 있다. 다만 죄수의 딜레마는 단 한 번 플레이하는 경우 단 하나의 균형만 존재한다는 점에서 사슴 사냥 게임과 다르다.
41. 두 균형을 찾기 위해선 각 사냥꾼이 상대의 선택을 예상했을 때 어떤 전략을 선택하는지가 핵심이다. A가 B가 토끼를 선택할 것이라 본다면 자신도 토끼를 선택해 1점을 얻는 것이 사슴을 택해 0점을 얻는 것보다 낫다. 이 논리는 B에게도 동일하게 적용된다. 결과적으로 둘 다 토끼를 선택하는 것이 하나의 균형이다(도표 6-2 왼쪽 위). 반대로 A가 B가 사슴을 선택할 것이라 예상한다면 A 역시 사슴을 선택해 4점을 얻는 것이 유리하고 B도 마찬가지다. 이 경우 역시 균형이 성립하며 이는 오른쪽 아래 칸이다. 이 두 가지는 경제학에서 말하는 '내시 균형Nash Equilibrium'으로, 서로의 전략을 고려했을 때 어떤 플레이어도 전략을 바꾸고 싶은 유인이 없는 상태를 의미한다.
42. 정부 역시 투자자의 역할을 맡아 조율 기제로 작동할 수 있으며, 이 경우 수익은 세금을 통해 회수된다. 이는 앞 장에서 다룬 상업 우주 정거장 활동에 대한 정부 보조금 개념과도 밀접하게 연결된다. 더 넓게 보면 새로운 탈중앙화 우주 경제에서 공공 부문의 역할 전체와도 맞닿아 있다.
43. 예컨대 스페이스 캐피털은 저궤도 위성군을 통한 데이터 활용이야말로 오늘날 우주 산업에서 가장 흥미로운 기회라고 주장해 왔다. 이 장에서 말한 '사슴'에 해당한다. 실제로 스페이스 캐피털의 포트폴리오는 그런 관점을 반영하고 있다. 로켓 엔진(우르사 메이저Ursa Major), 로켓 자체(스페이스X, 로켓랩), 위성군(호크아이 360HawkEye 360, 플래닛, 스페이스X), 위성 데이터를 활용한 애플리케이션(올닷스페이스All.Space, 아르볼Arbol), 위성군을 보호하기 위한 우주 상황 인식(레오랩스LeoLabs)까지 전체 가치 사슬을 아우르고 있다.
44. 스페이스 캐피털 대시보드: https://www.spacecapital.com/space-iq.

# 7장

1. 타리크 말릭, "NASA, 아르테미스 달 임무 위해 달 기지를 복수로 건설할 수도", 《Space.com》, 2023년 4월 18일, https://www.space.com/nasa-artemis-base-camp-more-moon-bases.
2. 자탄 메타Jatan Mehta, "달의 물에 대한 안내서", 《Planetary Society》, 2022년 8월 6일, https://www.planetary.org/articles/water-on-the-moon-guide.
3. 슈아 리Shua Li, 랄프 E. 밀리컨Ralph E. Milliken, "달 표면의 물: 분포, 함량 그리고 기원—Moon Mineralogy Mapper를 통해 본 분석" 《Science Advances》 3, no. 9(2017), https://doi.10.1126/sciadv.1701471.
4. "NASA 국장은 왜 중국이 먼저 달에 가는 것을 우려하는가", 《NPR》, 2024년 5월 6일, https://www.npr.org/2024/05/06/1249249941/nasa-bill-nelson-moon-artemis-china-starliner.
5. "미국 유인 우주 탐사 계획 위원회 검토 보고서", 2009년 10월, https://www.nasa.gov/wp-content/uploads/2015/01/617036main_396093main_hsf_cmte_finalreport.pdf.
6. 잭 쿠어Jack Kuhr, "비용 보전형 계약제", X(前 트위터), 2023년 5월 26일, https://x.com/JackKuhr/status/1662145507639148550.
7. "우주발사시스템(SLS) 부스터 및 엔진 계약에 대한 나사의 관리 보고서", NASA, 2023년 5월 25일, https://oig.nasa.gov/docs/IG-23-015.pdf.
8. "우주발사시스템의 민간 계약 전환에 대한 나사의 전략", NASA, 2023년 10월 12일, https://oig.nasa.gov/

docs/IG-24-001.pdf.

9. 마이카 메이든버그Micah Maidenberg, "스페이스X의 일론 머스크, 스타십으로 발사 비용을 대폭 낮출 수 있다고 전망", 《Wall Street Journal》, 2022년 2월 10일, https://www.wsj.com/articles/elon-musk-expects-starship-to-deliver-launches-at-a-fraction-of-current-costs-11644549926.
10. 세스 커코스키Seth Kurkowski, "나사 국장, SLS와 오리온을 스타십으로 대체하는 것은 현실적이지 않다고 밝혀", 《Space Explored》, 2022년 7월 5일, https://spaceexplored.com/2022/07/05/nasa-administrator-finds-replacing-sls-and-orion-with-spacexs-starship-not-practical/.
11. 앨런 보일Alan Boyle, "버즈 올드린, 나사의 게이트웨이에는 반대⋯ 대신 중국과의 협력엔 긍정", 《GeekWire》, 2019년 10월 20일, https://www.geekwire.com/2019/buzz-aldrin-shares-latest-moonshot-vision-no-nasas-gateway-yes-china/.
12. 재클린 펠드셔Jacqueline Feldscher, "미국의 다음 '우주 도약'은 그저 또 하나의 '달 예산 낭비'일 뿐인가?", 《Politico》, 2019년 6월 13일, https://www.politico.com/agenda/story/2019/06/13/nasa-lunar-gateway-000898/.
13. 윌리엄 하우드William Harwood, "나사, 민간 달 탐사 임무를 위한 세 기업 선정", 《CBS News》, 2019년 5월 31일, https://www.cbsnews.com/news/nasa-taps-three-companies-for-commercial-moon-missions/.
14. 미국광업금속공학회(Society for Mining, Metallurgy, and Exploration), "달 탐사 임무, 헬륨-3 동위원소 채굴 목표", 2021년 3월 1일, https://me.smenet.org/webContent.cfm?webarticleid=3450.
15. 제프 파우스트, "달로 향하는 착륙선 기업들, 본격 발사 준비 돌입", 《SpaceNews》, 2022년 9월 21일, https://spacenews.com/lander-companies-prepare-to-shoot-for-the-moon/.
16. 위의 글.
17. 위의 글.
18. 위의 글.
19. 케네스 창Kenneth Chang, "아르테미스 로켓 발사로 달로 향하는 길을 다시 연 나사", 《New York Times》, 2022년 11월 16일, https://www.nytimes.com/2022/11/16/science/nasa-launch-artemis-1.html.
20. "달 표면 혁신 컨소시엄 뉴스레터", 2020년 9월, https://lsic.jhuapl.edu/uploadedDocs/documents/2494-2020%20September%20Newsletter.pdf.
21. 마르시아 스미스Marcia Smith, "어거스틴 위원회: 현재 나사의 유인 우주 비행 프로그램은 '지속 불가능한 궤도'", 〈SpacePolicyOnline.com〉, 2009년 9월 8일, https://spacepolicyonline.com/news/augustine-committee-current-nasa-human-space-flight-program-on-quot-unsustainable-trajectory-quot/.
22. 케네스 창, "아르테미스 로켓 발사로 달로 향하는 길을 다시 연 나사".
23. 프랭크 모링 주니어Frank Morring Jr., "새로운 우주 경쟁", 《Aviation Week》, 2011년 4월 25일.
24. 에릭 버거, "SLS 로켓은 나사에 일어난 최악의 일이지만, 어쩌면 최고의 일이기도 할까?", 〈Ars Technica〉, 2022년 8월 23일, https://arstechnica.com/science/2022/08/the-sls-rocket-is-the-worst-thing-to-happen-to-nasa-but-maybe-also-the-best/4/.
25. 저자와 윌리엄 게르스텐메이어 간의 서면 인터뷰, 2023년 12월.

## 8장

1. 앤디 덕워스Andy Duckworth, "우주 쓰레기의 파괴적 위력" 《Guardian》, 2011년 3월 15일, https://www.theguardian.com/science/video/2011/mar/15/space-debris-european-space-agency.
2. 유럽우주국European Space Agency, ESA은 다음과 같은 수치를 예측한 바 있다. 10센티미터보다 큰 파편

은 약 2만 9천 개, 1~10센티미터 사이의 파편은 약 67만 개, 1센티미터보다 작은 파편은 1억 7천만 개 이상. 자세한 내용은 NASA 우주파편프로그램실NASA Orbital Debris Program Office의 "우주 파편에 관한 자주 묻는 질문"을 참고, NASA, 2015년 12월 기준 자료, https://web.archive.org/web/20150508222930/http://orbitaldebris.jsc.nasa.gov/faqs.html.

3. 세스 보렌스타인Seth Borenstein, "우주 유영 중 또 늘어난 우주 쓰레기", 《NBC News》, 2006년 9월 14일, https://www.nbcnews.com/id/wbna14839475.
4. 벌지 아틸라Völgyi Attila, "선니타 윌리엄스의 우주 유영 중 카메라 유실 장면", YouTube, 2013년 11월 7일, https://www.youtube.com/watch?v=ZYRHloqW_fw.
5. 2007년 중국은 무기 실험 중 퇴역 위성을 파괴해 3천 개 이상의 관측 가능한 파편을 생성했다. 추적 불가능한 미세 금속 조각은 훨씬 더 많았다. 이듬해 미국도 '번트 프로스트 작전Operation Burnt Frost'을 통해 오작동 중인 위성을 미사일로 파괴해 약 400개의 새로운 추적 가능 파편을 발생시켰다. 2019년에는 인도 역시 유사한 방식으로 위성을 파괴하며 다수의 파편을 생성했고, 2021년 러시아의 반위성 미사일 실험은 국제 우주 정거장을 위험에 빠뜨려 탑승 중이던 우주 비행사들(러시아 우주인 2명 포함)이 정거장 내 가장 안전한 구역으로 대피하는 상황이 벌어졌다. 자세한 내용은 브렛 틴글리Brett Tingley, "국제 우주 정거장, 러시아 반위성 미사일 실험으로 인한 우주 쓰레기 회피" 참고, 《Space.com》, 2022년 10월 25일, https://www.space.com/international-space-station-dodges-russian-space-debris.
6. 시카 수브라마니엄Shikha Subramaniam, 레카 텐자를라Rekha Tenjarla, 크리스턴 대번포트, "스페이스 도저스", 《Washington Post》, 2023년 1월 13일, https://www.washingtonpost.com/technology/interactive/2023/space-debris-game/; 조너선 맥도웰, "2023년 우주 활동 요약", 2024년 1월 15일, 표 11, https://planet4589.org/space/papers/space23.pdf.
7. 조너선 맥도웰, "2023년 우주 활동 요약".
8. NASA 우주파편프로그램실, "우주 파편에 관한 자주 묻는 질문".
9. 조너선 맥도웰, "2023년 우주 활동 요약", 토머스 G. 로버츠Thomas G. Roberts, "지구 궤도 101", 우주항공 안보Aerospace Security, 전략국제문제연구소CSIS, 2017년 11월 30일, https://aerospace.csis.org/aerospace101/earth-orbit-101/.
10. '근접conjunction'의 정의는 다를 수 있다. 예를 들어 미사일 탐지 위성이나 우주 비행사가 탑승 중인 국제 우주 정거장 같은 고우선순위 우주선의 경우 수 킬로미터 이내 접근만으로도 근접으로 간주되지만, 대학생들이 만든 실험 위성과 같은 저우선순위 위성은 더 좁은 범위를 허용할 수 있다. 보다 자세한 내용은 나사의 "우주선 근접 평가 및 충돌 회피 모범 지침" 참고, https://go.nasa.gov/34f9ijM; 또한 2022년 우주군 중령 다니엘 무미Daniel Moomey가 이끈 연구에서는 2020년 이후 근접 위험이 '로그형으로 증가logarithmic increase'했다고 분석하며 이 증가 원인을 스타링크와 원웹 위성의 배치로 지목했다. https://amostech.com/TechnicalPapers/2022/Poster/Moomey.pdf.
11. 테레자 풀타로바Tereza Pultarova, "지구 궤도에 위성을 얼마나 안전하게 배치할 수 있을까?" 《Space.com》, 2023년 2월 27일, https://www.space.com/how-many-satellites-fit-safely-earth-orbit.
12. 위의 글.
13. 위의 글.
14. 위의 글.
15. N. 그레고리 맨큐N. Gregory Mankiw, 『맨큐의 경제학』 이병락 옮김, 경문사, 2025.
16. 헨리 R. 허츠펠드Henry R. Hertzfeld, 브라이언 위든Brian Weeden, 크리스토퍼 D. 존슨Christopher D. Johnson, "우주 공간: 통제 불능인가, 효과적인 거버넌스의 부재인가? 우주 활동 관리를 위한 새로운 접근법", 《SAIS Review of International Affairs》 36권 2호(2016): 15-28, 허츠펠드, 위든, 존슨은 우주 잔해 문

제와 전형적인 '공유지의 비극tragedy of the commons' 시나리오 간의 미묘한 차이를 분석한다.

17. 저자와 브라이언 위스의 인터뷰, 2016년 2월 2일, 워싱턴 DC.
18. 노디르 아딜로프Nordir Adilov, 피터 J. 알렉산더Peter J. Alexander, 브렌던 M. 커닝햄Brendan M. Cunningham, "지구 궤도 오염에 대한 경제학적 분석", 《Environmental and Resource Economics》 60권 1호(2015): 81-98.
19. "달과 기타 천체에서의 국가 활동을 규율하는 협정", 유엔, 1984년 7월 11일, http://disarmament.un.org/treaties/t/moon.
20. 유럽우주국은 25년 규정을 채택했으며, 유엔 우주평화이용위원회Committee on the Peaceful Uses of Outer Space 역시 이와 유사한 지침을 발표했고 정상 작동 중 발생하는 파편의 방출도 제한했다. 이후 국제표준화기구(ISO)는 위성과 로켓 상단이 궤도 수명 전체에 걸쳐 파편을 생성하지 않도록 설계·운영·폐기하는 방식에 대한 요건을 제시했다. 프랑스의 「우주작전법French Space Operation Act」과 일본의 「우주기본법Space Basic Law」(모두 2008년 제정), 미국의 「국가우주정책National Space Policy」(2010년 제정) 등은 우주 파편 최소화를 국가 목표로 삼았다. 자세한 내용은 다음을 참조: "IADC 우주 파편 저감 지침", 국제우주파편조정위원회Inter-Agency Space Debris Coordination Committee, 2007년 9월, http://www.unoosa.org/documents/pdf/spacelaw/sd/IADC-2002-01-IADC-Space_Debris-Guidelines-Revision1.pdf; 대니얼 클러리Daniel Clery, "우주 쓰레기: 임박한 재앙", 《Cosmos》, 2015년 8월 17일, https://cosmosmagazine.com/space/space-junk-catastrophe-on-the-horizon/; "ISO 24113: 2011, 우주 시스템 우주 파편 저감 요건" 국제표준화기구(ISO), 2011, http://www.iso.org/iso/catalogue_detail?csnumber=57239; "프랑스 「우주작전법」", 프랑스 국립우주연구센터Centre National d'Études Spatiales, 2008년 5월 22일, http://www.unoosa.org/pdf/pres/lsc2009/pres-04.pdf; "미국 「국가우주정책」", 미국 대통령실Executive Office of the President, 2010년 6월 28일, https://history2.nasa.gov/national_space_policy_6-28-10.pdf; "일본 「우주기본법」", 일본 내각부Cabinet Office of Japan, https://stage.tksc.jaxa.jp/spacelaw/country/japan/27A-1.E.pdf.
21. 제이씨 리우J.-C. Liou, N. L. 존슨N. L. Johnson, "현재 저지구 궤도 위성 집단의 불안정성", 《Advances in Space Research》 41권 7호.(2008): 1046-1053.
22. 제프 파우스트, "궤도 파편 저감 지침은 여전히 유효하다, 다만 지킬 경우에 한해서", 《SpaceNews》, 2020년 1월 15일, https://spacenews.com/orbital-debris-mitigation-guidelines-still-useful-if-complied-with/.
23. 스티븐 A. 힐드레스Steven A. Hildreth, 앨리슨 아널드Allison Arnold, "미국의 국가 안보 이익에 대한 위협: 우주 영역에서", 미국 의회조사국Congressional Research Service, 2014년 1월 8일, https://apps.dtic.mil/sti/tr/pdf/ADA592886.pdf.
24. 위의 글.
25. 찰스 F. 볼든 주니어Charles F. Bolden Jr., "화성으로 가는 길: 찰스 F. 볼든 주니어와의 대화", 미국 외교협의회Council on Foreign Relations, 2015년 11월 12일, https://www.cfr.org/event/path-mars.
26. 마틴 엘비스Martin Elvis, '우주탐사 및 개발 학생회(SEDS)'의 우주 기업 패널, MIT, 매사추세츠주 캠브리지, 2015년 11월 11일.
27. 저자와 제이씨 리우의 인터뷰, 2016년 1월 4일.
28. R. H. 코즈R. H. Coase, "사회적 비용의 문제", 《The Journal of Law and Economics》 제3권, 1960년 10월, https://www.journals.uchicago.edu/doi/10.1086/466560.
29. 고궤도에서는 궤도 슬롯이 허가제지만, 저지구 궤도에서는 그렇지 않다, "우주, 달, 기타 천체의 탐사 및 이용에 있어 국가 활동 원칙에 관한 조약Treaty on Principles Governing the Activities of States in the Exploration and Use of Outer Space, Including the Moon and Other Celestial Bodies", 미국 국무부US

Department of State, 1967년 1월 27일, http://www.state.gov/t/isn/5181.html.

30. 말런 소지Marlon Sorge, "우주 파편 제기의 법적 쟁점들", "우주 파편에 대한 이해: 원인, 저감 그리고 쟁점" 중에서, 《Aerospace》, 2015년 가을 호, https://aerospace.org/sites/default/files/2019-04/Crosslink%20Fall%202015%20V16N1%20.pdf.

31. 마이클 리스트너Michael Listner, "우주 쓰레기 문제 해결을 위한 과제, 2부: 법적 책임", 《Space Review》, 2012년 12월 17일, http://www.thespacereview.com/article/2204/1.

32. 레너드 데이비드Leonard David, "우주 쓰레기의 추한 진실: 2030년까지 궤도 파편이 3배로 증가할 수도", 《Space.com》, 2011년 5월 9일, http://www.space.com/11607-space-junk-rising-orbital-debris-levels-2030.html.

33. 오카다 미쓰노부Mitsunobu Okada, 『우주 기업가: 궤도에서 넘치는 비즈니스 기회Space Entrepreneur: Business Opportunities Abundant in Orbit』(일본: 가도카와 미닛북Kadokawa Minute Book), 2014.

34. 오카다 미쓰노부, 『우주 기업가』.

35. 오카다 미쓰노부, 『우주 기업가』.

36. 오카다 미쓰노부, "우주 청소 4부-300편의 논문 도전기", 고야마 추야Koyama Chuya, 2015년 7월 20일, http://koyamachuya.com/column/uchu_souji/6113/.

37. 매슈 와인지얼, 안젤라 아코첼라, 야마자키 마유카Mayuka Yamazaki, "애스트로스케일Astroscale, 우주 쓰레기 그리고 지구 궤도의 공유지", Case 716-037, Boston: Harvard Business School, 2016년 5월 10일.

38. 위의 글.

39. 별도 언급이 없는 한, 노부 오카다의 인용은 모두 2023년 12월에 진행된 필자와의 서면 인터뷰에서 비롯됨.

40. 애스트로스케일, "ELSA-M", https://astroscale.com/elsa-m/.

41. "CRD2 1단계/ADRAS-J 업데이트: 우주 쓰레기에 대한 '고정 지점 관측' 영상 공개", 일본우주항공연구개발기구(JAXA) 보도자료, 2024년 6월 14일, https://global.jaxa.jp/press/2024/06/20240614-2_e.html.

42. 매슈 와인지얼, 안젤라 아코첼라, 야마자키 마유카, "애스트로스케일, 우주 쓰레기 그리고 지구 궤도의 공유지".

43. 플라비오 펠리체Flavio Felice, 마시밀리아노 바티에로Massimiliano Vatiero, "엘리너 오스트롬과 공유지의 비극 해법", 《American Enterprise Institute》, 2012년 6월 27일, https://www.aei.org/publication/elinor-ostrom-and-the-solution-to-the-tragedy-of-the-commons/.

44. "FCC, 위성의 궤도 이탈에 관한 새로운 '5년 규칙' 채택", 미국 연방통신위원회Federal Communications Commission, 2022년 9월 29일, https://www.fcc.gov/document/fcc-adopts-new-5-year-rule-deorbiting-satellites.

45. 브렛 팅글리Brett Tingley, "FCC, 첫 우주 파편 벌금 부과—디시(DISH)에 15만 달러의 과태료", 《Space.com》, 2023년 10월 3일, https://www.space.com/space-debris-fcc-first-fine-dish-deorbit-satellite.

46. 제프 파우스트, "유엔 총회, 반위성(ASAT) 시험 금지 결의안 승인", 《SpaceNews》, 2022년 12월 13일, https://spacenews.com/united-nations-general-assembly-approves-asat-test-ban-resolution/.

47. 팀 펀홀츠, "스페이스X, 안전 문제로 스타링크 위성 100기 궤도 이탈 예정", 《Payload》, 2024년 2월 14일, https://payloadspace.com/spacex-will-deorbit-100-starlink-satellites-for-safety-reasons/?oly_enc_id=7798I0332467A8R.

48. 데브라 워너Debra Werner, "내 묘비에는 '우주 파편을 만들었다'가 아니라 '세계와 연결했다'라고 새겨져야 한다.", 《SpaceNews》, 2015년 12월 8일, https://spacenews.com/on-my-tombstone-it-should-say-connected-the-world-not-created-orbital-debris/.

49. 매슈 와인지얼, 안젤라 아코첼라, 야마자키 마유카, "애스트로스케일, 우주 쓰레기 그리고 지구 궤도의

공유지".
50. 제프 파우스트, "나사 연구, 궤도 파편 제거의 비용과 편익 평가", 《SpaceNews》, 2023년 3월 13일, https://spacenews.com/nasa-study-assess-costs-and-benefits-of-orbital-debris-removal/; 토머스 J. 콜빈Thomas J. Colvin, 존 카르츠John Karcz, 그레이스 우스크Grace Wusk, "궤도 파편 저감의 비용 및 편익 분석", NASA, 2023년 3월 10일, https://www.nasa.gov/sites/default/files/atoms/files/otps_-_cost_and_benefit_analysis_of_orbital_debris_remediation_-_final.pdf.

## 9장

1. 제15회 연례 획득 연구 심포지엄, "획득 연구: 정보에 기반한 변화의 시너지를 창출하다", 2018년 5월, https://dair.nps.edu/bitstream/123456789/1573/1/SYM-AM-18-060.pdf, 471쪽 참조.
2. 산드라 어윈Sandra Erwin, "우주개발국, 군의 위성 구매 방식을 뒤흔들다", 《SpaceNews》, 2023년 8월 11일, https://spacenews.com/space-development-agency-shaking-up-how-the-military-buys-satellites/.
3. 스페이스 재단, "우주 보고서, 2023년 4분기", https://www.spacefoundation.org/2024/01/23/the-space-report-2023-q4/.
4. 마이카 메이든버그Micah Maidenberg, "일론 머스크의 스페이스X, 이제 사실상 로켓 발사 독점 지위 확보", 《Wall Street Journal》, 2023년 7월 7일, https://www.wsj.com/articles/elon-musks-spacex-now-has-a-de-facto-monopoly-on-rocket-launches-3c34f02e.
5. 테레자 풀타로바, 엘리자베스 하월Elizabeth Howell, "스타링크 위성: 사실, 추적 그리고 천문학에 미치는 영향", 《Space.com》, 2024년 7월 1일, https://www.space.com/spacex-starlink-satellites.html.
6. 아담 사타리아노Adam Satariano 외, "머스크의 별들 속 압도적 권력", 《New York Times》, 2023년 7월 28일, https://www.nytimes.com/interactive/2023/07/28/business/starlink.html.
7. 윌 로빈슨-스미스Will Robinson-Smith, "스페이스X, 23기의 스타링크 위성 발사하며 전 세계 고객 300만 명 돌파", 《Spaceflight Now》, 2024년 5월 22일, https://spaceflightnow.com/2024/05/22/live-coverage-spacex-to-launch-starlink-satellites-on-falcon-9-rocket-from-cape-canaveral-2/.
8. 산드라 어윈, "스타링크의 비상: 스페이스X의 위성 인터넷, 66억 달러 매출 전망으로 분석가들을 놀라게 하다", 《SpaceNews》, 2024년 5월 9일, https://spacenews.com/starlink-soars-spacexs-satellite-internet-surprises-analysts-with-6-6-billion-revenue-projection/; 마이카 메이든버그Micah Maidenberg, 롤프 윙클러Rolfe Winkler, "스타링크 성장세 뚜렷하나 여전히 스페이스X 목표에는 못 미쳐, 내부 문서 공개", 《Wall Street Journal》, 2023년 9월 13일, https://www.wsj.com/tech/spacexs-starlink-demonstrates-its-power-but-still-needs-growth-9906c5b0/; 잭 쿠어Jack Kuhr, 모 이슬람Mo Islam, "스페이스X의 2023년 매출 추정", 《Payload》, 2024년 1월 24일, https://payloadspace.com/estimating-spacexs-2023-revenue/; 제이슨 레인보Jason Rainbow, "유텔샛Eutelsat, 원웹과 함께 내년부터 성장세 회복 기대", 《SpaceNews》, 2023년 7월 28일, https://spacenews.com/eutelsat-expects-to-return-to-growth-next-year-with-oneweb/.
9. 조이 룰렛Joey Roulette, 마리사 테일러Marisa Taylor, "머스크의 스페이스X, 미국 정보기관을 위한 정찰 위성 네트워크 구축 중", 《Reuters》, 2024년 3월 16일, https://www.reuters.com/technology/space/musks-spacex-is-building-spy-satellite-network-us-intelligence-agency-sources-2024-03-16/.
10. 에릭 버거와의 서면 인터뷰, 2023년 12월.
11. 엄밀히 말하면 독점기업은 재화를 한 단위 덜 공급하면 자신이 판매하는 모든 단위의 가격을 올릴 수 있다는 사실을 알고 있지만, 경쟁 시장의 소규모 공급자는 가격에 이런 영향을 미칠 수 없다(이런 공급자를 '가격 수용자price taker'라고 한다). 독점기업은 이익을 극대화하기 위해 공급을 제한해 가격을 올리고, 그 결

12. "미국인의 대다수, 구글 권력이 과도하다고 믿으며 검색 엔진 경쟁을 원한다", 미국 경제 자유 프로젝트American Economic Liberties Project, 2023년 9월 19일, https://www.economicliberties.us/press-release/new-poll-super-majority-of-americans-believe-google-has-too-much-power-want-search-engine-competition/.
13. "미국 내 검색 엔진 시장 점유율", 스탯카운터 글로벌스탯Statcounter GlobalStats, https://gs.statcounter.com/search-engine-market-share/all/united-states-of-america, 2023년 3월 접속.
14. 피터 틸Peter Thiel, 블레이크 매스터스Blake Masters 공저, 『제로 투 원』, 이지연 옮김, 한국경제신문, 2025.
15. 간단히 말해 미국에서는 20세기 초 진보주의 시대에 정부가 독점에 대한 통제력을 강화하려는 움직임이 나타났고 「셔먼법Sherman Act」 같은 반독점 법률이 제정되었다. 시어도어 루스벨트 대통령Theodore Roosevelt과 루이스 브랜다이스 대법관Louis Brandeis 같은 '트러스트 파괴자'들이 부상하면서 입증 책임은 전적으로 독점기업에 놓였다. 그러나 세기가 바뀌며 이른바 시카고학파 경제학이 힘을 얻었고, 입증 책임이 규제 당국으로 옮겨 가면서 지배적 기업의 피해를 입증하기 위해 더 구체적이고 정량적인 증거가 요구되었다. 최근에는 다시 방향이 바뀌어 '네오 브랜다이스주의neoBrandeisian' 접근이 주목받고 있다. 오늘날 미국인들은 스페이스X 같은 지배적 기업이 사회에 이롭지 않을 수 있다고 점점 더 회의적으로 본다. 자세한 내용은 로라 필립스 소여Laura Phillips Sawyer, "유럽에서의 구글: 디지털 시대의 경쟁 정책", case 717-004, Boston: Harvard Business School, 2016년 8월, 2017년 3월 개정판 참조.
16. 마이클 시츠, "스페이스X, 원자재 인플레이션 여파로 로켓 발사와 스타링크 인터넷 가격 인상", 《CNBC》, 2022년 3월 23일, https://www.cnbc.com/2022/03/23/spacex-raises-prices-for-launches-and-starlink-due-to-inflation.html.
17. 재키 와틀스Jackie Wattles, "일론 머스크, 화성 로켓 비용이 예상보다 저렴해질 것이라고 말하다. 그 이유는?", 《CNN》, 2019년 9월 29일, https://www.cnn.com/2019/09/29/business/elon-musk-spacex-mars-starship-cost/index.html.
18. 로넌 패로Ronan Farrow, "일론 머스크의 그림자 통치", 《New Yorker》, 2023년 8월 21일, https://www.newyorker.com/magazine/2023/08/28/elon-musks-shadow-rule.
19. 위의 글.
20. 위의 글.
21. 위의 글.
22. 폴 파히Paul Farhi, "일론 머스크 전기 작가, 우크라이나 전쟁 관련 기술 오류 인정", 《Washington Post》, 2023년 9월 12일, https://www.washingtonpost.com/style/2023/09/12/elon-musk-walter-isaacson-ukraine/.
23. 로넌 패로, "일론 머스크의 그림자 통치".
24. 산드라 어윈, "미 상원 군사위원회, 우크라이나에서의 스타링크 운영 조사 착수", 《SpaceNews》, 2023년 9월 14일, https://spacenews.com/senate-armed-services-committee-to-probe-starlink-operations-in-ukraine/.

## 10장

1. "NSF의 영향", 미국 국립과학재단US National Science Foundation, https://www.nsf.gov/news/special_reports/btyb/innovation.jsp.

2. 다니엘 P. 그로스Daniel P. Gross, 바벤 N. 삼파트Bhaven N. Sampat, "미국의 도약: 제2차 세계대전 연구개발과 미국 혁신 시스템의 이륙", 《American Economic Review》 113, no. 12(2023): 3323-3356.
3. 위의 글.
4. 스티븐 밈Stephen Mihm, "국방부는 어떻게 실리콘밸리를 후원했는가", 마거릿 오마라Margaret O'Mara의 『더 코드: 실리콘밸리와 미국의 재편The Code: Silicon Valley and the Remaking of America』 서평, 《New York Times》, 2019년 7월 9일, https://www.nytimes.com/2019/07/09/books/review/the-code-margaret-omara.html.
5. 리처드 홀링햄Richard Hollingham, "아폴로: 달 탐사가 현대 세계를 바꾼 방법", 《BBC》, 2023년 5월 17일, https://www.bbc.com/future/article/20230516-apollo-how-moon-missions-changed-the-modern-world.
6. 모 이슬람, "스페이스X 2023년 매출 전망", Payload, 2023년 2월 27일, https://payloadspace.com/predicting-spacexs-2023-revenue/.
7. 스베틀라 벤이츠하크Svetla Ben-Itzhak, "기업들이 우주를 상업화하고 있다. 정부 프로그램은 여전히 의미가 있는가?", 《Washington Post》, 2022년 1월 11일, https://www.washingtonpost.com/politics/2022/01/11/companies-are-commercializing-outer-space-do-government-programs-still-matter/.
8. 1999년 NASA 연구원 켄 쿠퍼Ken Cooper가 미세중력 환경에서 이 기술의 실현 가능성을 처음 입증했다. 존 비커스John Vickers, "NASA의 적층 제조 기술이 탐사를 이끌다", 2020년 2월 20일, https://ntrs.nasa.gov/api/citations/20200001736/downloads/20200001736.pdf.
9. 니키 베르카이저Niki Werkheiser, "우주에서의 제조: 가져오지 말고 만들어라!" NASA, 2017년 10월 7일, https://ntrs.nasa.gov/archive/nasa/casi.ntrs.nasa.gov/20170009900.pdf.
10. 트레이시 프레이터Tracy Prater, 니키 베르카이저, "NASA의 우주 내 제조 프로젝트 개요", NASA, 2017년 11월 2일, https://ntrs.nasa.gov/archive/nasa/casi.ntrs.nasa.gov/20170012475.pdf.
11. 스티븐 코틀러Steven Kotler, "지구 밖 3D 프린팅이 인류의 우주 식민화를 가능하게 한다", 《Newsweek》, 2015년 2월 6일, https://www.newsweek.com/world-3D-printing-how-humans-will-colonize-space-304073.
12. 위의 글.
13. 피터 H. 디아만디스Peter H. Diamandis, 스티븐 코틀러, 『볼드Bold: 새로운 풍요의 시대가 온다』 이지연 옮김, 비즈니스북스, 2016년.
14. "SBIR과 STTR 프로그램", SBIR/STTR, https://www.sbir.gov/about.
15. 알레한드로 E. 트루히요Alejandro E. Trujillo 외, "상업적 우주 내 제조 응용의 타당성 분석", AIAA Space and Astronautics Forum and Exposition, 2017년 9월 12~14일, https://doi.org/10.2514/6.2017-5360.
16. 올리비아 솔론Olivia Solon, "지구 확장, 우리는 우주에 도시를 건설할 수 있을까?", 《Guardian》, 2018년 4월 21일, https://www.theguardian.com/science/2018/apr/21/expanding-earth-could-we-build-cities-in-space.
17. 데브라 워너, "메이드 인 스페이스Made In Space, 상업용 재활용 장비를 ISS로 발사 예정", 《SpaceNews》, 2019년 10월 21일, https://spacenews.com/made-in-space-to-launch-commercial-recycler-to-space-station/.
18. "메이드 인 스페이스", SBIR/STTR, https://www.sbir.gov/sites/default/files/SBA_SuccessStories_MadeInSpace_FINAL.pdf, 2019년 11월 1일 접속.
19. 매슈 와인지얼, 메하크 사랑, "메이드 인 스페이스, 기대 관리 그리고 우주 내 제조 비즈니스", Case 721-

025, Boston: Harvard Business School, 2020년 12월, 2021년 3월 개정판.
20. "우주 기술 산업 파트너십", NASA, https://www.nasa.gov/space-tech-industry-partnerships/, 2024년 7월 접속.
21. 앨리슨 E. 버먼Alison E. Berman, "아키노트, 우주에서 대형 구조물을 제작하는 3D 프린팅 로봇", 《Singularity Hub》, 2016년 3월 2일, https://singularityhub.com/2016/03/02/archinaut-a-3d-printing-robot-to-make-big-structures-in-space/.
22. "궤도에서 제작·조립한 3D 프린팅 우주선 부품 실증 시험에 자금 지원", NASA, 2019년 7월 12일, http://www.nasa.gov/press-release/nasa-funds-demo-of-3d-printed-spacecraft-parts-made-assembled-in-orbit.
23. 마이크 월Mike Wall, "아키노트, 우주 건설 로봇, 2022년 시험 비행할 수도", 《Space.com》, 2019년 7월 13일, https://www.space.com/made-in-space-archinaut-flight-test-2022.html.
24. "레드와이어, 궤도 내 우주 제조 기술 선도 기업 메이드 인 스페이스 인수", 《PR Newswire》, 2020년 6월 23일, https://www.prnewswire.com/news-releases/redwire-acquires-made-in-space-the-leader-in-on-orbit-space-manufacturing-technologies-301081293.html.
25. "궤도 내 서비스, 조립, 제조 2(OSAM-2)", NASA, https://www.nasa.gov/mission/on-orbit-servicing-assembly-and-manufacturing-2-osam-2/.
26. 쿠마르 크리셴Kumar Krishen, "NASA 존슨 우주센터 SBIR STTR 프로그램 기술 혁신", 국제우주대회 International Astronautical Congress, 하이데라바드, 2007년 9월 24일, https://ntrs.nasa.gov/archive/nasa/casi.ntrs.nasa.gov/20070026635.pdf.
27. "SBIR/STTR 프로그램", NASA, https://www.nasa.gov/sbir_sttr/, 2024년 7월 접속.
28. SBIR, https://www.sbir.gov/analytics-dashboard?view_by=Year&agency_tid%5B0%5D=105737, 2024년 6월 접속.
29. "NASA, 최대 2억 달러로 신기술의 시장 진출(상용화) 지원", NASA, 2022년 2월 15일, https://www.nasa.gov/news-release/nasa-offers-up-to-200-million-to-help-push-new-technologies-to-market/.
30. 빌 마리넬리Bill Marinelli, "죽음의 계곡을 잇는 더 나은 다리", 《Defense News》, 2023년 5월 17일, https://www.defensenews.com/opinion/commentary/2023/05/17/a-better-bridge-across-the-valley-of-death/.
31. 팀 트레스러Tim Tresslar, "AFVentures, 2024 STRATFI/TACFI 공고 발표", 공군 연구소Air Force Research Laboratory, 2023년 8월 11일, https://www.afrl.af.mil/News/Article-Display/Article/3491081/afventures-launches-2024-stratfitacfi-notice-of-opportunity/.

## 11장

1. 2000년대 초 피터 디아만디스Peter H. Diamandis는 앤사리 X 프라이즈Ansari X Prize 창설과 운영에 참여했다. 이는 민간팀이 저비용·재사용 우주선을 개발하도록 하는 유명한 경연으로 상업 우주 비행의 초기 촉매제 역할을 했다고 평가된다. 디아만디스와 앤더슨Anderson, 마이크 맥도웰Mike McDowell은 함께 1997년 최초의 상업 우주 관광 기업 스페이스 어드벤처스Space Adventures를 설립해 러시아 우주국과 협력, 민간인의 국제 우주 정거장 비행을 판매했다. 자세한 내용은 "Peter H. Diamandis M.D." 뉴멕시코 우주 역사 박물관New Mexico Museum of Space History 참고, https://www.nmspacemuseum.org/inductee/peter-h-diamandis-m-d/2024년 3월 접속.
2. "플래너터리 리소스, 시리즈 A 투자에서 2,110만 달러 조달·첨단 지구 관측 기능 공개", Planetary

Resources 보도자료, 2016년 5월 26일, https://www.prnewswire.com/news-releases/planetary-resources-raises-211-million-in-series-a-funding-unveils-advanced-earth-observation-capability-300275550.html.

3. 브라이언 콜필드Brian Caulfield, "플래너터리 리소스 공동 창업자, 우주 '골드 러시' 개척 목표", 《Forbes》, 2012년 4월 25일, http://www.forbes.com/sites/briancaulfield/2012/04/20/planetary-resources-co-founder-aims-to-create-a-gold-rush-in-space/#3c9efda15b0c.
4. 존 유리John Uri, "국제 우주 정거장 20주년: ISS의 역사적 기원", NASA, 2020년 1월 23일, https://www.nasa.gov/history/space-station-20th-historical-origins-of-iss/.
5. 헨리 R. 헤르츠펠드Henry R. Hertzfeld, 브라이언 위든Brian Weeden, 크리스토퍼 D. 존슨Christopher D. Johnson, "간단한 용어가 우리를 오도하는 방식: 우주를 공유지로 보는 사고의 함정", 제66회 국제우주대회, 이스라엘 예루살렘, 2015년 10월 12~16일, https://swfound.org/media/205285/how-simple-terms-mislead-us-hertzfeld-johnson-weeden-iac-2015.pdf.
6. "달과 기타 천체에서의 국가 활동을 규율하는 협정", 유엔United Nations, 1984년 7월 11일, https://www.unoosa.org/oosa/en/ourwork/spacelaw/treaties/moon-agreement.html.
7. 모니크 스코티Monique Scotti, "NASA, 수천조 원 가치의 금속질 소행성 탐사 계획", 《Global News》, 2017년 1월 14일, https://globalnews.ca/news/3175097/nasa-plans-mission-to-a-metal-rich-asteroid-worth-quadrillions/; "실질 GDP 성장률", 국제통화기금International Monetary Fund, https://www.imf.org/external/datamapper/index.php, 2024년 3월 접속.
8. 아담 만Adam Mann, "테크 억만장자들, 소행성 채굴을 위한 대담한 임무 계획", 《Wired》, 2012년 4월 23일, http://www.wired.com/2012/04/planetary-resources-asteroid-mining/.
9. 에이스터랭크Asterank는 약 60만 개 소행성의 구성·접근성·가치·추정 수익을 정부·과학 자료를 바탕으로 분류한 과학·경제 온라인 데이터베이스로, 소행성대 내에 있는 700개 이상 소행성이 각각 100조 달러 이상의 물이나 귀금속 가치를 지닌다고 추정한다. 관련해 마르코 필리요비치Marko Filijović, 샤르야르 마흐무드 샤레이ShahrYar Mahmoud Sharei, "유엔은 우주 채굴을 규제할 의회를 구성해야 한다" 참고, 《SpaceNews》, 2024년 5월 13일, https://spacenews.com/the-un-needs-form-parliament-regulate-space-mining; 그러나 하버드-스미스소니언 천체물리학자 마틴 엘비스는 인터뷰에서 "이 소행성들에 도달하려면 엄청난 속도 요건과 막대한 장비가 필요하기 때문에 지금으로서는 주 소행성대의 소행성들은 제외된다."라고 말했다.
10. "다가오는 소행성, 1,950억 달러 가치 있을 수도", Deep Space Industries 보도자료, 2013년 2월 12일, https://web.archive.org/web/20140501045149/https://deepspaceindustries.com/wp-content/uploads/2013/02/DSIPR_Asteroid195bil_20130213.pdf.
11. 마틴 엘비스와의 서면 인터뷰, 2024년 2월.
12. 아네트 미케스Anette Mikes, 암람 미그달Amram Migdal, "플래너터리 리소스, Inc. (A)", Case 114-087, Boston: Harvard Business School, 2014년 4월, 2014년 8월 개정판.
13. 마틴 엘비스 인터뷰.
14. 아담 만, "억만장자들, 소행성 채굴 위한 대담한 임무 계획".
15. 피터 마르케즈Peter Marquez의 모든 발언은 매슈 와인지얼, 안젤라 아코첼라, "플래너터리 리소스 Inc., 재산권 그리고 우주 경제 규제"에서 발췌, Case 717-053, Boston: Harvard Business School, 2017년 4월 5일.
16. 사기 크피르Sagi Kfir와의 전화 인터뷰, 사례 집필진, 2016년 10월 18일.
17. 미국 「상업우주발사경쟁력법」, H.R. 2262, 제114차 의회, 2015년 11월 25일, https://www.congress.gov/114/plaws/publ90/PLAW-114publ90.pdf.

18. 미국 「상업우주발사경쟁력법」.
19. 유엔 평화적 우주 이용 위원회United Nations Committee on the Peaceful Uses of Outer Space 제55차 회기에서의 이탈리아 대표 발언, 2016년 5월 4일, 발언 녹음, https://icms.unov.org/CarbonWeb/Export/SpeakersRecordsXml/a9d80df8-d75f-4281-906e-92508cee2781.
20. 러시아 연방Russian Federation, "여러 규제 영역을 포괄하는 우주 안보에 관한 빈 합의 달성을 위한 기회 검토", 유엔 평화적 우주 이용 위원회 과학기술 소위원회, 제53차 회기, 오스트리아 빈, 2016년 2월 15~26일, 6쪽.
21. 미국 「상업우주발사경쟁력법」.
22. 유엔 평화적 우주 이용 위원회 제55차 회기에서의 벨기에 대표 발언, 2016년 5월 4일, 발언 녹음, https://icms.unov.org/CarbonWeb/Export/SpeakersRecordsXml/13fdb2c5-5528-4904-8a32-4bb7284cef11.
23. 올라보 비튼코르트 네토Olavo Bittencourt Neto, "우주 자원 개발의 국제 정책 및 시장 맥락", 국제 민간·상업 우주 비행 심포지엄International Symposium on Private and Commercial Spaceflight, 2016년 10월 13일, 미국 뉴멕시코 라스크루세스.
24. 존 로크John Locke, "재산과 정부에 관하여", libertarianism.org, http://www.libertarianism.org/publications/essays/property-government, 2016년 5월 2일 접속.
25. 데이비드 흄David Hume, 『인간 본성에 관한 논고』, 1739, https://people.rit.edu/wlrgsh/HumeTreatise.pdf.
26. 네토, "우주 자원 개발의 국제 정책 및 시장 맥락".
27. 위의 글.
28. 룩셈부르크는 자국의 간소화된 규제 체계를 활용해 미국 시스템에 우위를 점하려 했다. 당시 미국 기업은 상업·민간·수출 통제·국방 및 안보 부서의 면허와 발사 검토를 받아야 했는데, 이는 관료적 혼선·서류 절차·재정 부족·정당하지만 장기적인 심사 과정이 결합되어 임무 시험과 기술 실증에 필수적인 인허가를 지연시켰다. 워싱턴 규제 기관은 이 우려에 대응하려 했으나 개혁에는 시간이 필요했다. 연방항공청FAA 상업 우주 운송 부문 부행정관 조지 닐드George Nield는 2016년 "국무부도 최근 우리의 현 규제 틀이 기존 임무 장려·촉진·지원이라는 법적 임무에 비춰 볼 때 이러한 비전통적 우주 활동을 처리하도록 설계되지 않았음을 인정했다."라고 밝혔다. 그는 개혁이 "충분히 쉽게 이뤄질 수 있으며…… 국제 조약 의무를 준수하면서도 가능하다."라고 덧붙였다. 또한 "최악의 경우 개혁 부재로 미국 기업들이 더 기업 친화적인 규제 환경을 찾아 해외로 나갈 수 있다."라고 경고했다. 조지 닐드, "기어가다, 걷다, 뛰다: 우주 교통 관리에 대한 FAA의 비전", 국제 민간·상업 우주 비행 심포지엄, 2016년 10월 13일, 미국 뉴멕시코 라스크루세스, 영상 https://www.youtube.com/watch?v=08N0Vfk7KEQ&index=12&list=PLn8wFIr90zvuIOcgrK0rs5NtZRa2bmYDF; 카얀 운왈라Kayaan Unwalla, 세르게이 아바Sergey Avakyan, 비키 정Vicky Jeong, "글로벌 우주 가이드: 아랍에미리트", Norton Rose Fulbright, 2023년 9월, https://www.nortonrosefulbright.com/en/knowledge/publications/e2a4dae0/global-outer-space-guide-uae; "일본: 우주자원 활동 법적 측면 작업반의 권한과 목적에 관한 정보", 유엔 평화적 우주 이용 위원회 법률소위원회, 2022년 7월 1일, https://www.unoosa.org/documents/pdf/copuos/lsc/space-resources/LSC2023/StatesResponses/Japan_Information_to_Space_Resource_WG.pdf.
29. 알렉산더 슈티른Alexander Stirn, "나사의 달 탐사 규칙은 우주법을 위반하는가?", 《Scientific American》, 2020년 11월 12일, https://www.scientificamerican.com/article/do-nasas-lunar-exploration-rules-violate-space-law/.
30. 위의 글.
31. 엘비스 인터뷰.

32. 콘스탄틴 에두아르도비치 치올콥스키Konstantin Eduardovich Tsiolkovsky, 『지구 밖 세계Beyond the Planet Earth』, B. N. 보로비예프 서문, 케네스 사이어스Kenneth Syers 번역(영국 옥스퍼드: 퍼가몬 프레스Pergamon Press, 1960), 13쪽.

## 12장

1. "존 F. 케네디, 라이스대학교 연설: 미국의 우주 계획", 1962년 9월 12일, https://www.rice.edu/kennedy.
2. 사실 이는 경제학의 오래된 개념인 '두크스 코메르스doux commerce(온화한 상업gentle commerce, 상업 활동이 문명화·절제의 힘이 될 수 있다는 생각-옮긴이)'를 반영한다. 『몽테스키외 법의 정신』, 현택수 옮김, 빠리카페, 2020.
3. 오퍼레이션 페이퍼클립Operation Paperclip에 관한 자세한 내용은 애니 제이콥슨Annie Jacobsen 참고, 『오퍼레이션 페이퍼클립』, 이동훈 옮김, 인벤션, 2016.
4. 애니 제이콥슨, 『오퍼레이션 페이퍼클립』.
5. 베르너 폰 브라운Wernher von Braun의 삶과 업적은 민·군 우주 사업이 동일한 기술을 활용해 전혀 다른 목표를 추구해 온 복합적 관계를 응축해 보여 준다. 톰 레러Tom Lehrer가 부른 노래 〈베르너 폰 브라운〉은 그의 삶과 작업이 드러내는 윤리적 딜레마를 포착한다. Tom Lehrer Wisdom Channel, "톰 레러—베르너 폰 브라운", YouTube, 2007년 7월 5일, https://www.youtube.com/watch?v=QEJ9HrZq7Ro.
6. 월터 맥두걸, 『하늘과 땅』.
7. 우주 경쟁을 새롭고 치밀하며 흥미롭게 재조명한 콘텐츠로 《Washington Post》의 팟캐스트 〈문라이즈Moonrise(달의 부상)〉(리리언 커닝엄Lillian Cunningham 집필·진행)를 권한다.
8. "스페이스파워: 우주 전력 교리서", Space Capstone Publication, 2020년 6월, https://www.spaceforce.mil/Portals/1/Space%20Capstone%20Publication_10%20Aug%202020.pdf.
9. "60년 전, 우주에서의 첫 방송", Kennedy Space Center, 2018년 12월 19일, https://www.kennedyspacecenter.com/blog/first-broadcast?sf204767730=1#.
10. "스페이스파워: 우주 전력 교리서".
11. 닐 드그래스 타이슨Neil deGrasse Tyson, 에이비스 랭Avis Lang, "우주는 궁극의 고지: 군대가 천체물리학에 자금을 대는 이유", 《Medium》, 2018년 9월 4일, https://medium.com/s/story/space-is-the-ultimate-high-ground-thats-why-militaries-fund-astrophysics-67d7510c875.
12. 제이슨 데일리Jason Daley, "미군은 처음부터 우주에 있었다", 《Smithsonian》, 2018년 6월 19일, https://www.smithsonianmag.com/smart-news/us-military-has-been-space-beginning-180969403/.
13. 위의 글.
14. "1958년 『국립항공우주법(개정 전)National Aeronautics and Space Act of 1958(Unamended)』," NASA, https://history.nasa.gov/spaceact.html, 2022년 6월 접속.
15. "1958년 『국립항공우주법』", 닐 드그래스 타이슨, 에이비스 랭, 『전쟁의 공범Accessory to War』(뉴욕: W. W. Norton & Company, 2018), 오디오북 트랙 103, 106 참조.
16. 월터 맥두걸, 『하늘과 땅』.
17. 알렉산더 맥도널드, "세계의 시선에서: 우주 탐사의 신호 효과", 『긴 우주 시대』(코네티컷 뉴헤이븐: 예일대학교 출판부, 2017).
18. 로켓은 우주 탐사의 도구가 될 수도, 궤도전의 무기가 될 수도 있다. 우주선의 로봇 팔은 위성을 수리할 수도, 태양 전지를 떼어 낼 수도 있다. 궤도 영상 시스템은 아마존의 삼림 파괴를 측정할 수도, 한 나라의 방어 태세를 정밀히 들여다볼 수도 있다. 군사 전문 기자 데이비드 액스David Axe는 "궤도 수리용으

로 보이는 검사 위성이 스위치 하나로 레이저·폭발물·로봇 집게 팔로 다른 위성을 파괴하는 로봇 암살자로 변할 수 있다."라고 말한다. 공격 직전까지는 무해해 보일 수도 있다. 사실상 대부분의 위성은 '잠재적 무기'로 간주될 수 있다. 자세한 내용은 제프 매노Geoff Manaugh, "우주전의 위험이 커지고 있다" 참고, 《Atlantic》, 2016년 6월 21일, https://www.theatlantic.com/technology/archive/2016/06/weaponizing-the-sky/488024/; 멜리사 더 즈와르트Melissa de Zwart, "신기술 심포지엄: 경합적이자 취약한 이중용도 우주 환경", Opinio Juris, 2019년 7월 5일, http://opiniojuris.org/2019/05/07/new-technologies-symposium-contested-and-fragile-the-dual-use-space-environment/.

19. 더 즈와르트, "신기술 심포지엄".
20. 그는 공군에 '핵 장착 대위성 체계'인 프로그램 437 시작을 지시했다. 더 즈와르트, "신기술 심포지엄".
21. 전략방위구상(SDI)에 관한 최신·상세 검토는 『우주에 배치된 무기: 기술, 정치 그리고 전략방위구상의 흥망Weapons in Space: Technology, Politics, and the Rise and Fall of the Strategic Defense Initiative』(매사추세츠 케임브리지: MIT 프레스) 참고, 에런 베이텀Aaron Bateman, 2024년 5월 7일.
22. T. D. P. 더그데일-포인튼TDP Dugdale-Pointon, "걸프전 1990/1991", 2002년 6월 2일, http://www.historyofwar.org/articles/wars_gulf1990.html.
23. 스티븐 J. 브루거Steven J. Bruger, "제1차 우주전에 대비하지 못했다면: 제2차는 어떠한가?", 《Naval War College Review》 48, no. 1(1995년 겨울): 73-83.
24. 위의 글.
25. 위의 글.
26. 위의 글.
27. 걸프전 당시 사용된 초기 GPS 시스템을 구성한 내브스타Navstar 위성군은 완전 운용 상태조차 아니었다. "완전 운용 GPS 위성군에는 24기가 필요하지만 미국이 그 요건을 달성한 것은 1995년 4월이었다. 1991년 초 미 공군의 내브스타 위성군은 16기에 불과했고, 그중 6기는 연구개발용이던 것을 전쟁 지원을 위해 전용했다.", 래리 그린마이어Larry Greenemeier, "GPS와 세계 최초의 우주 전쟁", 《Scientific American》, 2016년 2월 8일, https://www.scientificamerican.com/article/gps-and-the-world-s-first-space-war/.
28. 브라이언 더피Brian Duffy, 피터 캐리Peter Cary, "걸프전: 왜 100시간 만에 끝났는가", 《Orlando Sentinel》, 1992년 3월 15일, https://www.orlandosentinel.com/news/os-xpm-1992-03-15-9203130459-story.html.
29. "인터넷의 간략한 역사", 조지아대학교University of Georgia, 온라인 라이브러리 러닝 센터Online Library Learning Center, https://www.usg.edu/galileo/skills/unit07/internet07_02.phtml, 2022년 6월 접속.
30. 위의 글.
31. 짐 쿠퍼Jim Cooper, "우주 교리 업데이트: 제3차 세계대전을 피하는 법", 《War on the Rocks》, 2021년 7월 23일, https://warontherocks.com/2021/07/updating-space-doctrine-how-to-avoid-world-war-iii/.
32. 존 A. 티르팩John A. Tirpak, "우주위원회 보고서", 《Air & Space Forces》, 2001년 3월 1일, https://www.airandspaceforces.com/article/0301space/.
33. 존 E. 하이튼John E. Hyten, "평화의 바다인가, 전쟁의 무대인가? 피할 수 없는 우주 갈등에 대처하기", 《Air & Space Power Journal》 16, no. 3(2002): 78-92.
34. 위의 글.
35. 윌리엄 J. 브로드William J. Broad, "어떻게 우주가 미·중 간 다음 '대국 경쟁'의 무대가 되었나", 《New York Times》, 2021년 1월 24일, https://www.nytimes.com/2021/01/24/us/politics/trump-biden-pentagon-space-missiles-satellite.html.
36. 스푸트니크 이후 마오쩌둥은 "우리도 위성을 만들 것이다."라고 선언했다. "중국의 우주몽: 달을 넘어 더 멀리", 《Phys.org》, 2021년 10월 16일, https://phys.org/news/2021-10-china-space-moon.html.

37. M. 테일러 프레이블M. Taylor Fravel, 『적극적 방어: 1949년 이후 중국의 군사 전략Active Defense: China's Military Strategy Since 1949』(뉴저지 프린스턴: 프린스턴대학교 출판부Princeton University Press, 2019), 7쪽.
38. 왕후청Wang Hucheng, "미군의 약한 갈비뼈와 전략적 취약성", 『료왕Liaowang』 27(2000년 7월 25일).
39. 위의 글.
40. 제인 큐Jane Qiu, "중국, 우주 과학 강국 도약 가속", 《Scientific American》, 2017년 7월 28일, https://www.scientificamerican.com/article/china-ramping-up-quest-to-become-a-space-science-superpower/.
41. 중국 우주 비행사는 만다린어 'tàikōng(우주)'에서 딴 타이코노트taikonaut로 불리기도 한다. "중국의 우주 몽", 《Phys.org》, 2021년 10월 16일, https://phys.org/news/2021-10-china-space-moon.html.
42. 위의 글.
43. 조앤 존슨-프리즈Joan Johnson-Freese, "중국의 유인 우주 계획: 손자병법인가, 아폴로 재현인가?", 《Naval War College Review》 56, no. 3(2003): 51-71.
44. 브라이언 위든Brian Weeden, "2007년 중국 대위성(ASAT) 시험 팩트시트", Secure World Foundation, 2010년 11월 23일, https://swfound.org/media/9550/chinese_asat_fact_sheet_updated_2012.pdf.
45. 1999년 '콕스 보고서Cox Report'로 알려진 미 의회 보고서는 중국이 수십 년간 미국으로부터 광범위한 기술을 절취해 왔음을 보여 주었다고 주장했으며, 특히 군사·핵 프로그램 강화에 도움을 준 것으로 지적했다. 베이징은 이를 강하게 부인했지만 이 보고서와 유사 문서들은 국제 우주 정거장 같은 첨단 프로젝트에서 중국과의 협력을 제한하도록 미국에 영향을 미쳤다. "중국, 핵 스파이 혐의 부인", 《BBC》, 1999년 4월 22일, http://news.bbc.co.uk/2/hi/americas/325633.stm; 2007년 1월 11일 중국은 "비가동 기상위성과 충돌한 운동 에너지 요격체(로켓)"로 ASAT(대위성) 시험을 실시해 세계에서 세 번째로 해당 시험을 수행했으며 우주 파편을 대폭 늘렸다. 세계는 기습당했고 시험 후 "워싱턴과 기타 각국 수도의 우려 표명"이 있었지만 중국은 침묵했다. 《New York Times》는 이 시험이 중국의 "군사 우주 활동에서 주요 역할을 하려는 의지"를 분명히 했다고 보도했다. 이는 "경고 사격"으로 "중국이 지구 대기권 밖에서도 전쟁을 수행할 수 있음을 미국에 분명히 보여 준 시위"로 해석됐다. 미 국가 안보 지도자들에게 ASAT 시험은 도발적 조치의 연속이었다. 다른 사례로는 "지상 레이저로 미군 위성을 '페인팅painting(조준·추적)'한 사건, 중국 잠수함이 미 항공모함 어뢰 사거리 내로 부상한 사건, 베이징의 통일 요구에 불응할 경우 대만 침공 위협, 국제 공역에서 평화적으로 비행 중이던 미 해군 정찰기에 중국 전투기가 들이받는 도발" 등이 있다. 미 해군기는 크게 파손되어 바다로 추락할 뻔했으며 승무원 24명의 목숨이 위태로웠다. 그들은 손상된 기체를 중국 하이난섬에 착륙시킨 뒤 억류되었다. 관련 출처: 위든, "2007년 중국 ASAT 시험 팩트시트"; 윌리엄 J. 브로드William J. Broad, 데이비드 E. 생어David E. Sanger, "중국이 대위성 무기를 시험해 미국이 긴장하고 있다", 《New York Times》, 2007년 1월 18일, https://www.nytimes.com/2007/01/18/world/asia/18cnd-china.html; "중국 A-위성 무기 시험, NASA에 위성 이동 강요", 《Aero News Network》, 2007년 7월 10일, http://www.aero-news.net/index.cfm?do=main.textpost&id=0f5655bc-1ae8-4109-9e51-45112bf56d64; 매노, "우주전의 위험이 커지고 있다", "공군, 우주 자산 방어 방안 검토 중이라 되이즈 발언", 《Via Satellite》, 2007년 3월 26일, https://www.satellitetoday.com/uncategorized/2007/03/26/air-force-mulls-how-to-defend-space-assets-wynne-says/.
46. "국방부 및 2011 회계연도 계속 세출법", Title 10 U.S. Code, Sec. 112, 2011년 판, 미국 정부출판청U.S. GPO, https://www.congress.gov/112/plaws/publ10/PLAW-112publ10.htm, 2022년 6월 접속.
47. 그레이엄 앨리슨Graham Allison, "시진핑은 무엇을 원하는가", 《Atlantic》, 2017년 5월 31일, https://www.theatlantic.com/international/archive/2017/05/what-china-wants/528561/.
48. 위의 글.

49. 그레이엄 앨리슨과의 서면 인터뷰, 2023년 12월.
50. "중국의 우주 프로그램: 2021년 관점", 중국 국무원State Council, 중화인민공화국, 2022년 1월 28일, https://english.www.gov.cn/archive/whitepaper/202201/28/content_WS61f35b3dc6d09c94e48a467a.html.
51. "중국 우주 탐사의 주요 이정표: 연표", 《Reuters》, 2020년 12월 2일, https://www.reuters.com/article/us-space-exploration-china-moon-timeline/timeline-major-milestones-in-chinese-space-exploration-idINKBN28B5GE.
52. 위의 글.
53. 위의 글.
54. 위의 글.
55. 미 국방부US Department of Defense, "중화인민공화국 관련 군사 및 안보 발전, 2023" 2023년 10월 19일, https://media.defense.gov/2023/Oct/19/2003323409/-1/-1/1/2023-MILITARY-AND-SECURITY-DEVELOPMENTS-INVOLVING-THE-PEOPLES-REPUBLIC-OF-CHINA.pdf.
56. 앤드루 존스Andrew Jones, "중국 상업용 로켓 발사, 2023년에 두 배로 늘어날 수도", 《SpaceNews》, 2023년 2월 13일, https://spacenews.com/launches-of-chinese-commercial-rockets-could-double-in-2023/.
57. 케빈 폴피터Kevin Pollpeter 외, "중국의 꿈, 우주의 꿈: 중국의 우주 기술 진전과 미국에 대한 함의", 미·중 경제안보검토위원회US-China Economic and Security Review Commission 의뢰로 작성된 보고서, 캘리포니아대학교 글로벌분쟁·협력연구소UC Institute on Global Conflict and Cooperation, 2015년 3월 2일, https://www.uscc.gov/sites/default/files/Research/China%20Dream%20Space%20Dream_Report.pdf.
58. "중화인민공화국 관련 군사 및 안보 발전, 2016", 국방부 장관실Office of the Secretary of Defense, 2016 연례 보고서, https://dod.defense.gov/Portals/1/Documents/pubs/2016%20China%20Military%20Power%20Report.pdf.
59. "중화인민공화국 관련 군사 및 안보 발전, 2023" 중에서
    • 인민해방군은 우주 기반 정보·감시·정찰(ISR), 위성 통신, 위성 항법, 기상학, 유인 우주 비행, 로봇 우주 탐사 역량 개선에 계속 투자하고 있다.
    • 인민해방군은 운동 에너지 요격 미사일, 지상 발사 레이저, 궤도 우주 로봇을 포함한 다양한 대위성counterspace 능력과 관련 기술을 확보·개발하고 있으며, 우주 감시 역량도 확대하고 있다.
    • 중국은 아마도 정지 궤도(GPS 위성이 작동하는 곳)까지 파괴할 수 있는 추가 ASAT 무기를 추구하려는 것으로 보인다.
    • 중국은 직접 상승형 대위성 미사일, 공궤 위성, 전자전, 지향성 에너지 무기 등을 포함한 대위성 능력을 지속적으로 개발하여 위기나 분쟁 시 상대의 우주 영역 접근과 작전을 저지하거나 거부할 수 있게 하고 있다.
    • 중국의 우주 분야는 빠르게 성장하고 있으며 베이징은 군사적 우주 응용부터 이윤 창출형 발사, 과학 연구, 우주 탐사에 이르기까지 모든 부문 성장에 상당한 자원을 투입했다. 전략지원부대(PLA 내 우주 담당 부서)는 대학, 연구기관 등 민간 조직과 협력해 군사 활동에 민간 지원을 통합한다.
    • 2022년 중국은 60회 이상의 성공적인 우주 발사를 수행했는데, 이는 5년 전보다 3배 증가한 수치이다. 이 발사들로 180개 이상의 위성이 궤도에 배치되었는데, 이는 5년 전보다 5배 증가한 수치이다.
    • 중국은 우주 산업을 분권화하고 다양화하여 경쟁을 강화하는 데 더 큰 비중을 두고 있다.
60. 브라이언 벤더Bryan Bender, "새로운 달 경쟁이 시작됐다. 중국이 이미 앞서 있는가?", 《Politico》, 2019년 6월 13일, https://www.politico.com/agenda/story/2019/06/13/china-nasa-moon-race-000897/.
61. 브라이언 벤더, "우리가 경계해야 한다: 나사 국장, 중국의 달 야망에 경고함", 《Politico》, 2023년 1월 1

일, https://www.politico.com/news/2023/01/01/we-better-watch-out-nasa-boss-sounds-alarm-on-chinese-moon-ambitions-00075803.

62. 클로이 테일러Chloe Taylor, "아이들은 이제 우주 비행사보다 프로 유튜버가 되기를 더 꿈꾼다, 연구 결과", 《CNBC》, 2019년 7월 19일, https://www.cnbc.com/2019/07/19/more-children-dream-of-being-youtubers-than-astronauts-lego-says.html.

63. 닐 드그래스 타이슨, 에이비스 랭, 『전쟁의 공범Accessory to War』, W. W. Norton & Company, 2018.

64. 라제스와리 필라이 라자가팔란Rajeswari Pillai Rajagopalan, "인도의 우주 우선순위, 국가 안보 중심으로 이동", 카네기국제평화재단Carnegie Endowment for International Peace, 2022년 9월 1일, https://carnegieendowment.org/2022/09/01/india-s-space-priorities-are-shifting-toward-national-security-pub-87809.

65. 도리스 엘린 우루티아Doris Elin Urrutia, "인도의 대위성 미사일 시험, 왜 중대한 사건인가", 《Space.com》, 2022년 8월 10일 업데이트, https://www.space.com/india-anti-satellite-test-significance.html.

66. 위의 글.

67. 매슈 보드너Matthew Bodner, "트럼프가 별도 우주군 창설을 추진하는데 러시아는 반대로 신속히 대응한다", 《DefenseNews》, 2018년 7월 21일, https://www.defensenews.com/global/europe/2018/06/21/as-trump-pushes-for-separate-space-force-russia-moves-fast-the-other-way/.

68. 예컨대 2017년 러시아 공군 관계자는 "러시아는 위성을 파괴할 목적으로 새로운 미사일을 개발 중"이라고 발언했다. 몇 달 뒤 미그-31 전투기가 대위성 미사일을 장착한 모습이 공개되었다. 2018년에는 러시아 당국이 "우주 기기 점검 위성"이라 주장하는 위성이 비정상적인 행동을 보였는데, 미국 국무부에 따르면 해당 위성이 미공개 '보조 위성sub-satellite'을 분리한 것으로 보여 러시아 인형(마트료시카)에 비유되기도 했다. 2020년에는 러시아 위성 2기가 수십억 달러 규모의 미국 정찰 위성을 뒤쫓는 모습이 관측되었다. 이 사건은 "미국의 우주 기반 정찰 우위에 대한 점증하는 위협을 보여 준다."라고 《Time》은 논평했다. 불과 몇 주 뒤 미 국방부 대변인은 러시아가 "우주 기반 대위성 무기 비파괴 시험"을 수행했다고 발표했다. 관련 출처: 마이크 월Mike Wall, "우주 무기? 미국, 러시아 위성의 '매우 비정상적인 행동' 지적", 《Space.com》, 2018년 8월 15일, https://www.space.com/41503-russian-satellite-possible-space-weapon.html; 저스틴 폴 조지Justin Paul George, "대위성 무기 역사: 미국, 60년 전 첫 ASAT 미사일 시험", 《Week》, 2019년 3월 27일, https://www.theweek.in/news/sci-tech/2019/03/27/history-anti-satellite-weapon-us-asat-missile.html; 미 국무부 관리 일림 포블레테Yleem Poblete는 기자회견에서 "우리는 '보조 위성'이 무엇인지 확실히 알 수 없고 검증 방법도 없다. 해당 위성에 대한 러시아의 의도는 분명하지 않으며 이는 매우 우려스러운 발전이다. 특히 러시아 우주군 사령관이 '신형 무기를 우주군 부대에 통합하는 것이 항공우주군의 주요 임무'라고 강조한 발언과 함께 고려할 때 더욱 그렇다."라고 논평했다. 관련 출처: 매디 롱웰Maddy Longwell, "국무부, 러시아 위성 행동에 우려 표명", 《C4ISRNET》, 2018년 8월 14일, https://www.c4isrnet.com/c2-comms/satellites/2018/08/14/state-department-concerned-over-russian-satellites-behavior/; 더블유 제이 헨니건W.J. Hennigan, "단독: 러시아 우주선, 미 정찰 위성 추적 중이라고 미 장성이 밝혀", 《Time》, 2020년 2월 10일, https://time.com/5779315/russian-spacecraft-spy-satellite-space-force/; "러시아, 우주 기반 대위성 무기 시험", 미국 우주사령부 홍보실US Space Command Public Affairs Office, 2020년 7월 23일, https://www.spacecom.mil/Newsroom/News/Article-Display/Article/2285098/russia-conducts-space-based-anti-satellite-weapons-test/.

69. 노리미쓰 오니시Norimitsu Onishi, "프랑스, 뒤처진 유럽을 우주 경쟁으로 이끌다", 《New York Times》, 2019년 7월 18일, https://www.nytimes.com/2019/07/18/world/europe/france-europe-space-race-apollo-11-anniversary.html.

70. C. 토드 로페즈C. Todd Lopez, "섀너핸: 다음 대규모 전쟁은 우주에서 승패가 갈릴 수도", 미국 국방부, 2019년 4월 9일, https://www.defense.gov/News/News-Stories/Article/Article/1810100/shanahan-next-big-war-may-be-won-or-lost-in-space/.
71. 에릭 립턴Eric Lipton, "러시아 관련 정보, 새로운 미국 위성 추진에 초점", 《New York Times》, 2024년 2월 15일, https://www.nytimes.com/2024/02/15/us/politics/satellites-russia-us-intelligence.html.
72. C. 토드 로페즈, "섀너핸: 다음 대규모 전쟁은 우주에서 승패가 갈릴 수도".
73. 존 크르지자니악John Krzyzaniak, "이란의 군사 우주 프로그램, 속도를 높이다", 《New Lines Institute》, 2021년 10월 28일, https://newlinesinstitute.org/future-frontiers/outer-space/irans-military-space-program-picks-up-speed/.
74. 김현진Hyung-Jin Kim, 야마구치 마리Mari Yamaguchi, "북한, 세 번째 시도 끝에 정찰위성 궤도 진입 성공 주장", 《PBS News Hour》, 2023년 11월 21일, https://www.pbs.org/newshour/world/north-korea-says-it-successfully-launched-a-spy-satellite-into-orbit-on-its-3rd-attempt.
75. 데이비드 E. 생어, 줄리언 E. 반스Julian E. Barnes, "미국, 러시아의 우주 핵무기 배치 가능성 우려", 《New York Times》, 2024년 2월 17일, https://www.nytimes.com/2024/02/17/us/politics/russia-nuclear-weapon-space.html.
76. 벤저민 S. 램버스Benjamin S. Lambeth, "군사 우주사 개요", 《Air & Space Forces》, 2004년 12월 1일, https://www.airforcemag.com/article/1204space/.
77. 마리나 코렌Marina Koren, "트럼프가 말한 '우주군'은 무엇을 뜻하는가?", 《Atlantic》, 2018년 3월 13일, https://www.theatlantic.com/science/archive/2018/03/trump-space-force-nasa/555560/.
78. "2020 회계연도 국방수권법", Title 10 U.S. Code, Sec. 1790, 2019년 판, https://www.congress.gov/bill/116th-congress/senate-bill/1790, 2022년 6월 접속.
79. 니나 아르마그노Nina Armagno와의 서면 인터뷰, 2023년 12월.
80. 산드라 어윈Sandra Erwin, "미국 수송사령부, 스페이스X 로켓 활용한 전 세계 화물 수송 연구 착수", 《SpaceNews》, 2020년 10월 7일, https://spacenews.com/u-s-transportation-command-to-study-use-of-spacex-rockets-to-move-cargo-around-the-world/.
81. 억지deterrence 이론은 물론 훨씬 더 정교하게 발전된 분야이며, 여기서는 기본적인 개념 하나만 언급한다. 고전적 참고 문헌: 토머스 C. 셸링Thomas C. Schelling, 『갈등의 전략The Strategy of Conflict』, Boston: Harvard University Press, 1960.
82. 애덤 스미스Adam Smith는 『국부론』에서 "관용할 만한 수준의 사법 집행tolerable administration of justice"이 경제 번영의 필수 선행 조건이라고 주장했다. 다트머스대학교 경제학 교수 더글러스 어윈Douglas Irwin은 설명한다. "스미스가 자주 사용한 이 개념은 개인이 자기 노동의 성과를 보장받고 생산적 노력을 할 유인을 제공하는 수단에 그치지 않는다. 이는 분쟁을 평화롭게 해결하고 개인 간 정의로운 관계를 보장하는 문제이기도 했다." 자세한 내용은 더글러스 A. 어윈, "애덤 스미스의 '관용할 만한 사법 집행'과 국부론" 참고, 전미경제연구소National Bureau of Economic Research, 워킹페이퍼 no. 20636, 2014년 10월.
83. "전 세계 오프라인 인구, 2023년 26억 명으로 지속 감소", 국제전기통신연합ITU 보도자료, 2023년 9월 12일, https://www.itu.int/en/mediacentre/Pages/PR-2023-09-12-universal-and-meaningful-connectivity-by-2030.aspx.

## 결론

1. 경제협력개발기구OECD 자료에 따르면 회원국들의 실질 경제성장률 평균은 1960~1979년 4.5%에서 1980~1999년 2.9%, 2000~2019년에는 1.8%로 떨어졌다. 미국은 같은 기간 각각 3.9%, 3.3%, 2%였다.
2. 경제협력개발기구 회원국들의 평균 합계 출산율은 1970년 2.84명에서 2020년 1.59명으로 반세기 동안 대체 수준을 훨씬 밑도는 수준으로 하락했다.
3. 이와 관련해 경제학자들이 "세속적 침체secular stagnation"라 부르는 개념을 논한 글은 다음과 같다. 매슈 와인지얼, "우주 경제 활동 확대가 세속적 침체의 해법이 될 수 있는가", 《Proceedings of the National Academy of Sciences》 120, no. 43(2023).
4. 1966년 정점에서 NASA는 연방 예산의 4.4%, 즉 60억 달러를 배정받았다. 같은 비율을 오늘날 연방 예산에 적용하면 2,680억 달러로, 현재 NASA 예산의 약 10배에 해당한다.
5. 로스 두댓Ross Douthat, 『퇴폐 사회The Decadent Society』(뉴욕: 사이먼앤슈스터Simon and Schuster, 2020).
6. 로스 두댓, 『퇴폐 사회』, 236쪽.

## 감사의 말

이 책과 여정을 함께해 준 모든 분께 깊이 감사드린다. 하버드 비즈니스 스쿨의 학생 수백 명과 학계, 산업계, 정부에서 만난 수많은 동료가 그 주인공이다. 책 속에 이름이 등장한 분은 일부에 불과하지만 그 누구도 빠짐없이 우리의 작업에 소중한 영향을 주었다. 특히 이전 연구에서 함께 협업해 준 안젤라 아코첼라, 프리트위라지 차우더리, 알리사 하다지, 티나 하이필, 타룬 카나, 앨런 매코맥, 메하크 사랑에게 특별히 감사를 전한다. 편집자 스콧 베리나토와 하버드 비즈니스 리뷰 프레스 전체 팀의 헌신에도 진심으로 감사드린다.

매슈는 아내 코비, 딸 엘로디, 부모님 찰리와 손드라에게 사랑과 응원을 전한다. 그리고 〈스타 트렉〉에 대한 공감에 고마움을 전한다. 브렌던에게는 변함없는 협업과 파트너십에 감사를 보낸다.

브렌던은 부모님 게일과 릭, 여동생 나탈리 그리고 우주에 대한 사랑을 키워 준 교수님들과 멘토들에게 깊이 감사드린다. 무엇보다 매슈 와인지얼에게 고마움을 전한다.

**옮긴이 고영훈**

성균관대학교에서 경영학을, 대학원에서 신문방송학을 공부했다. 캐나다 현지 기업에서 근무 후 한국으로 돌아와 바른번역 회원으로 번역 활동을 하고 있다. 옮긴 책으로는 『크립토애셋, 암호자산 시대가 온다』, 『1page 혁명, 실리콘밸리가 일하는 방식』, 『왜 제조업 르네상스인가』, 『작은 습관 연습』, 『포에버 데이 원』, 『FBI 사람 예측 심리학』, 『돈의 연금술』, 『나폴레온 힐 부자 수업』, 『예민함의 힘』, 『해내는 사람에게는 한 가지가 있다』, 『결국엔 정직함이 이긴다』, 『부의 전략 수업』, 『스포트라이트』, 『스케일링 피플』 등이 있다.

---

## 인피니트 마켓

**초판 1쇄 발행** 2025년 12월 1일
**초판 2쇄 발행** 2025년 12월 31일

**지은이** 매슈 와인지얼, 브렌던 로소
**옮긴이** 고영훈
**펴낸이** 김선준

**편집이사** 서선행
**책임편집** 이은애 **편집3팀** 송병규, 서윤아
**디자인** 엄재선
**마케팅팀** 권두리, 이진규, 신동빈
**홍보팀** 조아란, 장태수, 이은정, 권희, 박미정, 조문정, 이건희, 박지훈, 송수연, 김수빈, 현유진, 정지호
**경영관리** 송현주, 윤이경, 임해랑, 정수연

**펴낸곳** 페이지2북스
**출판등록** 2019년 4월 25일 제 2019-000129호
**주소** 서울시 영등포구 여의대로 108 파크원타워1, 28층
**전화** 070)4203-7755  **팩스** 070)4170-4865
**이메일** page2books@naver.com
**종이** 월드페이퍼  **인쇄·제본** 한영문화사

ISBN 979-11-6985-170-1 (03320)

- 책값은 뒤표지에 있습니다.
- 파본은 구입하신 서점에서 교환해 드립니다.
- 이 책은 저작권법에 의하여 보호를 받는 저작물이므로 무단 전재와 복제를 금합니다.